Heiner Wesemann

W0224853

Papua-Neuguinea
Niugini

Steinzeit-Kulturen
auf dem Weg ins 20. Jahrhundert

DuMont Buchverlag Köln

Abb. Umschlagvorderseite: Tanzformation (Sing-Sing) in der Hochlandprovinz Chimbu; der Kopfschmuck der Tänzerinnen besteht aus Paradiesvogelbälgen

Abb. Umschlaginnenklappe: Krieger aus dem Hochland im Festschmuck mit Cuscus-Fell und modernen Accessoires

Abb. Umschlagrückseite: Haus Tambaran (Geisterhaus) der Abelam in der Maprik-Region, Sepik

Frontispiz S. 2: Tabuhaus auf der Insel Bilbil vor der Küste von Madang (Darstellung von 1888)

Für Renate
Ohne ihre fortwährende Inspiration wäre dieses Buch nicht entstanden

CIP-Kurztitelaufnahme der Deutschen Bibliothek

Wesemann, Heiner:
Papua-Neuguinea: Niugini; Steinzeit-Kulturen auf d. Weg ins 20. Jh. / Heiner Wesemann. – Köln: DuMont, 1985
(DuMont-Kultur-Reiseführer in der Reihe Du-Mont-Dokumente)
ISBN 3-7701-1322-5

© 1985 DuMont Buchverlag, Köln
Alle Rechte vorbehalten
Satz, Druck und buchbinderische Verarbeitung: Boss-Druck, Kleve

Printed in Germany ISBN 3-7701-1322-5

Kultur-Reiseführer in der Reihe DuMont Dokumente

Die wichtigsten Orte, Regionen und Inseln Papua-Neuguineas auf einen Blick:

(Auszug aus dem ausführlichen Ortsregister S. 337ff.)

Admiralitätsinseln 302
Aibom 256
Aitape 251
Ambunti 253
Angoram 259
Arawa 308
Asaro 263
Bougainville 307
Buka 309
Daru 209
D'Entrecasteaux-Gruppe . . . 280
Duke of York-Inseln 296
Finschhafen 218
Golf von Papua 203
Goroka 262
Kanganaman 257
Kavieng 301
Kieta 307
Kokoda-Trail 203
Lae 218
Louisiaden-Archipel 282
Madang 226
Manus 304
Maprik 119, 252
Marienberg 259
Mount Hagen 267
Neubritannien 283
Neuirland 298
Palembai 255
Port Moresby 197
Rabaul 292
Samarai 277
Sepik 117, 228
Tambanun 258
Timbunke 258
Trobriand-Inseln 277
Wau 220
Wewak 231

Die wichtigsten Stämme und Volksgruppen in Papua-Neuguinea

Abelam 232
Arapesh 232
Baininger. 289
Bilbil 223
Chimbu 265
Enga 270
Gogodala 208
Huli 273
Kukukukus 217
Mendi 273
Motu 196
›Mud men‹ 263
Mundugumor 249
Telefomin 231
Tolai 287
Washkuk 249
Yatmul 249
Yigei 250

In der vorderen Umschlagklappe: Die Provinzen Papua-Neuguineas

In der hinteren Umschlagklappe: Geographische Übersichtskarte von Papua-Neuguinea

Inhalt

Vorbemerkungen 11

Allgemeine Landeskunde

Lage und Größe 12

Geographische Beschaffenheit 13

Klima und Klimazonen 16

Flora 19

Fauna
Säugetiere 20
Vögel 22
Insekten 24
Schlangen und Reptilien 25
Fische 26

Die Bevölkerung und ihre Kultur

Die Bevölkerungsgruppen und ihre Herkunft 27
Sprachen 31

Soziale Organisation und geistige Welt
Verwandtschaft und Ehe 35
Sozialprestige und ›Big Man‹ 43
Initiationsriten 45
Religion, Mythos, Magie 47
Musik 53
Kopfjagd und Kannibalismus 56

Traditionelle Wirtschaftsformen
Pflanzenanbau und -verwertung 59
Jagd 66
Fischfang 68
Viehzucht 69
Tauschhandel 70

Materielle Kultur
Materialien 71
Gebrauchsgegenstände des täglichen Lebens 73
Kleidung und Schmuck 75
Waffen 107
Werkzeuge 110
Transportmittel 112
Rituelle Gegenstände 114

Kunststile 115
Sepik-Region 117
Huon-Golf und Tami-Stil 119
Torres-Straße 121
Golf-Region 122
Massim-Kunst 123
Neubritannien 124
Die Malanggan-Kunst von Neuirland 125
Solomonen 126
Admiralitätsinseln 127

Geschichte

Die Entdeckung Neuguineas 128

Die Erkundung des Landes 137

Politische Entwicklung
Deutsch-Neuguinea (Kaiser-Wilhelms-Land) und das Mandat des Völkerbundes bis zum Zweiten Weltkrieg 144
Britisch-Neuguinea/Papua bis zum Zweiten Weltkrieg 169
Vom Zweiten Weltkrieg bis zur Unabhängigkeit 174

Wirtschaftliche Erschließung 183

Missionierung 187

Die Küstenprovinzen

Central Province und National Capital District
Lage und geographische Beschaffenheit . . . 195
Verkehr und Wirtschaft . . . 195
Geschichte . . . 195
Bevölkerung . . . 196
Port Moresby . . . 197
Die Umgebung von Port Moresby . . . 203

Gulf Province
Lage und geographische Beschaffenheit . . . 203
Verkehr und Wirtschaft . . . 204
Geschichte . . . 205
Bevölkerung . . . 205

Western Province
Lage und geographische Beschaffenheit . . . 206
Verkehr und Wirtschaft . . . 206
Geschichte . . . 208
Bevölkerung . . . 208
Daru . . . 209
Bensbach Wildlife Lodge . . . 210
Lake Murray . . . 210

Northern Province
Lage und geographische Beschaffenheit . . . 210
Verkehr und Wirtschaft . . . 212
Geschichte . . . 212
Bevölkerung . . . 212
Popondetta . . . 214

Morobe Province
Lage und geographische Beschaffenheit . . . 214
Verkehr und Wirtschaft . . . 214
Geschichte . . . 216
Bevölkerung . . . 216
Lae . . . 218
Finschhafen . . . 218
Bulolo . . . 220
Wau . . . 220

Madang Province
Lage und geographische Beschaffenheit 220
Verkehr und Wirtschaft 222
Geschichte 222
Bevölkerung 223
Madang 226

Die Sepik-Provinzen (West Sepik und East Sepik)

Lage und geographische Beschaffenheit 228
Verkehr und Wirtschaft 230
Geschichte 231
Bevölkerung 231
Wewak 250
Aitape 251
Vanimo 252
Telefomin 252
Entlang des Sepik 252

Die Hochland-Provinzen

Eastern Highlands Province
Lage und geographische Beschaffenheit 260
Verkehr und Wirtschaft 260
Geschichte 260
Bevölkerung 261
Goroka 262
Die Umgebung von Goroka 263

Chimbu Province
Lage und geographische Beschaffenheit 264
Verkehr und Wirtschaft 264
Geschichte 264
Bevölkerung 265
Kundiawa 265
Chuave 266
Mount Wilhelm 266

Western Highlands Province
Lage und geographische Beschaffenheit 266
Verkehr und Wirtschaft 266

Geschichte 267
Bevölkerung 267
Mount Hagen 267
Die Umgebung von Mount Hagen 268

Enga Province
Lage und geographische Beschaffenheit 269
Verkehr und Wirtschaft 269
Geschichte 269
Bevölkerung 270
Wabag 270

Southern Highlands Province
Lage und geographische Beschaffenheit 271
Verkehr und Wirtschaft 271
Geschichte 271
Bevölkerung 272
Mendi 274
Mount Giluwe 274

Die Insel-Provinzen

Milne Bay Province
Lage und geographische Beschaffenheit 275
Verkehr und Wirtschaft 275
Geschichte 275
›Festland‹ 276
Samarai 277
Trobriand-Inseln 277
Woodlark 279
D'Entrecasteaux-Gruppe 280
Louisiaden-Archipel 282

Neubritannien (East und West New Britain)
Lage und geographische Beschaffenheit 283
Verkehr und Wirtschaft 284
Geschichte 284
Bevölkerung 287
Rabaul 292
Kokopo 295

Vuapope 296
Bitapaka 296
Duke of York-Inseln 296
Kimbe 297
Hoskins 297
Talasea 297
Witu-Inseln 298

Neuirland (New Ireland)
Lage und geographische Beschaffenheit 298
Verkehr und Wirtschaft 298
Geschichte 299
Kavieng 301
Fahrt in den Süden der Insel 302

Manus Province (Admiralitätsinseln)
Lage und geographische Beschaffenheit 302
Verkehr und Wirtschaft 302
Geschichte 303
Bevölkerung 303
Manus 304

North Solomons Province
Lage und geographische Beschaffenheit 304
Verkehr und Wirtschaft 305
Geschichte 305
Bevölkerung 307
Bougainville 307
Buka 309

Bild- und Quellennachweis 311

Praktische Reiseinformationen 313

Zeittafel 332
Register 337

Vorbemerkungen

Jeder Versuch, ein Land zu schildern, das von starkem Kulturverfall geprägt ist, scheint von vornherein unlösbaren Problemen gegenüberzustehen. Tatsächlich muß man sich bewußt sein, daß zwischen dem Zeitpunkt des Niederschreibens und dem Erscheinen dieses Buches viele kulturelle Erscheinungsformen schon nicht mehr existieren und somit historischen Charakter erhalten haben. Die Zersetzung traditioneller Werte durch die Einflüsse der westlichen Zivilisation unterliegt keinem vorausberechenbaren Schema, auch wenn man vereinfachend sagen kann, daß jene Dorfgemeinschaften, die am weitesten von der ›Zivilisation‹ entfernt in unwegsamen Gebieten leben, die größten Chancen zur Bewahrung ihrer altüberlieferten Anschauungen, Lebensformen und magische Riten haben. Dabei muß jedoch betont werden, wie individuell die Eingeborenen das fremde Kulturgut übernehmen und darauf reagieren – die Cargo-Kulte liefern ein gutes Beispiel dafür. Heute ist es der Tourismus, mit dem Papua-Neuguinea zu leben gelernt hat. Auf der touristischen ›Rennstrecke‹ des mittleren Sepik werden Tanzveranstaltungen vorbestellt, bezahlt und teilweise schon mittels Musik aus dem Kassettenrecorder abgewickelt – letzter Schritt einer Zerstörung und Pervertierung der Kultur, die mit dem Eindringen der Weißen in dieses Land begann. Die Kunsthandwerksprodukte, die man heute als Tourist mit nach Hause nehmen kann, haben wenig mit der faszinierenden ursprünglichen Kunst Neuguineas zu tun, deren schönste Stücke sich heute in den Museen Europas, Amerikas und Australiens befinden.

Entsprechend kann das vorliegende Buch nicht mehr in jedem Fall aktuelle Tatbestände wiedergeben, sondern muß vielfach schon auf vergangene Verhältnisse zurückgreifen. Doch soll nicht nur die ›heile Welt‹ der Eingeborenen so dargestellt werden, wie sie in einer vorkolonialen Epoche bestand, wo man nach vielleicht blutigen, aber jedenfalls eigenen, unabhängigen Gesetzen lebte und alles Tun auf festgefügten geistigen Werten basierte. Das vorliegende Buch will auch ein praktischer Reisebegleiter sowohl für jenen sein, der im Rahmen einer Gruppenreise die touristischen Zentren besucht, als auch für den, der abseits davon seine eigenen Wege sucht – was allerdings gerade in Papua-Neuguinea außerordentlich mühsam und schwierig ist. Vor allem aber ist es mein Bestreben, auch beim flüchtigen Besucher ein tieferes Verständnis für die Menschen dieses Landes zu wecken, die häufig verächtlich als ›Wilde‹ abgetan wurden, aber bei näherer Kenntnis einen ungeheuren Reichtum an Lebensformen, Sprachen und Kunstäußerungen zeigen, der Bewunderung abnötigt.

Wien, im März 1985 — Heiner Wesemann

Allgemeine Landeskunde

Lage und Größe

Neuguinea, mit 771 900 km^2 die nach Grönland zweitgrößte Insel der Welt, liegt nördlich von Australien und südlich des Äquators. Die Insel ist das letzte Glied einer Kette, die von Südostasien in den Pazifik führt, und gilt daher als Brücke zwischen diesen beiden Großräumen. Der Staat Papua-Neuguinea nimmt die östliche Hälfte der Insel ein, die westliche wird von der zu Indonesien gehörenden Provinz West-Irian (Irian Jaya) gebildet. Man hat die Grenze einst entlang des 141. östlichen Längengrades ›am grünen Tisch‹ gezogen, ohne Rücksicht auf geographische oder ethnische Gegebenheiten, ungeachtet dessen, daß man auf diese Art Stämme, ja sogar Dörfer auseinanderriß. Die Gesamtfläche des Staates Papua-Neuguinea macht 461 691 km^2 aus; sie erstreckt sich zwischen dem Äquator im Norden und dem 12. südlichen Breitengrad im Süden, zwischen dem 141. östlichen Längengrad im Westen und dem 160. Längengrad im Osten. Der 1975 unabhängig gewordene Staat besteht aus den ehemaligen Kolonien Papua und Neuguinea, umfaßt aber außer der östlichen Hälfte der Hauptinsel, die auch als ›Festland‹ bezeichnet wird, noch verschiedene kleinere Inselgruppen: den Bismarck-Archipel mit den Hauptinseln Manus, Neubritannien und Neuirland, die beiden nördlichsten Inseln der Solomonen-Gruppe (Bougainville und Buka) sowie u. a. die Trobriand- und die D'Entrecasteaux-Inseln.

Papua-Neuguinea ist Teil des pazifischen Großraumes Melanesien, der das Gebiet von Neuguinea im Westen bis zu den Fidschi-Inseln im Osten und Neukaledonien im Süden umfaßt. Die Bezeichnung ›Melanesien‹ stammt aus dem Griechischen und bedeutet so viel wie ›schwarze Inseln‹, da die Bewohner dunkelbraune bis schwarze Hautfärbung aufweisen; wegen ihrer länglichen Schädelform und ihrem Kraushaar gelten sie als ›pazifische Negroide‹. Im Osten grenzt an Melanesien der etwa 50 Millionen km^2 einschließende zentral- und südpazifische Großraum Polynesien, was ›viele Inseln‹ bedeutet. Die Bewohner sind hellhäutiger, größer und haben gewelltes Haar; ein wesentliches Merkmal ihrer Organisation ist eine festgefügte soziale Hierarchie mit sakralem Häuptlingstum. Im Norden von Melanesien und im Westen von Polynesien liegt als dritter pazifischer Großraum Mikronesien, die Welt der ›kleinen Inseln‹, deren Bewohner melanesische und polynesische Züge vereinen. Die Pflanzenkundler nehmen übrigens eine andere Zuordnung vor: Sie definieren Neuguinea als Teil des homogenen Großraums ›Malesia‹, zu dem auch die malayische Halbinsel, Indonesien, die Philippinen und der Bismarck-Archipel gehören, nicht aber die Solomonen.

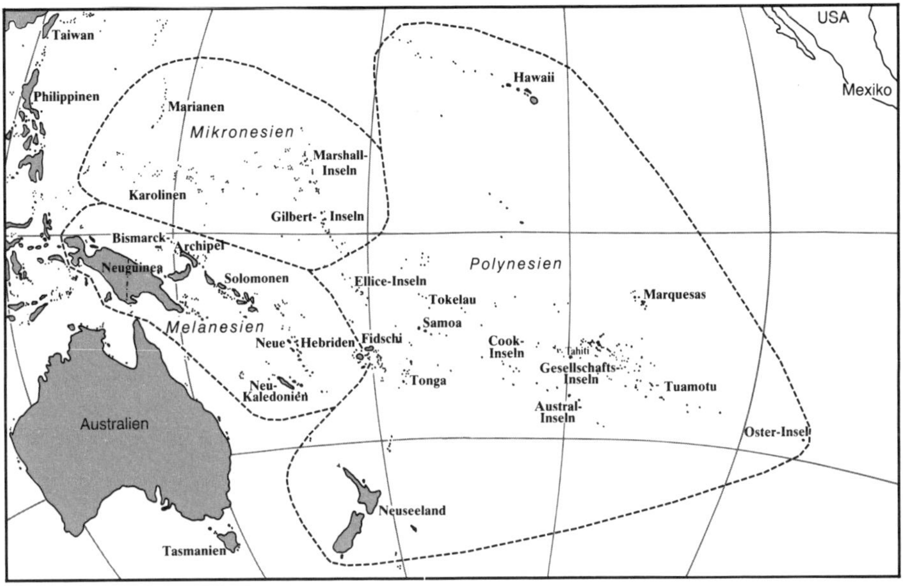

Geographische Großräume im Pazifik

Geographische Beschaffenheit

Neuguinea und die vorgelagerten Inseln liegen zwischen der stabilen kontinentalen Landmasse von Australien, die sich in nördlicher Richtung bis Südwest-Papua ausdehnt, und dem tiefen ozeanischen Becken des Pazifik. Neuguinea ist somit ein Teil jener äußerst bewegten Zone der Erdkruste, die den pazifischen Ozean umgibt. Dieser Teil der Erde kann durch junge, verschobene und gefaltete Gebirgsmassive, gebogene Ketten von Inseln (sogenannte Inselbögen), ozeanische Schwellen und durch rege, bis in die Gegenwart anhaltende Vulkan- und Erdbebentätigkeit charakterisiert werden. Vor ca. 30 Millionen Jahren (in der Epoche des oberen Oligozäns bis zum unteren Miozän) setzten in Neuguinea Faltungen der Erdoberfläche ein, die ihren Höhepunkt im späten Pliozän bis zum frühen Pleistozän (vor 7 bis 2,5 Millionen Jahren) erreichten und in geringem Umfang bis zur Gegenwart anhalten. Verbunden mit extrem starker vulkanischer Tätigkeit haben sie die heutige Form des Landes geschaffen.

Charakteristisch für Papua-Neuguinea sind infolgedessen starke topographische Kontraste. Die Hauptinsel wird in ihrer gesamten Längsausdehnung – vom ›Vogelkopf‹ in West-Irian bis zum Ostkap am Ende des Owen Stanley-Gebirges – von einem zentralen Gebirgsmassiv durchzogen, den Kordillieren. Sie beanspruchen an Fläche ungefähr die Hälfte des Festlandes von

Neuguinea und weisen im Mittelteil eine Breite bis zu 200 km auf, während sie an den östlichen Ausläufern immerhin noch ein 50 km breites Band bilden. Sie erheben sich bis zu einigen schneebedeckten Fünftausendern, die allerdings alle im indonesischen Westteil der Insel liegen. In Papua-Neuguinea ist der Mount Wilhelm mit 4931 m die höchste Erhebung. Die Kordillieren bilden keine geschlossene Gebirgskette, sondern vielmehr ein verästeltes Bergsystem, das von breiten Hochlandtälern oder -ebenen durchzogen ist. Die Zentralkordilliere fällt sehr steil ab, sowohl im Süden gegen die Ebene und das Tiefland von Papua als auch im Norden gegen den Sepik-Ramu-Markham-Graben. Ein Höhenunterschied von 2000 m auf einer Strecke von nur 10 bis 15 km ist durchaus nichts Ungewöhnliches. Im Mount Wilhelm-Massiv fällt das Höhenniveau im Verlauf von 13 km sogar um 4000 m!

Der Sepik-Ramu-Markham-Graben, eine relativ junge Formation in der tektonischen Geschichte der Insel, erstreckt sich vom Geelvink-Busen in West-Irian bis zum Huon-Golf in Papua-Neuguinea; seine Breite schwankt zwischen 80 km im Sepik-Gebiet und nur 8 km im oberen Ramu- und Markham-Gebiet. Nördlich von diesem sogenannten Zwischengebirgsgraben verläuft parallel zur Zentralkordilliere eine zweite Gebirgskette, die sich stellenweise bis zur Nordküste ausdehnt. Diese nördliche Kette ist – mit Ausnahme der Huon-Halbinsel – viel niedriger und schmaler als das Hauptmassiv. Auch hier handelt es sich nicht um ein zusammenhängendes Massiv, sondern um verschiedene, durch flache Einschübe (etwa die Sepik- oder die Gogol-Ebene) miteinander verbundene Bergformationen. Sie sind im Westen am niedrigsten, nehmen aber nach Osten stetig an Höhe zu, bis sie im Mount Bangeta im Saruwaged-Gebirge mit ca. 4500 m ihre größte Höhe erreichen.

Die charakteristische Erscheinungsform der Landschaft in den hochgelegenen Gebieten sind spitzwinklige, unregelmäßige Gebirgskuppen, die breite, V-förmige Täler einschließen. Oberhalb von 3800 m finden sich noch vereinzelte Spuren von Gletscherformationen und Überreste vulkanischer Tätigkeit. Die großen Höhenunterschiede in den Gebirgsregionen haben auch zu einer Schichtung der Klimazonen und entsprechend zu verschiedenen Vegetationsformen geführt, die vom Regenwald über künstlich geschaffene Grasflächen und Hochgebirgswald bis hin zur alpinen Grasnarbe, die noch die höchsten Gipfel bedeckt, reichen.

Zwischen die nördlichen Ausläufer der jeweiligen Gebirgsketten und das Küstenland schieben sich bisweilen ein Saum von ebenen Sümpfen, das Schwemmgebiet von Flüssen, schmale Küstenebenen oder Korallenterrassen. Im Gegensatz zur südlichen Küste, die relativ stabil ist, befindet sich die nördliche in steter Bewegung. So weisen die gehobenen Korallenriffe, die vielfach die Küstenplateaus bilden, eine Hebungsrate bis zu 2 mm pro Jahr auf. Das mag gering erscheinen, aber gemessen an der geologischen Uhr, die in Jahrmillionen zählt, ist das eine rasante Bewegung.

Die Hauptinsel von Papua-Neuguinea, das ›Festland‹, ist von zahlreichen Inselgruppen umgeben, die man geologisch in vier Hauptgruppen einteilt:

1) Der Inselbogen der südlichen Bismarck-See umfaßt das Gebiet von Neubritannien (mit Ausnahme der Gazellenhalbinsel) und der kleineren Inseln, die dem nördlichen Festland vorgelagert sind. Dieser Vulkanbogen, in dem es noch viele aktive Krater gibt, wird von Küstenriffen umspannt.

2) Der Bougainville-Neuirland-Inselbogen setzt sich aus den Inseln Bougainville, Buka, der Gazellenhalbinsel von Neubritannien, Neuirland, Neuhannover, der St.-Matthias-Gruppe und den Admiralitätsinseln zusammen. Bougainville, die größte der Solomonen-Inseln, wird von einer zentralen, steilwandigen Gebirgskette mit drei großen Vulkankegeln beherrscht. Die flankierenden Hügel bestehen aus vulkanischen Ablagerungen. Buka ist ein Korallenriff, das sich bis zu 100 m über den Meeresspiegel erhebt. Die Gazellenhalbinsel bildet zwar einen Teil von Neubritannien, gehört aber vom geologischen Standpunkt her zum Bougainville-Neuirland-Bogen. Die zerklüftete Gebirgsformation im Zentrum der Halbinsel wird im Osten von einem gehobenen Korallenriff, im Nordosten von den aktiven Vulkanen in der Gegend um Rabaul begrenzt. Auch Neuirland, eine schmale, lange Insel, wird von einem Zentralgebirge durchzogen, dem sich entlang der Küste Korallenplateaus vorgelagert haben. Gleichfalls vulkanischen Ursprungs ist Neuhannover, doch haben hier heftige Erosionen die meisten der ursprünglich vulkanischen Landformen zerstört, so daß nur noch niedrige Berge und Hügel übriggeblieben sind. Mit Ausnahme der St.-Matthias-Gruppe handelt es sich bei den Eilanden im Norden und Nordosten von Neuirland um vulkanische Inseln, von denen zwei (Ambitle und Lilur) aktive schwefelwasserstoffhaltige Dampfquellen, sogenannte Solfataren, aufweisen. Die Admiralitätsinseln umfassen Manus und zahlreiche kleine, südlich davon in einem Halbkreis angeordnete Inselchen, die aus Korallenschichten und Vulkanen bestehen. Allerdings ist nur ein einziger dieser Vulkane aktiv, und zwar jener auf der Tultman-Insel südöstlich von Manus.

Tropische Landschaft an der Nordküste Neuguineas (Darstellung von 1888)

3) Die D'Entrecasteaux-Inseln und der Louisiaden-Archipel bilden strukturell gesehen eine Fortsetzung des Festlands von Neuguinea, wobei Berge aus metamorphem Gestein von gehobenen Korallenplateaus umgeben sind. Die Inseln werden fast alle von Riffen eingeschlossen.

4) Die Trobriand-Inseln bestehen vollständig aus Kalkstein und sind in gehobenen Korallenriffen angeordnet. Die Beschaffenheit der Oberfläche ist meist flach bis leicht hügelig, wobei zackige Korallenformationen weite Verbreitung haben.

Nicht nur die endogenen Vorgänge im Inneren der Erdkruste bestimmen das Profil einer Landschaft, auch die exogenen an der Oberfläche spielen eine große Rolle bei deren Gestaltung. Verwitterung, Bergstürze, Erosion und Flußablagerungen werden durch das feuchttropische Klima, die kontrastreiche Landschaft bzw. den dichten Pflanzenwuchs gefördert. Im Hochland erreichen die schotterführenden Flüsse dauernde Erosionswirkung. Die heutige Schneegrenze liegt knapp über 5000 m; deshalb gibt es in Papua-Neuguinea – im Gegensatz zu West-Irian – keine Gletscher und Schneefelder mehr. Im Pleistozän, vor ungefähr 2,5 Millionen Jahren, lagen die Temperaturen dagegen um 5 °C niedriger, die Schneegrenze verlief bei 4000 m. Deshalb kann man heute noch in dieser Höhenlage einstige Gletscherformationen, beispielsweise Moränen oder Karsterscheinungen, erkennen.

Fast ganz Papua-Neuguinea ist von einem Korallenriff umgeben; nur die Mündungsgebiete der Flüsse, wo das Wasser trübe und der Meeresboden aufgewühlt ist, und der Golf von Papua, das Hauptablagerungs- und Schwemmgebiet, sind davon ausgenommen. Im Südosten des Landes erstreckt sich ein Barriereriff, das im Louisiaden-Archipel eine Breite von fast 50 km erreicht.

Klima und Klimazonen

Für das Wetter in den verschiedenen Regionen Papua-Neuguineas ist weniger der jeweilige Längen- und Breitengrad ausschlaggebend als vielmehr Höhe und Richtung der Gebirgsketten. Diese üben nämlich den größten Einfluß auf Richtung und Wasserabladung der Winde aus. Die Niederschlagsmengen hängen von der Temperatur und der Luftfeuchtigkeit ab. Über das Jahr hinweg betrachtet, bleibt die Temperatur konstant, es sind lediglich Schwankungen innerhalb des Tages zu verzeichnen. Im Hochland kann das Thermometer nachts bis zum Gefrierpunkt absinken, während es in den niedrigen Lagen und im Küstengebiet immer ziemlich konstant um 30 °C anzeigt. Vereinzelt wird es noch heißer, aber das ist selten; die Schwankungen erreichen nicht die Werte des benachbarten Festlandes von Australien, wo Temperaturen von 40 °C und mehr keine Seltenheit sind. Die Luftfeuchtigkeit liegt im allgemeinen zwischen 70 und 85%. Höhere Werte sind in den niedrigen Küstenzonen zu verzeichnen, was in Verbindung mit der Hitze das typische, für Europäer so schwer erträgliche und ungesunde Klima zur Folge hat. Die Hochlandgebiete, die keine solchen Extremwerte aufweisen, empfinden Europäer als vergleichsweise angenehm.

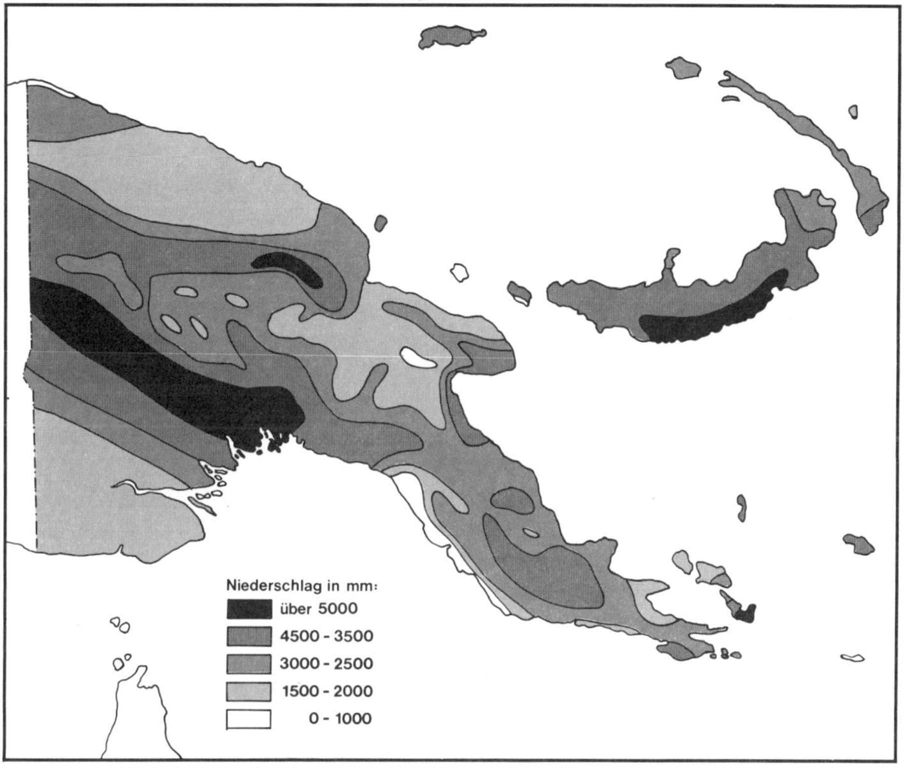

Durchschnittliche jährliche Niederschlagsmengen in Papua-Neuguinea

Die beiden großen Windströmungen, die im Gebiet von Papua-Neuguinea vor allem wirksam werden, sind der Südostpassat und der Nordwestmonsun. Obwohl sie verschiedene Namen tragen, handelt es sich bei beiden prinzipiell um denselben Typus von Luftbewegung: Die zusammenfließenden Luftströme der subtropischen Hochdruckzonen drängen zu der sogenannten Zwischentropenfront, einem Gürtel von niedrigerem Luftdruck mit erwärmter, aufsteigender Luft, die sich unter der vertikalen Sonne bildet und sich anscheinend auch mit dieser fortbewegt. Passat- und die Monsunwinde dehnen sich aus und ›schrumpfen‹ entsprechend der jahreszeitlichen Wanderbewegung der intertropischen Zone. Der Südostpassat bläst von Mai bis Oktober, der Monsun etwa von Dezember bis März. Dazwischen gibt es kurze Zeiten relativer Stille, wenn die intertropische Front quer über Neuguinea liegt. Typische Zyklone und Hurrikane treten in der Gegend relativ selten auf, doch kommen in den Bergen häufig örtliche Gewitterstürme von manchmal verheerendem Ausmaß vor, gelegentlich auch im Küstengebiet. Die mächtigen Gebirgsketten leiten die Passat- und Monsunstürme in erstaunlichem Ausmaß, so daß es zu lokalen Erscheinungen von großer Regelmäßigkeit kommt. So blasen etwa am unteren Markham-Fluß in der Nähe von Lae fast das ganze Jahr hindurch ab 9 Uhr vormittags die Winde vom Nordwesten, um gegen 15 Uhr nachmittags nach Nordost überzuspringen.

Beide Windsysteme, Passat wie Monsun, sind sehr wasserträchtig, weil sie die Verdunstung der großen Meeresflächen, die sie unterwegs überqueren, reichlich aufsaugen. Aber wo sie ihre Wassermassen entladen, hängt wiederum von der speziellen Topographie der betreffenden Region ab. Generell kann man festhalten, daß fast alle Inseln, vor allem die im Bismarck-Archipel, die Louisiaden- und die Trobriand-Inseln, fast permanent unter Regen stehen, während in einigen kleineren Regionen größte Trockenheit herrscht, vor allem in und um Port Moresby. Dort kommt es sogar immer wieder zu Versorgungsengpässen, die eine Wasserrationierung notwendig machen.

Von Jahr zu Jahr gibt es bedeutende Klimaschwankungen, und da noch nicht genügend Meßwerte über längere Zeiträume vorliegen, aus denen sich bezüglich des Wetterverlaufs Gesetzmäßigkeiten ablesen ließen, muß jeder Besucher von Papua-Neuguinea mit klimatischen Unwägbarkeiten rechnen. Als einzige Regel ist aufzustellen: Wann immer man in das Land kommt und vor allem dann, wenn man ins Innere vordringt, wird man früher oder später unausweichlich Bekanntschaft mit einem tropischen Regenschauer machen. In manchen Gegenden setzt jeden Nachmittag ein tropischer Regenfall ein, was den Lebensrhythmus der

Vegetationszonen in Papua-Neuguinea

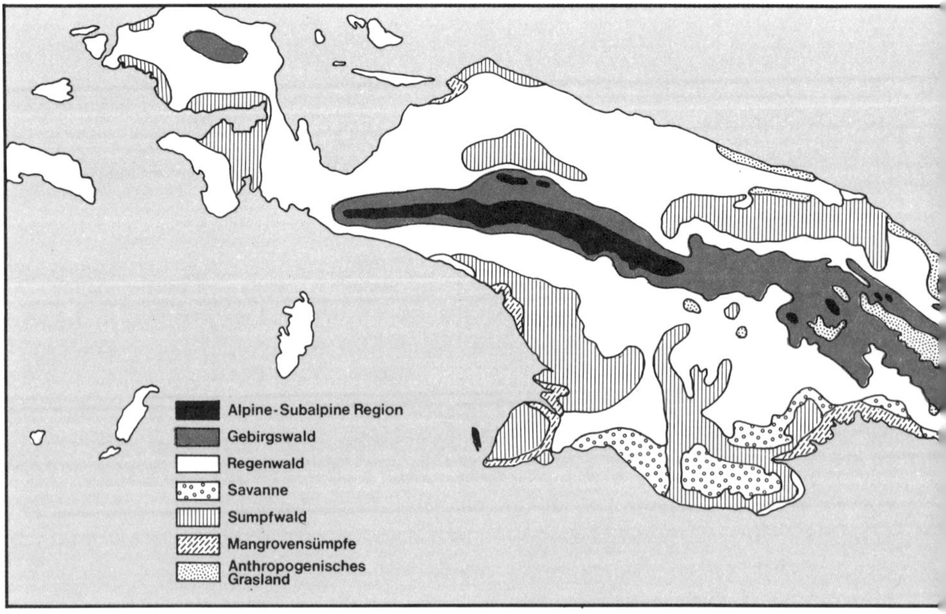

Eingeborenen ebenso geprägt hat wie die Pflanzenkultur und den Hausbau. Die feuchtesten Regionen im Golf von Papua und auf Neubritannien können bis zu 5 m Niederschlag pro Jahr erhalten. Es kommt auch vor, daß innerhalb eines Tages 50 cm Regen zu verzeichnen sind, was dann zum raschen Ansteigen der Flüsse und den damit verbundenen Überschwemmungen führt.

Flora

Welche Pflanzendecke in den einzelnen Regionen Neuguineas jeweils vorherrscht, hängt von den je nach Höhenlage unterschiedlichen klimatischen Einflüssen ab. Entlang der Küste, in den Mündungsgebieten der großen Flüsse und an geschützten Buchten finden sich große Mangrovenbestände, die infolge ihrer vielfach verflochtenen und versumpften Stelzwurzeln nicht weiter vordringen können. Die Inlandsumpfgebiete in den Überschwemmungsebenen der großen Flußsysteme sind durch große Mengen an Sagopalmen (Metroxylon sagu) und Schraubenbäumen charakterisiert, die beide für die Ernährung der Eingeborenen eine wichtige Rolle spielen. Auch Nipapalmen (Nipa fruticans) und wildes Zuckerrohr (Saccharum robustum) sind – neben den Mangroven – in den Sümpfen vertreten, wobei die Häufigkeit der einzelnen Pflanzenarten davon abhängt, ob es sich um einen Süß- oder Salzwassersumpf handelt und ob er dauernd oder nur zeitweise unter Wasser steht.

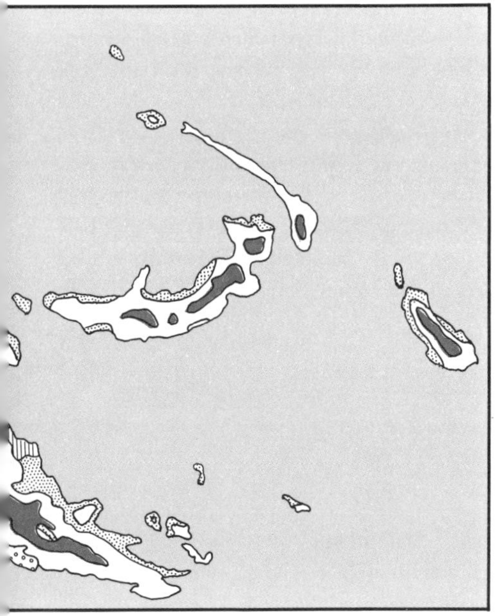

Obwohl in den niederen Regionen die Temperaturen und Niederschlagsmengen relativ konstant sind, variieren doch die Abfluß- und Entwässerungsmöglichkeiten, die entweder zur Bildung von Sumpfland oder zum Entstehen von tropischem Regenwald führen können. Letzterer erstreckt sich bis zu etwa 1000 m Höhe und bedeckt ungefähr 60% der Küstenregion. Der ursprüngliche Regenwald ist allerdings sowohl durch menschliche Einflüße (Brandrodung) als auch durch natürliche (Wind, Feuer, Erdrutsche) schon großteils zerstört oder zumindest modifiziert worden. Die Baumabschlußgrenze liegt hier in einer Höhe zwischen 40 und

60 m; die Kronen bilden oft eine ziemlich dichte, das Licht filternde Decke, so daß der Wuchs des Unterholzes streckenweise überraschend dürftig ausfällt. Die Urwaldriesen werden oft von Farnen, Moosen und Orchideen überzogen, wobei zu bemerken ist, daß Papua-Neuguinea über 1830 Arten von Orchideen aufweisen kann. Mehr als 100 verschiedene Baumarten sind am Mosaik des tropischen Regenwaldes beteiligt, wobei die unterschiedlichen Böden und Witterungseinflüsse eine Vielfalt von Wachstumsbereichen geschaffen haben.

In den trockeneren Tiefenlagen wird der tropische Regenwald von einem sogenannten Monsunwald oder sogar von nur steppenartigem Pflanzenwuchs abgelöst; entlang der Küste kommen auf schmalen Sanddünen Sträucher und niedrige Bäume vor. Die Monsunwälder, die sich durch weniger und kleinere Baumarten auszeichnen, die längere Zeiten blattlos sind, trifft man in den Gebieten mit starken saisonalen Klimaschwankungen an. Mit abnehmenden Niederschlagsmengen sind die Monsunwälder durch Feuer gefährdet und werden von Bränden leicht in Savannenwälder umgewandelt, wobei dann die Gräser eine größere Fläche einnehmen als die Bäume. Auch deren Artenanzahl wird reduziert; meist prägen dann Eukalyptusarten das Erscheinungsbild, was die Landschaft jener Australiens ähnlich macht.

Zwischen 1000 und 3000 m erstreckt sich ein gemischter Gebirgswald. Er unterscheidet sich von dem tiefer liegenden tropischen Regenwald durch die größere Anzahl an Baumfarnen und die verringerte an Palmen und Lianen. Auch liegt die Baumabschlußgrenze mit 20 bis 25 m deutlich niedriger. Bei höherer Lage steigt der Anteil an Nadelhölzern, die Blattgröße der Laubbäume verringert sich. In der Höhenlage zwischen 2500 bis ca. 3500 m herrschen sogenannte Nebel- und Mooswälder vor. Mit Ausnahme einiger Nadelbäume, die bis zu 30 m hoch werden, besteht der ewig feucht tropfende, kalte Nebelwald aus verkümmerten und verkrümmten Bäumen von kaum mehr als 15 m Höhe. Der Boden dieses Waldes wird von einer dicken, faulenden Debrisschicht bedeckt, die über 1 m stark sein kann. Alles ist mit Moos und Flechten überzogen. Oberhalb des Nebelwaldes gibt es einen Gürtel von Hochgebirgswald, der sich bis zu 4000 m erstreckt und in der Hauptsache aus kurzwüchsigen Nadelhölzern besteht. Alpine Grasmatten, mit Zwergsträuchern durchsetzt, ziehen sich bis zu den Bergspitzen empor. Selbstverständlich gehen all diese erwähnten Waldzonen Neuguineas fließend ineinander über. Bemerkenswert etwa im Vergleich zu Australien ist das Vorkommen von Eichen und Rhododendren, die in 48 Arten mit herrlichem Blütenschmuck vertreten sind. Unter den Blumen der Bergmatten werden die europäischen Besucher vielleicht nicht ohne Erstaunen Enzian und Hahnenfuß erkennen.

Fauna

Säugetiere

Es gibt zwar nur vier Gattungen von Säugetieren auf dem ›Festland‹ von Papua-Neuguinea und den benachbarten Inseln, aber dieser scheinbaren Armut steht ein bemerkenswerter Artenreichtum gegenüber: Hier leben nämlich insgesamt knapp 200 verschiedene Arten – Australien, das fast zehnmal so groß ist, kann gerade 30 mehr aufweisen. Wasserbarrieren und die Entfernung zum kontinentalen Asien haben dazu geführt, daß mehrere Gattungen, die in Asien vorkommen, in Papua-Neuguinea völlig fehlen, darunter die Insektenfresser (Insectivora), die Hasenartigen (Lagomorpha), die Raubtiere (Carnivora), die Huftiere (Ungulata), die Elefanten und die Herrentiere (Primates). Umgekehrt sind die Kloakentiere (Monotremata) und die Beuteltiere (Marsupialia) in Asien nicht vertreten, lediglich die Gattungen der Nagetiere (Rodentia) und der Flattertiere (Vhioptera) leben in beiden Regionen.

Nur durch die abgeschiedene Lage am Ende eines riesigen Inselbogens ist die geringe Anzahl von Gattungen bei einem hohen Anteil einheimischer Arten unter den Säugetieren zu erklären. 132 der insgesamt 178 auf Neuguinea vorkommenden Arten, also 74%, finden sich nur hier. Bei den Nagern beträgt der entsprechende Anteil sogar 89%, bei den Beuteltieren 82%, bei den Flattertieren 50%. Das Gebiet, für das diese Zahlen gelten – das ›Festland‹ und die damit zusammenhängenden Inselgruppen wie die des östlichen Papua-Gebietes (D'Entrecasteaux-Gruppe, Louisiaden-Archipel, Woodlark-Insel und Trobriand-Inseln) – wird oft als ›papuanische Subregion‹ bezeichnet. Zur ›nordmelanesischen Subregion‹ zählt man u. a. die Admiralitätsinseln und den Bismarck-Archipel, während die Inseln Buka und Bougainville vom zoologisch-geographischen Standpunkt her den Solomonen angehören. Die Artenanzahl in den beiden letztgenannten Regionen ist äußerst beschränkt, auf 35 in der nordmelanesischen Subregion und auf nur 20 in Buka und Bougainville.

Da Papua-Neuguinea eine Vielzahl von unterschiedlichsten Lebensräumen aufweist, ist es selbstverständlich, daß gewisse Tierarten nur in gewissen Bereichen vorkommen. So findet man das Wallaby, eine kleine Känguruhart, häufig in dem Savannenwald, der schätzungsweise 3% der Landesfläche bedeckt. Die meisten Tiere, die in diesem Vegetationsbereich beheimatet sind, leben auch in Nordaustralien, von wo sie erst vor geologisch relativ kurzer Zeit über die Landbrücke nach Papua-Neuguinea gelangten. Im Gegensatz dazu sind die meisten Tierarten, die im tropischen Regenwald und in den Gebirgszonen hausen, nur auf Papua-Neuguinea bekannt. Die meisten der Flattertiere leben im tropischen Regenwald, die Riesenratten wiederum im sogenannten Nebelwald.

Unter den Beuteltieren gibt es einige mit raubtierhaftem Verhalten; der sogenannte ›tasmanische Tiger‹ ist auf Papua-Neuguinea allerdings schon seit langem ausgestorben. Die Archäologin Susan Blumer fand 1959 bei Grabungen im Hochland einen Kieferknochen dieses Tieres, dessen Alter mit rund 10 000 Jahren datiert werden konnte. Heute leben noch acht fleischfressende Beuteltierarten auf Papua-Neuguinea, darunter als größte die weißgefleckte, ungefähr 1 kg schwere Satanellus. Ein pflanzenfressender Vertreter der Gattung ist das Baumkänguruh, das kürzere Hinterbeine und stärkere Vorderarme als sein großer australischer Verwandter hat. Vor allem im Hinterland, außerhalb des Bereichs von Gewässern und Flüssen, gilt es als eine beliebte Ergänzung des Speisezettels und wird oft mit Hunden gejagt.

Die am häufigsten vorkommende Fledermausart ist die Syconycteris, die nur etwa 7,5 cm mißt und in fast allen Höhenlagen anzutreffen ist. Durch die Aufnahme von Nektar spielt sie bei der Bestäubung vieler Pflanzen eine wichtige Rolle.

Auf Neuguinea heimische Tiere: Beuteldachs (links) und Ameisenigel ...

Bei dem Dugong handelt es sich um ein friedfertiges, seehundartiges, pflanzenfressendes Meerestier, das ausgewachsen zwischen 150 und 200 kg wiegt und eine Länge bis zu 2 m erreicht. Am Dugong können die Eingeborenen alles verwerten, neben dem Fleisch noch die Haut, das Fett und die Stoßzähne.

Die Kloakentiere sind wahrscheinlich die seltsamsten Bewohner von Papua-Neuguinea. Sie legen zwar Eier, säugen aber dann ihre Jungen. Es gibt zwei Arten von Schnabeligeln bzw. Ameisenigeln: Zaglossus, die langschnabelige Art, und Tachyglossus, die kurzschnabelige. Mit ihrer langen, klebrigen Zunge jagen sie Ameisen, Termiten und andere kleine Insekten. In dem dichten Fell der Tiere, in dem sich Flöhe und Zecken aufhalten, sind Stacheln ohne Widerhaken eingebettet, die sich bei Gefahr aufstellen. Die kurzschnabelige Art wird bis zu 40 cm lang und wiegt nur ca. 2 kg, die langschnabelige erreicht bis zu 75 cm Länge und bis zu 9 kg Gewicht.

Bei fast allen der erwähnten Säugetierarten handelt es sich um Nachttiere, und entsprechend bekommt man sie nur äußerst selten zu Gesicht.

Nicht auf Neuguinea heimisch, sondern vor einigen Tausend Jahren von den Vorfahren der heutigen Bevölkerung mitgebracht, sind die polynesische Ratte (Rattus exulans), das Schwein und der Hund. Die Europäer führten Nutztiere wie Kühe, Schafe, Ziegen, Pferde und Hühner ein und setzten in einigen Landstrichen für spätere Jagdzwecke Rehe aus. Trotz mannigfaltiger Experimente hat sich die Schafzucht hier nicht etablieren können, und die Milchproduktion der eingeführten Kuhrassen liegt weit unter den europäischen Vergleichswerten.

Vögel

Die Vogelwelt Neuguineas und der übrigen melanesischen Inseln zählt zu den reichhaltigsten der Erde; ihr gehören etwa 860 Arten an, die viele Eigenheiten aufweisen (Vergleichszahlen:

... Paradiesvogel (links) und Greifbeutler oder Cuscus

Australien etwa 650, Nordamerika etwa 800). Vom größten (fluglosen) Vogel, dem Kasuar, einem Verwandten des Straußes und des Emu, bis zu einem Zwergpapagei (Micropsitta) hat die Fauna zahlreiche interessante Formen hervorgebracht, den Hornvogel, der einen großen Höcker auf seinem Schnabel trägt, ebenso wie die größte Taubenart der Welt, die huhngroße, prächtig blau gefiederte Victoria-Kronentaube (Goura victoria). Der Eisvogel, der kleine polynesische Lori (Charmosyna) sowie lokale Arten des Zaunkönigs (Todopsis) und der Drossel (Pitta) – sie alle weisen ein leuchtend farbiges Gefieder auf und scheinen in direkte Konkurrenz mit den Paradiesvögeln treten zu wollen.

Der Vogel, der im Zusammenhang mit Neuguinea am berühmtesten geworden ist, der auch die Nationalflagge ziert und das Emblem der nationalen Luftlinie bildet, ist der Paradiesvogel. Von 42 auf der Welt existierenden Arten sind 38 ausschließlich hier beheimatet (die restlichen leben auf den Molukken-Inseln und im östlichen Teil Australiens). Die Namensgebung der Tiere beruht auf einem historischen Irrtum. Anfangs des 16. Jahrhunderts überreichte der Raja von Batjan dem portugiesischen Seefahrer dal Cano die phantastisch gefiederten Bälge des Paradiesaea apoda und des Cicinnurus regius als Gastgeschenk. Die Füße der Vögel, die von den Eingeborenen meist gewohnheitsmäßig abgeschnitten wurden, fehlten jedoch. Nicht in diesen Tatbestand eingeweiht, zogen die Europäer falsche Schlüsse. Die Legende kam auf, daß diese ›fußlosen Vögel‹ andauernd in den höchsten Himmelsregionen flögen, die Weibchen die Eier sogar in einer Rückenvertiefung der Männchen während des Fluges ausbrüteten, und daß die Tiere erst im Tode vom Himmel stürzten. Da sie ihr Dasein vermeintlich so nahe am Paradies verbrachten, gab man ihnen den Namen ›Paradiesvögel‹. Der Rumpf der Paradiesvögel ist nicht übermäßig groß und entspricht etwa dem unserer Singvögel. Aber ihre Schwanzfedern sind nicht zu übertreffen: Der grün-schwarze Astrapia mayeri, der erst 1939 im Hochland von Mount Hagen entdeckt wurde, besitzt bei einer Körpergröße von ca. 15 cm weiße Schwanzfedern bis zu 1 m Länge, womit dieser Vogel, was die Proportionen betrifft, sicher einen Weltrekord aufstellt. Bei diesen prächtigen Exemplaren handelt es sich übrigens durchweg um die

Von links nach rechts: Kasuar, Nashornvogel, Kakadus und Victoria-Krontaube

Männchen, die mit ihrer farbenprächtigen Balz die Weibchen beeindrucken und gewinnen möchten.

Knapp zwei Drittel aller Paradiesvogelarten sind in den Gebirgswäldern beheimatet, wo sie in den mittleren und oberen Baumregionen ihre vorwiegend tassenförmigen Nester bauen. Ihre Schönheit beschränkt sich übrigens auf ihr Gefieder, denn ihre Stimmen sind alles andere als angenehm. Die Laute, die sie von sich geben, ähneln dem Krächzen von Krähen, und der erwähnte Astrapia mayeri läßt beim Balzen ein maschinengewehrartiges Geknatter hören. Glücklicherweise wurden schon sehr früh, bereits zur Zeit der deutschen Kolonialherrschaft, erste Schutzmaßnahmen für diese Tiere ergriffen, da um die Jahrhundertwende bis zu 80 000 Paradiesvogelbälge jährlich als Zierde europäischer Damenhüte endeten.

Insekten

Die Insektenwelt von Papua-Neuguinea ist reichhaltig und abwechslungsreich, wobei sich Artverwandtschaften – anders als bei den Säugetieren – nicht in Australien, sondern hauptsächlich in Südostasien finden. In Neuguinea existiert der größte Schmetterling der Welt, Ornithoptera (Troides) alexandrae, es gibt über 30 000 Arten verschiedener Käfer, unter denen der Rhinozeroskäfer mit seinen überlangen ›Antennen‹ auffällt. Viele Vertreter dieser Gattungen sind für den Menschen unangenehm bis gefährlich, beginnend bei der Anopheles-Mücke, die die Malaria überträgt, über Wespen, Termiten, Ameisen, Zecken, Flöhe, Fliegen, Blutegel und Wanzen bis hin zu raupenartigen Hundertfüßlern und giftigen Tausendfüßlern. Es gibt so gut wie keinen Reisebericht über Neuguinea, in dem die Insektenqual keine Erwähnung finden würde. Auch die Eingeborenen leiden darunter: Bevor Schlafnetze aufkamen, suchte man im Sepik-Gebiet des Nachts Zuflucht vor den Quälgeistern in eng geflochtenen Körben.

Schlangen und Reptilien

Im ganzen Land gibt es über 110 Schlangenarten, vor allem konzentriert in den tieferen Lagen und Küstengebieten. Je höher die Lage, um so seltener werden sie. Was die Gefährlichkeit betrifft, so hat ein Handbuch die Formulierung gefunden, daß auch einige nicht-giftige Arten vorkämen. Dazu zählen die Pythonschlangen und Boas, die mit 12 Arten vertreten sind. Die braunfarbene Python, Liasis amethystinus, kann eine Länge von mehr als 7 m erreichen. Bei der grünen Python, Chondrophython viridis, handelt es sich um eine ca. 1,5 m lange Baumschlange, die durch ihre leuchtendgrüne Smaragdfärbung auffällt, während die Jungen in kräftigem Gelb erstrahlen.

Unter den Giftschlangen gilt die bis zu 4 m lange Taipan, Oxyuranus scutellatus, als die giftigste: Jeder zweite Gebissene stirbt. Glücklicherweise ist diese Schlange ebenso selten wie scheu. Sie legt im Durchschnitt 12 bis 15 Eier, während die andere lebensbedrohende Schlange, die Todesviper (Acanthopis antarcticus) lebende Junge zur Welt bringt. Die Todesviper ist nur etwa einen halben Meter lang und lauert, durch graue und braune Flecken hinreichend getarnt, auf dem Boden nach Opfern. Die kleinäugige Micropechis ikaheka, an einem creme- bis rosafarbenen Schuppenkleid erkennbar, erreicht bis 2 m Länge, gilt als äußerst aggressiv, wenn sie überrascht wird, und ist für viele Todesfälle verantwortlich. Sie hat sich vor allem auf den Kokosnußplantagen ausgebreitet und kommt auch im dichten Wald vor.

16 Arten von Seeschlangen leben hauptsächlich in den Küstengewässern; sie sind ausnahmslos sehr giftig. Man kann sie vom Schiff aus an der Wasseroberfläche sehen und dabei ihren sich verbreiternden, gleichsam paddelförmigen Schwanz erkennen. Zwei der Arten legen Eier an Land, die anderen gebären lebende Junge.

Im Grasland tummelt sich eine Menge kleiner Echsen und Geckos, die als vorzügliche Kletterer auch in den Häusern anzutreffen sind.

Im Gebiet von Neuguinea treten zwei Krokodilarten auf. Das größte Krokodil der Welt, das Leistenkrokodil (Crocodylus porosus), ist ein Salzwasserbewohner und kann Hunderte von Kilometer ins offene Meer hinausschwimmen. Durchschnittlich rund 7 m lang (!), erreicht es bisweilen auch 10 m. Ein kleineres Süßwasserkrokodil, Crocodylus novaeguineae, bringt es auf durchschnittlich ›nur‹ 2 m bei einer maximalen Größe von 4 m. Das Salzwasserkrokodil, das auch in den großen Flußsystemen vorkommen kann, wird wegen seiner eng angeordneten Bauchschuppen bevorzugt gejagt. Um die Rasse zu erhalten, hat man allerdings gewisse Schutzmaßnahmen ergriffen. So dürfen keine Krokodilhäute mit einer Bauchbreite von mehr als einem halben Meter in den Handel kommen (das entspricht einer Tiergröße von 3 m). Man hofft, daß die am Leben gelassenen größeren Tiere mehr Nachwuchs haben. Außerdem werden die Eingeborenen angehalten, die lebend eingefangenen Jungtiere bis zu einer gewissen Mindestgröße hochzufüttern. Auch sind von der Regierung einige Krokodilfarmen angelegt worden.

Die Notwendigkeit dieser Maßnahmen wird deutlich, wenn man sich vor Augen hält, daß noch vor kurzem pro Jahr allein aus dem Sepik-Fluß bis zu 10 000 Krokodilhäute gewonnen wurden.

Zur Tierwelt von Neuguinea zählen des weiteren die baumbewohnenden Echsenarten der Skinken, Agamen und Waranen. Unter den Skinken, die zu den Wühlechsen gehören, gibt es einzig in Neuguinea die rund 8 bis 9 cm langen Helmkopfskinke (Tribolonotus novaeguineae), die am Hinterschädel sechs Stacheln tragen. Unter den Agamen, die oft eigentümliche Gestalten annehmen, findet sich die Kragenechse oder die Winkelkopfagame (Gonocephalus), die einen Rückenkamm und einen taschenartigen Kehlkopfsack besitzt. Die Segelechse (Hydrosaurus amboinensis) ist 1 m lang und trägt auf der Schwanzoberseite ein über 6 cm hohes Hautsegel, das ihr beim Schwimmen als eine Art Paddel dient. Die Warane schließlich, die teilweise als Fleischspender geschätzt werden, kommen in verschiedenen, im ganzen Gebiet verbreiteten Arten vor.

Die im Hochland verbreitete Winkelkopfagame

Die Süßwasserschildkröten von Neuguinea zählen zu der Familie der Schlangenhalsschildkröten. Ausschließlich auf der Insel vertreten ist die für Zoologen sehr interessante Neuguinea-Weichschildkröte (Carettochelys insculpta), deren knöcherner Rücken- und Bauchpanzer nicht mit Hornplatten bedeckt, sondern mit einer lederartigen Haut überzogen ist. Die Füße sind Flossen, die Schnauze trägt einen kurzen Rüssel. Das Tier stellt ein Zwischenglied zwischen den Weichschildkröten und den mit Horn ausgestatteten Halsbergschildkröten dar. Da es gelegentlich aus dem Bodenschlamm hervorkommt, um ein Sonnenbad zu nehmen, besteht die Möglichkeit, daß auch der Tourist es zu Gesicht bekommt.

Fische

Die reichen Fischbestände in den Gewässern und Flüssen Neuguineas – die Zahl der Arten wird mit rund 1500 angegeben – bedeuten für die Eingeborenen eine wertvolle Proteinquelle. Die Küstengewässer sind gewiß kein idealer Bereich, um zu baden, denn die Sicherheit wird nicht nur durch 21 Arten von Haifischen beeinträchtigt. Es gibt auch neun Arten von Rochen, darunter den Gehörnten Teufelsrochen mit einer Flügelspanne von 7 m, und mehrere Fisch- und Muschelsorten, die mit Giftstacheln ausgerüstet sind – nicht zuletzt den berühmt-berüchtigten Steinfisch.

Die Bevölkerung und ihre Kultur

Die Bevölkerungsgruppen und ihre Herkunft

Bis heute bewegt sich die Ethnologie bezüglich Neuguineas auf unsicherem Terrain, wenn es gilt, Exaktes über die Einwanderung der verschiedenen Völkergruppen auszusagen. Tatsächlich signalisieren alleine die Hautfarben – vom schwärzesten Schwarz, das es auf der Welt gibt (in Buka) bis zu zarthellem Braun (an der Südküste) –, daß das heutige Rassengemisch aus ganz unterschiedlichen Ursprüngen hervorgegangen ist und durch die simple Differenzierung in kleinere, dunklere Papuas und größere, hellere Melanesier nicht hinreichend erklärt wird. Ein weiteres ungelöstes Rätsel in der Besiedlungsgeschichte von Neuguinea stellt die Existenz einer Megalithkultur aus der Jungsteinzeit/Bronzezeit dar. Menhire, Dolmen und Plattformen aus Riesensteinen legen dafür ebenso Zeugnis ab wie Steinmörser und -pistille (Stampfer) oder die aus dem Gebiet von Mount Hagen bekannten, kugelförmig bearbeiteten, teilweise wie Vögel geformten Steine, die von den Eingeborenen als ›Geistersteine‹ für ihre Zeremonien gebraucht wurden, ohne daß diese zu sagen wüßten, woher jene stammen. Im Hochland von Goroka fand der Missionar Heinrich Aufenanger eine Höhle mit Kohlezeichnungen, und am Sepik tauchten auf den Kultplätzen bisweilen Steinpfeiler aus rätselhaften Vorzeiten auf.

Allgemein wird angenommen, daß es drei verschiedene große Einwanderungswellen gab, wobei einige Forscher die erste teilweise schon für die Zeit vor etwa 30 000 Jahren ansetzen, während andere meinen, daß sie erst vor etwa 10 000 Jahren erfolgte. Die ersten Einwanderer – kleinwüchsige, altsteinzeitliche Jäger und Sammler – kamen jedenfalls zu Fuß, denn damals waren Asien und Australien noch durch Landbrücken miteinander verbunden. Es gibt die Theorie, daß ein Teil dieser Menschen in Neuguinea blieb, während ein anderer nach Australien weiterwanderte. Die ›Aborigines‹, die dortigen Ureinwohner, sollen von ihnen abstammen. Waren diese ersten Einwanderer nun Pygmäen, von denen man heute noch Reste zu finden glaubt, wie etwa die nur rund 1,30 m großen Tapiro in West-Irian oder die Aiom in der Schrader-Kette? Forscher haben sich diesbezüglich auch nach intensiven Untersuchungen nicht festlegen wollen. Manche Wissenschaftler nehmen übrigens an, schon diese ersten Einwohner könnten Vorläufer der heutigen Papuas gewesen sein, während andere deren Ahnen in der zweiten Einwanderungswelle vor etwa 5000 Jahren sehen.

Damals war Neuguinea jedenfalls bereits von Meer umspült, und die Einwanderer der zweiten Welle kamen schon mit Booten. Wer immer diese ›voraustronesische Bevölkerungsgruppe‹

Neben abfälligen Äußerungen über die Bewohner Neuguineas (vgl. folgende Seite) gab es auch stets stark idealisierte Bilder der ›edlen Wilden‹ (Darstellung von 1888)

gewesen sein mag, sie scheint, dunkelhäutig und kraushaarig, den heutigen Papuas geähnelt zu haben, obwohl Untersuchungen der Kopfform und der Körpermerkmale auch auf Unterschiede hinwiesen. Diese Einwanderer werden als Vertreter der sogenannten ›Walzenbeilkultur‹ definiert, weil sie Steinwerkzeuge kannten, allseitig geschliffene Steinklingen von ovalem Querschnitt, auch schon seßhafte Pflanzer waren, Taro anbauten und Schweine hielten. Sie ließen sich an den Küsten nieder und dürften die Ureinwohner, denen sie ›technisch‹ weit überlegen waren (u. a. durch Bootsbau, Töpferei), in das Landesinnere abgedrängt haben.

Die dritte Einwanderungswelle, die etwa zu Beginn des ersten Jahrtausends v. Chr. angesetzt wird, brachte dann hellhäutige Austronesier auf die Insel, Verwandte der Polynesier. Als Träger einer neolithischen Kultur führten sie neue religiöse und soziale Strukturen ein. Sie pflanzten

Yams, benutzten Vierkantbeile und bauten hochseetüchtige Auslegerboote. Ihr Weg dürfte von Südchina über die malayische Landbrücke in die indonesische und ozeanische Inselwelt geführt haben. Da sich ihre Sprachen nicht so gravierend voneinander unterschieden wie jene der Papua-Stämme im Landesinneren, herrschte unter ihnen eine bessere Kommunikation.

Trotz der traditionellen Feindseligkeiten und der Abgeschlossenheit der einzelnen Stämme kam es in der Folgezeit zu einer intensiven Mischung der Bevölkerungsgruppen, was nicht nur die ›Rassen‹ oft bis zur Unkenntlichkeit durcheinanderbrachte, sondern auch Sprachen und Mythen. Dennoch muß es irgendwann wieder zu sehr spezifischen Entwicklungen gekommen sein, als sich die einzelnen Gruppen wieder gegeneinander abschlossen, so daß jene ungeheure Zersplitterung von Sprachen und Gebräuchen entstand, die sich den ersten europäischen Forschern darbot.

Die Weißen haben sich den Eingeborenen des Landes mit ästhetischen Vorstellungen genähert, die zu verheerenden Urteilen führen mußten. Indem vor allem die kleinen, dunkelhäutigen und kraushaarigen Papuas den Europäern einfach nicht gefielen, kam es zu diskriminierenden, abfälligen Bezeichnungen, die von ›Wilden‹ bis zu ›Kanaken‹ reichten – Ausdrücke, deren sich auch die Missionsliteratur leider bediente. Ein Zitat von einem so weitgereisten und gebildeten Mann wie Georg Forster mag zeigen, wie eine Charakterisierung der Ureinwohner im Jahre 1774 ausfiel: »Auch der körperlichen Bildung nach, fanden wir diese Leute ganz eigenthümlich ausgezeichnet. Sie waren von außerordentlich schlankem Wuchs, nicht leicht über fünf Fuß vier Zoll groß, und den Gliedmaaßen fehlte es an Ebenmaaß. Ärme und Beine waren gemeiniglich lang und sehr dünn, die Farbe der Haut schwarzbraun und die Haare ebenfalls schwarz und wollartig gekräuselt. Das allersonderbarste lag in der Gesichtsbildung. Sie hatten, gleich den Negers, flache, breite Nasen und hervorstehende Backenknochen; dabey eine kurze Stirn, die zuweilen seltsam gestaltet war und platter als bey anderen wohlgebildeten Menschen zu seyn schien. Hiezu kam noch, daß sich manche das Gesicht und die Brust schwarz gefärbt hatten, welches sie denn um ein gutes Theil häßlicher machte. Einige wenige trugen kleine, aus Matten verfertigte Mützen auf dem Kopf; sonst aber giengen sie insgesamt gänzlich nackend. Ein Strick war das einzige, was sie um den Unterleib gebunden hatten, und zwar so fest, daß er einen tiefen Einschnitt machte. Fast alle andre Völker haben aus einem Gefühl der Schaamhaftigkeit, zur Bedeckung des Körpers, Kleidungen erfunden; hier aber waren die Geschlechtstheile der Männer blos mit Zeug umwickelt, und so, in ihrer natürlichen Form, aufwärts an den Strick oder Gürtel festgebunden, mithin nicht sowohl verhüllt, als vielmehr sichtbar gemacht, und zwar, nach unseren Begriffen, in einer höchst unanständigen Lage sichtbar gemacht. Seit unserer Ankunft im Haven, hatten die Insulaner das Schiff von allen Seiten umringt, und schwatzten so lebhaft und aufgeräumt untereinander, daß es eine Freude war. Kaum sahen wir einem ins Gesicht, so plauderte er uns ohne Ende und Aufhören etwas vor, fletschte auch wohl aus Freundlichkeit, obgleich nicht viel besser als Miltons Tod, die Zähne dazu. Dieser Umstand, nebst ihrer schlanken Gestalt, Häßlichkeit und schwarzen Farben, machte, daß sie uns beynah als ein Affen-Geschlecht vorkamen.«

1945 stellte der amerikanische Anthropologe M. F. A. Montague folgende Standarddefinition eines Papuaners auf, die übrigens auch auf die Melanesier zutrifft: gekräuseltes, schwarzes Kopf-

und Barthaar, breite, des öfteren übergroße und nach außen gebogene Nase, die mit der Spitze nach unten deutet, Langkopf- und Breitkopfformen nebeneinander vertreten, die Stirn fliehend mit ausgeprägten Jochbögen, Lippen von mittlerer Stärke. Die Durchschnittsgröße beträgt 1,67.8 cm, die Hautfarbe reicht von dunkelschokoladen- bis hellbraun.

Heutzutage konzentrieren sich die anthropologischen Untersuchungen nicht mehr auf die physikalische Messung der verschiedenen Körperteile – zumal nie befriedigende Theorien entwickelt wurden, die die zahlreichen Abweichungen selbst innerhalb eines Stammes erklären konnten–, sondern auf die Verteilung von Blutgruppen innerhalb der Bevölkerung, was bisweilen interessante Rückschlüsse auf die ursprüngliche Herkunft zuläßt. In Neuguinea hat sich zwar noch keine charakteristische Blutgruppe feststellen lassen, aber es gibt einen signifikanten Bevölkerungsanteil mit der Blutgruppe B, die unter den australischen Ureinwohnern fehlt, aber in Südostasien verbreitet ist. Mit fortschreitender Technik sind dem Wissenschaftler weitere Möglichkeiten der anthropologischen Forschung an die Hand gegeben, und zwar durch die Isolation und Bestimmung der löslichen Proteine im Blut. Aufgrund dieser Methode hat man gravierende Unterschiede zwischen den Hochlandbewohnern und der Küstenbevölkerung festgestellt, die die offensichtlichen Abweichungen in der Körpergröße um weitere Anhaltspunkte ergänzen, die auf verschiedene Herkunft hinweisen. Daneben versucht man, über die Messung der Hautfarbe sowie die Untersuchung von Haaren, von Finger- und Handballenabdrücken sowie von Gebißformen weiteres aussagekräftiges Material zu erstellen, doch gibt es keine endgültigen Ergebnisse.

Auch bei intensivster Lektüre vorliegender Forschungsergebnisse kann man letztlich über die Bevölkerung von Papua-Neuguinea kein allgemein verbindliches Resümée ziehen – von allen Wundern, die dieses Land uns zu bieten hat, sind seine Menschen vielleicht das größte. Es gilt viel eher, sie wachen Auges und offenen Herzens zu erleben, als sich um Analysen zu bemühen, die vermutlich doch nicht aufgehen können.

Sobald die einzelnen Stämme des Landes durch Vermittlung der Weißen in näheren Kontakt miteinander gekommen waren, ergab sich auch hier, daß sich neue soziale Hierarchien herausbildeten. Stämme mit der Fähigkeit, sich der neuen, von den Weißen gebrachten Gesellschaftsordnung anzupassen, begannen zu dominieren, vor allem die Tolai, die auf alle anderen Eingeborenen herunterblicken. Und selbst die ›Hochländer‹, obgleich als Arbeitskräfte über das ganze Land verstreut und allgemein nicht allzu hoch geachtet, fühlen sich noch den ›Papuas‹ überlegen, die auf der niedrigsten sozialen Stufe rangieren. Sie werden bzw. wurden sogar von den anderen Eingeborenen als ›Wilde‹ und ›Menschenfresser‹ gefürchtet und wegen ihrer dunklen Hautfarbe als ›Neger‹ (!) diffamiert.

Daraus erklärt sich, daß es sogar zu einer politischen Bewegung kommen konnte, die Papua als selbständigen Staat vom Rest Neuguineas losgelöst wissen wollte. Eine Papua-Frau, Josephine M. Abaajah aus dem Milne Bay District, hat die Papua-Basena-Unabhängigkeitsbewegung begründet, um ihr Land davor zu bewahren, eine ›Subkolonie‹ von Neuguinea zu werden. Eine Zeitlang war sie als erste Frau Abgeordnete (der Zentralen Provinz) im Parlament des vereinigten Papua-Neuguinea. Ihr Kampf verweist auf ein Problem dieses ›Landes der 1000 Stämme‹,

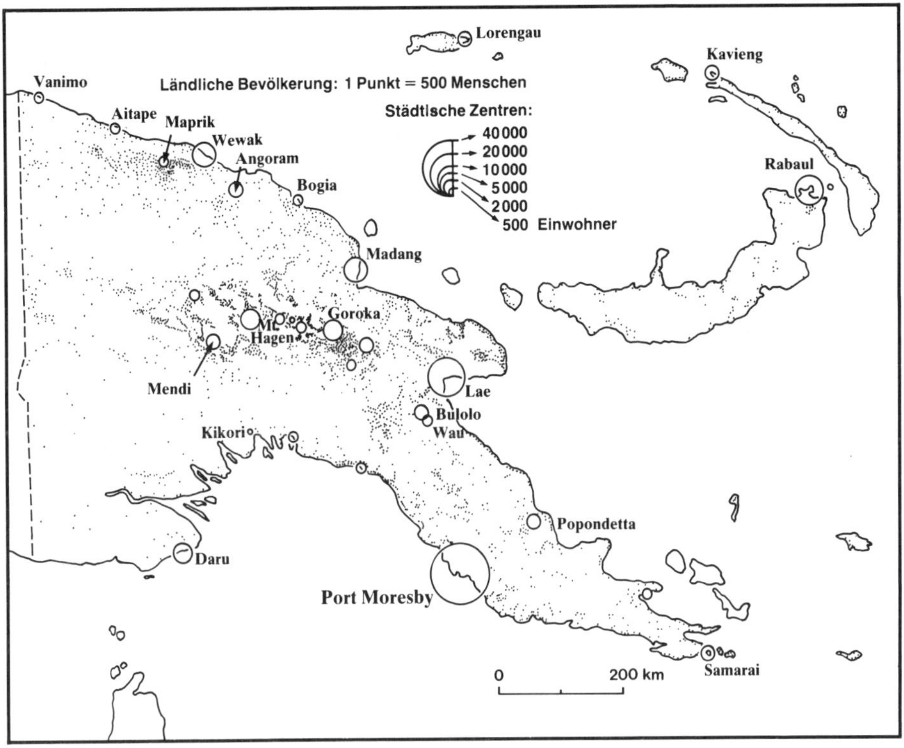

Bevölkerungsverteilung in Papua-Neuguinea (Stand Ende der sechziger Jahre; die Einwohnerzahlen der Städte haben sich seither erheblich erhöht)

wie man es genannt hat, von einem Stammesbewußtsein zu einem Nationalbewußtsein zu kommen – ein Problem, das Papua-Neuguinea mit manchem afrikanischen Staat teilt.

Was die heutige Bevölkerung von Papua-Neuguinea betrifft, so ergab die letzte Volkszählung von 1980 eine Zahl von 3 007 000. Für 1982 wurden 3 097 000 Einwohner geschätzt. Die Zahl der Europäer und Asiaten, die bei der Volkszählung von 1971 noch rund 50 000 betrug, ist mittlerweile auf etwa die Hälfte gesunken. 43% der Bevölkerung sind unter 15 Jahre alt, 2% über 65. Die Kindersterblichkeit liegt immer noch bei 111 auf 1000 Geburten, die Lebenserwartung beträgt 51 Jahre. 68% der Bevölkerung sind noch immer Analphabeten.

Sprachen

Man hat Papua-Neuguinea das ›moderne Babylon‹ genannt und darauf hingewiesen, daß sich dort eine schier unglaubliche Vielfalt von Sprachen – die Rede war immer wieder von etwa 700, dazu kommen über 1000 Dialekte – findet. Diese Aussage hat um so mehr Berechtigung, als selbst Stämme, die nebeneinanderleben, sprachlich soweit voneinander getrennt sind, daß sie nicht mehr Möglichkeiten haben, sich zu verständigen, als etwa ein Deutscher und ein Chinese. Die Sprachen unterscheiden sich großteils sowohl im Vokabular als auch in der Grammatik, die im allgemeinen sehr kompliziert ist.

Die ersten Aufzeichnungen über pazifische Sprachen datieren bis ins 16. Jahrhundert zurück, bis zur Expedition des Spaniers Mendaña, aber es bedurfte vieler weiterer empirischer Bestandsaufnahmen, um zu ersten Schlußfolgerungen und auch Namensgebungen zu kommen. In Anbetracht dessen, daß im Raum zwischen Indonesien und Polynesien einander ähnelnde linguistische Elemente aufgespürt wurden, prägte man den zusammenfassenden Ausdruck ›malayo-polynesisch‹. Es war Hervas y Pandura, der diese Bezeichnung in seinem 1784 erschienenen Werk ›Idea dell' Universo‹ erstmals verwendete, und sie blieb für geraume Zeit in Gebrauch, auch dann, als man Melanesien und Mikronesien schon als eigenständige geographische Regionen anerkannte.

Ende des vorigen Jahrhunderts zeichnete sich dann folgendes linguistisches Bild von Ozeanien ab: Man teilte den Großraum in zwei umfangreiche Sprachgruppen auf, die malayopolynesische und die papuanische. Die malayo-polynesische Sprachgruppe wurde wiederum in eine indonesische, eine mikronesische, eine melanesische und eine polynesische differenziert. Schließlich bürgerte sich auf Anregung des Anthropologen Wilhelm Schmidt anstelle des Begriffs ›malayo-polynesisch‹ das heute gebräuchliche ›austronesisch‹ ein.

In Papua-Neuguinea dominieren Sprachen der melanesischen und der papuanischen Gruppe (die man auch ›nicht-austronesisch‹ nennen kann), obwohl es auch eine polynesische Minderheit gibt, und zwar auf den Fead- und den Mortlock-Inseln und ein paar östlich von Bougainville gelegenen Eilanden. Es besteht kein Zweifel, daß es sich bei diesen Randgruppen um Polynesier handelt, nicht nur in linguistischer Hinsicht, sondern auch in der Erscheinung (hoher Wuchs, helle Haut, leicht gewelltes Haar). Über den Zeitpunkt ihrer Ansiedlung gibt es widersprüchliche Theorien: Im allgemeinen wird angenommen, daß sie aus dem östlichen polynesischen Raum stammen und durch widrige Winde oder Stürme zu ihren heutigen Wohnsitzen abgetrieben wurden, es gibt aber auch eine Auffassung, wonach diese ›Kolonien‹ im Zuge einer sich nach Osten ausbreitenden polynesischen Einwanderungswelle zurückgelassen wurden.

In diesem Zusammenhang sind die Theorien von Thor Heyerdahl über die Besiedlung Polynesiens anzuführen. Dieser norwegische Forscher vertrat die Ansicht, daß peruanische Indianer in präkolumbianischer Zeit die polynesische Inselwelt besiedelt hätten. Um zu beweisen, daß das technisch möglich gewesen wäre, unternahm er im Jahre 1947 auf dem Balsa-Floß ›Kon Tiki‹ eine spektakuläre Reise von Peru nach dem zentralpazifischen Tuamotu-Archipel. Obwohl sporadische Kulturkontakte zwischen Südamerika und Polynesien durchaus bestanden haben mögen – vielleicht hat auch die Süßkartoffel auf diesem Weg ihre Reise über den Ozean angetreten –, so sprechen doch alle stichhaltigen Beweise gegen eine Besiedelung Polynesiens aus dem südamerikanischen Raum, sondern eindeutig für eine solche aus dem asiatischen.

Für Papua-Neuguinea hat jedenfalls die polynesische Sprachgruppe nur marginale Bedeutung. Weitaus wichtiger ist die melanesische, obwohl sie sich fast ausschließlich auf die Küstenregionen beschränkt. Melanesische Sprachen werden von den Vertretern der späteren Einwanderungswelle gesprochen, die, vom linguistischen Standpunkt aus, noch nicht ins Hinterland vorgedrungen sind (Ausnahmen bilden lediglich die Umgebung von Madang und das Gebiet westlich von Port Moresby). Es gibt keine Anhaltspunkte, den Zeitpunkt dieser jüngsten Besiedlung zu fixieren, fest steht nur, daß die im Landesinneren vertretenen papuanischen Sprachen schon wesentlich früher, jedenfalls in vorchristlicher Zeit, dort Fuß gefaßt haben.

Im Gegensatz zu den papuanischen Sprachen ist die Struktur der melanesischen im allgemeinen recht einfach. Immerhin unterscheidet man anhand des Satzbaues zwei Untergruppen. Die eine, AN 2 genannt, reiht wie im Englischen Subjekt – Prädikat – Objekt aneinander; sie ist vor allem auf Neubritannien und Neuirland vertreten. Die größere Anzahl der in Papua-Neuguinea vorkommenden melanesischen Sprachen weist die gleiche Satzstruktur wie die papuanischen auf, nämlich Subjekt – Objekt – Prädikat. Diese Gruppe, als AN 1 bezeichnet, beschränkt sich vor allem auf das ›Festland‹ Neuguineas. Man vermutet heute, daß es selbst innerhalb der austronesischen Sprachgruppierungen zwei Einwanderungswellen gegeben hat, wobei die strukturelle Ähnlichkeit der Festland-Sprachen, sowohl der austronesischen (melanesischen) als auch der nicht-austronesischen (papuanischen), vielleicht eine längere, einander doch beeinflussende Nachbarschaft signalisiert.

Die meisten melanesischen Sprachen werden nur von wenigen Menschen, stets lediglich ein paar Hundert, gesprochen; nur wenige haben einen größeren Einflußbereich erhalten, indem sie von den Weißen gezielt, quasi als ›linguae francae‹, eingesetzt wurden. So führte die weiße Verwaltung die Motu-Sprache der Port Moresby-Gegend als Verständigungsmedium der einheimischen Polizeieinheiten ein – in vereinfachter Form als ›Police Motu‹. Von der Jahrhundertwende bis zum Zweiten Weltkrieg war dieses Idiom sehr verbreitet; heute wird es noch von etwa 4% der Bevölkerung verstanden. Auch die Missionare haben sich auf einige Sprachen konzentriert und durch ihre Tätigkeit für deren Verbreitung gesorgt. Die Methodisten brachten beispielsweise die Dobu-Sprache der Normanby-Insel auf die Louisiaden und auf die Trobriand-Inseln, das um Finschhafen gesprochene Yabem wurde von den Lutheranern auf der Huon-Halbinsel eingeführt, und in der Gegend von Madang verbreitete man die Graged-Sprache, die ursprünglich nur auf der südlichen Hälfte der Karkar-Insel heimisch war.

Sprachen, die weder der polynesischen noch der melanesischen Sprachgruppe zugeordnet werden können, bezeichnet man pauschal als ›papuanisch‹, obwohl sie untereinander keinerlei Ähnlichkeiten aufweisen müssen. Der Sammelbegriff für diese in jeder Hinsicht so unterschiedlichen Sprachen faßt die meisten in Papua-Neuguinea gesprochenen Idiome zusammen. Ihre wissenschaftliche Erforschung gestaltet sich als überaus schwierig. Die genaue Anzahl rund um den Schätzwert 700 ist nicht anzugeben: Zweifellos müssen noch bislang unbekannte Sprachen aufgenommen werden, während andere wie etwa Mulaha oder Iaibu im Bereich von Port Moresby bereits ausgestorben sind. Außerdem konnte der Unterschied zwischen eigenständiger Sprache und Dialekt im Gebiet von Papua-Neuguinea noch nicht verbindlich festgelegt werden.

Die Erschließung des Hochlands hat eine Reihe von Sprachen in das Blickfeld von Untersuchungen gerückt, die von vielen Tausenden Menschen gesprochen werden. Diese Sprachen zerfallen in Dialekte, die untereinander noch verständlich sind, die sich aber auch auseinanderentwickeln können. So hat die linguistische Forschung im Östlichen Hochland fünf Sprachfamilien festgestellt, die ursprünglich miteinander verwandt waren, heute aber nicht mehr die Verständigung untereinander ermöglichen. Es handelt sich dabei um über 50 verschiedene Idiome, die von einer knappen Million Menschen gesprochen werden. Drei der Hochland-Sprachen werden von jeweils an die 100 000 Menschen beherrscht, der Rest verteilt sich auf kleine bis kleinste Gruppen, die oft nur aus einer Siedlungseinheit bestehen.

Im folgenden sollen ein paar Unterschiede der papuanischen oder nicht-austronesischen Sprachen (abgekürzt NAN) gegenüber den melanesischen oder austronesischen (abgekürzt AN) aufgelistet werden. Die NAN-Sprachen verfügen über ein sehr großes, jeweils eigenständiges Vokabular, während es bei den AN-Sprachen zu etlichen Übereinstimmungen kommt. In den meisten NAN-Sprachen gibt es keine Artikel, Substantive haben Suffixe, die Zahl und Fall angeben, während das Geschlecht in oft komplizierten Konstruktionen im Wort selbst angezeigt ist. In den AN-Sprachen werden nicht einmal ›er‹ und ›sie‹ angezeigt, sie haben sogar eine gemeinsame Form der Pronomen. NAN-Sprachen können Besitz durch den Fall anzeigen, etwa in Form von ›des Mannes Beil‹, während die AN-Sprachen ›Mann sein Beil‹ oder ›Beil von Mann‹ sagen.

Bei den AN-Sprachen ist das Verbum meist einfach strukturiert, bei den NAN kann es dagegen unglaublich kompliziert sein, das Objekt und das Subjekt beinhalten und eine Vielfalt von Zeiten und Formen aufweisen. Somit kann das Verbum einen ganzen Satz bestreiten, was bei den AN unmöglich ist. Die meisten AN-Sprachen zählen in Fünfergruppen, bei den NAN bilden die Zahlen 2, 4 und 8 oder Körperteile die Grundlage. Das bei uns übliche Zählen in Zehnergruppen ist selten und scheint, wo es stattfindet, polynesischen Einfluß zu zeigen.

Die heutige Staatssprache ist das Pidgin-Englisch, ohne dessen Beherrschung die Staatsbürgerschaft von Papua-Neuguinea nicht erworben werden kann. ›Pidgin‹ entwickelte sich in der Mitte des vorigen Jahrhunderts als Mischsprache auf den Zuckerrohrplantagen von Queensland an der Westküste von Australien, wo schwarze Arbeitskräfte aus Melanesien eingesetzt wurden. Die Regierung von Deutsch-Neuguinea übernahm es als Verwaltungssprache in lokalen Angelegenheiten und stützte sich dabei auf die Dialektform, die von den Tolai rund um Rabaul gesprochen wurde. Daher erklärt sich auch der hohe Anteil – über 20% – von Worten aus der Tolai-Sprache. Rund 5% sind aus dem Deutschen entlehnt, doch die überwiegende Mehrzahl leitet sich aus dem Englischen ab. Die relativ komplizierte Grammatik ähnelt der des Melanesischen. Lehnworte sind nicht immer erkennbar, haben eine in den Dialekten noch variierende Aussprache und bekommen oft neue Bedeutung – was auch Pidgin nicht so einheitlich erscheinen läßt, wie es für eine Staatssprache günstig wäre.

Schließlich muß noch eine Sonderform von ›Sprache‹ erwähnt werden, wie sie in Hochlandgebieten von Papua-Neuguinea vorkommt. Dort vermittelt man nämlich in Form von Rufen Botschaften durch enge Täler, und zwar oft über erstaunliche Distanzen. Es hat sich dabei eine eigene Art von Sprache entwickelt, indem die Laute mehrfach wiederholt und auf das Wesentliche konzentriert werden – vergleichbar etwa unserem Telegrammstil. Wohlmodulierte Schreie stehen am Anfang und am Ende der Information. Gelegentlich wird diese abgekürzte ›Ruf-Sprache‹ auch bei Festen gebraucht.

Im Zusammenhang der ›Nachrichtenübermittlung‹ verdienen noch die Trommelsignale Erwähnung, mit deren Hilfe ebenfalls Botschaften über große Entfernungen transportiert werden. Dabei hat jede Familie ihr eigenes Zeichen, eine gewisse Abfolge von langen und kurzen Rhythmen, die zu Anfang der Nachricht gesendet wird. Man kann für diese Art von Fernvermittlung nur die großen Schlitztrommeln verwenden, weil sie im Gegensatz zu den kleinen Kundu-Trommeln über weite Strecken hinweg tönen.

Schließlich hat die babylonische Sprachenverwirrung in Papua-Neuguinea noch einen interessanten Aspekt zur Folge, der – wie viele andere Details auch – auf die durchaus pragmatische Einstellung der Eingeborenen zu vielen Belangen des Lebens hinweist: Manche Stämme tauschen kleine Kinder aus, damit sie die Sprache der Nachbarn erlernen, um später als Dolmetscher bei Tausch- und Handelsbeziehungen zu fungieren.

Ein internationales linguistisches Institut, das ›Summer Institute‹, unterhält auch eine Abteilung, die auf Papua-Neuguinea tätig ist, mit dem Hauptsitz in Ukarumpa im östlichen Hochland und acht weiteren kleineren Forschungzentren. Die drei Ziele dieser Organisation bestehen in einer linguistischen Analyse der Eingeborenensprachen (dazu zählt auch die Erstellung eines praktischen Alphabets und einer Grammatik), in der Erarbeitung von Grundlagen, diese Sprachen auch zu unterrichten, und in Übersetzungen von erzieherischen und religiösen Texten, welche die Arbeit der Regierung und der Kirche unterstützen.

Soziale Organisation und geistige Welt

Verwandtschaft und Ehe

Papua-Neuguinea beheimatet eine Unzahl verschiedenster Volksgruppen, die sich hinsichtlich Größe, sozialer Organisation und Glaubensvorstellungen, in Praktiken, Sitten und Gebräuchen erheblich voneinander unterscheiden. Ein einheitliches Bild ist daher nur schwer zu zeichnen, auch wenn es einige Gemeinsamkeiten gibt. Jeder Mensch ist zunächst einem Clan zugeordnet, einer größeren Verwandtschaftsgruppe, deren Mitglieder sich alle von einem gemeinsamen mythologischen Ahnen herleiten und die in einem eng umgrenzten Territorium siedeln. Die Abstammungsrechnung folgt bei manchen Gruppen der väterlichen Linie (patrilineare Organisation), bei anderen der mütterlichen (matrilineare Organisation). Mit Ausnahme der Trobriand-Inseln gibt es kein vererbbares Häuptlingstum, die politische Autorität liegt bei den (männlichen) Ältesten oder anderen Personen, die sich durch persönliche Leistungen hohes Ansehen erworben haben (vgl. das folgende Kapitel über den ›Big Man‹). Die meisten Clans zerfallen in verschiedene Sippen oder Großfamilien, die in der Regel die primären Lebens- und Wirtschaftsgemeinschaften bilden. Die Kleinfamilie in unserem Sinne spielt wegen des Antagonismus zwischen Mann und Frau (vgl. S. 40f.) eine vergleichsweise geringe Rolle. Desgleichen ist das Zugehörigkeitsgefühl zu einem Stamm, also einem Bund mehrerer verwandter Clans, in den meisten Fällen nur sehr vage (oft befehdeten sich ja auch verwandte Gruppen), engere soziale, wirtschaftliche, religiöse oder politische Einheiten oberhalb der Dorfebene kommen nur selten vor (anstelle des leicht mißverständlichen Begriffs ›Stamm‹ wäre deshalb eigentlich die Bezeichnung ›Sprachgemeinschaft‹ oder ›Kulturgruppe‹ vorzuziehen).

Die Mitglieder eines Clans haben oft ein gemeinsames Totem, ein Tier oder eine Pflanze, das bzw. die für sie als heilig gilt und nicht gejagt bzw. verspeist werden darf (im kunsthandwerklichen Bereich spielen diese Totems eine große Rolle, da ihre Abbildung in abstrakter Form oft ihrem Clan vorbehalten bleibt). Da die Clanmitglieder zudem meistens in unmittelbarer Nachbarschaft zueinander wohnen und auch im Männerhaus des Dorfes einen nur für sie reservierten Platz besitzen, haben sie ein ausgeprägtes Zusammengehörigkeitsgefühl; der Clan wird sich immer geschlossen für die Interessen seiner Angehörigen einsetzen.

Heiraten innerhalb des eigenen Clans sind in aller Regel strikt untersagt, der Ehepartner muß also von außerhalb stammen. Die meisten Dorfgemeinschaften zerfallen deshalb in zwei exogame Hälften, die jeweils aus mehreren Clangruppen bestehen können; oft sucht man aber auch den Partner in einer anderen Siedlung des Stammes, um das Netz der Verwandtschaftsbeziehungen zu erweitern. Im Patri-Clan kommen die Frauen von außen, im matrilinearen die Männer, die in einem solchen Fall kaum Ansprüche auf ihre eigenen Kinder haben: Im Matri-Clan ist der Mann für die Erziehung der Kinder seiner Schwester verantwortlich, während seine eigenen von seinem Schwager betreut werden.

Obwohl den Eingeborenen von den christlichen Missionaren immer wieder die Monogamie ans Herz gelegt worden ist (die Stämme, die schon vor einigen Generationen in den Einflußbereich der Gottesmänner geraten sind, praktizieren sie auch), so wird doch die Polygamie, die traditionelle Vielehe, in abgelegeneren Gegenden noch gepflegt. Der Status eines Mannes hing früher nicht zuletzt davon ab, wieviele Frauen er für sich gewinnen konnte, von dem Reichtum, den er zusammentragen konnte, um für sie zu bezahlen, von der Anzahl der Kinder, die sie ihm gebaren und der Menge der Gärten und Schweine, die sie für ihn bewirtschaften bzw. hüten konnten. In der Praxis stellte eine Heirat allerdings einen so bedeutenden Ausgabenposten dar, daß sich nur ein reicher Mann mehrere Frauen leisten konnte, zumal es in der Bevölkerung keinen Frauenüberschuß gab. So gut wie jeder heiratet, und die jüngeren Männer können dabei auf die Unterstützung der älteren rechnen.

In allen polygamen Ehen bergen die Beziehungen zwischen den einzelnen Ehefrauen potentiellen Zündstoff in sich, worauf sich die Männer auf verschiedene Weise eingerichtet haben. Die Angehörigen des Waropen-Stammes in der Geelvink-Bucht in West-Irian nehmen sich beispielsweise selten eine zweite Frau, ohne dafür die Genehmigung der ersten eingeholt zu haben. Oft wird auch jede Frau mit ihren Kindern in einem eigenen Haus untergebracht, und zwar so weit wie möglich von den anderen Ehefrauen entfernt. So kann es im westlichen und südlichen Hochlandgebiet, wo die Ansiedlungen sehr weit auseinanderliegen, durchaus vorkommen, daß die verschiedenen Frauen eines Mannes kilometerweit voneinander getrennt leben.

Die Art und Weise, wie man wirbt, wie eine Heirat arrangiert wird und wie die Ehepartner miteinander umgehen, wird von einer Vielzahl von Faktoren bestimmt; entsprechend gibt es große Unterschiede zwischen den einzelnen Kulturgebieten. So herrscht etwa im Hochland die Ansicht vor, daß sexuelle Beziehungen für die Männer wegen der ›Unreinheit der Frau‹ eine Gefahrenquelle darstellten. In manchen Orten sind sogar wahre ›Junggesellenkulte‹ entstanden, die den rituellen Schutz der jungen Männer vor den gefährlichen Einflüssen der Frauen gewährleisten sollen. In manchen Gebieten haben die Frauen gelernt, auf solch feindliches Verhalten zu reagieren. Im südlichen Teil von Neubritannien etwa, wo die Männer gleichfalls große Zurückhaltung an den Tag legen und sich meist erst in mittleren Jahren zur Ehe entschließen, nehmen die Frauen die Heiratswerbung in die Hand.

Das Heiratsalter schwankt von Stamm zu Stamm so stark, daß man kaum verallgemeinern kann – grob gesagt, sind die meisten Männer mit 25, die Frauen mit 20 Jahren verheiratet. Die wenigsten Menschen können den Partner unabhängig wählen, die meisten werden von festen Regeln in ihrer Wahl determiniert. Jede Gesellschaft hält sich an ein Inzest-Tabu und an exogame Heiratsbeschränkungen, d. h. schreibt vor, daß außerhalb einer bestimmten Gruppe geheiratet werden muß. Wo Totemismus gepflegt wird, ist es nicht erlaubt, sich innerhalb derselben Totem-Gruppe (vgl. S. 48f.) zu vermählen. Eine häufig bevorzugte Heiratsform hingegen ist die zwischen Cousin und Cousine.

Die erste Heirat wird meist von den Eltern arrangiert oder von der Stammes- oder Sippengruppe, manchmal auch vom sogenannten ›Big Man‹; Verlobungen finden häufig schon im Kindesalter statt. Im Küstengebiet hat es sich eingebürgert, daß verschiedene lockere Bindungen eingegangen werden, aus denen sich dann eine festere entwickelt, die in eine Ehe einmündet. Im südlichen Hochland wird ein Mädchen im heiratsfähigen Alter unter Aufsicht ihrer Mutter, Brüder oder verheirateten Schwestern in einer Hütte mit verschiedenen männlichen Besuchern in Kontakt gebracht. Mit der Zeit kristallisiert sich dann eine Einzelbeziehung heraus. Der junge Mann, auf den die Wahl gefallen ist, kann dann bei dem Clan oder der Sippe seine Heiratsabsichten formell erklären und die Hochzeitszeremonie einleiten. Im östlichen Hochland gibt es dagegen die Einrichtung einer Art ›nächtlicher Brautwerbungsparty‹, die als ›Kariem Leg‹ bezeichnet wird. Dabei erwartet eine Gruppe junger Mädchen in einem abgelegenen Haus die jungen Bewerber, wobei es auch zu sexuellen Kontakten kommt.

Auch wenn die Eltern und die Sippe bei Heiraten den Ton angeben, ist es nicht völlig ungewöhnlich, daß sich Braut und Bräutigam gegen die vorgesehene Ehe wehren können, wobei ein Junge im Ernstfall leichter dagegen ankommt. Auch hat ein junger Mann heutzutage größeren Einfluß auf die Wahl seiner Braut, da er, wenn er arbeitet, den Brautpreis selbst verdienen kann und nicht mehr so sehr wie früher auf die Hilfe des Stammes angewiesen ist. ›Brautraub‹, der früher einmal bei einigen Stämmen Sitte war, kommt heute so gut wie nicht mehr vor.

Bedeutung, Höhe sowie Art und Weise der Brautzahlungen unterscheiden sich von Stamm zu Stamm sehr. Der Grund für die Erhebung eines ›Brautpreises‹ besteht darin, daß die Familie oder Sippe der Frau in ihr eine wertvolle Arbeitskraft und potentielle Spenderin von Kindern verliert, während die Gemeinschaft des Mannes eine solche gewinnt. Daher wird es als fair angesehen, daß derjenige, der den Vorteil erhält, dem ›Verlierer‹ eine Zahlung zukommen läßt. Viele Gemeinschaften sind auch dazu übergegangen, Frauen einfach auszutauschen, indem etwa ein Mann seine Tochter an einen anderen Stamm gibt und von dort eine Braut für seinen Sohn erhält (dies muß natürlich nicht unbedingt sofort geschehen). Dieses Prinzip der ›Frauen-Parität‹ wurde etwa von den Kiraki in Südwest-Papua dahingehend entwickelt, daß ein Mann, der keine Schwester oder Tochter in seiner Gruppe hat, die er ›eintauschen‹ könnte, eigens für diesen Zweck eine Frau ›adoptierte‹.

Bisweilen werden die Mittel von Entführung und Verführung angewendet, um eine Ehe zu erzwingen oder um den Brautpreis herunterzusetzen, und an einigen Orten ist der Bräutigam verpflichtet, für die Eltern seiner künftigen Frau Arbeit zu verrichten.

Bei dem Brautpreis handelt es sich um eine größere Zahlung von Werten, die vor der Ehe ausgehandelt und dann von der Sippe des Bräutigams an die der Frau geleistet wird. Traditionell wurden dabei alle Wertgegenstände, die die Gemeinschaft kannte, einbezogen, heute dagegen ist es in den weitgehend erschlossenen Gegenden schon möglich, den Brautpreis vollständig in Bargeld zu entrichten. Für beide Seiten gilt es oft als Prestigeangelegenheit, den Brautpreis so hoch wie möglich anzusetzen. In Hanuabada (Port Moresby) waren etwa schon vor 20 Jahren Brautpreise von mehreren Tausend Kina nichts Ungewöhnliches.

Wie schon erwähnt, wird ein Mann beim Aufbringen des oft sehr hohen Brautpreises von seinen nahen Verwandten unterstützt, aber auch von seinen Freunden und Handelspartnern, in deren Schuld er dann folglich steht. Wenn später in seiner Sippe eine Frau heiratet und ein Teil von deren Brautpreis an ihn gelangt, kann er seine Schulden begleichen. So entsteht ein festes Netz von Geben und Nehmen, das die Gesellschaft zusammenhält – oder zumindest war es in früheren Zeiten so. Wenn ein Mann mehrere Frauen nimmt, ist er bei den folgenden Heiraten auf sich allein gestellt, er muß die dafür erforderlichen Reichtümer also selbst erarbeiten. Aber Ehen mit vielen Frauen bedeuten viele Beziehungen – es ist ein typisches Merkmal Papua-Neuguineas, daß der Aufbau eines weitverzweigten Schulden- und Schuldner-Systems im allgemeinen als die wichtigste Möglichkeit angesehen wird, in eine höhere Position aufzurücken, wenn es nämlich gelingt, möglichst viele Personen in ein Abhängigkeitsverhältnis zu bringen.

Die Hochzeitszeremonie selbst besteht in der Hauptsache in der formellen Überbringung der Braut in die Hütte des Bräutigams und in der symbolischen gemeinsamen Nahrungsaufnahme des jungen Paares. Manche Stämme sehen es als Beginn der Ehe an, wenn der Mann erstmals eine von der Frau zubereitete Speise ißt.

Der Status einer verheirateten Frau unterscheidet sich von Stamm zu Stamm, aber sie ist ihrem Ehemann immer unterlegen und darf auch nur sehr selten persönlichen Besitz ihr eigen nennen. Als ihre Aufgabe gilt es, ihrem Mann Kinder zu gebären, seine Schweine zu hüten und seine Gärten zu bestellen. Es gibt überall eine genau geregelte Arbeitsteilung zwischen den Geschlechtern, was so weit geht, daß gewisse Dinge nur von Männern oder Frauen hergestellt und dann auch nur von ihnen benutzt werden dürfen. Auch im religiösen Leben spielt die Frau eine ausgesprochen untergeordnete Rolle.

Die Ansprüche, die ein Stamm an eine eingeheiratete Frau stellt, sind verschieden. Zwar wird sie im allgemeinen ihre früheren Bindungen nicht aufgeben, aber man erwartet, daß sie ein Zugehörigkeitsgefühl zu ihrer neuen Gemeinschaft entwickelt. Das geht bei einzelnen Stämmen so weit, daß ihr sogar ›Ersatzbrüder‹ gestellt werden, die jene schützende Funktion übernehmen, die daheim die eigenen Brüder ausgeübt haben. Auch ist es bei einigen Stämmen üblich, daß Witwen ihre Schwäger heiraten müssen, was durchaus eine gewisse ›Altersversicherung‹ der Frau darstellt. Umgekehrt hat in manchen Fällen (etwa bei einem sehr frühen Todesfall) ein Witwer Anspruch auf eine Schwester seiner verstorbenen Frau, denn erst wenn zwei, bei manchen Stämmen drei Kinder geboren worden sind, gilt der Brautpreis als abgegolten.

Im allgemeinen sind die Männer in Papua-Neuguinea sehr eifersüchtig. Die Gewohnheit der Aborigines in Australien, ihre Frauen auszutauschen oder auch zu verleihen, vor allen Dingen Besuchern zur Verfügung zu stellen, ist hier nicht verbreitet und kommt nur vereinzelt vor.

Sollte eine Frau in ihrer neuen Ehe nicht glücklich sein, so kann sie zu ihrer Familie zurückkehren, was diese allerdings kaum gerne sehen wird, weil dann der Brautpreis zurückgezahlt werden muß. Es ist nicht unüblich, daß junge, unglückliche Frauen, denen ihre Familie die Rückkehr verweigert, Selbstmord begehen. Es kommt auch vor, daß Frauen mit Gewalt gezwungen werden, bei ihrem Mann zu bleiben – das kann so weit führen, daß ihre eigenen Brüder sie verprügeln, und sogar Gruppenvergewaltigungen durch Schwäger wurden berichtet. Aber in vielen Fällen sind Frauen, die ihre Beziehung zu ihrer alten Familie nicht ganz abgebrochen haben, in solchen Extremfällen nicht ganz verloren.

Scheidungen sind nichts Ungewöhnliches und werden meist von den Frauen eingeleitet. Die Gründe, die sie anführen, sind allerdings nirgends verzeichnet. Die Scheidungsgründe der Männer beziehen sich vor allem darauf, daß eine Frau zänkisch ist, ihren Pflichten nicht nachkommt und, vor allem, daß sie keine Nachkommen gebärt. Bei einer Scheidung tauchen natürlich die Probleme der unmündigen Kinder und der Brautgabe auf. Bei den patrilinearen Stämmen ist es üblich, daß die Kinder beim Vater bleiben, bei den matrilinearen behält die Mutter sie. Hat eine Frau zwei bis drei Kinder geboren, so bestehen von Seiten des Mannes auch bei Scheidung keine Ansprüche auf Rückerstattung des Brautpreises.

Eine Frau kann nach der Scheidung durchaus wieder heiraten. Die Sippe handelt dann einen neuen Brautpreis aus, der ihrem Status und ihrem Alter angemessen ist. Die Wiederverehelichung von Witwen darf allerdings erst nach einer Trauerperiode, die sich meist über Jahre erstreckt, erfolgen. Während dieser Zeit sind sie leicht zu erkennen: In einigen Gebieten beschmieren sie sich mit Schlamm, der trocknet und verkrustet, so daß sie einen ziemlich schaurigen Anblick bieten (Farbt. 18), in anderen Regionen tragen sie spezielle Kleidung. Der ›Marktwert‹ einer Witwe ist natürlich geringer als der einer jungen Braut. Im östlichen Hochlandgebiet kann es vorkommen, daß die Sippe einer sich wiederverheiratenden Witwe erst dann einen Brautpreis erhält, wenn sie ihrem neuen Ehemann ein Kind geboren hat. Vereinzelte Fälle von Witwentötungen sind bekannt. Im südlichen Neubritannien kam es vor, daß Witwen ihre Familienangehörigen darum baten, sie zu erdrosseln.

Das Spannungsverhältnis zwischen Männern und Frauen, das auch durch die Ehe nicht aufgehoben wird, führt im täglichen Leben zu einer strengen Trennung der Aufgaben und der

Wohnhäuser mit vorgelagerter Plattform, die als Rast- und Eßplatz der Männer dient (Darstellung von 1888)

Arbeitsbereiche, wobei den Frauen ein Großteil der Pflichten zufällt und sie vielerorts nur als bessere Nutz- und Arbeitstiere angesehen werden. Da die Frauen den Männern durch ihre Fähigkeit, Nachkommen zu gebären, gewissermaßen unheimlich sind, meidet man nach Möglichkeit den Kontakt, vor allem in der Öffentlichkeit. Man wird in einer traditionellen Stammesgemeinschaft kaum je Mann und Frau sehen, die sich an der Hand halten, eingehakt gehen oder einander umarmen, obwohl das bei den Männern untereinander als Zeichen freundschaftlicher Zuneigung völlig üblich ist. Der Kontakt mit der Frau zersetzt die Wehrkraft des Mannes und verweichlicht ihn – davon ist man bei den meisten Stämmen überzeugt.

Aus diesem Grund sind viele der größeren gemeinschaftlichen Unternehmungen der Männer durch sexuelle Enthaltsamkeit geprägt, gleichgültig, ob es sich um einen Kriegszug, die Errichtung eines Männerhauses, das Anlegen eines Gartens oder um ein kultisches Fest handelt. Zu diesem vor allem im Hochland ausgeprägten Antagonismus den Frauen gegenüber kam die Verantwortung der Männer für den Schutz der Siedlung, der nur in Gemeinschaft gewährleistet war. Auch aus diesem Grund wohnen die Männer traditionell im Männerhaus zusammen, denn hier haben sie ihre Waffen stets bei der Hand. Falls kein separates Kulthaus existiert, bewahren sie im Männerhaus auch ihre wichtigen Kultgegenstände auf. Die Frauen wohnen mit den Kindern und den Haustieren, vor allem Schweinen und Hunden, getrennt von den Männern. Die Buben übersiedeln etwa im Alter von 7 Jahren ins Männerhaus, um nach jahrelangen Einweisungen (vgl. S. 45f.) dann ihren Platz als vollwertige, eingeweihte Mitglieder der Dorfgemeinschaft einzunehmen.

Dieses Grundschema, Männer und Frauen voneinander zu trennen, unterliegt jedoch je nach Siedlungsstruktur und -dichte vielerlei Variationen. Wohnt beispielsweise eine Großfamilie in entlegenen und verstreuten Weilern, so wird die Errichtung eines separaten Männerhauses nicht mit der gleichen Dringlichkeit betrieben wie in Großdörfern mit mehreren Hundert Bewohnern. Im Mündungsgebiet des Fly wiederum gab es Großwohnanlagen unter einem Dach (ähnlich den Langhäusern der Dajaks in Borneo), wo die Trennung der Geschlechter nur durch Benutzung separater Eingänge erfolgte. Von den Manus-Inseln berichtet Margaret Mead, daß in den der Küste vorgelagerten Pfahlbauten der Vorderteil für den Hausherrn reserviert war und die Frauen im hinteren Teil des Gebäudes, rund um die Kochstelle, ihren Platz einnahmen.

All diesen Lebensformen ist grundsätzlich das Bestreben der Männer gemeinsam, sich von den Frauen abzusondern, nicht nur räumlich, sondern mehr noch im kultisch-magischen Bereich. So gut wie alle Riten finden unter Ausschluß der Frauen statt, der Zutritt zum Männerhaus ist ihnen durch ein strenges Tabu verwehrt. Die Großzügigkeit, mit der man Touristinnen gestattet, Männer- und Kulthäuser zu betreten, beruht lediglich auf der Tatsache, daß man die fremden weit niedriger als die eigenen Frauen einschätzt und so ihre Anwesenheit im Männerhaus einfach nicht von Bedeutung ist.

Pfahlbau an der Nordküste Neuguineas (Darstellung von 1888)

In vielen kleinen Siedlungen ist das Männerhaus mit dem Geister- oder Kulthaus (am Sepik ›Tambaran‹ genannt) identisch, doch in den Ballungszentren der Stämme, beispielsweise entlang des Mittellaufs des Sepik oder bei den Abelam, haben sich großräumige separate Gebäude etabliert. Natürlich stellt die Errichtung und Einweihung eines Kulthauses ein großes, oft mehrjähriges Unternehmen dar, durchgeführt von ausgewählten Männern, die während der Arbeit strengen Tabu-Vorschriften unterliegen. Die Schnitz-, Flecht- und Verschnürungsarbeiten am Gerüst wurden unter den sachkundigen Augen der Dorfältesten vollzogen. Bei der Aufstellung der Hauptpfosten verlangte die Tradition ein Menschenopfer; der Schädel wurde unter einem der Pfosten begraben. Um die magischen Kräfte der Hauptpfosten zu erhalten, war es üblich, sie anschließend von Zeit zu Zeit mit dem Blut der getöteten Feinde zu beschmieren.

Innerhalb der Männer- und der Kulthäuser gab es eine genau festgelegte Raumverteilung, wobei jeder Clan seinen bestimmten Platz mit seiner eigenen Feuerstelle, bisweilen sogar mit seiner eigenen Schlitztrommel besaß. Hier befand sich der Mittelpunkt männlichen Lebens, hier wurde beraten und diskutiert, hier plante man Kriegszüge und überlieferte die Mythen.

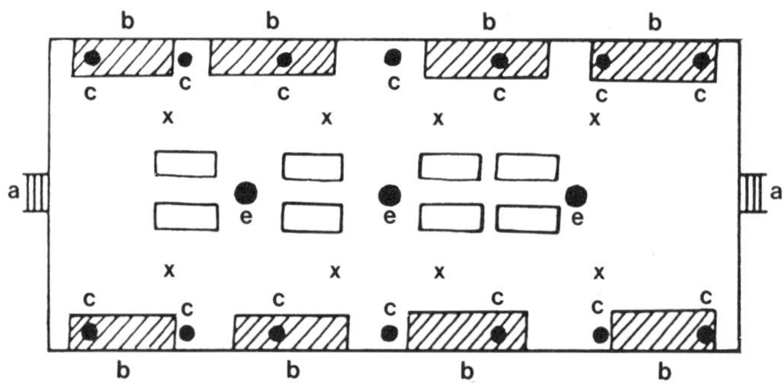

Grundriß eines Kulthauses
a Leitern zur oberen Kammer
b Sitzplattformen der verschiedenen Clans
c Tragende Pfosten
d Schlitztrommeln
e Pfosten
x Feuerstellen der Clans

Kulthaus an der Nordküste (Darstellung von 1888)

Angesichts der Bedeutung des Kulthauses für die gesamte Sozialstruktur des Dorfes versteht es sich, daß dieses Gebäude immer das größte und bestausgeführte der Siedlung war und mit seinem davorgelegenen Tanzplatz das soziale Zentrum des Ortes darstellte.

Durch den Einfluß der Weißen ist die Bedeutung der Männerhäuser natürlich zurückgegangen, was u. a. zur Folge hatte, daß eine gewisse ›Normalisierung‹ in der Beziehung der Geschlechter untereinander stattfand – vor allem in den Städten, allmählich aber auch im dörflichen Leben. Der Staat Papua-Neuguinea hat ja, wie an anderer Stelle schon erwähnt, die Gleichberechtigung der Frau in seine Verfassung aufgenommen.

Sozialprestige und ›Big Man‹

Die kleinen Sippen in Papua-Neuguinea, die keine geschriebenen Vorschriften und keine gesetzlichen Tribut- oder Steuerleistungen kannten, haben dennoch eine Möglichkeit entwickelt, materielle Güter von den Reichen zu den Ärmeren umzuleiten und in diesem Zusammenhang ein freiwilliges, nicht vererbbares Führertum zu entwickeln – in Form der ›Big Men‹, der inoffiziellen Dorfführer, die sich ihren Status relativ hart erwerben mußten. Ein ›Big Man‹ kann zwar, auch wenn er keinerlei formelle Autorität besitzt, wirkliche Macht erreichen und großen Einfluß ausüben, doch seine Position ist unsicher und muß ständig bestätigt und erneuert werden. Andere Männer werden nämlich durch die gleichen wirtschaftlichen und sozialen Manipulationen, die ihm seine Stellung eingetragen haben, versuchen, ihrerseits ein ›Big Man‹ zu werden.

Von allen Möglichkeiten, Beziehungen anzuknüpfen, ist Heirat die wichtigste. Es wurde schon im Zusammenhang mit dem Thema Polygamie erwähnt, daß es früher das Ziel eines ehrgeizigen Mannes war, möglichst viele Frauen zu haben, weil er die daraus resultierenden Sippenbande dazu verwenden konnte, seine Einflußsphäre zu erweitern. Und da der soziale Status immer daran gemessen wird, wieviel ein Mann zu gemeinschaftlichen Festen und zum Austausch mit anderen Sippen beisteuern kann, spielen Hochzeitszahlungen eine ganz wichtige Rolle. Der Glanz des Prestiges fällt dabei nicht nur auf das Brautpaar, sondern auch auf dessen Sippenmitglieder, die die Hochzeitsgaben verhandeln und den Austausch durchführen. Daher versuchen viele Männer nicht nur, ihre eigenen Kinder in vorteilhaften Ehen unterzubringen, sondern bieten auch ihre Hilfe an, wenn es darum geht, andere Hochzeiten innerhalb ihrer Verwandtschaftsgruppe zu organisieren.

Eine andere Möglichkeit des Prestigegewinns sind die kämpferischen Fähigkeiten eines Mannes. Gerade im Hochland, wo es stets kriegerisch zuging und gelegentlich noch zugeht, hatte ein erfolgreicher Kriegsführer gute Chancen auf den Status eines ›Big Man‹. Noch wichtiger aber ist heute, wo der traditionelle Wert des Kriegführens kaum noch eine Rolle spielt, wirtschaftlicher Erfolg: Ein erfolgreicher Mann muß Tauschzeremonien nicht nur einleiten, sondern auch bestreiten können. Dabei geht es in erster Linie darum, den Rivalen auszustechen, ja, sogar zu beschämen, so weit das möglich ist, indem man selbst größere und wertvollere Geschenke verteilt als alle anderen. Dadurch wird der eigene Stellenwert erhöht und der Gegner durch

›Big Man‹ aus dem westlichen Hochland

Prestigeverlust geschlagen – und gleichzeitig die Verteilung von Wohlstand gewährleistet. Ist einer dann ein ›Big Man‹ geworden, was weit mehr Pflichten als Rechte mit sich bringt und dennoch so begehrt ist, dann gruppiert sich eine Schar ergebener Gefolgsleute um ihn – meist jüngere Männer, die nicht nur zu dem Führer aufblicken, sondern von ihm auch Hilfe erwarten können, vor allem in finanziellen Belangen. Wenn es darum geht, den Brautpreis aufzubringen, wird der ›Big Man‹ sich beteiligen, und der ihm so verpflichtete Mann steht ihm dann bei allen möglichen Konflikten treu zur Seite. Daraus ergibt sich wiederum, daß der ›Big Man‹ über überdurchschnittliche wirtschaftliche Ressourcen verfügen muß, was für ihn wieder die Polygamie nötig macht. Denn Frauen sind nicht nur Bindeglieder zu anderen Clans, sondern auch Arbeitskräfte – und der ›Big Man‹ muß mehr Land bestellen lassen als die anderen, muß mehr Schweine züchten, um schließlich mit mehr Gaben aufwarten zu können.

Der wirtschaftliche Wettkampf nimmt manchmal feste Formen an: Bei den Abelam beispielsweise fordert man einander dahingehend heraus, wer bei der Yams-Schau mit den größten Knollen aufwarten kann. Und wer die besten vorzeigt, wird als der Mann mit dem erfolgreichsten Gartenzauber anerkannt. Damit sind wir bei einer weiteren wichtigen Qualifikation des ›Big Man‹ angelangt: Er muß in den Belangen von Magie und Ritus erfahren sein; ihm obliegt die Leitung der großen Dorfzeremonien, ob es sich nun um die Initiation der jungen Männer handelt oder die Einweihung eines Männerhauses, dem sie in manchen Regionen auch symbolisch vorstehen und das als ›ihr‹ Männerhaus gilt.

In manchen Gegenden, vor allem des Hochlandes, nimmt die Macht der ›Big Men‹, die sonst vor allem symbolisch zu verstehen ist, sehr reale Formen an – dann nämlich, wenn sie über Land verfügen, das sie dann an ihre Anhänger verteilen, vermieten oder verpachten. Dennoch ist auch in solchen Fällen die Stellung eines ›Big Man‹ nie autoritär, denn er bekommt keine Chance zu vergessen, daß er völlig auf die Zustimmung seiner Mitwelt angewiesen ist. Und die muß er sich immer wieder erwerben – teils auch durch Redekunst, die folglich zu einem weiteren Erfordernis für diese Stellung wird.

Der ›Big Man‹ wird bisweilen als eine Art von Schiedsrichter zur Schlichtung von Streitigkeiten herangezogen, wobei er immer versuchen wird, so zu vermitteln, daß keine Seite ganz Unrecht bekommt – damit sich nicht ein Teil der für ihn so wichtigen öffentlichen Meinung gegen ihn richtet. Auch in solchen Fällen ist es sehr wichtig, daß die beteiligten Parteien einander Geschenke überreichen und auf diese Art die Basis für künftige Beziehungen schaffen. Eine führende Rolle spielt der ›Big Man‹ auch bei der Untersuchung von Todesfällen, da man in Papua-Neuguinea so gut wie nie an normales Sterben, sondern an das Wirken eines bösen Zaubers glaubt. Irgendein Gegner hat die Hilfe eines Magiers in Anspruch genommen, um den Tod zu verursachen – das ist die feste Meinung, und man versucht, den Schuldigen zu finden, um ihn mit Gegenzauber und Strafaktionen zur Rechenschaft zu ziehen. Tragische Dimensionen nimmt das an, wenn beschuldigte Witwen nur durch ihren Selbstmord ›beweisen‹ können, daß sie am Tod des Gatten unschuldig sind.

Faßt man die Voraussetzungen für die Stellung eines ›Big Man‹ zusammen, so bestehen sie einerseits in Besitz und Reichtum, andererseits in der Gewandtheit, sich in der Dorfgemeinschaft (wo die Ältesten eine besondere Stellung einnehmen, ohne ›Big Men‹ zu sein) durchzusetzen und Streitigkeiten zu schlichten. Bei kriegerischen Konflikten muß ihm die Rolle des Führers wie von selbst zufallen, und man erwartet von ihm, daß er in der ersten Reihe kämpft und durch Mut und Tapferkeit die anderen mitreißt. Und schließlich sind die durch Handel und Geschenke, Heirat und Vermittlung geknüpften Beziehungen, die weit über den engen Umkreis seiner Sippe hinausreichen sollen, von Bedeutung.

Entsprechend ist es ein Unternehmen von Jahren, ein ›Big Man‹ zu werden, und es bedarf sorgfältiger Planung. Es gibt große Zeremonien, bei denen man prunken kann, die aber nur alle paar Jahre stattfinden. Diese Zeit braucht man allerdings oft auch, um etwa jene Tausende von Schweinen bereit zu stellen, die im Hochland bei solchen Gelegenheiten geschlachtet werden.

Die Weißen haben die Rolle der ›Big Men‹ bald erkannt und für sich genutzt. Die deutsche Verwaltung übertrug ihnen offizielle Führungspositionen im Dorf und ernannte sie zu ›Lululai‹, zu Verbindungsmännern. Die Australier übernahmen dieses Prinzip, gestanden den ›Big Men‹ eine Art von niederer Gerichtsbarkeit zu und machten sie dafür verantwortlich, daß Regierungsbefehle – etwa Straßenbau, Errichtung von Brücken, Erhebung der Kopfsteuer – auch durchgeführt wurden. Dies veränderte die Stellung eines ›Big Man‹ grundlegend. Während er früher seine überlegene Stellung nur durch ununterbrochene Bewährung behalten durfte, erhielt er nun eine von außen zugewiesene Autorität, bei der die Qualität seiner Amtsführung nicht mehr entscheidend war und die auch Willkürhandlungen ermöglichte.

Initiationsriten

Unter ›Initiation‹ versteht man den Übergang eines Menschen vom Status eines Kindes oder Jugendlichen zu dem eines Erwachsenen; ›Initiationsriten‹ sind also gleichbedeutend mit ›Reifefeiern‹. Seltener geschieht es, daß eine Einzelperson die Änderung ihres Status feiert, meist wird für eine ganze Gruppe Gleichgestellter eine große Zeremonie durchgeführt. Interessanterweise lassen sich in Papua-Neuguinea einerseits über große Entfernungen Ähnlichkeiten in den Riten feststellen – so wird etwa im östlichen Hochland wie am Sepik bei großer Geheimnistuerei Blutablassen praktiziert, wozu man heilige Flöten bläst –, während es gleichzeitig bei engen Nachbarn so große Unterschiede gibt, daß man kein einheitliches Bild zeichnen kann.

Die Frauen haben ebenso wie die Männer ihre Initiationsrituale, allerdings in wesentlich bescheidenerem Rahmen. Geknüpft sind diese Rituale hauptsächlich an das Auftreten der ersten Menstruation. Nun ist das aber ein von den Männern im allgemeinen negativ aufgenommenes Ereignis, denn Menstruationsblut gilt als unrein und für die Männer als gefährlich. Daher wird bei vielen Gruppen die Frau gezwungen, bei solcher Gelegenheit den Kontakt zu Männern zu meiden und sich in eine eigens zu diesem Zweck errichtete Hütte zurückzuziehen. Während jener Zeit kommt sie nicht mit den Männern in Berührung, darf nicht kochen und muß sich von den Gärten fernhalten. Je größer die Angst der Männer vor der Menstruation der Frau ist (wobei dieses Blut bei der schwarzen Magie übrigens eine wichtige Rolle spielt), um so eher werden die Initiationsfeiern der jungen Mädchen im Geheimen abgehalten. Bei den Arapesch am unteren Sepik war es beispielsweise üblich, daß sich die Mädchen in eine Hütte zurückzogen, die ihre Brüder errichtet hatten. Bei dem Prozeß, eine Frau zu werden, halfen ihr andere Frauen, etwa, indem sie ihr mit Brennesseln auf den Körper schlugen. Das sollte vor allem die Ausbildung des Busens fördern, der möglichst groß und rund sein muß. Das Wissen um das Wirken der Brennesseln galt als Geheimnis, und man riet jungen Frauen, es ja nicht vor den Männern auszuplaudern.

Fast das genaue Gegenteil finden wir auf den Schouten-Inseln vor, wo die erste Menstruation eine große, öffentliche Feierlichkeit einleitete, bei der das Mädchen im Mittelpunkt komplexer Riten stand. Dazu gehörte auch, daß sie in jedem Garten des Dorfes ein paar Stunden lang arbeitete und alle anderen Dörfer auf ihrer Insel besuchte. Das besagt, daß man aus der Menstruation eine positive Wirkung ableitete und sie mit der Fruchtbarkeit in Verbindung brachte. Während der etwa einwöchigen Festlichkeiten wurde die junge Frau von vier bis fünf noch jüngeren Mädchen begleitet, die sie quasi als Dienerinnen umsorgten und ihr Nahrung zubereiteten. Von älteren Frauen wurde die Initiantin dann zum Meer geführt und nach einer rituellen Waschung neu eingekleidet. Weibliche Spezialistinnen machten Einschnitte in die Haut, um die gewünschten Narbenmuster zu produzieren. Als letzter Akt wurde dem Mädchen das Kopfhaar geschoren. Nachdem sie von ihrem Vater öffentlich anerkannt und von ihren Verwandten bewirtet worden war, nahm sie ihren normalen Lebensrhythmus wieder auf.

Frauen werden im allgemeinen einzeln initiiert, es gibt nur wenige Stämme, wo eine ganze Reihe von jungen Mädchen gemeinsam den neuen Status feiert – und auch dann nicht in demselben Grad wie Jungen. Bei den Orokaowa oder den Koko etwa werden die Mädchen einer Art ›Kurzverfahren‹ unterzogen, ohne daß man sie in dieselben Hintergründe einweiht wie die Jungen. Nachdem die Novizen durch Tanzmasken und Musik geschreckt worden sind, bekommen die Burschen wenigstens die Musikinstrumente gezeigt und deren Heiligkeit erklärt, während man sich bei den Mädchen diese Mühe nicht macht. Beide Geschlechter werden dann in abgetrennten Behausungen, separat voneinander, einige Zeit in die Funktion verschiedener Riten eingeweiht. Bei den Mundugumor am Sepik nahm man auch Mädchen in den Kult auf, der beim Spiel der heiligen Flöten ausgeführt wurde, wobei es ihnen allerdings freigestellt blieb, ob sie teilnehmen wollten. Da man ihnen die körperlichen Torturen ersparte, die alle Jungen durchlaufen mußten, kamen die meisten Frauen nur oberflächlich mit den Riten in Berührung (die bei diesem Stamm übrigens wie der Privatbesitz des ›Big Man‹ gehandhabt wurden).

Diese Fälle können aber, wie gesagt, nur als Ausnahme gelten; im allgemeinen gab es nur bei den Jungen gemeinschaftliche Reifefeiern. Hervorzuheben ist in diesem Zusammenhang, daß vor allem in Neubritannien und auf der benachbarten Insel Tanga die Riten von Mitgliedern einer geheimen Gesellschaft ausgeführt wurden, den Dukduks bzw. den Sokatana. Die Mitgliedschaft in diesen Männerbünden war freiwillig und mußte erkauft werden. Die Mitglieder machten sich durch Kostümierung und Masken unkenntlich (Abb. 13) und verfuhren während der Initiationsfeierlichkeiten oft sehr brutal. Es kam vor, daß sie den Besitz von Nichtmitgliedern zerstörten und Frauen und Kinder verschleppten.

Bei den Jungen gibt es in der Pubertät keine so sichtbaren Veränderungen wie das Schwellen des Busens und die Menstruation bei den Mädchen. Daher fühlen sich die Männer in vielen Stämmen benachteiligt und suchen nach einem Ausgleich, indem sie selbst eine Blutung herbeiführen, sei es durch erzwungenes Nasenbluten oder durch Schnitte in den Penis. Bei einigen Stämmen wurden auch die Zungen angeschnitten, etwa auf einer der Schouten-Inseln oder bei den Bainingern, bei denen die Novizen ihr Tanztraggestell mit dem herausquellenden Blut rot färbten.

In den meisten Gesellschaften ist es wichtig, daß sich der Weg der Knaben in die Mannbarkeit schrittweise vollzieht. Bei manchen Stämmen ›raubte‹ man die kleinen Jungen schon im Alter von fünf bis sieben Jahren den Müttern und ließ sie im Männerhaus schlafen, versuchte also, sie dem als schädlich empfundenen Einfluß der Frauen zu entziehen. Die erste Konfrontation der Knaben mit dem Kult besteht meist darin, daß sie die – vielfach als heilig geltende – Musik zu hören bekommen, wenn sie auch noch nichts über die Instrumente lernen. In den verschiedenen Phasen, die sie in den folgenden Jahren durchlaufen werden, müssen sie jeweils für mehrere Monate in einer separierten Behausung leben. Wenn die letzte Stufe zur Mannwerdung durchschritten ist, hat der junge Mann eine Menge grausamer, schmerzhafter Praktiken über sich ergehen lassen müssen. Höhepunkt sind jene Feierlichkeiten, die oft mit einem anderen Fest – etwa einem Schweinefest oder wie bei den Bainingern auf Neubritannien dem Feuerfest – zusammenfallen.

Um die Mutterbindung ganz auszumerzen, sprechen viele Stämme bei der letzten, wichtigsten Zeremonie von einer ›Neu‹- oder ›Wiedergeburt‹, z. B. bei den Krokodilkulten des Sepik. Dort behauptet man, daß die Jugendlichen von einem Krokodil gefressen worden seien, um dann, ausgespuckt, wieder neu ins Leben zu kommen. Man vollzieht dieses ›vom Krokodil gebissen sein‹, indem man ein Tätowierungsmuster in die Haut ritzt und es dann mit Schmutz einreibt. So entstehen auf dem ganzen Körper Narben, die den Eindruck von Krokodilschuppen erwecken. Bei anderen Stämmen müssen die Initianten durch die gegrätschten Beine einer hölzernen weiblichen Figur ins Männerhaus klettern, um so rituell neu geboren zu werden.

Religion, Mythos, Magie

Die religiös-magischen Vorstellungen der Eingeborenen von Papua-Neuguinea sind so komplex, daß sie mit jenen der Hochkulturen durchaus verglichen werden können. Für den Außenstehenden ist es angesichts der Fülle verschiedenster Denkweisen allerdings sehr schwer, eine Systematisierung vorzunehmen. Götter, Geister und magische Kräfte, in den Mythen und Legenden beschrieben, werden als Träger der ewigen Wahrheiten angesehen. In einem System von Ritualen versuchen die Männer, mit diesen Wesen in Kontakt zu treten und deren Kräfte zu ihrem Vorteil zu nutzen. Das bedeutet, daß Religion in Papua-Neuguinea sehr pragmatisch ausgerichtet ist und jeder Ritus, jeder Mythos einen ganz bestimmten praktischen Zweck verfolgt.

Tänzer, der eine ›Dema-Gottheit‹ darstellt

Die ›Geisterwesen‹ werden in zahlreiche Gruppen aufgeteilt. Da gibt es die sogenannten ›Kulturbringer‹, d. h. Götter und Göttinnen, die seit der Schöpfung existieren und hauptsächlich abstrakte Kräfte im All darstellen. Sie haben die wichtigsten Teile von Welt und Kosmos erschaffen, sich dann aber über das Meer in eine Himmelswelt zurückgezogen, von wo aus sie nicht mehr in die Geschicke der Welt eingreifen. Sie sind zwar in den Mythen präsent, spielen aber in den Riten keine Rolle. Andere Gottheiten sind sowohl schöpferisch als auch erhaltend in ihrem Wesen. Auch sie werden mit Teilen der Schöpfung in Zusammenhang gebracht, stehen aber noch immer im engen Kontakt mit den Menschen und können deren Leben beeinflussen. Wieder andere Gottheiten dienen ausschließlich der Erhaltung des Bestehenden. Dann gibt es die sogenannten ›Dema-Gottheiten‹, Halbgötter, die ursprünglich Menschen waren, aber von Gottheiten oder Kulturträgern begrenzte schöpferische und erhaltende Kräfte verliehen bekamen, z. B. zur Erschaffung von Nutzpflanzen und Geräten.

In einigen Stammesgesellschaften glaubt man an selbständige Geisterwesen, die weder schöpferische noch erhaltende Funktion besitzen, sondern die negativen Kräfte verkörpern, die Schwierigkeiten bringen, Kinder stehlen oder gar den Tod herbeiführen. Eine große Rolle spielen auch die Toten, die in zwei große Gruppen geteilt werden: Die kürzlich Verstorbenen sind die Totengeister (s. u.), die generell nichts mit den anderen erwähnten Geisterwesen zu tun haben, während es sich bei den seit langem Verstorbenen um die für das Wohl der Gemeinschaft so wichtigen Ahnengeister handelt, die ähnliche Kräfte besitzen können wie die Geisterwesen.

Totems wiederum unterscheiden sich von Geisterwesen, indem sie eine leibhaftige Gestalt besitzen. Sie wohnen in Tieren, Vögeln, Pflanzen oder auch anderen natürlichen Phänomenen,

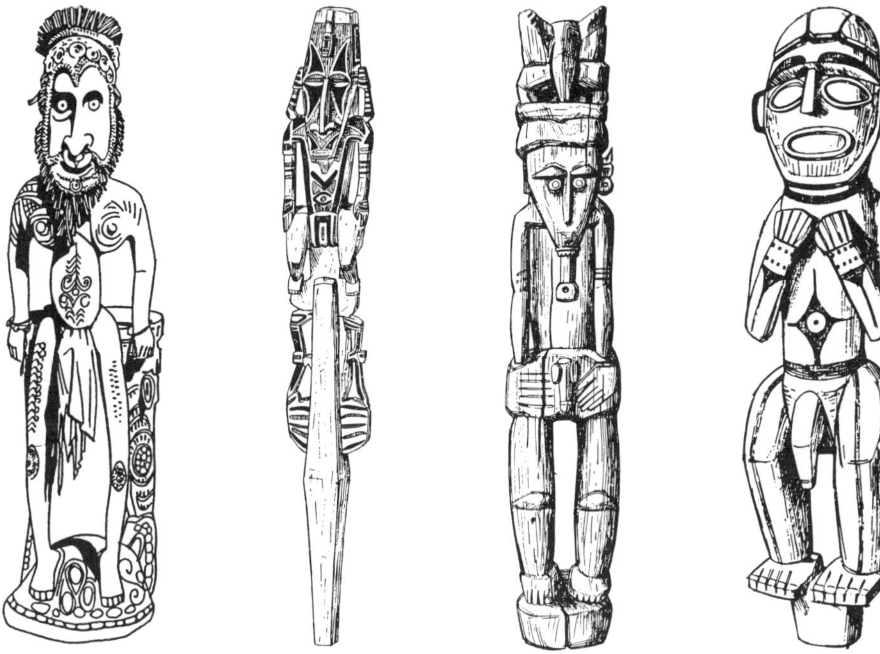

Von links nach rechts: Zeremonialstuhl vom Sepik, der bei Initiationen Verwendung findet, hölzerne Kultfigur vom Huon-Golf, Ahnenfiguren von der Astrolabe Bay und aus Neuirland

werden in dieser Form auch dargestellt und mit besonderen Fähigkeiten, Eigenschaften und Beziehungen zu den Menschen ausgestattet. Bei den Totems kann es sich um vermeintliche verkörperte Ahnen handeln oder auch nur um wappenartige Embleme, die keinen solchen Identitätsanspruch erheben. Die Gruppe, die von dem Totem abzustammen glaubt, darf dieses in keiner Weise verletzen, töten oder essen, es ist für sie grundsätzlich tabu.

Mittels Ritualen versuchen die Eingeborenen, mit den Geisterwesen in Verbindung zu treten und sie nach Möglichkeit in ihrem Sinne zu beeinflussen. Diese Rituale stehen mit strengen Tabus in Zusammenhang, die sich z.B. auf Sexualität, Nahrungsaufnahme, Trinken oder Baden beziehen. Wird ein Tabu verletzt, so ist der ganze Ritus wertlos.

Die Eingeborenen führen ein Leben, das von vielen Seiten immer wieder bedroht ist – von den Krankheiten wie Malaria, Typhus, Ruhr, von den todbringenden Tieren wie vor allem Schlangen, Krokodilen, giftigen Tausendfüßlern, von den Naturgewalten wie Stürmen, Gewittern, Erdbeben, Vulkanausbrüchen, Zerstörung der Pflanzungen und schließlich von den feindlichen Nachbarn. Aber mehr noch als all das fürchten sie bösen Zauber und böse Geister, die für alles Unglück verantwortlich gemacht werden. Ziel ist es folglich, die Geisterwesen durch Gebete und Opfer (gekochte Speisen, Betelnuß, Tabak und sogar ganze Schweine) günstig zu stimmen. Auch hier kommt also das Prinzip der gegenseitigen Verpflichtung zum Tragen; es soll ein der menschlichen Gemeinschaft ähnliches Beziehungsgefüge aufgebaut werden, indem man gibt und die Geisterwesen dann automatisch ihrerseits zurückgeben, d.h. mit materiellem Segen antworten müssen.

Im Gegensatz zu den positiven Ahnengeistern gab es die schreckenerregenden, die Verstorbenen fremder Sippen und die Geister der Menschen, die man erschlagen oder durch Zauberei getötet hatte. Deren Unversöhnlichkeit und Rachsucht konnte Menschen ununterbrochen verfolgen, sie konnten sich in Menschen, Tiere, Pflanzen oder Steine verwandeln, so daß das Böse quasi überall lauern mochte. Man mußte versuchen, diese bösen Geister durch allerlei Tricks zu täuschen und sie durch gewisse Zeremonien zu bannen, konnte aber im Bunde mit ihnen auch selbst zaubern. Wenn man die Seelen der eigenen Toten nicht gut behandelte, nicht gut von ihnen sprach und keine ausreichenden Schweineopfer brachte, dann konnten auch sie gefährlich werden und sich rächen. War man hingegen gut zu ihnen, durfte man erwarten, daß sie einen im Totenreich in Empfang nehmen und dort den Weg weisen würden.

Die Geister der Toten jagen den Überlebenden vor allem in den ersten Tagen nach dem Tod Schrecken ein. Man glaubt, daß sie in der Nähe des Dorfes herumschleichen und den eigenen Leuten schaden wollen, auch daß Totengeister, die einander begegnen, sich verhexen. Es ist tatsächlich ein nie endender Kreislauf der Bosheit, des Sich-Gegenseitig-etwas-antun-Wollens, dessen die Eingeborenen immer gewärtig sind. Der Glaube an das Gute im Menschen scheint nicht zu existieren, alles Gute muß erst mit Opfern teuer ›erkauft‹ werden. Vom Stamm der Kai wird beispielsweise berichtet, daß man annahm, Verstorbene könnten über ihren Tod wütend sein. Waren sie im Leben als gewalttätig bekannt, so ist es auch ihr Geist, und deshalb muß man alles tun, um ihn zu beschwichtigen, etwa indem man fastet und Pflanzen, Hausgeräte und Waffen vernichtet. Man hat sogar Frauen erdrosselt und sie dem Toten ins Jenseits nachgesendet. Da aber auf jeden Fall die Meinung bestand, daß sein Tod auf einen fremden Zauberer zurückgehe, mußte man diesen töten – am besten, man unternahm einen Kriegszug und brachte dessen Sippe gleich mit um. Es ist klar, daß sich die Eingeborenen so in ständiger Lebensgefahr befanden, denn ein Nachbarstamm mußte nur annehmen, sie seien am Tod eines Angehörigen schuld, und schon erfolgte ein Überfall, der dann wiederum Blutrache nach sich ziehen konnte. Aber der Teufelskreis war nicht zu durchbrechen, die Macht der Ahnen bedeutete zu viel. Wenn man sie gebührend betrauert und gerächt hatte, dann erwartete man von ihnen auch, daß sie die Feldfrüchte gedeihen ließen, die Schweine aus dem Feld heraushielten und auch selbst nicht dorthinkamen – denn wo sie einmal waren, verkümmerten die Früchte. Die Totengeister werden auch für das Jagdglück beschworen – tritt es aber nicht ein, so rächen sich die Menschen, indem sie dem Toten keine Opfer mehr bringen und ihn schmähen. Das Geben und Nehmen in der Beziehung zu den Ahnen darf nie einseitig sein.

Magische Kräfte, die von den Menschen untereinander eingesetzt werden, können negativ oder positiv sein. ›Weiße Magie‹, die auf der Voraussetzung basiert, daß Gleiches Gleiches hervorruft, kann Gesundheit, Jagdglück, gute Ernten oder sonstiges Wohlergehen bringen. In der ›schwarzen Magie‹ gibt es viele Formen von Hexerei, deren Ziel stets darauf hinausläuft, Menschen zu schaden oder gar, sie zu töten. Die verbreitetste Form wird in Pidgin-Englisch als ›Poisin‹ bezeichnet und ist ein Beispiel für ›ansteckende‹ Magie. Der Hexenmeister entwendet dem Opfer etwas, das in engster Beziehung mit ihm steht und als von seiner Seele durchdrungen empfunden wird: Das kann ein Stück Kleidung sein, eine Haarlocke, Schnipsel von seinen Nägeln, aber auch ein Zigarettenstummel oder etwas von seinen Exkrementen. Der Hexenmeister verschließt diese Gegenstände in einem Bambusröhrchen. Je nachdem, ob er nur Krankheit oder den Tod des Opfers herbeiführen will, erhitzt oder verbrennt er das Röhrchen unter Zauberformeln.

Für eine andere sehr verbreitete Methode, jemandem zu schaden, hält man die Fähigkeit des Hexenmeisters, sich unsichtbar zu machen oder tierische Gestalt anzunehmen und dann verschiedene Geschosse – meist Steine oder Pfeilspitzen – am Körper seines Opfers anzubringen. Andere Hexer sollen ihrem Opfer entgegentreten, dessen Kopf oder die Eingeweide ›entfernen‹ und sie durch pflanzliches Material ersetzen können, auf daß es später sterbe. Auch tatsächliche Mordhandlungen (›Sangguma‹ genannt) finden statt: Der Hexenmeister und seine Gehilfen überfallen das Opfer und stechen ihm Bambussplitter unter die Zunge und in den Kopf, was zu einem qualvollen Tod führt.

Andere Formen der Hexerei befassen sich auch mit Diebstahl – Hexenmeister, die sich unsichtbar machen können, vermögen ebenso zu töten wie zu stehlen. Im südlichen Madang-Distrikt wird versucht, die in einem bestimmten Garten ansässigen Pflanzengottheiten zu stehlen und deren Aura in den eigenen Garten zu befördern.

Der Glaube an weibliche Hexen ist wenig verbreitet, er beschränkt sich vor allem auf das zentrale Hochland und die Massim-Gegend. Bei den Huli macht man weibliche Hexen für Todesfälle verantwortlich. Bei einer Art von Hexenkunst werden beim Tabakrauchen Beschwörungen gesprochen, wodurch Zaubersubstanzen die Seelen der Opfer angreifen.

Weithin bekannt sind verschiedene Formen des ›Liebeszaubers‹. Die häufigste Form besteht darin, daß ein Mann eines seiner Schamhaare in eine Zigarette rollt und diese der Frau reicht, die er verführen möchte. Es wird nun angenommen, daß sie nach dem Rauchen meint, schon mit ihm geschlafen zu haben, was seiner Absicht natürlich entgegenkommt.

Die Frauen haben insgesamt, wie in allen Lebensbereichen, in den Riten gar keine oder bestenfalls eine sekundäre Aufgabe. Aber etwas gilt als ihr streng gehütetes Geheimnis, nämlich die Technik, Abtreibungen vorzunehmen.

In den Bereich der Magie fallen auch Jenseitsvorstellungen und Bestattungsriten. Interessant ist etwa die Auffassung des Stammes der Kai. Eine Geisterhöhle gilt als Eingang ins Totenreich. Gibt es ein leichtes Erdbeben, nimmt man an, nun sei ein Totengeist in die Unterwelt gesprungen, über eine Wand, die für lebende Menschen unübersteigbar ist. Deren Herr, der Tulumeng heißt, erscheint manchmal auch in einem Kanu, um die Seelen ins Jenseits zu holen. Im Jenseits kommen die Erschlagenen und die Verzauberten in verschiedene Abteilungen. Manche müssen vor dem Eintritt auf einer Schaukel schwingen, fallen ins Wasser und ziehen dann reingewaschen ins Geisterdorf ein, wo der Fürst der Unterwelt ein strenges Regiment führt. Und hier im Totenland leben die Menschen wie auf der Welt, bebauen das Feld, zeugen Kinder und töten einander ...

Grabanlage vor Wohnhäusern auf einer Insel der Milne Bay-Provinz (Darstellung von 1888)

Bestattungsformen verschiedenster Art werden berichtet: Manche Stämme stellten die Leichname an einer Felswand auf, andere legten sie in eine Höhle, wieder andere errichteten Gerüste auf Bäumen und setzten die Toten darauf, manche hängten sie an die Bäume und bestatteten die Gebeine, wenn sie verrottet und bis aufs Skelett abgefressen waren, in einer eigenen Knochenhöhle. Es gab auch das Verfahren, Leichen zu räuchern, dann mit Lehm zu übertünchen und auf ein Häuschen zu setzen. Hier wachte der Tote nun wie ein Lebendiger, das Gesicht noch fast völlig erkenntlich, umgeben von seinen Waffen. Bei den Buang gab es eine Art von Mumifizierung: Man setzte die Leiche in Hockstellung auf eine Stange im Grab und schichtete rundum Kunai-Gras auf. Dann schnitt man dem Toten in die Haut, um das Leichenwasser abfließen zu lassen, füllte Erde ins Grab und legte einen flachen Stein darauf. Nach etwa fünf Monaten wurde die Mumie herausgenommen, in noch mehr Kunai-Gras gewickelt und zu einem schwer zugänglichen Felsen getragen. Das zeigt, daß zumindest die Buang glaubten, daß das Wohlbefinden im Jenseits vom Zustand des Körpers abhänge. Vgl. Farbt. 20.

In der Gegend von Finschhafen wurden den Toten Kopf, Gesicht und Augenbrauen rasiert, dann schmierte man sie mit Rötelfarbe ein, legte sie in einen alten Bootstrog oder eine andere Art Sarg und begrub sie neben dem Haus. Über dem Grab wurde eine Hütte errichtet, in der die Familie etwa sechs Wochen wohnte, um den Toten nicht alleinzulassen. Dann schüttete man das Grab zu und pflanzte, hatte man den Toten gerächt, zum Zeichen dafür eine bestimmte Blattpflanze darauf. Es war üblich, daß eine Frau, für die der Mann viel bezahlt hatte, ihm in den Tod nachgeschickt wurde.

Musik

Es gibt in Papua-Neuguinea so gut wie keine zeremonielle Handlung ohne Musik – vom einfachen Gesang bis zum vielstimmigen Konzert zahlreicher Instrumente, von der einfachen Nachrichtenvermittlung bis zur kunstvollen musikalischen Ausgestaltung von großen Feierlichkeiten wie Einweihungen, Begräbnissen, Kriegsvorbereitungen usw. Die Eingeborenen gehen in ihrer Hochschätzung der Musik so weit, daß manche von ihnen einzelnen Instrumenten übernatürliche Kräfte und Fähigkeiten zuschreiben.

Bei manchen Feierlichkeiten ist es den Frauen erlaubt, mitzutanzen und mitzusingen, doch nur im Hintergrund. Bei der Einweihung eines Männerhauses beispielsweise müssen sie im Freien bleiben, haben aber ihre eigens auf den Anlaß zugeschnittenen Gesänge. Während einer Brautwerbung singen die Männer langsame, getragene, ineinander übergleitende Melodien, bei den Tanzzeremonien ›wildere‹. Jeder Anlaß hat seine eigenen Lieder, sei es das Pflanzen und Ernten der Knollenwurzeln oder ein Hausbau. Auch die Cargo-Kulte kennen ihre eigenen Gesänge. Manchmal singt ein Mann plötzlich ein Lied, dessen Worte nicht auf traditionelle Quellen zurückzuführen sind. Manche Sänger haben behauptet, solche neuen Gesänge im Traum erfahren zu haben. Hier kann es zu einer Art von ›Copyright-Zahlungen‹ kommen, wenn der Erfinder eines Liedes für das Nachsingen seines Werks Tantiemen in Form von Naturalien – etwa eines Huhnes – erhält.

Im Hochland gab es eine Art von Jodel-Sprache, die das Nahen von Fremden über weite Strecken meldete. In manchen Gegenden singt man nicht nur mit normaler Stimme, sondern auch im Falsett. Jedenfalls war die Kunst des Gesangs den Eingeborenen vertraut, was den Missionaren gelegen kam, als sie versuchten, Kirchenlieder und gregorianische Choräle einzuführen.

Die wichtigsten in Papua-Neuguinea benutzten Instrumente sind Trommeln, Flöten, Pfeifen, Gongs und Schwirrhölzer. Sie werden aus Holz, Bambus, Kürbis, Nüssen, Samen, Blättern und in einigen Fällen – im Hochland wie auch im Sepik-Gebiet – sogar aus Ton hergestellt. Instrumente, die laute Geräusche machen, finden vor allem bei der Nachrichtenübermittlung Verwendung, wo sie große Entfernungen überbrücken müssen. Die Spieler der sogenannten ›redenden‹ bzw. ›sprechenden‹ Trommeln im nördlichen Küstengebiet und auf den Inseln verfügen über ein großes Repertoire an rhythmischen Ausdrucksmöglichkeiten. Im Sepik-Gebiet und in Teilen des Hochlands verbreiten Flötenspieler während der Initiationsriten des Nachts besondere symbolische Signale, während andere Flöten des Hochlands die Eingeborenen informieren, welche Sippe gerade ein Schweineschlachtfest vorbereitet. Die Küstenbewohner benutzen Muscheltrompeten, um guten Fischfang mitzuteilen. Mittels leerer Kokosnußhülsen als einer Art von Resonanzboden hat man in früheren Zeiten die Stimme verstellt, um geheime Nachrichten weiterzuflüstern. Diese wahllos herausgegriffenen Beispiele sollen nur die Vielzahl der Instrumente und ihrer Funktionen in den regionalen Gebieten andeuten.

Eine originelle Art, eine breite Palette von Tönen zu erreichen, haben die Baininger in Neubritannien entwickelt: Sie hantieren mit Bambusstäben verschiedener Länge, die einfach dadurch, daß sie geschlagen werden, auch verschiedene Töne erzeugen. Beim Spielen dieses

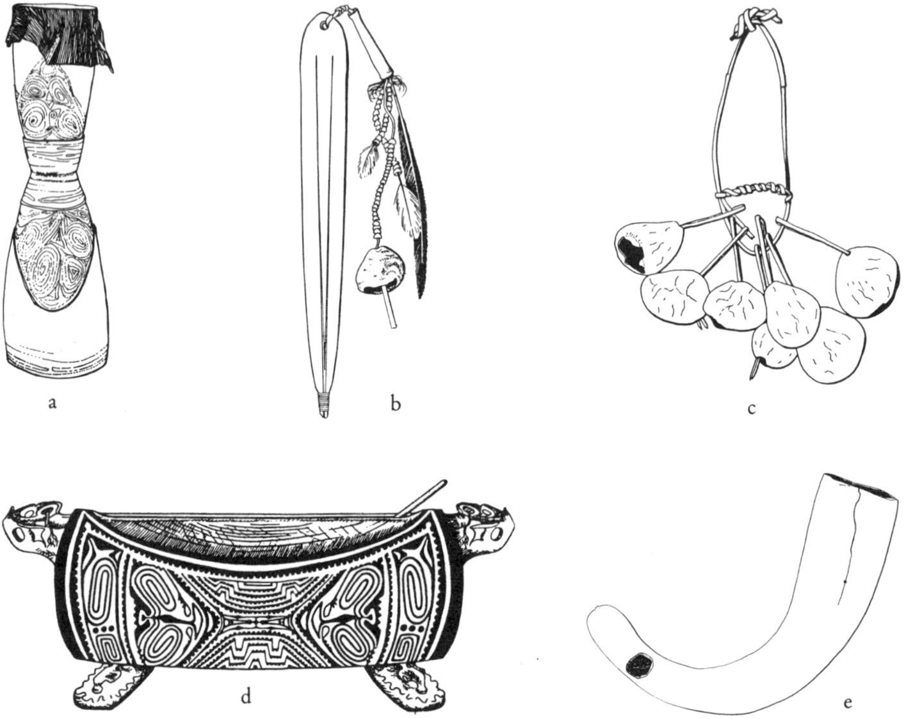

a Kundu-Trommel; b Maultrommel‹ aus Bambus; c Rassel aus Muschelschalen; d Schlitztrommel; e Quertrompete aus einer Kalebasse

›Orchesters‹ können 30 bis 40 Musikanten beteiligt sein. Rasselnde Geräusche werden erreicht, wenn man mit einem Stück Holz über eingekerbte Hölzer oder Knochen streift. Auch zieht man Kalkstäbe mit rasselndem Geräusch in Kürbisköpfe hinein und hinaus, was nicht nur als Lautuntermalung bei Tänzen, sondern auch beim Sprechen dient. Andere rasselartige Instrumente, etwa Nüsse mit Kernen, werden bei einigen Stämmen beim Tanz um die Beine gewickelt.

Die Perkussionsinstrumente stellen eine Erweiterung des ursprünglichen Händeklatschens und Füßestampfens dar. Sie umfassen in erster Linie die Schlitztrommeln, die aus einem ausgehöhlten Baumstamm bestehen und von einem oder mehreren Spielern mit Trommelstöcken bearbeitet werden. Dabei können die Trommeln horizontal liegen oder vertikal in einer Vorrichtung stehen. Es ist nicht ungewöhnlich, daß Schlitztrommeln zusammen mit anderen, kleineren geschlagen werden, um ein größeres Spektrum an Tönen zu erreichen.

Eines der wichtigsten Schlaginstrumente in Papua-Neuguinea ist die sogenannte Kundu-Trommel, die die Form eines Stundenglases hat, wobei eine Öffnung mit Echsen- oder Schlangenhaut überzogen ist. Sie liefert die rhythmische Untermalung zu zeremoniellen Handlungen. Am Golf von Papua und im Bereich der Torres-Straße werden die offenen Enden dieser zylindrischen Kundu-Trommeln oft so geschnitzt, daß sie dem offenen Maul eines Fisches oder eines Krokodils ähneln. Die Eingeborenen legen großen Wert auf sauberen Klang: Zu diesem Zweck träufeln sie oft Wachs oder Naturhonig auf die Haut der Trommel, um deren Spannung zu kontrollieren.

Im Sepik-Gebiet kennt man die Wassertrommel, die als heilig gilt und deshalb durch Wände vor den Blicken der Frauen und Kinder abgeschirmt wird. Sie besteht aus einer Art hohlem, umgedrehtem Holzbottich an einem langen Stab, der, auf das Wasser geschlagen, einen explosionsartigen Knall auslöst.

Das Spektrum der Blasinstrumente reicht von ausgehöhlten Kokosnüssen mit ein oder zwei Spiellöchern über Bokkarinas bis zu Flöten jeder Länge und Machart, die von der Seite oder an einem Ende geblasen werden. Die paarweise gespielten Flöten des Sepik-Gebiets bestehen aus einer ›männlichen‹ und einer kleineren ›weiblichen‹ Flöte. Neben den ›heiligen‹ Flöten, die bei den Eingeborenen hoch im Kurs stehen, gibt es auch ganz einfache, kleine Hirtenflöten, die oft nur dem Privatvergnügen der Männer dienen. Auf den Solomonen finden sich Panflöten, im Hochland kommen aus Kürbissen hergestellte Trompeten vor, die Bambusmundstücke besitzen und bis zu einem Meter lang sein können. In Bougainville gibt es hölzerne Trompeten, ›Kurudu‹ genannt, mit Mundstücken aus Kokosnußhülsen. Es existieren sogar bis zu 4 m lange Bambustrompeten, ›Wigi‹ genannt, die vor allem in Madang während der Initiations-Zeremonien benutzt werden.

Seit dem Eindringen der Europäer haben die Bewohner von Papua-Neuguinea neue Instrumente kennengelernt, vor allem die Gitarre. Da sie sehr teuer ist, lernten die Eingeborenen schnell, sie im Eigenbau nachzuahmen. Man schneidet die Gitarre in einem Stück aus einem Holzblock (würde man sie stückweise zusammenkleben, löste sie sich in dem feuchten Klima zu leicht auf) und hilft sich bei der Bespannung mit Angelleinen aus Nylon oder Plastikdrähten. Besucher können die Eingeborenen häufig beim fleißigen Üben sehen. Außerdem hat fast jede Missionsstation ihren Ehrgeiz dareingesetzt, ein eigenes Orchester auf die Beine zu stellen. Nicht immer ging man dabei so interessante Wege wie die Lutheranische Mission, die versuchte, ein ganzes Orchester ausschließlich mit großen Muscheln auszurüsten. Obwohl jedes dieser ›Instrumente‹ nur eine Note spielt, kann man doch durch die Quantität der Muscheln ganze Musikstücke zustandebekommen.

Einfluß und Wirkung der modernen Technik auf das Bewußtsein der Eingeborenen dürfen nicht unterschätzt werden und drücken sich auch im Bereich der Musik aus: Ein Mann, der auswärts gearbeitet hat, erhöht sein Prestige bei der Rückkehr in die Dorfgemeinschaft enorm, wenn er einen riesengroßen Radiorecorder herbeischleppt und mit Kassetten oder gar aufgefangenen Rundfunksendungen seine Umwelt beeindruckt. Das hat zu solchen Auswüchsen geführt, daß in einigen Männerhäusern die Piècen der ›heiligen Flöten‹ bereits auf Kassette aufgenommen worden sind. Während im Freien für die Touristen getanzt wird, läuft die Musik im Haus vom Band ab – wahrlich keine erfreuliche Entwicklung, aber doch auch ein Beweis für die Flexibilität der Eingeborenen.

Kopfjagd und Kannibalismus

Bei diesen heutzutage so gut wie nicht mehr vorkommenden Äußerungsformen der melanesischen Kultur handelt es sich um ein zwar schlagzeilenträchtiges, aber im großen und ganzen nicht verstandenes Phänomen. Eng damit verbunden sind nämlich die Schöpfungsmythen der Eingeborenen. Diese erzählen von einem Himmelsriesen, der in grauer Vorzeit jedes Lebewesen, dem er begegnete, erschlug und auffraß. Erst ein junges Zwillingspaar war imstande, diesen Unhold zu besiegen. Bei den anschließenden Festlichkeiten wurde sein Leichnam zerstückelt und verspeist. Von diesem erfolgreichen Zwillingspaar leitet sich das menschliche Geschlecht ab. Im Nachvollziehen dieser urzeitlichen Handlung durch die rituelle Tötung und Verspeisung eines Menschen werden, glauben die Eingeborenen, die Schöpfungskräfte in der Natur reaktiviert. Einem anderen Mythos zufolge ist das Entstehen der Nutzpflanzen auf die zerstückelten Körperteile dieses Vorzeitriesen zurückzuführen – und durch den Kanniba-

Krieger bei einem Scheinangriff (Darstellung von 1888)

lismus vollzog man diesen für den Menschen so wichtigen Vorgang sinnbildlich noch einmal nach.

Es ging also in den allerwenigsten Fällen, wie landläufige Interpretationen gerne meinen, um die Aneignung der Körperkräfte des Gegners, sondern um die rituelle Fortsetzung und damit den Weiterbestand der Seinsordnung. Es handelte sich also um einen im weitesten Sinne verstandenen Fruchtbarkeitskult. Deshalb war es auch vollkommen belanglos, ob es sich bei dem Opfer um ein Kind, eine alte Frau oder einen Krieger handelte. Es mußte auch nicht ein prestigeträchtiger Zweikampf vorangegangen sein, wenn ein Überfall aus dem Hinterhalt zum selben Ziel führte.

Daß Blut das Wachstum fördern soll, liegt schon in den Ursprungsmythen begründet, wo das bereits erwähnte Zwillingspaar in einer Erdmulde durch das herausgetröpfelte Blut einer alten Frau entstanden ist. Noch in heute praktizierten magischen Bräuchen spielt Blut eine große Rolle. So glauben etwa die Abelam, daß sie das Wachstum ihrer übergroßen Yamsknollen

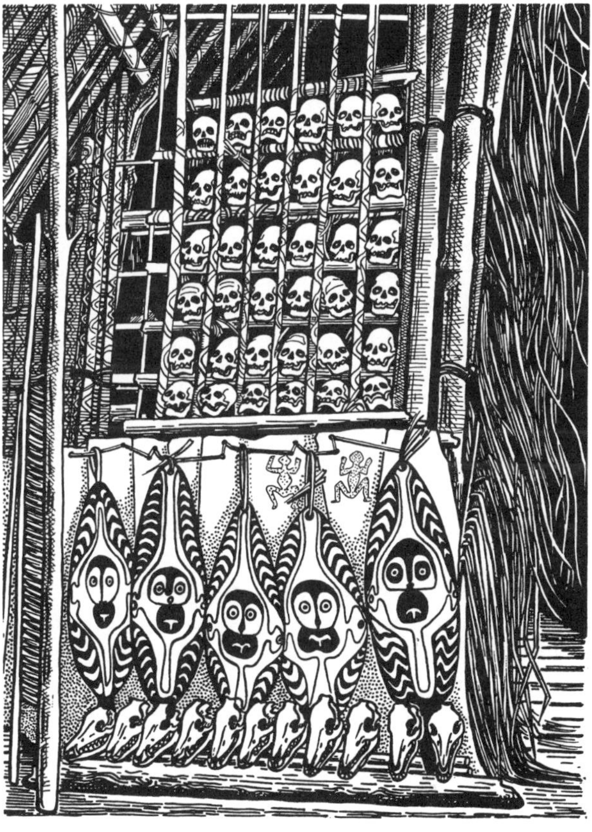

Gerüst mit Schädeltrophäen, Ahnenbrettern und (unten) den Schädeln geopferter Schweine in einem Sippenhaus am Golf von Papua

Mit Ton übermodellierter Ahnenschädel vom Sepik

dadurch begünstigen können, wenn sie die Pflanzen mit ihrem eigenen, aus dem Penis quellenden Blut beträufeln.

Da der Kopf als Zentrum der Schöpfungskraft angesehen wurde, verwahrte man die abgeschlagenen Schädel oder die der Ahnen besonders sorgfältig auf. Man modellierte sie mit Ton, schmückte sie mit Kauri-Muscheln und legte sie auf oder hängte sie an eigens dazu bestimmte Schädelbretter. Obwohl Regierungsbestimmungen die Kopfjagd und den damit verbundenen Schädelkult seit langem untersagt haben, verwahren doch, vor allem in entlegenen Gebieten, viele Bewohner ihre Ahnenschädel in neuen Verstecken auf – und schleppen sie bisweilen herbei, um sie bei einem weißen Käufer zu Geld zu machen.

Die Abschaffung der Kopfjagd hat im sozialen Gefüge der Dorfgemeinschaften eine tiefe Veränderung bewirkt, war doch das gemeinsame Kriegserlebnis oft die einzige Klammer, die verschiedene Clan-Gruppen aneinander band. Zwar übertrug man in der Folge das rituelle Opfer auf das Schwein, das nun feierlich getötet und verspeist wurde, aber dennoch hat man mit einer sozusagen ›ewigen‹ Tradition brechen müssen. Eine gewisse Erleichterung stellte lediglich die Tatsache dar, daß der Himmelsriese bisweilen auch in Ebergestalt auftrat. Übrigens war Menschenfleisch in Pidgin mit ›Long pik‹ umschrieben worden, was so viel wie ›langes Schwein‹ bedeutet ...

Daß Stammesfehden in Papua-Neuguinea auch heute noch in Mord und Totschlag ausarten können, beweist die einfache Tatsache, daß das Hochland noch 1979 zum ›Notstandsgebiet‹ erklärt wurde. Damals fielen den heftigen Auseinandersetzungen auch ein paar Lehrer und Polizisten zum Opfer. Dabei herrscht als oberstes Gebot das ›Auge-um-Auge‹-Prinzip, das allerdings auch in finanziellen Ausgleich umgewandelt werden kann: Sühnezahlungen in Höhe von 10 000 Kina für Verkehrstote sind schon vorgekommen.

Allgemein läßt sich sagen, daß das Image der Eingeborenen von Neuguinea sicherlich weitaus grimmiger ist als es die Wirklichkeit jemals war. Dem Imponiergehabe vor dem Kampf kam fast gleiche Bedeutung zu wie dem Kampf selbst, der oft schon mit dem ersten Todesopfer sein Ende fand und üblicherweise nicht in kollektiven Blutrausch ausartete. So haben beispielsweise bei den als besonders kriegerisch bekannten Engas im Hochland zwanzigjährige Kampfhandlungen mit 41 Gegnergruppen ›nur‹ 36 Tote gefordert – denkt man an die Geschichte des ›zivilisierten‹ Europa, sicher keine allzu hohe Zahl.

Traditionelle Wirtschaftsformen

Pflanzenanbau und -verwertung

Viele Stämme Neuguineas leben im tropischen Regenwald, der einer wirtschaftlichen Nutzung des Landes große Hindernisse entgegensetzt. Um Boden zu gewinnen, wird im allgemeinen eine Lichtung in den Dschungel geschlagen, wobei man die kleineren Bäume gänzlich fällt, die größeren entlaubt und ihre Äste abschlägt. Man läßt das Gebüsch und Gestrüpp mehrere Wochen lang zum Trocknen liegen und verbrennt es anschließend. Die unverbrennbaren Rückstände werden um die gewonnene Freifläche als eine Art Zaun geschichtet, der Schweine und wilde Tiere von den Pflanzungen fernhalten soll. Die einzigen Geräte, die bei dieser Rodung Verwendung finden, sind das Buschmesser und die Axt. Das Bearbeiten des Bodens wird dann mit einem Grabstock besorgt, wobei man die Erde etwas lockert und dann die Setzlinge hineingibt. Der tropische Boden ist schnell ausgelaugt, und darum hat sich die Praxis etabliert, bebaute Gärten nach einiger Zeit jahrelang brachliegen zu lassen, damit sich der Boden erholen kann. So großzügig verfahren zu können, setzt eine geringe Besiedlungsdichte voraus, verschafft aber gleichzeitig eine im Verhältnis zum Arbeitseinsatz relativ hohe Ausbeute.

In erster Linie werden Yams, Sagopalmen und bisweilen Kassave, eine Maniok-Pflanze mit stärkereichen Knollen, angepflanzt. Bananen gedeihen in trockenen Gebieten, vor allem den Savannengegenden. Taro, an vielen Orten das Hauptnahrungsmittel, wächst am besten an feuchten, schattigen Plätzen und wird durch Ableger oder beblätterte Sprößlinge neu gesetzt. Manche Stämme bewässern die Taro-Pflanzen sogar. Yams hingegen bevorzugt tiefe, gut entwässerte Böden. Kassave ist am dankbarsten und kann in verschiedenes Erdreich gesetzt werden. Es ist üblich, daß in den Gärten die Zwischenräume zwischen den genannten Pflanzen mit anderen Nutzpflanzen ausgefüllt werden, so daß 20 bis 30 verschiedene Sorten nebeneinander wachsen.

Nach dem Anlegen des Gartens übernimmt die Natur die Arbeit, und der Mensch hat nicht viel mehr zu tun als gelegentlich das Unkraut zu jäten, Zäune auszubessern oder für die Yams-Ranken kleine Gerüste anzulegen. Da sich die meisten Nutzpflanzen mit Ausnahme des Yams und, bei besonderer Sorgfalt, des Taro nicht lagern lassen, wird sofort, wenn die Reifezeit eingetreten ist, geerntet und verzehrt. Man trägt dafür Sorge, daß in den meisten Familieneinheiten zwei bis sechs Gärten in verschiedenen Stadien des Wachstums sind, so daß immer zumindest ein Garten jene Nahrung liefert, die für den Alltag gebraucht wird.

Dennoch läßt sich ein gewisser landwirtschaftlicher Rhythmus erkennen, vor allem in den Gebieten, wo Yams angebaut wird, dessen Haupterntezeit meist mit Beginn der Trockenperiode einsetzt. Der Bepflanzungsrhythmus hat mehrere Etappen, wobei zuerst der künftige Garten ausgesucht wird. Das kann bis zu zwei Jahre vor der tatsächlichen Inbesitznahme geschehen. Man regelt in diesem Zeitraum die Durchgangsrechte und sonstige vielleicht anfallende Besitzansprüche der Nachbarschaft. Als nächster Schritt erfolgt das Fällen der Bäume und das Säubern der Lichtung, also die Brandrodung als Vorbereitung des Bodens. Dann kommt das

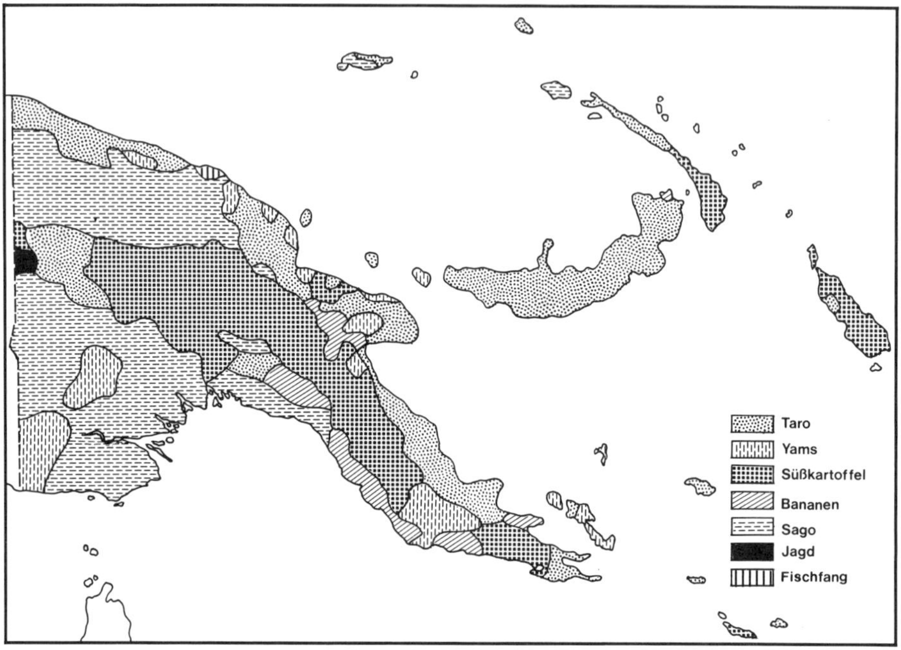

Die wichtigsten Ernährungsquellen in Papua-Neuguinea

Setzen der Pflanzen, die im Garten vorherrschen sollen. Die Nebenpflanzen können bis zu einem Jahr später gesetzt werden. Zu ihnen zählen Kohl, Erbsen, spinatartige Gewächse, Gurken, Tomaten, Mais, Chili, auch Ananas, Papaya, Wassermelonen, Zuckerrohr u. a.

Für bestimmte Arten von Taro setzt die Erntezeit frühestens nach drei Monaten ein, Yams hingegen benötigt in der Regel sechs bis sieben Monate Wachstum. Dabei ist der Ernteertrag je nach Qualität der Böden sehr verschieden und hängt auch von der jeweiligen Yams-Sorte ab. Obwohl man im Durchschnitt pro Yams-Knolle an die 3,5 kg annimmt, so gibt es Fälle – vor allem bei den Abelam in der Maprik-Gegend und auch auf den Trobriand-Inseln –, wo durch besondere Praktiken einzelne Knollen bis zu 50 kg Gewicht erlangen können.

Der letzte Schritt der Gartenbearbeitung ist es dann, das Land brachliegen zu lassen, und zwar zwischen 7 und 15 Jahre, bis sich der Boden vollständig regeneriert hat und wieder von Urwald bewachsen wird. Dann kann der gleiche Zyklus von neuem beginnen.

In den Hochlandgebieten sieht die Gartenarbeit etwas anders aus, schon weil man den Boden nicht erst mühsam dem Regenwald abgewinnen muß. Man bearbeitet entweder eine große Fläche ganz oder durchzieht das Land mit Gräben und schichtet die herausgeholte Erde dazwischen hoch auf. Der Jahresablauf erlegt den Menschen und den Pflanzen keine Gesetze auf – es kann jederzeit gesetzt, bewirtschaftet und geerntet werden. Man behält die Pflanzungen so lange bei, bis die Erträge nachlassen, und setzt nach jeder Ernte wieder die gleiche Frucht. Manche Gärten werden auf diese Art vier- bis fünfmal bearbeitet, bevor man sie wieder brachliegen läßt, was unter Umständen sehr lange währen kann.

Zusätzlich zu den Gärten werden in den meisten Siedlungen auch Bäume angepflanzt, und zwar die Betelnußpalme, der Brotfruchtbaum, der Schraubenbaum, verschiedene Feigenarten, die orangefarbige Papaya und andere tropische Fruchtbäume wie Mango, malayischer Apfel, Avocados usw. Die Ernährung ist also nicht ganz so einseitig, wie es auf den ersten Blick erscheinen mag, obwohl natürlich die Hauptpflanzen jeweils gut 80% der täglichen Nahrung stellen. Man ergänzt sie aber, soweit möglich, durch Gemüse und Früchte, außerdem durch erjagte oder ertauschte proteinhaltige Substanzen wie Wild, Fisch, Würmer, Maden etc.

Die Flachlandbewohner, die vor allem in den Deltas und Niederungen der großen Flußsysteme wie Sepik und Fly leben, ernähren sich in der Hauptsache von Sagomark und Sagomehl; außerdem gedeiht Sago im südlichen Hochland in der Nähe des Kutubu-Sees in einer Höhe von 800 m und im westlichen Sepik-Gebiet an den Hängen des Toricelli-Gebirges. Normalerweise aber wächst die Sagopalme in flachen Frischwassersümpfen zu einer Höhe von 10 bis 15 m und erreicht in ausgewachsenem Zustand einen Durchmesser von 60 bis 90 cm. Die Sagopalme ist an sich ein frei und wild wachsender Baum, aber es geschieht immer wieder, daß Dorfbewohner mit Hilfe von Samen oder Setzlingen regelrechte Pflanzungen anlegen.

Die einzigen mit dem Hochziehen der Sagopalme verbundenen Arbeiten sind das gelegentliche Zurückschneiden des Baumwachstums ringsum und das Ausdünnen der natürlichen Sagopalmenbestände, die nämlich sehr dicht aneinander wachsen. Normalerweise braucht eine Sagopalme 10 bis 15 Jahre, um ausgewachsen zu sein. Die Stärke im Stamm, die den Menschen als Nahrung dient, ist von der Natur als Reserve für die Blütenphase des Baumes vorgesehen. Deshalb werden die Palmen kurz bevor die Blütezeit einsetzt gefällt. Dies ist die Arbeit der Männer, die die Stämme dann in floßartigen Formationen zu den Dörfern transportieren. Dort wird zuerst die Rinde der Stämme abgeschält. Dann hacken die Frauen die Stämme auf, um das poröse Innere zu erreichen, das erst geschwemmt und dann filtriert wird, so daß sich das feine Sagomehl von dem rauhen, fibrösen Material absetzt (Farbt. 38–43). Normalerweise liefert eine Palme zwischen 100 und 350 kg Sagomehl, und es stehen praktisch immer Bäume zur Verfügung, die gerade gefällt werden können. Manche Völker haben sich darauf eingestellt, und sie ernähren sich von Sago, solange ihre Gärten noch nichts liefern. Noch ein ›Nebenprodukt‹ wird erzielt, das Europäern vermutlich nicht schmecken würde – die Sagomaden, die Protein enthalten. Um ihre Entstehung zu fördern, werden oft Sagopalmen geschlagen, auf daß die Tiere im toten Baum einen besseren Nährboden finden.

Auch im Handelswesen der Eingeborenen spielt Sago eine wichtige Rolle; es gab früher ganze Handelsexpeditionen, bei denen Sago als wichtiges und wertvolles Tauschmittel mitgeführt wurde. Freilich ist Sago vom ernährungswissenschaftlichen Standpunkt eine ziemlich armselige Speise, da es zwar einen hohen Kaloriengehalt hat, aber so gut wie keine Vitamine und Proteine enthält. Allerdings finden sich die meisten Sago-Gebiete in der Nähe von Flüssen oder Seen, und so kann man diesen Mangel durch den Verzehr von Fischen oder Wasservögeln meist ausgleichen.

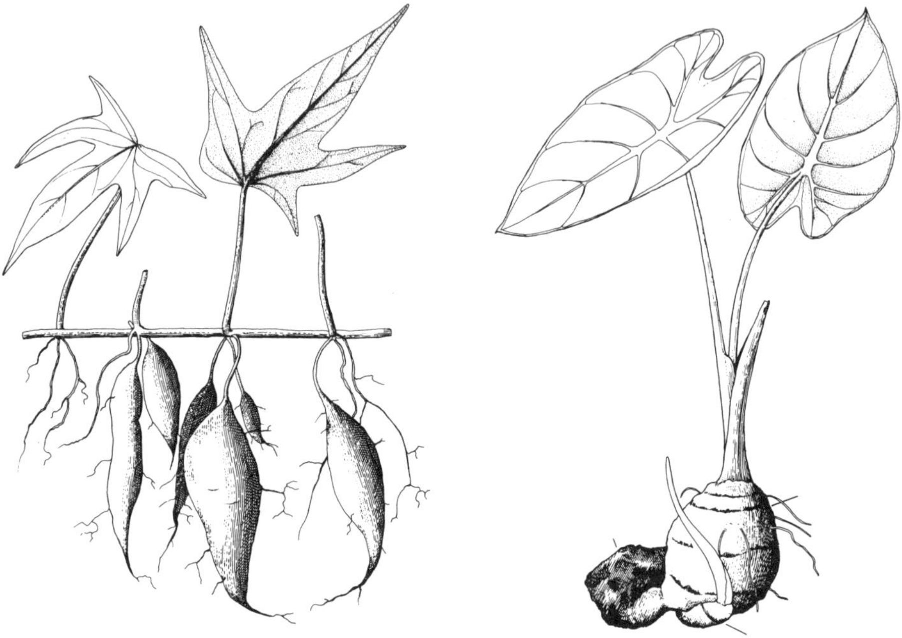

Wichtige Nahrungspflanzen in Neuguinea: Süßkartoffel (links) und Taro

Im Hochland, wo sich die Anbauflächen bis in 3000 m Höhe erstrecken können, gibt es noch viel intensivere Bodennutzung als in den Flachlandgebieten und eine noch viel größere Abhängigkeit von einer einzigen Nutzpflanze – nämlich von der Süßkartoffel, die stellenweise bis zu 85% der gesamten Nahrung stellen muß. Die Süßkartoffel wird durch blättrige Ableger angebaut und benötigt zwischen 4 und 18 Monaten bis zur Reife. Es werden aber jeweils nur einige wenige Knollen geerntet, die übrigen läßt man im Boden, um damit neu anzubauen. Die Süßkartoffel reagiert sehr empfindlich auf Nässe, Trockenheit und Frost und erfordert daher eine recht intensive Bearbeitung. Die Eingeborenen unterscheiden ein gutes Dutzend verschiedener Süßkartoffel-Sorten, sei es nach Vorzügen, sei es nach Eigenarten (manche lieben den Schatten, andere sind auf feuchten Boden eingestellt), sei es nach der Form der Knollenbildung. Die Reifeperioden differieren je nach der Höhenlage: Um 2500 m währt sie fast eineinhalb Jahre, während sie in der optimalen Höhe von knapp 2000 m nur ein halbes Jahr beträgt.

Man schätzt, daß mindestens die Hälfte der Einwohner von Papua-Neuguinea die Süßkartoffel als Hauptnahrungsmittel kennt, und man nimmt an, daß die jährliche Produktion rund 1,2 Millionen Tonnen beträgt, eine Menge, die die aller anderen produzierten Nahrungsmittel übertrifft. Der tägliche Konsum an Knollenfrüchten beläuft sich bei einem Erwachsenen auf bis zu 2,5 kg, was im Hochland noch durch – so vorhanden – bis zu 1 kg an Spinatpflanzen ergänzt werden kann.

Den zweiten Platz unter den Nahrungsmitteln nimmt Taro ein. Man schätzt die jährliche Produktion auf 500000 Tonnen, während an Yams vermutlich 250000 Tonnen geerntet werden. Bananen nehmen eine Vorrangstellung in jenen Teilen des Landes ein, wo größere Trockenperioden vorherrschen, also beispielsweise in dem Küstenstreifen um Port Moresby. Auch sonst werden sie, wenn auch in geringeren Mengen, angebaut; man schätzt den jährlichen Ertrag auf ⅔ Millionen Tonnen. Sago kommt auf eine Jahresproduktion von ca. 115000 Tonnen, während Mais, Tapioka und Kassave, die in anderen Teilen der Welt als Hauptnahrungsmittel gelten, in Papua-Neuguinea erst vor nicht allzu langer Zeit eingeführt wurden und noch eine untergeordnete Rolle spielen. Ca. 50000 Tonnen Tapioka und 60000 Tonnen Mais pro Jahr sind als sekundär einzustufen, aber Tapioka hat vielleicht Zukunft, denn wegen seiner Unempfindlichkeit gegenüber Salz kann es gut in Küstengewässern und -deltas angebaut werden.

Ungefähr 80% der Bevölkerung haben Bananen und Zuckerrohr angebaut, 60 % Papaya und ungefähr die Hälfte Brotfrüchte. Ananas sind nur einem Drittel, Zitrusfrüchte einem Viertel der Bevölkerung zugänglich. Weitere Früchte und Gemüse gibt es eher in geringen Mengen, darunter viele Sorten von einheimischem Spinat, wilde und gezogene. Taroblätter, Bohnen und verschiedene Büsche werden als zusätzliche Ballaststoffe verzehrt. Kraut, Zwiebel, Lauch, Tomate, Kartoffel und andere europäische Gemüsesorten zieht man in höheren Lagen, außerdem Sorten von Gurken, Melonen und Bohnen, auch Erdnüsse, die aber nur zu bestimmten Jahreszeiten erhältlich sind. Bisweilen werden auch die Blüten der Bananenbäume verspeist, und die jungen Sprößlinge von Palmen und Baumfarnen stellen ebenso beliebte Speiseergänzungen dar wie, in kleineren Mengen, Pilze.

Man schätzt, daß die Eingeborenen von Papua-Neuguinea ungefähr 24 Millionen Kokospalmen besitzen, darunter rund 10 Millionen ausgewachsene, früchtetragende Stämme. Ein großer Teil der Ernte wird für die Herstellung von Copra (vgl. S. 184) verwendet, ein beträchtlicher Teil aber auch gleich verspeist. Den frischen Saft der Kokosnuß trinkt man zum Durststillen und reicht ihn auch dem Besucher als geschätztes Gastgeschenk; daneben raspelt man das weiße Fleisch, um damit verschiedene Speisen zu garnieren und zu würzen. Das Ausdrücken des inneren Marks ergibt eine cremige Sauce.

In den kühleren Gebieten des Landes kennt man verschiedene Sorten von wilden oder kultivierten Schraubenbäumen, die wichtigsten nußtragenden Palmensorten, deren Früchte geröstet und gegessen werden. Obwohl die Ernte nur einmal jährlich stattfindet, sind diese Nüsse oft ständig verfügbar, da sie in manchen Regionen durch Trocknen so präpariert werden, daß sie sehr lange halten. Oft hebt man sie auf, um sie dann bei einem großen Fest darzubieten.

Um die pflanzlichen Produkte zuzubereiten, gibt es traditionellerweise mehrere Möglichkeiten. Die Knollenfrüchte werden erst einmal gewaschen und, falls man sie kochen will, geschält und in Scheiben geschnitten. In den Ebenen war das Kochen die übliche Form der Zubereitung. Man nahm dort einen Tontopf, füllte eine Mischung von Frisch- und Salzwasser ein und gab die Knollenfrüchte zusammen mit diversen Gemüsen hinein. Es kommt aber auch vor, daß die Knollenfrüchte, vor allem morgens oder als Zwischenmahlzeit, in der heißen Asche geröstet werden, wobei man sie vorher oder nachher schälen kann. Es gibt auch einige Zubereitungsarten mit dem charakteristischen Erdofen der Eingeborenen, der mit Dampfdruck arbeitet

Tabak wird häufig in der Bambuspfeife geraucht (Darstellung von 1888)

(Farbt. 13). Die Nahrungsmittel werden auf glühend heißen Steinen aufgeschichtet, dann wird der Ofen fest verschlossen, um das Entweichen des Dampfes zu verhindern. Meist hat man vorher noch etwas Wasser auf die Nahrungsmittel gespritzt, um gute Dampfentwicklung zu gewährleisten. Der Garungsprozeß dauert dann ungefähr eine Stunde. Oft werden die einzelnen Nahrungsmittel auf Bananenblätter oder Gräser gelegt, um den unmittelbaren Kontakt mit dem heißen Stein zu verhindern. Man schiebt auch Blätter zwischen die verschiedenen Stücke.

Das Sagomehl wird in Blätter eingehüllt und geräuchert oder gebacken, bevor man es lagert. Man kann aus einer Mischung von Sago und geriebener Kokosnuß dann Fladen herstellen oder auch eine Art von Knödeln, die in Blätter eingewickelt und in heißem Wasser geschwenkt werden. Andere Arten der Zubereitung sind das Backen oder das Herstellen einer Suppe, indem man allerlei Zutaten zu Sagokrümeln hinzufügt.

Zu den Pflanzen, die in Papua-Neuguinea angebaut werden, gehören auch – wie fast überall in der Welt – Narkotika und Stimulantien. Den Tabak fanden bereits die Europäer hier vor. Da er bekanntlich amerikanischen Ursprungs ist, hat man sich über seine hiesige Verbreitung einigermaßen den Kopf zerbrochen, nimmt aber inzwischen an, daß er vom indonesischen Festland über den äußersten Westen der Insel hierherkam, und das vermutlich erst im 17. Jahrhundert. Er hat sich mit überraschender Geschwindigkeit hier verbreitet, weil die Eingeborenen, wie ihre Vielzahl an Rauchmethoden und -apparaturen zeigt, schnell seine Anhänger geworden sind (Abb. 35–39). In einigen Gegenden werden Pfeifen benutzt, die den europäischen ähneln, anderswo, mehr im Osten, werden sie aus Wurzeln und dem Stamm von Bambuslianen hergestellt.

Die am stärksten spezialisierte Rauchmethode ist die Bambuspfeife der Papua. Sie besteht aus einem Stück Bambus, das an einer Seite geschlossen und an der anderen mit einem kleinen Loch versehen wird. In diese Öffnung steckt man nun ein Tabakblatt und zündet es an. Das hohle Rohr wird so mit Tabakrauch gefüllt und dann mit der Hand verschlossen. So kann man es auch weiterreichen. Es ist durchaus üblich, daß diese Bambusrohre sehr schön verziert sind. Diese Art des Pfeifenrauchens kennt man vor allem in der Torres-Straße und auch in den Küstengebieten von Papua. Im Hochland hingegen stellt man eine Art von Zigaretten her, indem Tabak in andere Blätter eingerollt oder auch in röhrenartige Behälter gesteckt wird. Man räuchert den Tabak, indem man ihn über die offene Feuerstelle des Hauses hängt. Er stellt bisweilen auch einen wichtigen Tauschartikel unter den Eingeborenen dar.

Neben dem Tabakrauchen hat sich – vor allem in Gegenden, wo Tabak nicht vorkommt, aber auch parallel dazu – die asiatische Praktik des Betelnußkauens durchgesetzt. Dabei handelt es sich um eine ziemlich aufwendige Arbeit, die allerlei Gerätschaften erfordert, die dann immer sehr schön verziert werden. Wichtigstes Utensil des Betelnußkauens ist ungelöschter Kalk, der meist dadurch gewonnen wird, daß man Muscheln zerstampft. Man bewahrt ihn dann in hohlen Kürbissen oder Bambusbehältern auf. Auch die Stäbe, die in den Kalk getaucht und dann abgelutscht werden, sind oft schön verziert und haben geschnitzte Köpfe, oft in Vogelform.

Der Kava, der bei Ritualen und Zeremonien in Polynesien und im östlichen melanesischen Raum eine große Rolle spielt, ist in Papua-Neuguinea nur vereinzelt vertreten. Es handelt sich dabei um ein narkotisches Getränk, das gewonnen wird, indem man die Wurzeln eines Busches (piper mestysticum – ein Pfeffergewächs) zerstampft und zerkaut und den mit Speichel zersetzten Brei mit Wasser anrührt. Dieses für den europäischen Gaumen nicht eben appetitliche Getränk wird zeremoniell verabreicht und zeitigt berauschende Wirkung.

Verzierte Kalkdosen und Kalkspatel, wichtige Utensilien für die Zubereitung der Betelnuß

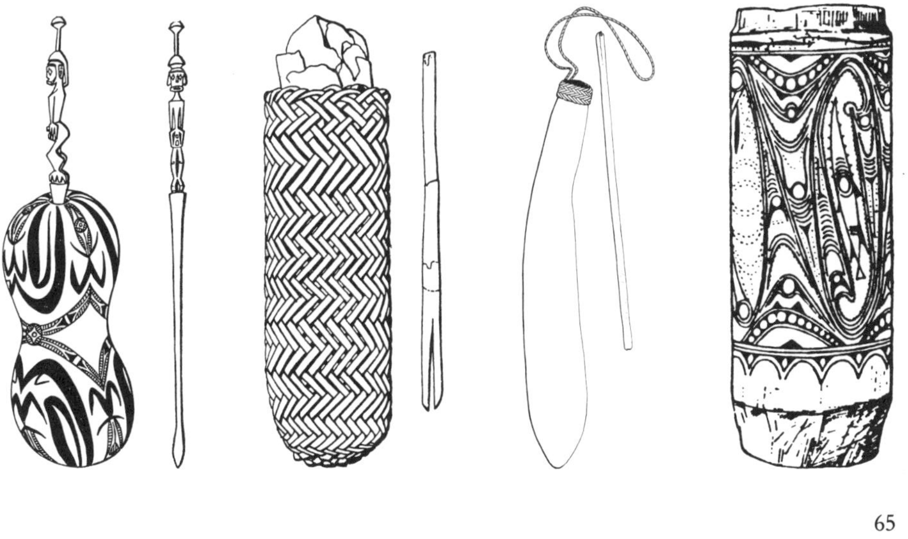

Jagd

Die Jagd nimmt einen wichtigen Platz im Leben der Ureinwohner ein, auch wenn die Ausbeute in keinem Verhältnis zu dem Einsatz steht. Landwirtschaft, Schweinezucht und Fischfang sind weitaus wichtigere Nahrungsquellen, sowohl was die Qualität als auch was die Quantität des Proteinhaushalts betrifft. So weitverbreitet die Jagd auch ist, sie stellt mehr eine Ergänzung denn Grundlage des Speisezettels dar.

Da es in Papua-Neuguinea keine großen Säugetiere gibt, sind die Jagdmöglichkeiten von vornherein sehr beschränkt. Bevorzugtes Jagdobjekt ist das Wildschwein, eine wichtige Rolle spielen daneben drei Arten von Kasuaren sowie Krokodile und Pythonschlangen. Außerdem werden Wallabies gejagt (eine kleine Känguruh-Art), auch die sogenannten Baumkänguruhs und viele kleine Beutel- und Nagetiere, weiter Ameisenigel, Riesenratten, Fledermäuse, zahlreiche Vögel, Reptilien, Eidechsen und Frösche. Schließlich sammelt man auch eine Menge Kleingetier, von Larven über Käfer bis zu Motten. Die bei der Jagd anfallenden ›Nebenprodukte‹ wie Federn, Schnäbel, Zähne, Knochen, Häute u. a. werden für die Herstellung von Werkzeugen und als Schmuck verwendet. So gebraucht man beispielsweise die Häute der größeren Eidechsenarten oder Kuskustiere für die Bespannung von Trommeln.

Jagd und Fallenstellen haben auch den Zweck, die Pflanzungen vor wilden Tieren zu schützen, hauptsächlich vor Wildschweinen, verschiedenen Nagern und Früchte-Fledermäusen. Bei einigen Stämmen spielt das Wild eine rituelle Rolle, wobei die Tiere manchmal lebend ins Dorf gebracht werden müssen, wo man sie dann unter Beachtung festgelegter Zeremonien tötet. Da eine erfolgreiche Jagd das persönliche Prestige eines Mannes steigert, wird vielfach auch auf Magie zurückgegriffen.

Die am häufigsten verwendeten Waffen sind Pfeil und Bogen sowie Speere, weniger dagegen Knüppel und Wurfhölzer. Blasrohre gibt es nur in begrenzten Gebieten von West-Irian sowie auf Neubritannien und Neuirland, Wurfschleudern nur in vereinzelten Regionen des Bismarck-Archipels. Bei den Pfeilen unterscheidet man je nach Verwendungszweck vier verschiedene Arten: Pfeile mit einer einzigen Spitze aus Palmholz oder Knochenmaterial werden für Säugetiere mittlerer Größe oder große Vögel verwendet, Pfeile mit mehreren Spitzen, die noch mit Widerhaken versehen sind, hauptsächlich für kleine Vögel und Säugetiere. Auf Vögel, die wegen ihres Gefieders gefragt sind, schießt man mit stumpfen Hartholzpfeilen, um die Federn nicht mit Blut zu besudeln, Pfeile mit Bambusschnittflächen werden bevorzugt für die ›Großwildjagd‹ (sprich Schweinejagd), eingesetzt, weil die dadurch schwer verwundeten Tiere eine eindeutige Spur hinterlassen, was die Verfolgung erleichtert.

Man unterscheidet zwei grundlegende Arten der Jagd, die in Gemeinschaft und die individuelle. Von den verschiedenen Formen der Gemeinschaftsjagd ist die Treibjagd die beliebteste. Dabei versucht man entweder, das Wild durch Anzünden des Savannengrases in die Flucht zu treiben, mit Hunden zu hetzen oder dadurch aufzuscheuchen, daß Frauen oder Jugendliche mittels Klappern Lärm erzeugen. Bei der Einzeljagd geht man vor allem so vor, sich an die Futterstellen und Trinklöcher der Tiere anzupirschen, was natürlich die genaue Kenntnis der Gepflogenheiten der jeweiligen Beutetiere voraussetzt. Bei der Jagd auf Kleinwild spielt das Fal-

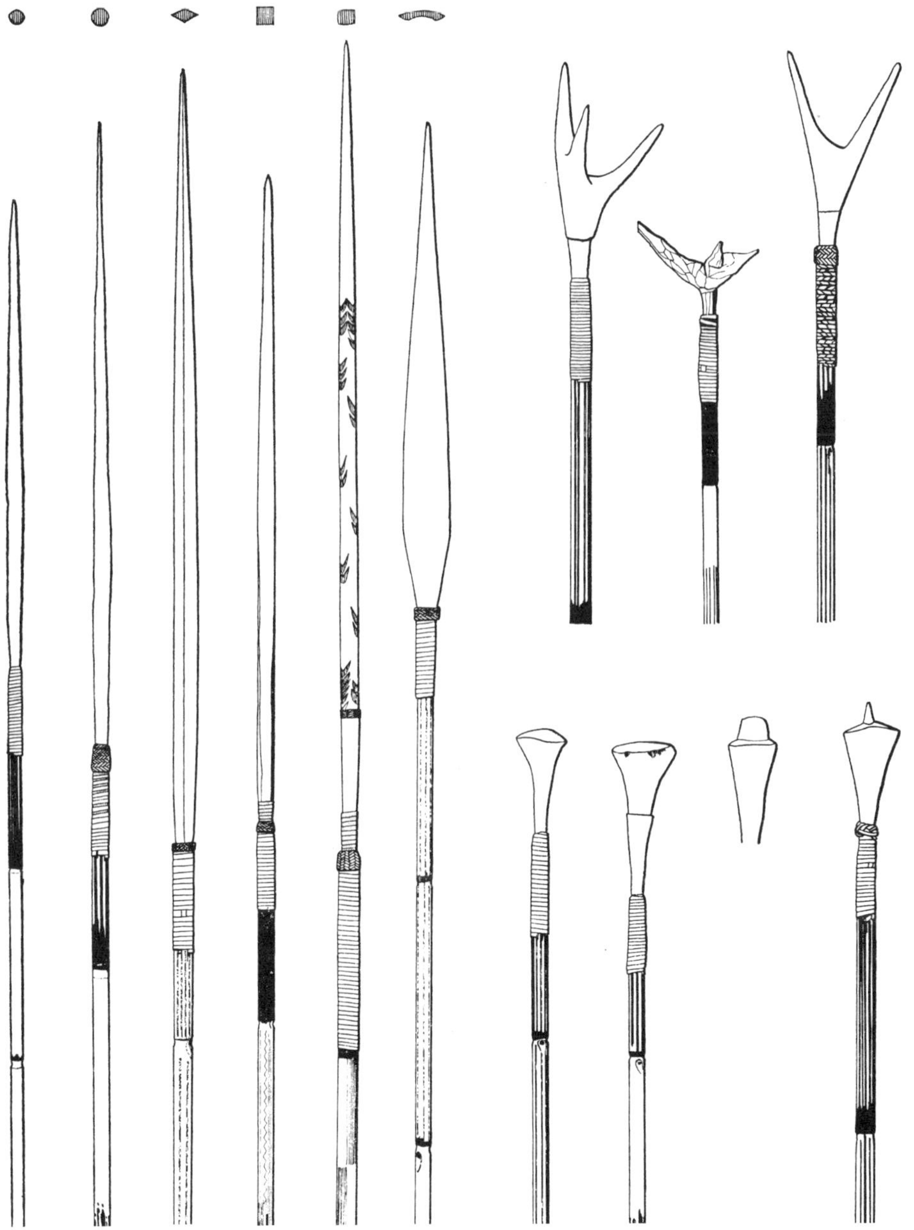

In Neuguinea gibt es eine Vielzahl verschiedener Pfeiltypen

lenstellen eine große Rolle, und viele Vogelarten werden mit verschiedenartigen Netzen und Rauten (Leimruten) gefangen. Bisweilen legt man auch Fanggruben mit Ködern an.

Am Sepik ist die Krokodiljagd von entscheidender Bedeutung. Die hier vorkommenden Süßwasserkrokodile sind kleiner und nicht so gefährlich wie die Salzwasser-Spezies. Deshalb steigen die Männer in der Trockenzeit bei niedrigem Wasserstand in den Fluß, und sobald sie mit den Füßen auf ein Krokodil treten, heben sie es mit den Händen heraus und versuchen sofort, ihm mit dem Daumen die Augen auszudrücken. Mittlerweile sind dann auch die anderen Männer hinzugekommen, um beim Erschlagen des Tieres zu helfen. Eine andere Methode besteht darin, nachts mit Beleuchtung (heutzutage schon in Form von Taschenlampen) die an der Oberfläche schwimmenden Krokodile zu blenden. Die Tiere werden, wenn das Licht ihre Augen trifft, quasi gebannt, und daraufhin kann man sich ihnen in Kanus leicht nähern und sie erschlagen.

Durch den Kontakt mit den Europäern hat die Jagd in Papua-Neuguinea auf vielen Gebieten Veränderungen erfahren. So wurden neue Tierarten eingeführt, wie etwa um die Jahrhundertwende Rehe auf Neubritannien. Die Eingeborenen haben Buschmesser, Stahläxte und vor allem Gewehre kennengelernt, was ihre Jagdpraktiken änderte, auch gab es einen Wandel in der Objektwahl, denn die Weißen legten vor allem auf die Paradiesvögel Wert, die ebenso dezimiert wurden wie die ihrer Häute wegen gefragten Krokodile.

Fischfang

An den Küstengebieten von Papua-Neuguinea und vor allem auf den Inseln ist der Fischfang ein wichtiger Wirtschaftszweig. Die meisten der dortigen Dorfbewohner betreiben ihn allerdings nicht ausschließlich, sondern in Verbindung mit Landwirtschaft. Ähnliches gilt für die vielen Bewohner der Mittel- und Unterläufe der großen Flußsysteme. Im Hochland dagegen hat die Fischerei kaum Bedeutung, obwohl Aale und kleine Fische auch in den Gebirgsbächen vorkommen und mittlerweile in dieser Region an die 700 Fischteiche angelegt worden sind. Es wird angenommen, daß in den Gewässern von Papua-Neuguinea über 2000 Arten von Fischen zu finden sind, von denen die meisten als eßbar gelten können. Es ist durchaus nicht ungewöhnlich, auf einem Markt die Auswahl unter 200 verschiedenen Fischsorten zu haben. Die jährliche Fangmenge schätzt man auf etwa 30 000 Tonnen.

Es gibt sehr unterschiedliche Methoden des Fischfangs, darunter auch die, bei der ein mit einem Köder gespickter Haken Verwendung findet. Die Bewohner der Torres-Straße, die Massim-Stämme und die Eingeborenen von Neubritannien fertigen Angelhaken aus dem Panzer von Schildkröten und bringen sie durch Erhitzen in die gewünschte Form, andere Haken werden aus zwei Stücken Palmenholz zusammengebunden. Im Bismarck-Archipel ist es außerdem üblich, die Leine in nächster Nähe des Angelhakens in einen gespaltenen Zweig zu stecken, um sie vor dem Biß des gefangenen Fisches zu schützen. Größere Fische wie Bonitos oder Haie fängt man, indem man einen großen, festen Haken einfach hinter einem Kanu an der Wasseroberfläche entlanggleiten läßt, um so den Eindruck eines Fisches zu erwecken. In Flachwassergebieten und auf den Riffen finden Handnetze Verwendung. Im östlichen Gebiet von Papua

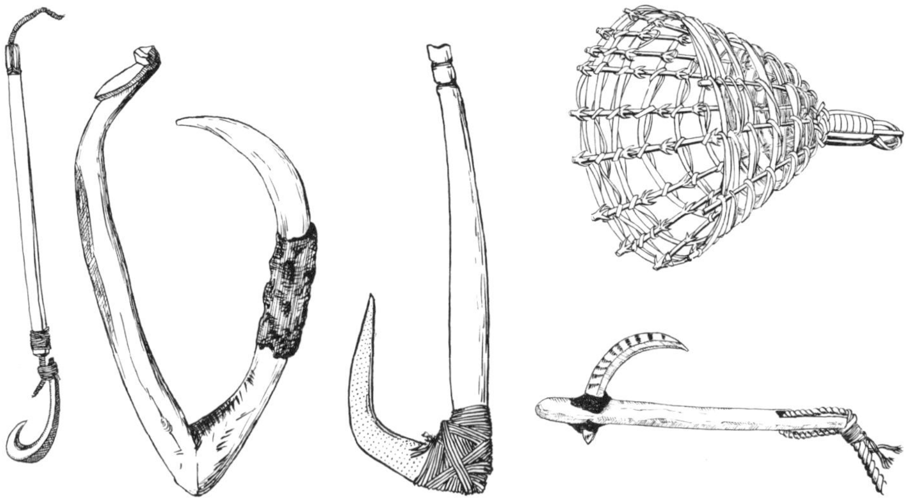

Verschiedene Fischhaken und Fischreuse vom Golf von Papua

setzt man Netze ein, die mit Gewichten beschwert sind. Sie weisen hölzerne Schwimmer auf und werden mit Hilfe von Kanus von der Küste ins Meer hineingespannt und dann von den Enden her wieder zum Ufer hin eingeholt. Des weiteren kommt eine große Anzahl verschiedenartiger Fischreusen zum Einsatz. Von den Trobriand-Inseln bis zu den Admiralitätsinseln kennt man eine besonders interessante Fangmethode: Ein aus Palmblättern hergestellter Drachen, der von einem Kanu gezogen wird, hat am Schwanzende sehr verdickte Spinnengewebe, die ins Wasser reichen; an diesen beißen sich die Fische fest.

Auf Neuirland lockt man Haifische mit einer Kokosnußrassel an und fängt sie dann in einer Schlinge. An vielen Orten werden Fische mit Pflanzensäften betäubt, indem man die Wurzeln oder Stengel bestimmter Pflanzen im Wasser ausdrückt und dann die betäubt an der Oberfläche treibenden Fische einfach einsammelt. Bisweilen wird der Fischfang auch mit Pfeilen, Speeren und Harpunen getätigt.

Viehzucht

Die Viehzucht hat in Papua-Neuguinea erst in jüngster Zeit eine gewisse Bedeutung erlangt. Schweine, Hunde und Geflügel gab es als Haustiere zwar von jeher, Rinder, Pferde, Ziegen, Schafe und auch Büffel wurden dagegen von den Europäern eingeführt. Die Einheimischen haben deshalb noch wenig Erfahrung mit diesen Tieren.

Bei der Rinderzucht strebt man inzwischen eine Selbstversorgung des Landes an. Die Deutschen hatten um die Jahrhundertwende 252 Rinder eingeführt, heute ist man landesweit bei

Schweine sind die wichtigsten Haustiere auf Neuguinea

rund 70 000 Tieren angelangt, wobei der Löwenanteil auf die Missionen entfällt. Das Problem besteht vor allem darin, daß viele europäische Rindersorten das Hochlandklima nicht vertragen; man ist noch dabei, eine für Papua-Neuguinea wirklich geeignete Sorte von Tieren zu züchten. Landesweit werden 17 große Rinderfarmen betrieben. Auch die Wasserbüffel wurden von den Deutschen eingeführt, weniger wegen des Fleisches denn als Zugtiere für die Kokosnußplantagen. Heute spielen sie in der Viehzucht des Landes keine Rolle mehr.

Die Deutschen brachten auch Schafe nach Neuguinea, wobei die javanischen Tiere überlebten, während sich die australischen für das Klima weniger geeignet zeigten. Schafe spielen heute, ebenso wie die Ziegen, eine geringe Rolle; es ist das Schwein, das – wie in früheren Zeiten – die Spitzenposition unter den Haustieren einnimmt (zuletzt zählte man in Papua-Neuguinea 1 360 000 Stück). Es gab Theorien, wonach die ersten europäischen Seefahrer die Schweine in Neuguinea zurückgelassen hätten, bis man Schweineknochen fand, die ein Alter von mindestens 4000 Jahren aufweisen. Bis heute hat sich im Verhältnis der Eingeborenen zum Schwein nicht viel geändert – es wird wie eh und je im Rahmen des Dorfes gezogen, nicht aber in Massenproduktion. Trotzdem setzt die Regierung große Hoffnungen in die Schweinezucht.

Tauschhandel

Da nicht alle Regionen und alle Stämme die gleichen Möglichkeiten hatten, sich mit Nahrung zu versorgen, etablierte sich bereits sehr früh ein Tauschhandel. Selbst ansonsten verfeindete Gruppen konnten zum friedlichen Austausch zusammenkommen. Am Sepik etwa wurde Fisch gegen Sago oder auch Gemüse getauscht – wobei es vorkommen konnte, daß man in Ermangelung von Tauschobjekten weibliche Dorfmitglieder zum Einhandeln von Gemüse ›einsetzte‹.

Auch wurden von Zeit zu Zeit regelrechte Handelsexpeditionen unternommen, unter denen die Hiri-Handelsfahrten des Motu-Stammes aus der Gegend von Port Moresby wohl die berühmtesten waren. Die Motu fuhren in ihren großen Booten über Hunderte von Kilometern nach Westen, um ihre Töpferwaren gegen gewaltige Mengen Sago einzutauschen.

Natürlich ist es im Rahmen von regelmäßigem Nahrungsaustausch zu zeremoniellen Transaktionen gekommen, die sich dann fest etabliert haben, wie etwa im Rahmen des Kula-Tauschrings auf den Trobriand-Inseln (vgl. S. 279). Während es dabei allerdings nur um Schmuckstücke ging, spielte bei den ebenfalls sehr elaborierten Tauschaktionen im Hochland neben zeremoniellen Muscheln und Schmuck vor allem das Schwein eine Rolle. Weitere wichtige eßbare Tauschartikel sind Palmöl und vor allem das lebensnotwendige Salz, zu dessen Gewinnung sich die Eingeborenen zahlreiche Methoden ausgedacht haben. In den Küstengebieten kocht man die Speisen in einer Mischung von Süß- und Salzwasser, was den natürlichen Salzbedarf deckt. Algen werden vielfach in Salzwasser getränkt und dann getrocknet, damit das Salz herauskristallisiert. Im Inland wendet man eine ähnliche Methode an (Abb. 48): Dort legt man Blätter lange Zeit in salzige Quellen ein, um sie dann, wenn sie sich vollgesogen haben, zu verbrennen. Die Asche wird als Salzersatz verbraucht und auch gehandelt.

Materielle Kultur

Materialien

Als die ersten Europäer nach Neuguinea und auf die vorgelagerten Inseln kamen, befanden sich die Eingeborenen materiell auf der Kulturstufe des Neolithikums, also der Jungsteinzeit. Sie kannten kein Metall und stellten die Gegenstände, mit denen sie Holz verarbeiteten, aus Stein oder Muscheln her. Die materielle Ausrüstung der einzelnen Bevölkerungsgruppen zeigt zwar im Detail eine verblüffende Vielfalt, variiert aber in ihren Grundzügen nur minimal, zumindest weit weniger, als es die vielen verschiedenen Sprachen und sozialen Systeme vielleicht vermuten ließen. Die Unterschiede zwischen den zur Verfügung stehenden Rohmaterialien sind im allgemeinen nicht so groß, daß die grundlegenden Technologien davon beeinflußt würden, und die Umweltbedingungen ähneln einander zu sehr, als daß differierende Grundbedürfnisse entstanden wären. Der Mensch hat sich selbstverständlich zunächst an Materialien gehalten, die ihm in nächster Nähe zur Verfügung standen, wie Holz, Rinde, Blätter, Fasern, Lianen, überhaupt alle Pflanzen, weiter Muscheln, Steine, Zähne, Knochen und Ton. Nicht alle Eingeborenen wissen Ton zu nutzen, um Töpfe und Schalen anzufertigen, so daß sich eine Art von Spezialistentum herausgebildet hat – Stämme, die gleichsam ein Monopol auf die Tonproduktion haben und ihre begehrten Produkte in weitem Umkreis verhandeln. Ähnliches gilt für die Kina-Muschel, die im Hochland nicht nur als Schmuck, sondern auch als Zahlungsmittel benützt wird (ihr Name ist auch der der heute gültigen Währung von Papua-Neuguinea, des ›Kina‹).

Das essentielle Rohmaterial der Eingeborenen ist Stein, aus dem die lebensnotwendigen Schneidewerkzeuge hergestellt werden. Nun findet sich brauchbares Gestein aber nicht überall,

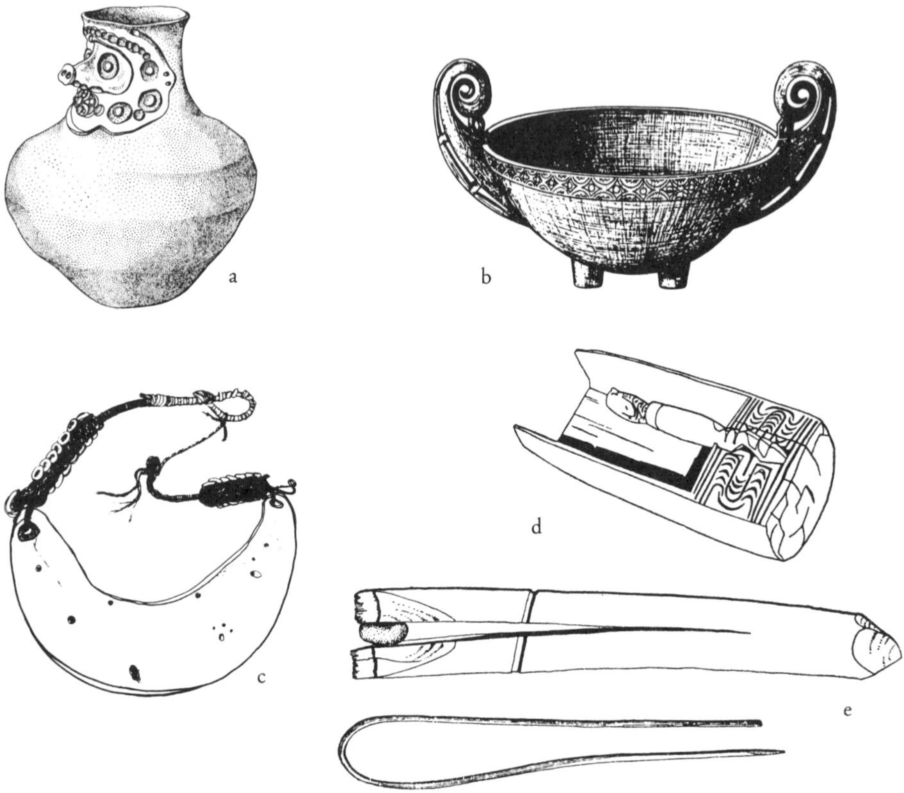

a Tongefäß vom Sepik; b hölzerne Speiseschale von Manus; c Kina-Muschel; d Wasserschöpfer für ein Auslegerboot; e ›Feuersäge‹ aus einem gespaltenen Aststück und einem Bambusstreifen

Muster von Netztaschen

und so tauschte man, wo nötig, Steine gegen Muscheln oder schon fertige Klingen gegen andere Gegenstände. Einige der Bergstämme mußten das Palmholz für ihre Bögen von den Bewohnern niedrigerer Höhen beziehen, und auch Muscheln und Schmuckgegenstände fanden den Weg in das Innere des Landes. Diese weitverzweigten Tausch- und Handelswege beförderten auch geistiges Gut, Ansichten, Auffassungen und Ideen, was bei aller Differenziertheit im Detail eine gewisse Homogenität der Kulturen auf Papua-Neuguinea erklärt. Heute haben natürlich die Tauschobjekte der Europäer ihren Weg zu den Eingeborenen gefunden, und es gibt in unseren Tagen wohl nur noch ganz wenige isolierte Gruppen, die keine Stahläxte oder Messer besitzen. Aber trotz dieser neuen Werkzeuge ist die Wirtschaft nicht unbedingt dem Niveau des Neolithikums entkommen, denn auch mit den verbesserten Werkzeugen wird die Nahrung noch immer auf traditionelle Art und Weise gewonnen. Nur im Stadtbereich hat die moderne Technologie eine totale Veränderung der ursprünglichen Lebensweise bewirkt.

Wenn gesagt wurde, daß die materielle Kultur des Landes in groben Umrissen einheitlich ist, so bedeutet das nicht, daß die aus den Grundmaterialien geschaffenen Gegenstände im einzelnen nicht von schier unendlicher Vielfalt wären. Fast jede Region weist für sie typische Muster auf und verleiht den Objekten eine spezifische Bedeutung. So signalisiert beispielsweise bei einem Stamm ein geflochtenes Armband aus Pflanzenfasern die Aufnahme des Jünglings in die Männergesellschaft, während bei einem anderen nur Witwen geflochtene Armbänder tragen oder es sich bei wieder anderen einfach um einen Schmuck ohne weitere Bedeutung handelt.

Am sinnvollsten scheint eine Unterteilung der materiellen Kultur nach Funktion und Anwendungsbereich: Gegenstände des täglichen Lebens, vor allem der Nahrungszubereitung und -aufnahme; Kleidung und Schmuck; Waffen; Werkzeuge; Transportmittel; rituelle Gegenstände. Dabei kann es natürlich durchaus geschehen, daß ein- und derselbe Gegenstand verschiedene Zwecke gleichzeitig erfüllt, daß ein schön geschnitzter Kasuarknochen Werkzeug, Waffe und Schmuckstück zugleich ist, ganz zu schweigen von den magischen Funktionen, die man den Dingen beimißt.

Der nachfolgende Überblick, der sich mit der Schwierigkeit konfrontiert sieht, der Vielfalt lokaler Gestaltungs- und Anwendungsmöglichkeiten gerecht zu werden, beschreibt auch Dinge, die heute nicht mehr in Gebrauch sind. So wie sich die Lebensweise der Eingeborenen ändert, so kommen nach und nach auch ihre Gebrauchsgegenstände und ihre Sitten ›aus der Mode‹.

Gebrauchsgegenstände des täglichen Lebens

Löffel, mit denen man Sagobrei zu sich nimmt, werden je nach Region aus verschiedenen Materialien hergestellt. Sie können sowohl aus Teilen einer Kokosnußschale bestehen als auch aus Tierknochen (Schwein oder Kasuar) und tragen oft schöne Verzierungen. Von den Löffeln, die dem Essen dienen, sind größere Rühr- und Schöpflöffel zu unterscheiden, die nur beim Kochen zur Anwendung kommen.

Dreizackige Gabeln aus Holz sind gebräuchlich, sowohl zum Aufspießen als auch zum Aufschaufeln der Speisen. Die Zacken können im Dreieck oder auch in einer Ebene angeordnet sein, wobei letztere Form gelegentlich von Museen fälschlich als Kämme eingestuft wurde. Bei manchen Gabeln wird der Mittelzacken gespaltet, so daß ein Vierzack entsteht.

Bisweilen wird bei der Breiaufnahme eine Art von Zange verwendet, die aus der umgebogenen Mittelrippe eines Sagopalmenblatts besteht. Es gibt auch Zangen aus zwei Holzstäbchen, die man durch einen übergestülpten Ring zusammenhält.

Als Schab- oder Reibinstrumente dienen Schweinehauer, die auch – wie wir sehen werden – als Schmuckgegenstand eine wichtige Rolle spielen.

Mit einem meißelförmigen Hartholzkeil öffnet man Kokosnüsse, während das Fleisch der Frucht oft mit Hilfe von Muscheln herausgekratzt wird.

Der Sagobrei wird bisweilen in hohlen, halbierten Bambusrohren, meist aber in Tontöpfen hergestellt. Tonschalen größeren Ausmaßes – sie können einen Durchmesser von bis zu einem Meter haben – fungieren als Feuerstellen in den Hütten. Wenn Feuerstellen auf den Booten mitgeführt werden, zur Nahrungszubereitung oder zum Rösten von Tabakblättern, dann handelt es sich meist um kleinere Tonschalen oder in Küstengebieten vereinzelt auch um Schildkrötenpanzer. Die Formgebung und Ausschmückung dieser Tonschalen unterliegt starken örtlichen Variationen.

Die Tontöpfe, die ohne Töpferscheibe hergestellt werden, sind meist rundbauchig, können bis zu 20 Liter fassen und ruhen oft auf einem geflochtenen Sockel. Vereinzelt kommen regelrechte Tonöfen vor, auf deren erhitzter Oberfläche Sagofladen gebacken werden. Heute findet man sie kaum mehr. Schüsseln und Schalen werden auch aus Holz geschnitzt, und in einigen Gebieten ist die Flechtkunst so entwickelt, daß man engmaschige Behälter anfertigt, die mit Baumharz wasserdicht gemacht werden können.

Wassereimer faltet man aus den breiten Blättern des Pinang-Baumes oder auch aus denen der Sagopalme. Gebietsweise werden Bambusrohre mit durchstoßenen Trennwänden zum Wassertransport benutzt. In den Hütten speichert man die Wasservorräte oft in einem eigens dafür vorgesehenen Tonkrug. Ausgehöhlte Kürbisse dienen nicht nur einigen Stämmen als Penisköcher, sondern, vor allem, wenn es sich um größere Exemplare handelt, auch zum Wasserschöpfen.

Ausgehöhlte Kokosnüsse werden sowohl zum Wasserschöpfen als auch als Trinkbecher benutzt, aber oft nimmt man dazu auch einfach die Blätter vom nächsten Baum. In den höheren Regionen, vor allem in den sogenannten Nebelwäldern, wird zum Durstlöschen Wasser aus dem vollgesogenen Moos gepreßt, auch gräbt man Gruben, um den Regen aufzufangen. Viele Stämme, die sich von den malariaverseuchten Flußniederungen zurückgezogen haben, müssen nun von höher gelegenen Gebieten einen langen Weg zur Wasserstelle in Kauf nehmen und brauchen entsprechende Transportmittel.

Kleine Taschen werden aus Rindenbast gefertigt, um den Tabak trocken lagern zu können. Tragekörbe stellt man je nach Bedarf und in Windeseile an Ort und Stelle aus der nächsterreichbaren Faserpflanze her. Große Geschicklichkeit zeigen die Eingeborenen in der Anfertigung von Körben aus einem einzigen Palmblatt, das so geschnitten und gefaltet wird, daß ein stabiler Behälter zustandekommt.

Auch Schnüre werden zu Behältern verknotet, und die allenthalben vorkommenden Tragetaschen, die über die Stirn getragen werden und am Rücken hinunterhängen, können schon fast als fester Bestandteil der weiblichen Kleidung gelten. Männer tragen kleinere Taschen unter der Achsel eingeklemmt.

Bambus- und Kürbisbehälter werden auch zur Aufbewahrung des ungelöschten Kalks verwendet, der ein unabdingbarer Bestandteil des Betelnußkauens ist, da nur er die berauschende Wirkung des Betels ermöglicht. Als Pfeifen verwendet man Bambusrohrstücke.

Bevor die heute weitverbreiteten Zündhölzer eingeführt wurden, erzeugte man Feuer manuell durch Reibung. Als ›Feuersäge‹ wird das einfache Verfahren bezeichnet, einen Rattan-Streifen so lange durch einen gespaltenen Holzscheit zu ziehen, bis der Holzstaub zu glimmen beginnt und der daruntergelegte Zunder Feuer fängt (Farbt. 11). Bei einer anderen Methode reibt man zwei verschiedene Holzsorten fest aneinander, bis der erhitzte Holzstaub entflammt. Funkenschlagen mit Hilfe von Flintsteinen wird aus einigen Berggegenden berichtet. In West-Irian hat man, wie es heißt, die aus der holländischen Kolonialzeit übriggebliebenen Scherben von chinesischem Porzellan mit Bambus geschlagen, bis Funken sprangen.

In den Hütten werden Lebensmittelvorräte oft in Netze gepackt und an Holzhaken aufgehängt, um sie vor Ungeziefer zu schützen. Diese Haken sind mitunter äußerst kunstvoll gestaltet und beinhalten ganze Totem-Geschichten, die jeweils einem bestimmten Clan zugehören.

Einfache Roste aus Holzstäben über den Feuerstellen dienen zum Räuchern von Fisch und Fleischstücken und dann auch gleich zur Aufbewahrung dieser Nahrungsmittel.

Heutzutage wird der Besucher vor allem im Bereich der täglichen Gebrauchsgegenstände viele merkwürdige Mischformen sehen können, wenn beispielsweise ein westlicher Blechtopf in einer traditionellen Tonfeuerschale erhitzt oder die fertige Speise auf einem frisch gepflückten Blatteller mit den Händen gegessen wird, während man im Nachbarhaus westliches Besteck benutzt.

Kleidung und Schmuck

In einem Gebiet, wo – mit Ausnahme einiger Hochlandgebiete – Kleidung der hohen Temperaturen wegen so gut wie keinen funktionellen, sondern ausschließlich ornamentalen Charakter hat, versteht es sich von selbst, daß die Grenzen zwischen Kleidung und Schmuck fließend sind. Das Bestreben, sich zu putzen, ist allgemein und wird sowohl vom Mann wie von der Frau gepflegt – ja, der Schmuck der Männer fällt, vielleicht in Anlehnung an die Paradiesvögel, wo das Männchen ja auch viel großartiger ausgestattet ist, weit prächtiger aus als der der Frauen. Und da die Männer in diesen Gegenden ja nicht vorrangig als ›Arbeitstiere‹ zu funktionieren haben, können sie auch mehr Zeit und Sorgfalt auf ihre Toilette verwenden als die Frauen.

Im Alltagsleben unterscheiden sich die einzelnen Kleidungsformen innerhalb einer Großregion (Küste, Hochland) nicht wesentlich, nur der Festtagsputz läßt die Unterschiede zwischen den Stammesgruppen hervortreten. Dabei sind gerade im Bereich der Kleidung die westlichen Einflüsse am deutlichsten zu erkennen. Über weite Strecken beherrschen das abgetragene Kleid und der zusammengebundene Rock, die den Eingeborenen von den Missionaren verord-

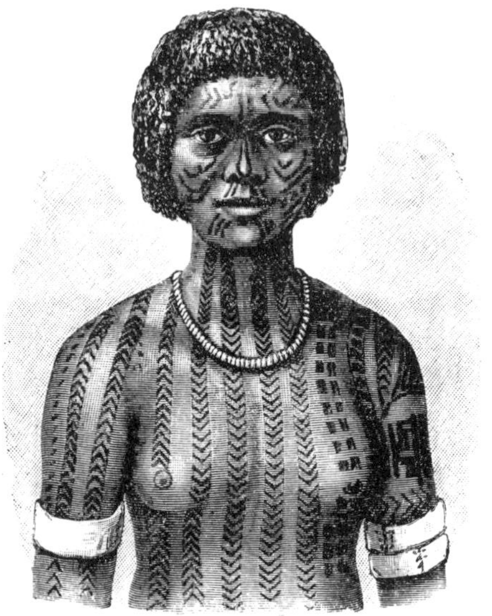

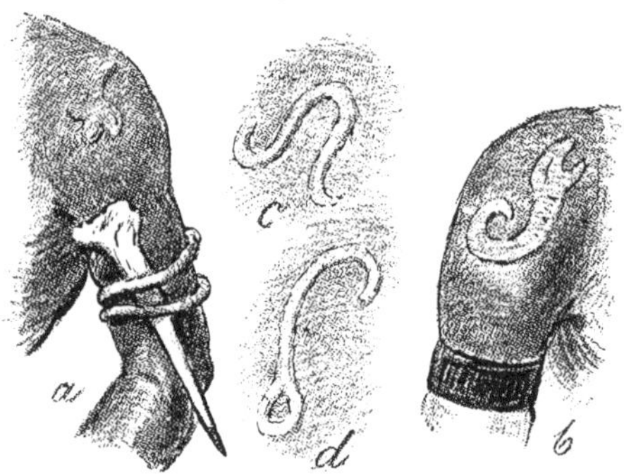

Eingeborene mit Tätowierung (oben) und Gesichtsbemalung (oben rechts); Ziernarben und am Oberarm getragener Knochendolch (rechts; Darstellungen von 1888)

net wurden, um ihre Nacktheit zu beenden, uniform das Bild, zusammen mit T-Shirts und kurzen Hosen. Die europäischen Ankömmlinge versuchten von Anfang an, den Eingeborenen ein ihnen fremdes Schamgefühl anzuerziehen, und so verbargen sich bald die früher unbekümmert nackten Frauen hinter Rindenstücken und Stoffetzen. Der ›ursprüngliche Zustand‹ ist im ›Steinzeitparadies‹ nur mehr sehr selten vorzufinden ...

Das Bedürfnis, die Kluft zum weißen Mann zu überbrücken, führt zu den tollsten Zwittererscheinungen, die dann im Westen als groteske Fotos gehandelt werden (Farbt. 52) – als ob der Eingeborene, der statt eines Knochens einen Kugelschreiber als Nasenpflock benutzt, an dieser Entwicklung schuld wäre, als ob Bierdosenverschlüsse als Halsketten gereiht die Dummheit der ›Kanaken‹ reflektieren würden und nicht die geradezu verbrecherische Zerstörung ihrer Kultur durch die Eindringlinge. Immerhin ist es in Papua-Neuguinea noch nicht so weit wie beispielsweise auf Tonga, wo leere Bierflaschen die Gräber zieren. Auch hat die Unabhängigkeit das Selbstbewußtsein der Menschen gefördert, und die heimische Regierung versucht alles, um alte Formen zu beleben. Dennoch haben mehr und mehr der im folgenden geschilderten Dinge inzwischen musealen Charakter.

Die Tätowierung, das Narbenschneiden und die bewußt herbeigeführte Hautverbrennung gehören zur ›Gesamtausstattung‹ eines Eingeborenen, denn sie haben, auch wenn die genauen

Gründe dafür von Stamm zu Stamm verschieden sein können, stets eine religiös-magische Komponente. Oft markieren sie den Übergang von einer Lebensphase in die andere, vielleicht das Einsetzen der Menstruation, die Aufnahme in die Gemeinschaft der eingeweihten Männer, Hochzeit, erfolgreiche Kopfjagd usw. Dem Wissenden genügte früher ein Blick, um den anderen aufgrund seiner Körperzeichnung sozial einstufen zu können.

Beim Tätowieren, das sich auf alle Körperteile erstrecken kann, wird hauptsächlich Ruß als Farbstoff verwendet. Die Praktik konzentriert sich in erster Linie auf die Küstengebiete, im Inland kommt sie selten vor. Die eingeritzten Muster sind nicht besonders dicht, keinesfalls zu vergleichen etwa mit den fast teppichartigen Mustern auf den Oberschenkeln der Samoaner. Es werden meist die Totemzeichen des jeweiligen Clans auf die Haut aufgetragen, so daß eine Art Visitenkarte entsteht. Nicht zu übersehen ist bei der Prozedur auch das Element der Mutprobe, da es sich um eine recht schmerzhafte Angelegenheit handelt. Die Narbenmuster werden von Fachkräften, oft alten Männern, in die Haut geschnitten, früher mit scharfen Muschelkanten und Bambusmessern, heute mit Rasierklingen. Dann wird eine Fremdsubstanz aufgetragen, je nach Region Asche, geriebenes Muschelpulver oder Schlamm. Die Verschmutzung der Wunde ist nötig, denn sonst würde sie narbenlos verheilen.

Wesentlich auffälliger als die Tätowierung, die man bei der dunklen Hautfarbe oft kaum erkennen kann, ist die Körperbemalung, die in zahllosen Variationen auftritt. Heute sind chemisch produzierte Farben und Schminkprodukte auch bei den Einheimischen selbstverständlich geworden, aber früher hat man sich mit den aus der Natur gewonnenen Stoffen begnügen müssen. Weiß, Grau, Gelb und leichte Rottönungen gewann man aus Ton, Schwarz aus Ruß und Asche. Die Farbe konnte auch von Kalk (zerstampften Muscheln) stammen und starke Rottöne von zerdrückten Beeren und Früchten, darunter jenen des Schraubenbaumes. Die Farben wurden mit Baumölen gebunden und mit kleinen Pflanzenstengeln aufgetragen, wobei man dem Gesicht die größte Aufmerksamkeit widmete.

Die traditionellen Möglichkeiten der Bemalung sind schier unendlich, da nicht nur jeder Stamm den einzelnen Farben unterschiedliche Symbolwerte zumißt, sondern auch die Flächenaufteilung der Bemalung von großer Bedeutung ist. Da zudem das esoterische, sprich: geheime Wissen und die individuelle Phantasie des einzelnen eine Rolle spielen, ergibt sich jene Vielfalt, die jeden Fotofanatiker in helles Entzücken versetzt. In manchen Gegenden war es gebräuchlich, Farben auch in das krause Kopfhaar einzureiben, doch scheint sich dieser Brauch nicht erhalten zu haben. Aus dieser Praktik erklärt sich jedenfalls der Umstand, daß frühe Entdecker meinten, es gäbe unter den Eingeborenen auch rothaarige.

Die Haare werden heutzutage meist offen und ziemlich kurz getragen. Lange und zottelige Frisuren sieht man – abgesehen von den großen Haarperücken der Hulis – bei den Männern kaum, Kinder bekommen den Kopf oft geschoren, teils wegen Hautkrankheiten, teils wegen der Läuse oder Wanzen , die sich gern im Haar festsetzen. In manchen Küstengegenden wurde das Haupthaar durch einen Ring gezogen, der kurz und aus Rattan geflochten war oder aus einem längeren Bambusrohr bestand. Schulterlange Haartracht, verflochten mit Palmblattstreifen, galt manchen Stämmen als idealer zopfartiger Nackenschutz, der dem Kopfabschlagen durch Feinde ein wirkungsvolles Hindernis entgegensetzte.

Früher war es bei einigen Stämmen üblich, die Augenbrauen entweder auszuzupfen oder abzurasieren, doch hat sich diese Sitte nicht bis in die Gegenwart erhalten. Was das Tragen von Bärten anbelangt, so gab es eine breite Palette von Varianten, von den Bemühungen, durch Zupfen, Schneiden und Rasieren jeglichen Bartwuchs zu unterdrücken bis zu der Meinung (etwa auf der Tumleo-Insel), daß ein junger Mann ohne Bart nicht heiratsfähig sei. In die Barthaare wurden bisweilen Tonscherben, Muscheln, Perlen, Schweinehauer, Pflanzen oder andere Haare eingeflochten, so daß, je nach Region, ein äußerst prächtiges Bild entstehen konnte. Solche Bartdekorationen sieht man heute nur noch vereinzelt bei Sing-Sing-Veranstaltungen. Verallgemeinernd läßt sich sagen, daß Bärte um so häufiger anzutreffen sind, je tiefer man ins Land eindringt. Im Hochland sind Vollbärte gang und gebe, während sie im Küstenbereich eher Ausnahmecharakter haben.

Die gleichen Gegenstände, die einen Bart schmücken, können natürlich auch beim Haupthaar Verwendung finden. Darüber hinaus ist das Tragen von Federn sehr verbreitet – Hähne hält man überhaupt nur als Federlieferanten. Federn können an aufgesteckten Kämmen befestigt, einzeln oder gleich büschelweise ins Kraushaar gesteckt werden. Wie alles, was die Eingeborenen tun, hat auch das Tragen von Federn seinen magischen Hintergrund. Im heutigen indonesischen Teil Neuguineas, an der Geelvink-Bucht, galt einst die Zahl der Federn, die ein Mann im Haar trug, als sichtlicher Beweis für die Menge der Köpfe, die er schon erbeutet hatte.

Perücken aus Menschenhaar waren einst sehr verbreitet, handelte es sich doch bei dem Spender der Pracht meist um einen verstorbenen nahen Verwandten, der dadurch als noch präsent galt. Um die Jahrhundertwende wurden vereinzelt auch die Haare verstorbener Verwandter auf der Brust getragen oder in ein Stirnband verwoben. Das Haupt eines Mannes können weiter Blumen und Blüten zieren, besonders bevorzugt diejenigen der Hibiscus- und Orchideenpflanzen. Noch eindrucksvoller wirkt es, wenn das Fell eines Cuscus (vgl. Abb. S. 23), manchmal noch mit Schwanz und Kralle, vom Kopf eines Kriegers baumelt. Heutzutage freilich haben sich

Krieger mit reichem Gesichtsschmuck und phantasievollen Frisuren (Darstellungen von 1888)

neben Matrosenmützen und militärisch aussehenden Kappen grellbunte, gestrickte Wollmützen als modischer Hit etabliert.

Kämme, die im Haar getragen werden, haben überlange Zähne, mit deren Hilfe das Haar mehr aufgeplustert als gekämmt wird. Die gebräuchlichsten Materialien dafür sind Bambus und Palmenholz, aber auch Kasuarknochen oder ein Schildkrötenpanzer dienen als Grundstoff. Natürlich kann so ein Kamm je nach Bedarf auch als Zahnstocher oder Besteck eingesetzt werden... Schön gearbeitete Kämme können auch bei Brautgaben auftauchen, und bei Mitgliedern des Stammes der Waropen galt das Austauschen von Kämmen unter jungen Leuten als Gunstbeweis und vereinzelt als Verlobungsgeschenk. Eine entkernte Areca-Nuß, mit einer harzähnlichen Substanz am Griff des Kammes befestigt, dient oft zur Ausschmückung, ebenso auch Cuscus-Fellstreifen, Federn, Samenkörner und wohlriechende Cardamomum-Blätter. Der Phantasie ist dabei keine Grenze gesetzt, so daß manche Kämme noch als Unikate gelten können – auch wenn die Nachfrage seitens der Touristen bereits ein Einheitsmuster hervorgebracht hat.

Bei festlichen Anlässen schmückten sich die Herren der Schöpfung dereinst mit flachen, runden Holzscheiben, die in der Mitte eine Öffnung besaßen, durch die das Haar hindurchgezogen wurde. Bisweilen bemalte man diese Holzscheiben mit totemistischen Motiven. Im Bismarck-

Zierkämme von Manus

Archipel gab es besonders große Scheiben, durch deren Öffnung der ganze Kopf paßte. Diese Art hölzerner Halskrause galt dann als sichtbarer Beweis der Mannbarkeit und des Vorrechts, Waffen zu tragen. Man trug auch halbmondförmige Scheiben, etwa in der Art eines Sonnenschutzvisiers, die geflochten und mit Schnüren festgebunden waren. Sie bildeten vielleicht einen Übergang zu den heute noch verbreiteten Stirnbändern, die vornehmlich aus Cuscus-Fellen hergestellt werden, aber sowohl mit Perlen, Nüssen und Samenkörnern verziert als auch durch sie ersetzt sein können.

Die Eingeborenen von Papua-Neuguinea tragen auch vielfach Nasenschmuck. Das Septum (die Scheidewand), die Nasenflügel, aber auch der Nasenknochen werden – meist während der Initiation – gewaltsam durchstoßen, dann dekoriert man die Öffnung mit Pflöcken verschiedenster Art, aus Holz, Korallen, Knochen, Muscheln usw. Für den täglichen Gebrauch sind dafür auch geflochtene Schnüre üblich, nicht nur in der Nase, sondern auch in den durchbohrten Ohren. Viele Schnitzfiguren, vor allem aus dem Sepik-Gebiet, weisen gleichfalls Schnüre an diesen Stellen auf. Wenn man sich für Feste putzt, werden oft wertvollere Einlagen in die Öffnungen geschoben, z. B. Eberhauer oder geschliffene Muschelstücke, Federkiele oder die langen Hörner des Rhinozeroskäfers. Letztere setzt man über Kreuz in die Nasenoberwand ein, und da sie bis zur Stirn hoch reichen, verleihen sie dem Träger einen merkwürdigen Ausdruck.

Wie schon erwähnt, wird auch das Ohr durchbohrt, und zwar das Läppchen ebenso wie die Muschel, so daß sich je nach Lage des Lochs und des durchgezogenen Gegenstandes ein anderes Bild ergibt.

Bei Tanzveranstaltungen kann es vorkommen, daß die Tänzer zusätzlich kunstvolle Gebilde aus Muscheln, Perlen, Knochen, Schweinezähnen etc. in den Mund nehmen und sich während der Dauer des Tanzes darin festbeißen – eine Eigentümlichkeit, die früher auch bei Kriegszügen zur Anwendung kam, um den Feind zu erschrecken.

Halsketten dienen oft dazu, einen Brust- oder Rückenschmuck zu adjustieren. Die Variationsmöglichkeiten sind auch hier groß, von einfachen geflochtenen Schnüren über bunte Perlenketten bis zu ausgelösten Wirbelknochen kleinerer Schlangen. Während der deutschen Kolonialzeit standen Ketten aus Hundezähnen hoch im Kurs und wurden auch als Währung eingesetzt. Die mitunter sehr großen Gehänge aus Hauerzähnen im Hochland, die den sozialen Status ihres Trägers unterstreichen, sind von keinem festlichen Treffen wegzudenken. Auch die Kina-Muschel gehört zur Fest-Standardtracht.

In Kreisen der Fachleute ist man sich noch nicht einig geworden, wie man die sogenannten Brustplatten einstufen soll. Diese Gebilde, in der Hauptsache aus Rattan geflochten, manchmal auch aus Muscheln zusammengesetzt, galten manchen Wissenschaftlern als eine Art von Brustpanzer, die gegen Pfeile Schutz bieten sollten. Aber es gibt auch Belege dafür, daß während der deutschen Kolonialzeit diese ›Panzer‹ bei durchaus kriegerischen Auseinandersetzungen nicht verwendet wurden, hingegen bei friedlichen Anlässen den Körper zierten. Es dürfte hier wohl wieder einmal so sein, daß ein- und derselbe Gegenstand in verschiedenen Gebieten verschiedene Funktionen besitzt.

Im Brust- und Rückenbereich werden schärpenartige Bänder getragen, manchmal sogar übers Kreuz. In solche geflochtene Bänder hat man in kunstvollen Mustern kleine Kauri-Muscheln,

2–9 Festlich geschmückte Krieger und junge Frauen aus dem Hochland

◁ 1 Kleine Siedlung bei Mount Hagen im westlichen Hochland

10 Sing-Sing-Formation im südlichen Hochland ▷

11 Traditionelle Feuererzeugung mit der ›Feuersäge‹

12 Absengen eines Schweines vor dem Festmahl

13 Speisen werden im Erdofen gekocht

14 Frauen müssen sich beim Festessen mit den ›Abfällen‹ (Haut, Fett, Eingeweide) begnügen

15 Söhne genießen die besondere Fürsorge ihrer Väter

16 Das Entlausen gehört mit zur täglichen Toilette

18 Zum Zeichen der Trauer hat sich eine Witwe mit Lehm beschmiert; diese ›Tracht‹ muß sie monatelang tragen

] 17 Junger Krieger in Festtagsschmuck

19 Das Kriegsgebaren der Schlamm-Männer (Mud men) von Asaro in der Nähe von Goroka ist inzwischen zur Touristenshow geworden

20 Im südlichen Hochland werden die Toten mit einer Tragestange zum Bestattungsort gebracht

21 und 22 Krieger aus dem Hochland

23 Frauen der Kukukus

24 In Erwartung von Touristen hat sich eine Paradeformation der Kukukus am Flughafen aufgereiht

25 Sing-Sing der Yigeis am Oberlauf des Sepik

26 Sing-Sing in Korogo (mittlerer Sepik) mit Krokodilkultmasken

27 Sing-Sing innerhalb eines abgezäunten Tanzplatzes in Kanganaman

28 Frau in Witwentracht

29–31 Krieger mit farbenprächtigem Gesichtsschmuck

32 Krieger vom Oberlauf des Sepik

33 Krieger aus Kundiawa im Hochland

34 und 35 Krieger der Kukukus

36 Flechten von Tanzkostümen aus Palmblattfasern

37 Vollendung eines Einbaums mit Bug in Krokodilform (mittlerer Sepik)

38–43 Zubereitung von Sago. Von oben links nach unten rechts: Anflößen zerlegter Sagopalmenstämme; Aufhacken der halbierten Stämme; Aufbau einer ›Waschanlage‹; Aufschwemmen des porösen Fasermaterials mit Wasser; Auffangen des herausgespülten Sagomehls in einem ausgedienten Boot

44 Bergkette bei Goroka ▷

45 Weiler am mittleren Sepik

46 Inneres eines außergewöhnlich großen Wohnhauses im Hochland

47 Moderne Wandmalerei, die einen traditionellen Schöpfungsmythos wiedergibt

48 Nationalmuseum in der Hauptstadt Port Moresby

49 Viele Touristen unternehmen eine Kreuzfahrt mit dem ›Melanesian Explorer‹ (hier auf dem Sepik)

50 Kaffeepflanzer bringen ihre Ware zum Markt in Mount Hagen

52 Eingeborene mit traditioneller Gesäßbedeckung (sogenanntes ›arse grass‹) im Hochland ▷

51 Die Bewohner eines Dorfes am mittleren Sepik bieten Touristen die Produkte ihres Kunsthandwerks an

Get 5 smokes more

Samenkörner, Schneckengehäuse usw. eingearbeitet. Bisweilen tragen die Männer auch kleine Tragebeutel mit einer Schlaufe wie eine Kette um den Hals. Sie bewahren darin allerlei Utensilien auf, heute ein Feuerzeug oder Streichhölzer, früher eine Feuersäge oder -reibe, ein paar Betelnüsse, einst wohl auch ein Amulett, heute vielleicht ein paar Münzen oder einen zusammengefaltenen Kina-Schein.

Die Eingeborenen benutzen gegenwärtig oft Ledergürtel, aber traditionellerweise wurden (und vereinzelt werden) Hüftgürtel aus Rindenbast, Bambusstreifen oder verknoteten Pflanzenfasern geflochten. Die Varianten reichen vom kleinen, mit kreisrunden Muscheln verzierten Brautgürtel im Hochland bis zu dem wie einen Bauchpanzer verwendeten, ein paar Meter langen steifen Rindengürtel, den der Krieger gleich mehrfach um den Körper wand; auch ist es möglich, mehrere Gürtel gleichzeitig zu tragen. Wie nicht anders zu erwarten, hat das Anlegen des Gürtels eine bestimmte Bedeutung. Je nach Region kann der Gürtel Trauer, Mannbarkeit oder Reichtum ausdrücken. An den Gürteln werden oft die Lendenschurze arretiert, wobei die Männer im Hochland nur die Vorderseite bedecken und sich hinten lange Blätter in den Gürtel stecken (diese sind in Pidgin-Englisch unter dem Namen ›arse grass‹ bekannt; vgl. Farbt. 52).

Bei den Damen überwiegen traditionell Baströckchen, die bisweilen nur knapp die Scham bedecken. Da sie oft in mehreren Schichten übereinander getragen werden, wippen sie auf Schritt und Tritt mit. Dabei scheint der Begriff ›Rock‹ vielleicht nicht ganz korrekt, da die Bastbedeckung nicht immer um den ganzen Körper herumreicht, sondern oft nur vorne und hinten angebracht ist, wodurch die Lendenpartie unbedeckt bleibt.

Die Männer verwenden die verschiedensten Penisbedeckungen. Penisköcher aus Bambus werden entlang des Sepik nur noch als Souvenir hergestellt, während sich ausgehöhlte Kürbisse vor allem in entlegeneren Regionen auch heute noch finden. Die Flaschenkürbisse, die man speziell für diesen Zweck züchtet, zeigen eine große Formenvielfalt, in allen Fällen jedoch wird das Glied in eine Öffnung auf der Unterseite der Kürbishülle gezwängt, dann mittels einer Schnur am Bauch befestigt und steil nach oben getragen. Die Hoden werden dabei nicht bedeckt. Praktisch ist diese Apparatur bestimmt nicht, aber was tut man nicht alles, um dem guten Ton zu entsprechen ...

Die Arme und Hände werden bevorzugt geschmückt, mit Ringen und Reifen aus den verschiedensten Materialien, die man hauptsächlich um den Bizeps, knapp oberhalb des Ellenbogens, am Handgelenk und um die Finger trägt. Den meisten Armbändern liegt irgendeine Flechtarbeit zugrunde, wobei es viele regional verschiedene Knüpfmuster, die farblich voneinander abgestuft sind, gibt. Das obere Armband gilt als guter Platz für den Transport verschiedenster Gegenstände: Man steckt dort einen Knochendolch hinein, einen Löffel oder eine Zange, früher auch Jagdtrophäen wie die Kralle eines Kasuars, den Schwanz oder die Hoden eines erlegten Wildschweins. Vereinzelt finden sich schöngearbeitete, handbreite Armreifen, die aus gebogenem Schildkrötenpanzer (der in heißem Wasser biegsam gemacht worden ist) gefertigt sind und mit Rattenzähnen eingeritzte Muster aufweisen. Um den Unterarm vor dem Zurückschnellen der Bogensehne zu schützen, werden bisweilen manschettenartige Hüllen aus Holz oder Bastmaterial getragen. Was die Fingerringe betrifft, so waren früher aus Knochen geschnitzte Stücke verbreitet, während sie heute mehr aus bunten, kleinen Perlen hergestellt werden.

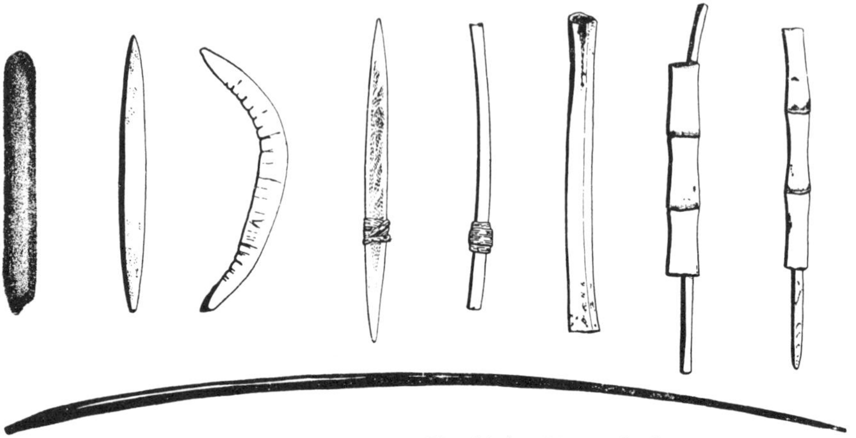

Verschiedene Nasenstäbe für Männer

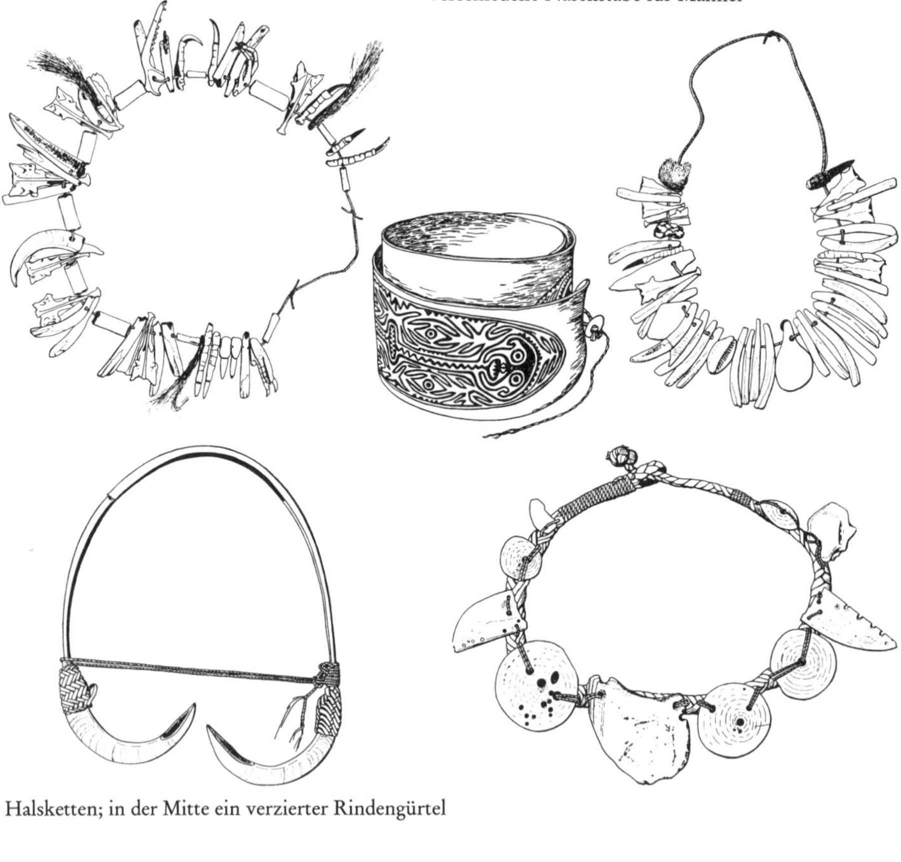

Halsketten; in der Mitte ein verzierter Rindengürtel

Schenkelschmuck ist selten, wohl aber trägt man unterhalb des Knies am Körper maßgerecht geflochtene Reifen, die einen sehr straffen Sitz haben. Vereinzelt gibt es Schmuckbänder für die Waden, aber hauptsächlich nur bei Festen, da im Alltag ein Wadenband durch die Muskelbewegung entweder rutscht oder, wenn es zu eng ist, die Blutzirkulation beeinträchtigt. Oft werden Gras- oder Faserbänder um die Fußknöchel getragen. Beim Tanz bringt man dort sowie unterhalb der Knie Tanzrasseln an, trockene Nüsse oder Samenkörner in einer Hülle, um das Stampfen der Beine zu unterstreichen.

Bei festlichen Anlässen steckt man in die mehr oder weniger permanent getragenen Arm- und Beinreifen frische Blätter, Farne, Blumen und Federn hinein, was ein äußerst buntes Bild ergibt. Auch sind die geflochtenen Bänder aus verschiedenfarbigem Material hergestellt, mit aufgenähten Muscheln, Schneckenhausteilen, Samenkörnern, Eberhauern oder Perlen zusätzlich verziert. Damit kann Reichtum zur Schau gestellt werden, und manche Braut bedeckt ihre Arme von oben bis unten mit wertvollen Muschelreifen.

Die halbmondförmige Kina-Muschel, die um den Hals getragen wird, bedeutet in der traditionellen Dorfgemeinschaft nicht nur ein Prestigezeichen, sondern spielt auch beim Brautpreis und als Zahlungsmittel eine wichtige Rolle. Die Verbreitung dieser geschliffenen Muschelscheiben ist nicht nur auf die Küstengebiete beschränkt, im Gegenteil: Gerade im Hochland haben sie einen festen Platz im Waren- und Güteraustausch eingenommen.

Da gewisse Gegenstände schon in voreuropäischen Zeiten unter den Stämmen ausgetauscht wurden, ist es heute für die Ethnologen sehr schwierig zu bestimmen, woher sie ursprünglich stammen. In vielen Fällen weiß man einfach nicht, welche Objekte der materiellen Kultur bodenständig sind, d.h. an Ort und Stelle hergestellt, und welche von anderswo übernommen, adaptiert und modifiziert. Übrigens hat nicht nur der Handel, sondern auch die Praxis von Heiraten nach dem Motto: »Sie sind Feinde, deshalb müssen wir in sie hineinheiraten« nicht unwesentlich zur Verbreitung der verschiedenen kunsthandwerklichen Produkte und Techniken beigetragen – und dazu in der Kolonialzeit die Tatsache, daß sich viele junge Männer ein paar Jahre lang als Plantagenarbeiter verdingten und bei ihrer Rückkehr neue Dinge nach Hause brachten.

So kam und kommt es laufend zu Mutationen, wobei die Anpassungsfähigkeit und Experimentierfreudigkeit der Eingeborenen gewiß ein Fortbestehen ihrer handwerklichen Fähigkeiten garantieren wird.

Waffen

Da die Eingeborenen ständig gewärtig sein mußten, in einen Hinterhalt zu geraten oder Opfer eines Überfalls zu werden (oder auch dem Feind gegenüber aktiv zu sein), war das permanente Tragen von Waffen eine Selbstverständlichkeit für jeden Mann. Zudem konnte ein Großteil der Waffen auch für die Jagd eingesetzt werden, und führte man immer eine Waffe mit sich, konnte man jede frische Fährte eines Wildes auf der Stelle verfolgen. Jagdbeute heimzubringen hatte ja den doppelten Vorteil, den eigenen Prestigewert zu erhöhen und den relativ monotonen Speise-

Steinkeulen (links und rechts) und Kanukampfschild vom Sepik (Mitte)

zettel aufzubessern. Frauen und Kinder trugen zwar keine Waffen, es wurde aber, da es für feindliche Kopfjäger ja unwesentlich war, ob sie einen toten Krieger, eine Frau oder ein Kind heimbrachten, für sie ein bewaffneter Begleitschutz organisiert, wenn sie in weit entfernten Gärten arbeiteten, zum Fischfang oder zu Märkten aufbrachen.

Mit dem von der Regierung erlassenen Verbot der Kopfjagd ist auch die Notwendigkeit ständigen Waffentragens nicht mehr gegeben. Zwar kommt es im Hochland noch immer zu Reibereien zwischen den Stämmen, auch mit gelegentlichen Todesfällen, aber mit dem Vordringen der westlichen Zivilisation nimmt das Waffentragen rasch ab. Zudem haben sich nicht nur Feuerwaffen, sondern auch Stahläxte und -messer durchgesetzt, so daß die traditionelle Bewaffnung fast schon musealen Charakter hat und meist nur noch bei großen Festen zur Schau gestellt wird.

Zur Standardausrüstung für den Nahkampf rechnete man den Knochendolch, hergestellt meist aus den Oberschenkelknochen eines Kasuars. Eingeritzte Verzierungen unterhalb des Knochengelenks am Griff erlaubten eine rutschsichere Handhabung. Je nach Gebiet wurde der Dolch im Oberarmreif getragen, in der Tragtasche mitgeführt oder in einem geflochtenen Futteral verwahrt, das um den Hals oder schärpenartig über die linke Schulter hing.

Steinkeulen, bei denen der steinerne Keulenkopf auf einem Holzgriff montiert war, gab es in zwei Ausführungen, mit losem oder fest arretiertem Kopf. War der oft sternförmige oder vielzackige Kopf lose, so rutschte er erst beim Ausholen zum Schlag in die richtige Position, was seine Schlagkraft erhöhte. Die in mühevoller Arbeit hergestellten steinernen Beilklingen waren dagegen meist fest an den Griff geschnürt. Wahrscheinlich dienten sie eher zum Baumfällen als zum Abschlagen von Köpfen, stellten aber dennoch eine nicht zu unterschätzende Waffe dar. Die Lage der Steinbrüche hielt man übrigens nach Möglichkeit geheim, um nicht die Monopol-

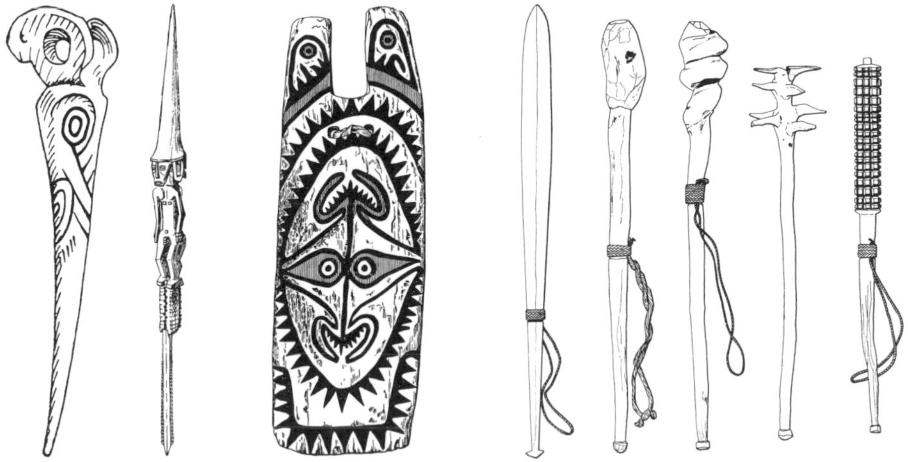

Von links nach rechts Knochendolch, verzierte Speerspitze von Manus, Schild für Bogenschützen vom Golf von Papua und Holzkeulen

stellung eines steinbeilerzeugenden Stammes zu gefährden. Keulen und Schwerter wurden daneben auch aus Hartholz hergestellt.

Bei kriegerischen Auseinandersetzungen wurden auch Wurfspeere von 3–4 m Länge eingesetzt. Um die Wucht und Weite des Wurfes zu erhöhen, bediente man sich eines Speerwurfgeräts, das mit Hebelwirkung arbeitete. Bei diesem Zusatzgerät, das hauptsächlich im Sepik-Ramu-Gebiet verbreitet war, handelte es sich um ein armlanges Bambusrohr, an dessen Oberseite eine Kerbe für den einzulegenden Speer eingeschnitten war. Als Stoßwaffe gab es weiter die Lanze, mit kürzerem, aber dickerem Schaft. An ihrer Spitze wurde oft ein Widerhaken aus Zähnen und Knochen befestigt.

Eine der schaurigsten Waffen war der ›Menschenfänger‹, ein zugespitzter Stab mit einer Schlinge, die dem Opfer beim Laufen übergestülpt wurde, worauf man ihm den Halswirbel durchstieß. Dieser ›Menschenfänger‹ ist glücklicherweise schon seit Jahrzehnten aus dem Verkehr gezogen.

Dort, wo die Hauptwaffe Pfeil und Bogen weniger verbreitet ist, bedient man sich einer Steinschleuder, vor allem an der nördlichen Küste. Im südlichen Teil von Neubritannien gibt es auch Blasrohre, an sich eine indonesische Waffe, die sonst im Gebiet von Papua-Neuguinea nicht vorkommt. Der Schaft besteht dabei meist aus Bambus oder Palmenholz, die Pfeilspitze, je nach Verwendungszweck (bezogen auf die Tiere, die gejagt werden sollen), aus Kasuarklauen, knöchernen Widerhaken oder Haifischzähnen, aber auch aus Holzspitzen. Mehrzackige Spitzen werden bei der Fischjagd bevorzugt.

Bei Pfeil und Bogen gibt es zwei verschiedene Arten von Pfeilen. Wie schon erwähnt (vgl. S. 66) hat der Vogelpfeil eine stumpfe Spitze, damit das kostbare Gefieder nicht mit Blut verunreinigt wird, und der Schweinepfeil eine scharfe, blattförmige Spitze, um eine größtmögliche

Wunde zu erzeugen. Die Schweinepfeile wurden auch in der Kriegsführung bevorzugt eingesetzt, aber in Bedrängnis hat man natürlich jeden verfügbaren Pfeil abgeschossen. Normalerweise hielten Krieger in der linken Hand ein ganzes Sortiment an Pfeilen bereit, um für jeden Zweck gerüstet zu sein. Die Pfeile tragen keinerlei Federn und sind wegen ihrer asymmetrischen Formen oft nicht sehr zielgenau. Aber da die Bogen aus Palmenholz oder Bambus sehr stark sind, mit einer festen Bogensehne aus Rattan versehen, und man das Wild oder den Feind folglich mit einer Art Sperrfeuer von Pfeilen belegen kann, ist die Wirkung dennoch meist tödlich.

Es versteht sich, daß es von nahezu allen erwähnten Waffen auch zeremonielle Sonderanfertigungen gibt, die magische Bedeutung innehaben und bei den verschiedensten Riten eine Rolle spielen. Manche Waffen signalisieren auch nur durch ihren Besitz Prestige.

Erwähnung verdient weiter, daß die Eingeborenen schon eine Art von ›bakteriologischer Kriegsführung‹ entwickelt hatten: Sie steckten Pfeilspitzen in verweste Leichen und brauchten dann den Feind damit nur zu ritzen, um ihn zu vergiften. Verbreitet war auch der Einsatz von meist hölzernen Schilden, die in allen Größen und Formen vorkommen, rund, rechteckig, oval, sanduhrförmig usw. Ihre oft kunstvoll geschnitzten oder gemalten Muster haben häufig religiöse oder rituelle Bedeutung, wie überhaupt der ganze Schild als heiliges Objekt gelten kann. Am Sepik gab es aus Schweinehaut gefertigte Schilde, im Zentralgebiet verstärkte man sie mit Flechtwerk. Am Golf von Papua hatten die Schilde eine Öffnung, die es dem Krieger erlaubte, einen Pfeil abzuschießen und dennoch gedeckt zu sein.

Werkzeuge

Die in Papua-Neuguinea benutzten Werkzeuge sind Axt und Beil, wobei die Steinklingen geschliffen und poliert wurden, um eine scharfe Kante zu erhalten. Man verwendete dazu flache, geeignete Flußsteine, besorgte sich den Rohstoff aber auch in regelrechten Steinbrüchen, wo man die Gesteinsoberfläche mittels Feuer zum Springen brachte und sich dann die passenden Steinstücke herausbrach. In Gegenden, wo kein brauchbares Gestein zu bekommen war – hauptsächlich im Bismarck-Archipel und auf den kleineren Inseln vor den Nördlichen Solomonen – wurden die Stücke einer Riesenmuschel (Tridacna) benutzt.

Die Klingen sind entweder ganz starr in einem Holzgriff verankert oder mit Rattan so an einem Schaft befestigt, daß die Klinge je nach Notwendigkeit gedreht werden kann, um im gewünschten Winkel zu hacken, zu hauen oder zu schaben.

Die Axt war nicht nur Werkzeug, sondern auch Waffe, und für festliche Gelegenheiten gab es ›Sonderanfertigungen‹, die sogenannten ›Zeremonialäxte‹, die vor allem im Hochland durch ihre schönen Flechtarbeiten besonders auffallen. Da diese Beile in verschiedenen Größen angefertigt wurden, von der handgroßen, faustkeilartigen Klinge bis zu einem daumenbreiten, meißelartigen Stein, waren auch die Einsatzmöglichkeiten entsprechend zahlreich – wobei übrigens zu bemerken ist, daß ein Steinbeil gegenüber der Stahlaxt gar nicht so im Nachteil ist, wie

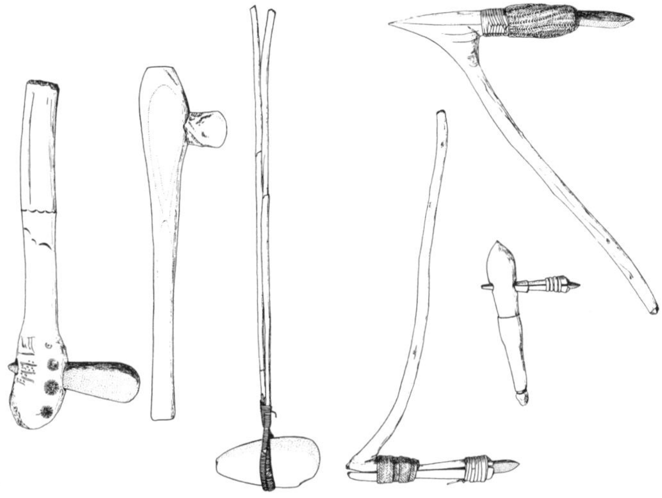

Verschiedene Steinaxttypen

man auf den ersten Blick glauben möchte. Es dauert damit nur ungefähr dreimal so lange, einen Baum zu fällen.

Geschliffene Muscheln und Klingen aus Schildkrötenpanzer ergänzen das Werkzeug-Repertoire der Küstenbewohner. Zusätzlich zu den schon unter den Waffen erwähnten Bambusmessern und Knochendolchen hat man auch Schieferstücke und Obsidianspitzen bisweilen recht dekorativ auf Holzgriffe montiert. Für gröbere Schnitzarbeiten in Weichholz bedient man sich eines dolchähnlichen Schabinstruments aus einem Kasuar-Hüftknochen, für feinere Detailarbeiten verwendet man Tierzähne. Es kann sich dabei um Haifischzähne handeln, um Zähne von Nagetieren wie Ratten oder um den Schneidezahn eines Beuteltiers. Manchmal nimmt man auch einfach den ganzen Unterkiefer als Werkzeug in die Hand und erspart sich dadurch das Aufmontieren des Zahns auf einen Holzgriff. Knochenahlen aus den Flügelknochen von Vögeln oder fruchtfressenden Fledermäusen werden für eine Reihe von Zwecken verwendet, so als Nadeln, um Tragnetze und Matten herzustellen. Zur Herstellung der großen Netze für den Fischfang, den Vogelfang und die Schweinetreibjagd bedient man sich eines geschnitzten, weberschiffartigen Stückes Holz. Handbohrer kommen bei der Herstellung von Muschelperlen und der wertvollen Muschelringe zum Einsatz, wobei die steinerne Bohrspitze durch eine Drehscheibe vorangetrieben wird. Bei größeren Bohrungen nimmt man ein Bambusrohr als Schneidefläche, um mittels aufgestreutem Sand und Wasser sowie mit viel Geduld ein kreisrundes Muschelstück zu erarbeiten.

In der Landwirtschaft war früher ein ca. 1,5 m langer Grabstock das Universalgerät, mit dem die Erde für das Setzen der Stecklinge aufgelockert wurde und mit dem man auch die ausgewachsenen Knollenfrüchte ausgrub. Im Bereich der Torres-Straße benutzte man eine Hacke mit Muschelklinge, um Unkraut zu jäten und Erdklumpen aufzubrechen, während dafür etwa im Waghi-Tal eine ganz aus Holz bestehende Hacke diente.

Ein Schwein wird an einer Tragestange zum Festmahl gebracht (Darstellung von 1888)

Transportmittel

Da die Eingeborenen früher weder Last- noch Reittiere und auch keine Fahrzeuge mit Rädern kannten, konnten sie sich auf dem Lande nur zu Fuß weiterbewegen. Die von einem Mann zu bewältigende Last wurde meist in einem großen Netz befördert, dessen Gurt man im Falle eines hohen Gewichts quer über Brust und Schultern legte. Besonders schwere Lasten wie z. B. Schweine wurden an eine Stange gehängt und dann von zwei Männern getragen.

Der einzige Weg, wirklich große Lasten zu befördern, war früher der über das Wasser. Als Boote dienten vor allem Einbäume, die zunächst mit Feuer ausgebrannt und dann meistens mit Beilen ausgehöhlt wurden. Zur Erhöhung der Stabilität brachte man üblicherweise einen Ausleger an. Die auf die hohe See auslaufenden Boote erhielten ein Segel aus gewebten oder geflochtenen Matten. Auf den Solomonen und auf Neuirland baute man Kanus aus Brettern, die man wasserdicht machte, indem man alle Nahtstellen und Verbindungsstücke mit der ausgedrückten Frucht der Parinari-Nuß verschmierte. An der Südküste von Papua-Neuguinea verband man früher zwei Einbäume miteinander, um so die Stabilität und das Ladevermögen zu erhöhen. Die Stämme in der Nähe von Port Moresby haben dieses Prinzip noch verbessert, indem sie durchschnittlich sechs bis acht, manchmal sogar bis zu 14 Einbäume durch Taue, Stricke und Lianen verbanden und dann darauf eine Plattform errichteten. Mit diesen ›Lakatoi‹ genannten Fahrzeugen wurden die langen Hiri-Handelsfahrten (s.o.) durchgeführt. Ihre typische Segelform war die offene Krebsschere, aber es kamen auch rechteckige und anders geformte Segel vor (Abb. 16–20).

Flöße sind von den Europäern während der Entdeckungsfahrten im Inland oft benutzt worden, aber als traditionelles Element der Eingeborenenkultur treten sie nur in den Küstengewässern des Bismarck-Archipels und in den nordwestlichen Solomonen auf.

Auslegerboot von der Nordküste (Darstellung von 1888)

Rituelle Gegenstände

Wie schon aus den Kapiteln über Schmuck, Kleidung und Waffen hervorging, haben viele Objekte eine Art Doppelfunktion inne, indem sie über den reinen Gebrauchswert hinaus eine Art magische Bedeutung erhalten und im Ritus eine Rolle spielen. So kann ein einfacher Holzhaken, an dem die Lebensmittel in einem Netz aufbewahrt werden, zum Kultträger avancieren, wenn totemistische Zeichen und Symbole in seine Ausgestaltung einfließen. Auch kommt fast allen Musik- bzw. Geräuschinstrumenten (vgl. S. 53ff.) ein religiöser Stellenwert zu, so daß sie nicht nur bei Festlichkeiten zum Einsatz kommen, sondern teilweise auch unabhängig davon als heilig gelten – man denke dabei nur an die ›heiligen Flöten‹ oder an die ›Wassertrommeln‹ im Sepik-Gebiet (vgl. S. 55).

Am typischsten und markantesten in diesem Zusammenhang sind die Masken, die eine Verkörperung und Vergegenwärtigung der Geister und Ahnen darstellen. Die Masken, die übrigens ein begrenztes Verbreitungsgebiet haben – im westlichen Teil des Festlandes kommen sie so gut wie nicht vor –, sind nicht immer zum Tragen gedacht. Viele kommen ihrer Größe wegen gar nicht dafür in Frage. Masken werden kunstvoll aus Holz, Rindenstoff, geflochtenem Rattan oder auch Schildkrötenpanzern hergestellt; viele Stämme haben auf diesem Sektor ihre größten künstlerischen Leistungen vollbracht. Viele der Tanzmasken sind auf das prächtigste geschmückt, mit grellen Farben, eingelegten Kauri-Muscheln, frischen Blüten, so daß ihr Auftreten bei einem Sing-Sing für manchen Besucher den visuellen Höhepunkt der Reise darstellt. Kein Tourist wird sich auch die Tonmasken der Schlamm-Männer von Goroka entgehen lassen, obwohl diese in ihrem kultischen Stellenwert eher eine Ausnahme darstellen, sind sie doch primär aus einer Kriegshandlung entstanden (und heute zur reinen Touristenschau umfunktioniert; vgl. S. 263).

Ein Großteil der rituellen Objekte ist aus Holz geschnitzt, und da dieses in dem feuchten Tropenklima nur begrenzte Haltbarkeit hat, müssen sie laufend erneuert werden. Die Eingeborenen teilen durchaus nicht den europäischen Hang zum Alten und Antiken; für sie ist ein neugeschnitzter Gebetshocker genau so ›wertvoll‹ wie ein fast schon zerfressener und zerfallener.

Die im Sepik-Gebiet verbreiteten ›Gebetshocker‹, deren Rückenlehne oft eine menschliche Figur darstellt, sind nicht zum Sitzen gedacht, sondern vielmehr als Rednerpult, an dessen Seite man steht; man findet sie deshalb auch meist in der Mitte der Männerhäuser aufgestellt. Nur während der Einweihungszeremonie darf ein Initiant kurz auf diesem heiligen Objekt sitzen, um so den Kontakt mit den Ahnen herzustellen. Rituellen Charakter haben weiter die Verzierungen der Kanus, die den Insassen Schutz gewähren sollen. Markierungspfosten in den Gartenanlagen hingegen sollen vor allem abschreckende Wirkung zeigen und die Besitzverhältnisse deutlich machen.

Der weitverbreitete Schädelkult hat dazu geführt, daß die Schädel der Ahnen oder auch der erlegten Feinde oft mit Ton modelliert und bemalt, mit Muscheln verziert und mit Menschenhaar beklebt wurden. Die eigens dafür geschnitzten Schädelbretter, auf denen man seine Schätze ausstellen konnte, sind im Zuge der schrittweisen Missionierung so gut wie ganz aus den Männerhäusern verschwunden.

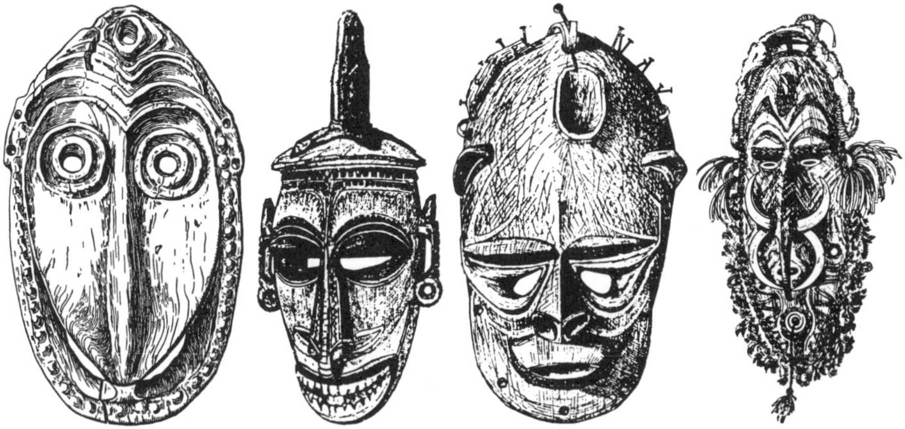

Masken vom Sepik (links und ganz rechts), im Tami-Stil (zweite von links) und vom Yuat-Fluß (zweite von rechts)

Auch die reich beschnitzten Hauspfosten der Männerhäuser (vgl. S. 116ff.) gelten als heilig; ja, gewissermaßen hatten früher die ganzen Gebäude sakralen Charakter, im Stellenwert unseren Kirchen vergleichbar. Eine weitere Parallele zwischen diesen Kulthäusern und unseren Kirchen ist übrigens, daß sie heute von Touristenströmen durchzogen werden, für die nur der kulturhistorische und nicht der religiöse Bezug Relevanz besitzt.

Kunststile

Man hat die Kunst von Papua-Neuguinea in verschiedene Stilprovinzen gegliedert, dabei aber noch kein allgemeinverbindliches Schema finden können. Zwar sind sich die Fachleute einig, der Sepik-Kunst den höchsten Stellenwert zuzuweisen, aber schon wenn es etwa darum geht, die Sepik-Region in künstlerischer Hinsicht zu unterteilen, wird man auf ganz verschiedene Auffassungen stoßen. Im folgenden geht es darum, die wichtigsten Kennzeichen der einzelnen ›Stilprovinzen‹ zu charakterisieren, wobei gesagt werden muß, daß der Interessent die schönen alten Stücke eher in Museen außerhalb von Papua-Neuguinea sehen kann als im Land selbst. Dort verfügt nur das Nationalmuseum in Port Moresby über eine Sammlung, die sich eventuell mit jener des Linden-Museums in Stuttgart, des Museums für Völkerkunde in Berlin und des schweizerischen Museums für Völkerkunde in Basel messen kann. Allgemein festzuhalten bleibt weiter, daß die Bewohner von Neuguinea an die Objekte, die sie gestalten, keinerlei ›künstlerischen‹ Anspruch in unserem Sinne stellen, sondern einen rein kultischen; Kunst ›an

Kunst des Sepik: Kulthaus am mittleren Sepik (links), Giebelfront eines Kulthauses der Abelam in der Maprik-Region (unten rechts), Holzpfosten eines Kulthauses am Korowori, einem Zufluß des mittleren Sepik (unten links)

sich‹ gibt es hier nicht, alle künstlerischen Äußerungen sind untrennbar mit Religion, Magie und Ritus verbunden.

Sepik-Region

Die Sepik-Region kann zweifellos als das bedeutendste Kunstzentrum Neuguineas gelten. Jene Objekte, die in den zentralen Männerhäusern aufbewahrt werden – Masken, Skulpturen, Musikinstrumente, Waffen und kultische Geräte –, zeichnen sich durch schier unerschöpflichen Formenreichtum aus, und die Kulthäuser selbst liefern hinsichtlich Größe und Proportionen Beispiele einer Baukunst, wie sie unter Naturvölkern nicht alltäglich ist. Schon die hohen, geschnitzten und bemalten Pfosten, die das bis zu 30 m lange und bis zu 12 m breite Podium tragen, sind bemerkenswert, weit prachtvoller aber noch wirkt der plastische Giebelaufsatz, der im allgemeinen von dem bis zu 25 m Höhe aufsteigenden Giebelturm überragt wird. Dessen Spitzen krönen Aufsätze aus Holz oder Ton, bisweilen einen mächtigen Vogel mit ausgebreiteten Schwingen darstellend, der einen Menschen in den Klauen hält. Masken, die an der Giebelfront hängen, dienen als Schutz gegen böse Geister. Über dem gleichsam im ›ersten Stock‹ gelegenen geheimen Versammlungsraum türmt sich ein von dicken Stämmen getragenes Dach aus Sagopalmblättern. Charakteristisch für diese Häuser ist, daß die Eingänge in das obere Stockwerk so gestaltet werden, daß der Eindruck entsteht, man klettere durch gespreizte Frauenbeine in das Innere. (Allgemeines über die Funktion der Kulthäuser vgl. S. 42f.)

Die Stämme des Sepik haben in ihrem künstlerischen Schaffen eine Vielfalt von Motiven und eine Kühnheit der Gestaltung hervorgebracht, die selbst in Neuguinea beispiellos ist. Da es trotz der traditionellen Feindschaften immer wieder zu Kulturaustausch zwischen den einzelnen Stämmen kam, wurde der Formenreichtum vervielfältigt, die ›Reinheit‹ der einzelnen Stile allerdings unterwandert. Wissenschaftler vermögen deshalb nur noch in gröberen Umrissen Unterscheidungen festzuhalten.

An der Sepik-Mündung und im Gebiet zwischen Sepik und Ramu sind Menschenfiguren charakteristischerweise gedrungen, wobei auf kurzen Hälsen längliche Köpfe sitzen, die mit Haarschöpfen versehen sein mögen. Die langen Gesichter wirken geradezu grotesk durch die stark hervorstehende Nase, die weit über das Gesicht hinauswächst und unter Umständen bis zu den Füßen hinunterreichen kann, wobei sie gebogen ist wie Arme und Beine auch. Die schiefgestellten Augen stoßen über der Nase zusammen. Man hat diesen Stil als ›Schnabelstil‹ bezeichnet, weil die Nasen an Vogelschnäbel erinnern, vor allem an jene des Kasuars. Solche Figuren finden sich auch – ob in Menschen-, Vogel- oder Krokodilgestalt – an den Kanus des Unteren Sepik. Typisch für das Mündungsgebiet des Sepiks sind weiter die Kopfstützen, die man ›Schlafbänke‹ genannt hat, obwohl sie für diesen Zweck zweifellos nicht gerade bequem sein dürften. Der Fülle sowie Variationen in Haltung und Anordnung der Figuren, die hier ein solches Brett tragen, sind keine Grenzen gesetzt. Der Reichtum an figürlicher Gestaltung zeigt sich auch an den zahlreichen kleinen Skulpturen und Masken, die früher als Amulette dienten.

Lokale Varianten der Sepik-Kunst: von links nach rechts Masken im ›Schnabelstil‹ des unteren Sepik, vom Yuat-Fluß und im ›Kurvenstil‹ des mittleren Sepik sowie typischer Aufhängehaken

An den einzelnen Nebenflüssen des Sepik gibt es gleichfalls charakteristische Stilmerkmale, etwa bei den Mundugumor am Yuat, die ihre Skulpturen so eigenwillig und eindrucksvoll mit Federn, Muscheln und Haaren verzieren. Verschiedene Formen von Masken treten hier auf, wobei auch die Vorderteile von Schädeln mit Hilfe von Ton zu Masken modelliert wurden. Typisch sind Masken mit Hakennasen, allerdings gibt es auch andere mit Knollennasen, die an jene am mittleren Sepik gemahnen. An einem anderen Seitenfluß des Sepik, am Korowori, sind die als ›Yipwon‹ bekannt gewordenen Hakenfiguren zu Hause, die in brettartiger Gestalt Menschen im Profil abbilden. Der Körper wird durch verschiedene Haken dargestellt, die man auch als ›Rippen‹ deutete (so wie einen in der Mitte befindlichen Zapfen als ›Herz‹), aber manche Wissenschaftler haben diese Erklärung bezweifelt. Die ›Yipwon‹ wurden den Verstorbenen in ihre Bestattungshöhlen mitgegeben.

Der Stil am mittleren Sepik, durch Einflüsse von allen Nachbarregionen gekennzeichnet, wirkt gegenüber den subtileren Produkten der Küste dynamischer und beeindruckt durch

Vorderteil eines Einbaum-Kanus mit stilisiertem Krokodilkopf; oberer Sepik

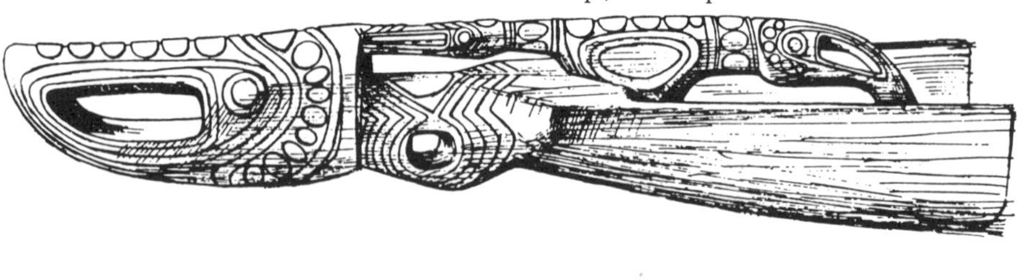

besonders reiche Verzierung der Kulthäuser. Die dort angebrachten menschlichen Gesichter und Gestalten sind im sogenannten ›Kurvenstil‹ ausgeführt, der nirgends eckige Formen, sondern immer runde, fließende Linien aufweist und vor allem in der Malerei auf Palmblattscheiden ein wenig an asiatische Werke gemahnt. Zu den Kultgegenständen gehören hier auch die übermodellierten Menschenköpfe sowie schreckenerregende Masken, deren Augen starr hervorquellen und deren Zungen gelegentlich herausgestreckt sind. Wichtige Objekte, die in den Männerhäusern verwahrt werden, sind die reichgeschmückten Haken, an die man Netze mit den Vorräten hängt.

In der Gestaltung dieser Haken übertrifft der Sepik jede andere Kunstregion in Papua-Neuguinea, nirgendwo anders sind sie so kunstvoll – teils vollplastisch zu Menschenfiguren – ausgestaltet, nur hier findet sich auch eine solche Größe: Sie können bis zu 2 m Höhe erreichen. Tatsächlich kann man die Haken hier eher als ›Hängefiguren‹ bezeichnen. Mit Menschenhaaren und Gesichtsbemalung versehene ›Hakenfiguren‹ gelten auch als Beschützer der Vorräte. Die Zeremonialstühle, die zu den größten Heiligtümern der Clans zählen sowie die Schemel und Kopfbänke in den Männerhäusern sind am Mittelsepik gleichfalls stark vertreten, wobei Ahnenfiguren stets bevorzugt dargestellt werden. Welche Funktion die oft kostbar geschmückten Zierbretter haben, die man in den Männerhäusern des Sepik findet, ist noch ungeklärt; das des öfteren darauf vorkommende Rankenwerk hat man als eine Art ›Lebensbaum‹ gedeutet. Waffen, vor allem Kampfschilde, erfahren am Sepik ebenfalls eine prachtvolle Ausschmückung.

Folgt man dem Sepik ins Landesinnere, nimmt zunächst die plastische Gestaltung ab, mit Ausnahme von Kanus und Paddeln, die oft mit Krokodil- oder Vogelmotiven geschmückt sind. Die Malerei tritt in den Vordergrund, ob es sich um die kurvenstilartigen Ornamente auf den Schilden handelt oder die Malereien an Häusern und Türen. Die Kunststile an den verschiedenen Seitenflüssen des Sepik bringen im Landesinneren keine besonders charakteristischen oder überwältigenden Produkte mehr hervor; nur der Maprik-Stil verdient besondere Erwähnung. Dort leisteten die Künstler Erstaunliches darin, Menschen- und Tierfiguren in schier grenzenlosem Einfalls- und Formenreichtum zu kombinieren, wobei sich auch durchbrochene Holzarbeiten finden. Die Gesichter sind oft in T-Form gehalten, indem eine gerade Nase unter einem Stirnwulst liegt. Die prallen und rundlichen Körperformen gehen zweifellos auf das von der Yams-Knolle geprägte Schönheitsideal zurück. Eine besondere Rolle spielen weiter die traditionell festgelegten Farben. Reliefartig bearbeitete und bemalte Bretter gehören zu den eindrucksvollsten Zeugnissen der Maprik-Kunst. Der Fruchtbarkeitskult äußert sich hier in einer Überfülle von Formen und Farben, bei der kein Eckchen unbearbeitet bleibt. Das hat zu den unterschiedlichsten Beurteilungen geführt – man kann diese Überfülle als faszinierend, aber auch als manieriert empfinden ...

Huon-Golf und Tami-Stil

Ein Küstenstreifen der Huon-Halbinsel, in etwa entlang der Astrolabe Bay, ist für seine Skulpturen und Holzmasken bekanntgeworden, die sich durch kraftvoll vorspringende Nasen aus-

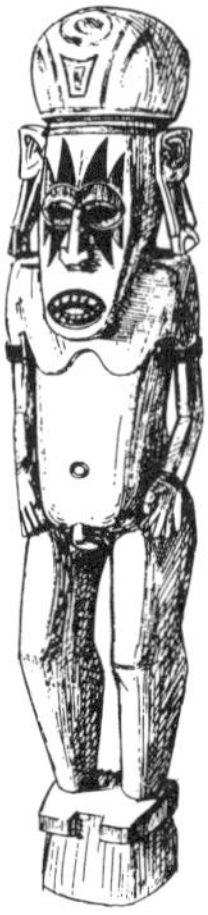

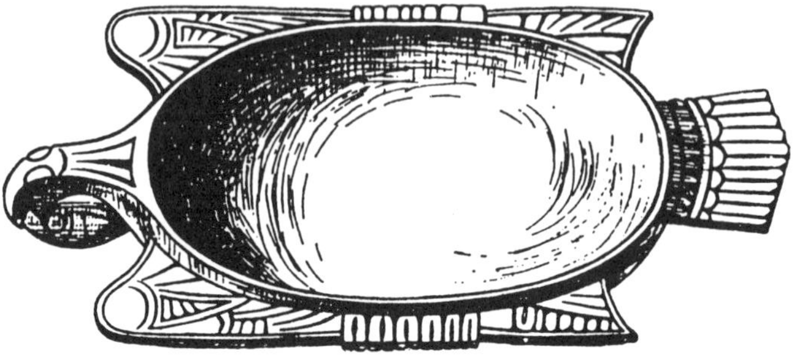

Tami-Stil: Kultfigur (links) und hölzerne Speiseschale in Vogelform

zeichnen. Sie gelten als Personifikation von Geistern. Die ›Telum‹ genannten Gestalten können bis zu 2 m groß sein und dienen zu zeremoniellen Zwecken ebenso wie als Pfosten an Männerhäusern. Sie fallen durch eine eigentümliche Quergliederung auf, wobei die Füße oft auf Blöcken stehen und auch Hüften und Schultern blockartig gebildet sind. Durch einen halslos auf die Schultern aufgesetzten Kopf wirken die Figuren gedrungen. Die unter dem ausgeprägten Stirnwulst gelegene Gesichtspartie tritt zurück, nur die Augen stehen zapfenartig vor, von Halbkreisen oder Dreiecken überschattet. Im Mund steckt oft ein Schmuckstück als Verzierung. Komplettiert werden die für dieses Gebiet charakteristischen Figuren durch einen Kopfaufsatz sowie Ohren- und Kopfschmuck. Es kommt auch vor, daß mehrere solcher Figuren übereinander stehen.

Neben diesen Menschenskulpturen gibt es auch solche von Vögeln oder Fischen. Dekorationsmotive spielen allerdings nicht auf Tiere an, sondern sind rein abstrakt: Alle verzierten Gegenstände, ob Waffen, Schilde, Kämme oder Schalen, tragen gerade oder gezackte Linien, Drei- oder Vierecke. Stoffe sind meist rötlich, selten schwarz bemalt, und zwar ebenfalls mit rein geometrischen, gezackten Ornamenten.

Die dem Huon-Golf vorgelagerten Inseln und ein Teil des Küstengebiets haben einen eigenen Stil ausgeprägt, der nach einer der Inseln ›Tami-Stil‹ benannt wurde. Schon infolge der räumlichen Nähe besteht eine Verwandtschaft zur Kunst der Astrolabe Bay, die Gesichter der hier charakteristischen Figuren sind jedoch – im Gegensatz zu den drei- oder fünfeckigen der Astrolabe Bay – eher viereckig, die Wülste nicht so ausgeprägt, die Augen nicht vorstehend, sondern ins Gesicht eingeschnitten. Auch hier läßt der Mund oft die Zunge, manchmal auch die Zähne sehen. Trotz dieser Unterschiede wirkt auch der Tami-Stil breit, schwer und statisch, und auch hier setzt man bei der Malerei vor allem das abstrakte Ornament ein. Es kommt auch vor, daß die grotesk wirkenden Gesichter nicht geschnitzt, sondern bemalt werden.

Neben den Menschendarstellungen, aber nur selten zusammen mit ihnen, gibt es die Abbildungen von Tieren, vor allem von Krokodilen und Schlangen – ob an Booten und Rudergriffen oder an Häusern, wo sie geschnitzt auf Pfosten oder als Ornamentdarstellung zu sehen sind. Stark stilisierte Tiermotive schmücken auch Gebrauchsgegenstände des täglichen Lebens.

Die Tami-Kunst kennt sowohl geschnitzte Holzmasken als auch bemalte Bastmasken, die auf spitze Holzgestelle aufgesteckt werden. Charakteristisch ist dabei, daß die Augen oben und unten mit Zacken umrandet sind. Aus Holz oder Bast stellt man auch Schilde her, beide Formen mit Malereien, die neben Ornamenten auch Menschengesichter und -figuren wiedergeben. In der Tami-Stilprovinz wurden vor allem hölzerne Schalen als Handelsobjekte hergestellt, denn da das Gebiet früher übervölkert war, mußte man zwecks Nahrungsmittelerwerb zum Tauschhandel schreiten, was die Produktion von Kunstgegenständen erhöhte.

Torres-Straße

Die Küstengebiete entlang der Torres-Straße und das Mündungsgebiet des Fly gelten als eigene Stilprovinz. Hier wird vor allem flächig gearbeitet, wobei die Ornamentik von Fischgrätenmustern und Zahnreihen, geraden Bandformationen und Zickzacklinien bestimmt ist. Menschengestaltungen treten gegenüber Tiermotiven zurück, Krokodil, Fisch und Seekuh, Schildkröte und Schwein werden teilweise sehr realistisch dargestellt. Fischfiguren, die vielleicht mythologische Stammesahnen bedeuten, trägt man ebenso am Kopf wie kunstvolle Masken aus Schildpatt. Charakteristisch sind aus Perlmutt aufgesetzte Augen und eingeritzte Bandornamente als Verzierungen. Auch durchbrochene Muster kommen vor, und bisweilen dienen Menschenhaare zur Dekoration. Daneben gibt es auch Holzmasken, die länglich und eckig gestaltet sind.

Schildpattmaske von der Mündung des Fly River

Golf-Region

Handelt es sich bei den meisten Kunststilen von Papua-Neuguinea um austromelanide Mischformen, so kann man gerade im Süden Züge einer ausgeprägten Papua-Kultur feststellen. Die Spitz- und Kegelmasken sind hier ebenso eigentümlich wie die geflochtenen und aus Schnüren hergestellten Masken. Der besonders elaborierten Kunst der Asmat und der Marind-anim wird man bei einer Reise durch Papua-Neuguinea nicht begegnen, denn diese Stämme leben in West-Irian. Aber auch der Golf von Papua mit seinen großen Kultobjekten hat eindrucksvolle Zeugnisse vorzuweisen, wobei die Ornamente – auch hier vor allem kurvig, spiralig und mäanderartig – in Form von Flachreliefs, eingeschnittenen Motiven, Applikation von Früchten, Samen, Blättern oder als Malereien auftreten. Die Bemalung in weiß und schwarz, rot und gelb macht die Werke sehr lebendig. Figürliches tritt hinter flächenhafter Verarbeitung zurück; die Menschenfiguren sind brettartig, der unter dem Kopf liegende ›Körper‹ gleicht einem durchbroche-

Golf von Papua: Große Spitzmasken, die bei einem Fruchtbarkeitsritus Verwendung finden (links); aus einem Brett geschnittene Figur, auf der früher die Schädel von Opfern der Kopfjagd befestigt wurden

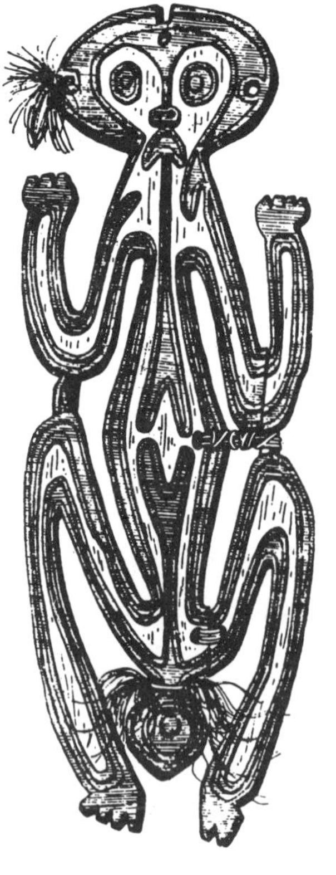

Massim-Kunst: verzierte Kalkspatel

nen Schild. Überhaupt sind hier Zeremonialschilde verbreitet, die oft nur Gesichter zeigen, nur manchmal ganze Figuren. Solche Schilde, Symbole der Schöpfungskraft, gelten als mit bestimmten Menschen eng verbunden.

Die Masken am Papua-Golf sind vielfältig und ausgesprochen eigenwillig, auch in der Größe, die bis zu 6 m (!) betragen kann. Aus einer schildartigen Form ragt ein schnauzenartiges ›Gesicht‹ hervor, so daß der Eindruck eines schaurig verfremdeten Tieres entsteht. Diese Masken sind mit dem Kult eng verbunden und stellen mythologische Figuren dar. Mit Ton überzogenes, wild bemaltes Flechtwerk erzielt höchst eindrucksvolle Wirkungen.

Die ovalen oder rechteckigen Schilde der Golf-Region haben am oberen Ende einen Einschnitt, der breit genug ist, um den Arm, der den Bogen hält, durchzustecken. So bleibt der Krieger, auch wenn er schießt, geschützt. Nicht nur Zeremonialschilde, sondern auch solche für den täglichen Gebrauch werden reliefartig beschnitzt oder bemalt.

Schließlich muß im Zusammenhang mit der Kunst dieser Region erwähnt werden, daß es am Golf von Papua die größten Männerhäuser des Landes gibt, hier ›Dobu‹ oder ›Ravi‹ genannt. Sie übertreffen jene des Sepik noch an Großartigkeit. Mit einer Länge von bis zu 150 m und einer Giebelhöhe von bis zu 25 m stellen sie eine architektonische Sonderleistung dar, zumal zu ihrem Bau keinerlei Eisenteile oder Nägel verwendet werden: Nur Rotang und Kokosschnüre halten die hölzernen Bauelemente zusammen.

Leider haben die Missionare, die im Golf-Gebiet sehr erfolgreich tätig waren, den Einheimischen nicht nur die Kopfjagd abgewöhnt, sondern sie auch dazu gebracht, Kunstgegenstände, die den frommen Männern so ›heidnisch‹ dünkten, zu vernichten. Verständlich, daß die wenigen Reste, die überlebt haben, ängstlich gehütet werden. Dennoch haben die Langhäuser ihre Bedeutung für das gesellschaftliche Leben verloren, die Kultur wurde zerstört – dabei hat es im Golf-Gebiet zyklische Rituale gegeben, die sich über 20 Jahre erstreckten!

Massim-Kunst

Für die Kunst der Einwohner der Milne Bay-Provinz haben die Völkerkundler den Sammelbegriff ›Massim‹ gefunden. Sie bezeichnen damit eine ornamentale Kunst, die weder Ahnenfiguren noch Masken kennt, aber Gebrauchsgegenstände vielfach wundervoll ausgestaltet. Da es den Künstlern hier weniger um religiös-kultische Inhalte geht, konzentrieren sie sich mehr auf die möglichst große technische Perfektion ihrer Werke. Die flächigen, äußerst verfeinerten Holzschnitzereien schmücken etwa die prachtvollen Bootssteven oder die großartigen Tanzschilde, erreichen aber bei kleinen Gerätschaften ihre höchste künstlerische Ausprägung, nicht zuletzt durch die überreiche Ausschmückung mit scharfkantig eingeschnittenen und mit Kalk ausgeriebenen Ornamenten. Runde Linien, kreis-, S- und bogenförmig, aber auch Zickzack-Muster werden in bemerkenswertem Variationsreichtum miteinander oder mit Menschen- und Tiergestalten kombiniert.

Menschendarstellungen kommen nicht oft vor, wenn, meist in hockender Position, gelegentlich auch mit erotischer Komponente. Bei den Tiermotiven finden sich interessante Mischformen, etwa von Vögeln und Schweinen. Kanuaufsätze können blumenartig wirken. Es geschieht immer wieder, daß ein Künstler von einem realistischen Entwurf ausgeht, der dann von der reichen Ornamentik überwuchert wird. Früher fertigte man Tische oder Stühle, von geschnitzten Figuren getragen, oft in Ebenholz, mittlerweile finden sich solche Arbeiten aber nur noch selten.

Tanzmaske der Baininger von Neubritannien

Neubritannien

Weitgehend erforscht ist die Kunst Neubritanniens nur im Raum der Gazellenhalbinsel. Dennoch läßt sich allgemein sagen, daß es auf der Insel vor allem eine lokal sehr unterschiedliche Maskendarstellung gibt. Die bekanntesten sind jene der an anderer Stelle erwähnten Baininger (vgl. S. 289 f.), bei denen es Exemplare bis zu 40 m (!) Höhe gegeben haben soll. Diese konnten natürlich nur von einer ganzen Schar von Männern getragen werden. Neben den Dukduk- (vgl. S. 288 f. und Abb. 13) und den relativ seltenen Holzmasken gibt es in dieser Region auch Schädelmasken, bei denen die Vorderseite eines menschlichen Schädels künstlerisch ausgestaltet wird.

Eine Besonderheit dieser Region, die ihresgleichen sucht, sind die sogenannten ›Iniet-Figuren‹, die von dem deutschen Ethnologen Dr. Richard Thurnwald 1907 für das Museum für Völkerkunde in Berlin erworben wurden. Es handelt sich dabei um kleine, ca. 20–25 cm messende Tuffsteinplastiken, die sowohl Menschen als auch Tiere darstellen und bei den einstigen Geheimbünden eine große kultische Rolle spielten. Die Bedeutung dieser ausgestorbenen Kunst liegt darin, daß hier – sehen wir von prähistorischen Mörsern und Stampfern ab – das einzige Mal auf Neuguinea Stein künstlerisch bearbeitet worden ist, und zwar in Ermangelung von Metall mit härteren Steinen.

Die Malanggan-Kunst von Neuirland

Die Bewohner von Neuirland und der umliegenden Inseln haben eine Kunstform entwickelt, die von den Völkerkundlern sowohl hinsichtlich ihrer unerschöpflichen Phantasie als wegen der schier unglaublichen technischen Leistungen als unerwartet bezeichnet wurde. Diese sogenannte ›Malanggan-Kunst‹, bei der verzierte und bemalte Masken und Holzplastiken dominieren, stand in engem Bezug zu den Ritualen der Stämme und erreichte ihren hohen Standard vermutlich deshalb, weil ihre Objekte nicht von jedermann angefertigt wurden, sondern von eigens dafür delegierten Stammesmitgliedern, die nicht nur der Tradition verpflichtet waren, sondern auch frei aus der Phantasie schaffen durften. Sie genossen höchstes Ansehen. Man benutzte die Kunstgegenstände vor allem bei Initiationen und Begräbnissen. Jährlich fand im Juni ein Fest statt, bei dem, wie man glaubte, die Ahnen erschienen, um die Geister der mittler-

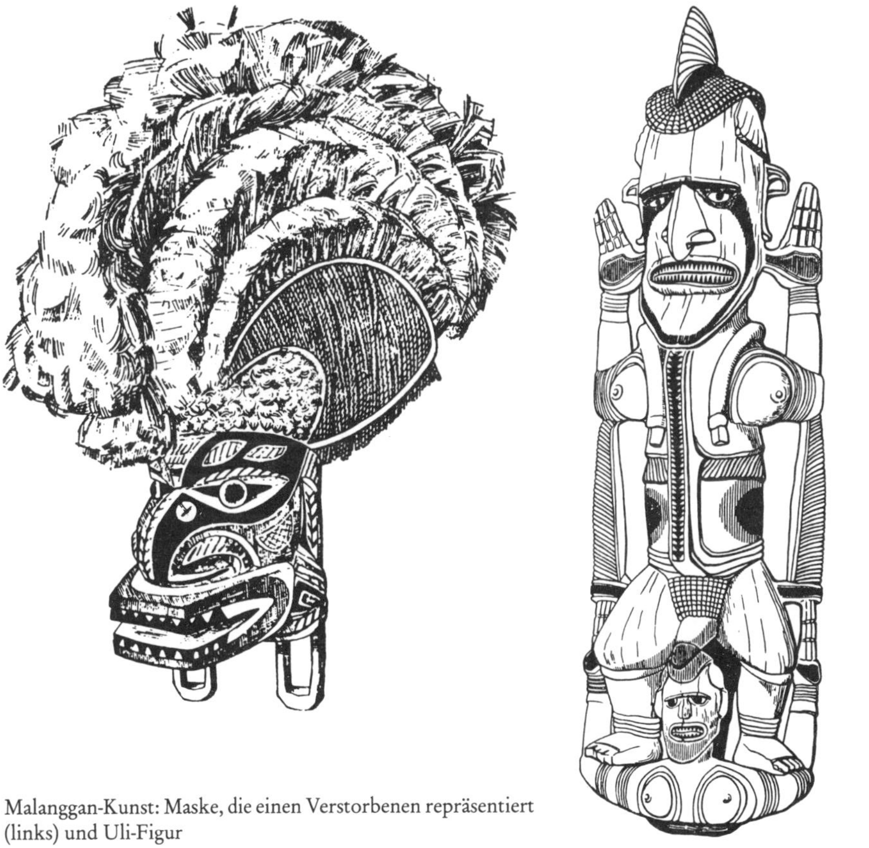

Malanggan-Kunst: Maske, die einen Verstorbenen repräsentiert (links) und Uli-Figur weile Verstorbenen abzuholen. Diese Ahnen bildete man in geschnitzten, oft überlebensgroßen Figuren ab. Wer bei diesen Festlichkeiten die Tatanua-Masken trug, galt als Inkarnation des Vorfahren.

Die Malanggan-Masken übertreffen die anderer Regionen noch an wuchernder Üppigkeit. Verschwenderischer Umgang mit Farben, große Ohren, brettförmige Nasen und der Einsatz aller möglichen Accessoirs – Wurzeln, Muscheln, Rattan- oder Bastfasern als Haare, gefärbte und kalküberzogene Teile – ergeben ein so phantastisches Bild, daß es kaum möglich erscheint, alle Details zu beschreiben. Bei aller Bewunderung für die Kunstfertigkeit bleibt ein ausgesprochen fremder, ja oft bedrohlicher und erschreckender Eindruck. Dazu trägt auch das schnauzenartige Tiermaul bei, das sich zähnefletschend vorschiebt.

Im Hochland Neuirlands wird ein Geheimkult zelebriert, in dessen Mittelpunkt sogenannte ›Uli-Figuren‹ stehen, groß und schwer wirkende Skulpturen mit deutlich ausgestalteten männlichen oder weiblichen Geschlechtsorganen, oft von kleinen Nebenfiguren begleitet und von Rankenwerk umgeben. Der starre Blick der Gesichter wird durch die aus Schneckenhäusern gestalteten Augen erreicht, groß, gebogen, mit ausgeprägten Flügeln versehen ist die Nase, gleichfalls groß erscheinen die Ohren. Unter dem Kinn wächst eine Art Bart, der Rumpf ist zylinderförmig, hat kurze Beine und herabhängende Arme. Solche Kunstwerke werden im Geheimen hergestellt – eine Figur, ›Malanggan uli‹, zweigeschlechtlich mit Phallus und Brüsten, durften selbst die eigenen Frauen nicht sehen. Neben diesen Figuren sind für die Uli-Zeremonien noch ›Sonnen‹ nötig, runde Scheiben, die aus Bast und Stäben zusammengebunden und bunt bemalt werden. Diese Sonnensymbole können bis zu 3 m Durchmesser erreichen.

Im Zentrum von Neuirland, bei Namantani, gibt es einen Totenkult, für die charakteristische, mit Kreide bemalte Totenfiguren hergestellt werden. Andere Werke der Malanggan-Kunst sind die ›Toktok‹, pfahlartige Gebilde aus übereinandergestellten, künstlich verschlungenen menschlichen und tierischen Figuren in ungemein feiner Schnitzerei, die eine kräftige, tragende Mittelachse umgeben. Ein ›Kapkap‹ genannter Brustschmuck besteht aus scheibenförmig geschliffenen Muschelschalen mit aufgebundenem Schildpatt-Filigran. Flachreliefs und Friese beeindrucken durch ihre Vogeldarstellungen, die oft phantasievoll mit Schlangen kombiniert sind. Auf der Insel Masahet der Lihi-Gruppe steht eine katholische Kirche, deren Pfosten im Malanggan-Stil bearbeitet sind.

Heute finden sich hervorragende Stücke der Malanggan-Kunst in vielen Museen der Welt. Die Kunst ist als lebendige Fähigkeit, wie so manche andere, auf Papua-Neuguinea inzwischen ausgestorben, aber mit der Besinnung auf alte Werte bemüht man sich auch um ihre Revitalisierung.

Solomonen

Die Kunst von Bougainville orientiert sich stark am Motiv des Menschen. Nach einem Todesfall fertigt man lebensgroße hölzerne Figuren des Verstorbenen an, stellt sie vor dessen Haus auf und verbrennt sie später. Charakteristisch sind die Frisuren: weibliche tragen einen kegelförmi-

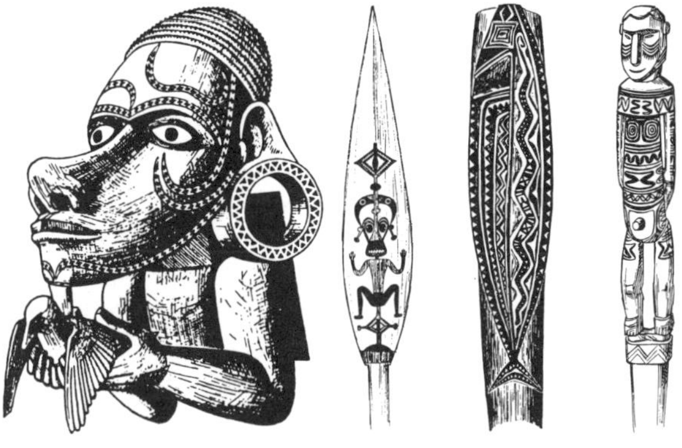

Von links nach rechts: An einem Kriegskanu befestigte Figur und Paddel von den Solomonen, beschnitztes Schlagende einer Keule und oberes Ende eines Frauen-Tanzstockes von den Admiralitätsinseln

gen, männliche einen kugelförmigen Aufsatz auf dem Kopf. Die gewölbte Stirn, das vorstehende Kinn, der tiefliegende breite Mund sind Kennzeichen dieser Stilprovinz.

Bei Initiationsfeiern tragen die Burschen meterhohe männliche Figuren an Griffen herum, gelegentlich stülpen sie sich auch sehr große, aus Kopf und Rumpf bestehende Geisterdarstellungen über. Andere Formen von Masken gibt es nicht. Menschendarstellungen, oft als sitzende Figuren, sind auch auf Paddeln zu finden, während Schilde mit geometrischen Mustern verziert werden.

Admiralitätsinseln

In früheren Zeiten war die Kunst der Admiralitätsinseln berühmt. Es gibt hier keine Masken und nur selten Malereien, aber bemerkenswerte Ahnenstatuen, die fast überall vorzufinden sind, auf Pfosten ebenso wie auf Löffeln oder Bootssteven. Das Museum für Völkerkunde in Basel besitzt zwei Türpfosten in Menschengestalt – dünne, mit Erdfarbe bemalte Statuen mit langen Ohren und prägnanten Frisuren –, an denen die Einflüsse christlicher Missionare sichtbar werden: Die männliche Figur ist mit betenden Händen dargestellt, die weibliche trägt ein Kreuz auf der Brust.

Krokodil- und Fischmotive sind auch in der Kunst der Admiralitätsinseln reich vertreten. Die typischen, extrem großen, oft mehr als 2 m durchmessenden Holzschalen werden oft in Krokodil- oder Vogelgestalt ausgeführt. Fischmotive zieren die Stiele von Schöpflöffeln und die Kalkspateln, die man zum Betelkauen benötigt, ebenso Schmuck, der um den Hals getragen wird. Menschen- und Tierfiguren schmücken Waffen, Speere und Dolche, wobei die Figuren oft nicht geschnitzt, sondern aus Fruchtfleisch gequetscht werden – weswegen es um ihre Haltbarkeit nicht zum besten bestellt ist. Kürbisschalen werden zu Behältern für Kalk gestaltet und mit Brandmalerei verziert, wobei die Ornamente – ebenso wie auf Schmuck aus Schildpatt – von den sonst üblichen abweichen und sich durch eine filigrane Linienführung auszeichnen.

Geschichte

Die Entdeckung Neuguineas

Die Entdeckungsgeschichte von Neuguinea erscheint als eine fast 400 Jahre währende, einzigartige Verkettung von Irrtümern, Mißgeschicken und Zufällen. Seit dem Beginn des 16. Jahrhunderts hat dieses so unwirtliche Land nicht nur die Raffgier und Abenteuerlust, sondern auch die Phantasie der Entdecker beflügelt und angespornt. Von Gold sprechen schon die frühesten portugiesischen Berichte; daneben durchziehen wahre Schauermärchen über Neuguinea die Literatur. So behauptete Ende des 16. Jahrhunderts Luis Gonzales de Suguira, daß es auf der Insel so viele Elefanten gäbe, daß man aus ihren Stoßzähnen Zäune errichte, um das Vieh einzuhegen. Solche ›Informationen‹ wären als anfängliche Übertreibung noch zu entschuldigen, blieben aber ein fester Bestandteil der Überlieferungen der ›Entdecker‹. Noch im 19. Jahrhundert kamen ›Reiseberichte‹ heraus, die die Wahrheit überaus strapazierten – gleich zwei davon im Jahre 1875. Unter dem Titel ›Wanderings in the Interior of Papua New Guinea‹ leistete sich der englische Captain J. A. Lawson abenteuerliche Behauptungen. Er berichtete von Spinnen so groß wie Eßteller, von Rehen mit langen, seidigen Mähnen, von Bergen, die nach seiner Aussage gleich um 1000 m höher seien als der Mount Everest, von Affen, Ochsen und sogar einer gänzlich unbekannten Tigerart. Auch ein Franzose, der Matrose Louis Tregance, trug das Seine zur Bildung einer Legende bei. In seinem ›Abenteuer in Neuguinea‹ behauptete er, daß die Eingeborenen hier auf zebraartig gestreiften Ponys ritten und Schilder und Brustplatten aus reinem Gold trügen.

Es ist gar nicht leicht, aus all diesen Fabeln ein Stückchen Wahrheit herauszuschälen. Diese Schwierigkeit läßt sich übrigens bis in die allerersten Anfänge der Literatur über Papua-Neuguinea zurückverfolgen. Es hat allerlei Versuche gegeben, schon in der Bibel Hinweise auf diese Insel zu finden, auch die alten Babylonier und Sabäer sind schon diesbezüglich bemüht worden, und die Araber sowie selbstverständlich die Schriften des Marco Polo durften ebenfalls nicht ausgelassen werden. Der Realitätsgehalt dieser Quellensuche ist umstritten. Außer Zweifel steht allerdings, daß schon vor der im 16. Jahrhundert einsetzenden europäischen Entdeckung Kontakte zwischen Teilen Neuguineas und der südindonesischen Welt bestanden. Fraglich ist dabei, inwieweit sich der chinesische Schriftsteller Ma Tuan Lin (um 1200 n. Chr.) in seiner Erwähnung von schwarzen, menschenfressenden Zwergen auf die Bewohner von Neuguinea bezog. Hingegen haben Wissenschaftler festgestellt, daß es einen unzweifelhaften

Bewohner Neuirlands; Zeichnung aus dem Journal des niederländischen Entdeckers Abel Tasman (1643)

Bezug zwischen der Insel und einem in balinesischer Handschrift erhaltenen javanischen Heldengedicht aus dem Jahre 1365, dem ›Nâgarakrĕtâgama‹, gibt. Hier haben wir zum ersten Mal in der Literatur die tatsächliche Erwähnung eines auf Neuguinea gelegenen Gebiets, und zwar der Landschaft Obin an der Südküste des McCluer-Golfes.

Die Hauptattraktion im näheren Umkreis von Neuguinea waren natürlich die Molukken oder Gewürzinseln. Die Portugiesen erreichten sie 1512, von Westen kommend, und die Spanier neun Jahre später von der anderen Seite, von Amerika her. Die beiden Seegroßmächte dieser Epoche hatten ihre Einflußsphären in der noch zu entdeckenden Welt damals bereits mit Hilfe von päpstlichen Erlässen, vor allem dem Vertrag von Tordesillas (7. Juni 1494), abgeklärt. Demzufolge sollte im Umkreis der westafrikanischen Capverde-Inseln eine Demarkationslinie gezogen werden, wobei die Hemisphäre westlich davon den Spaniern zufiel, die östlich den Portugiesen. Wegen der damals noch unzureichenden kartographischen Kenntnisse gab es über den genauen geographischen Verlauf dieser Linie so manche Unklarheiten, aber es sollte sich als unstrittig erweisen, daß die Gewürzinseln im portugiesischen Sektor lagen und Neuguinea dem spanischen angehörte – wobei man allerdings zu diesem Zeitpunkt von der Insel noch gar nichts wußte.

Im Vertrag von Saragossa (1529) trat der Habsburgerkaiser und spanische König Karl V. aus finanziellen Erwägungen – er befand sich des öfteren in Geldnot – seinen eventuellen Anspruch auf die Gewürzinseln ab. Dem Handelsverkehr in Richtung dieser Inseln war es dann zuzuschreiben, daß man von Seiten der Europäer Neuguinea entdeckte. Erste fixierbare Anhaltspunkte, daß das Festland von Neuguinea bekannt war, finden sich auf einer Karte des Portugie-

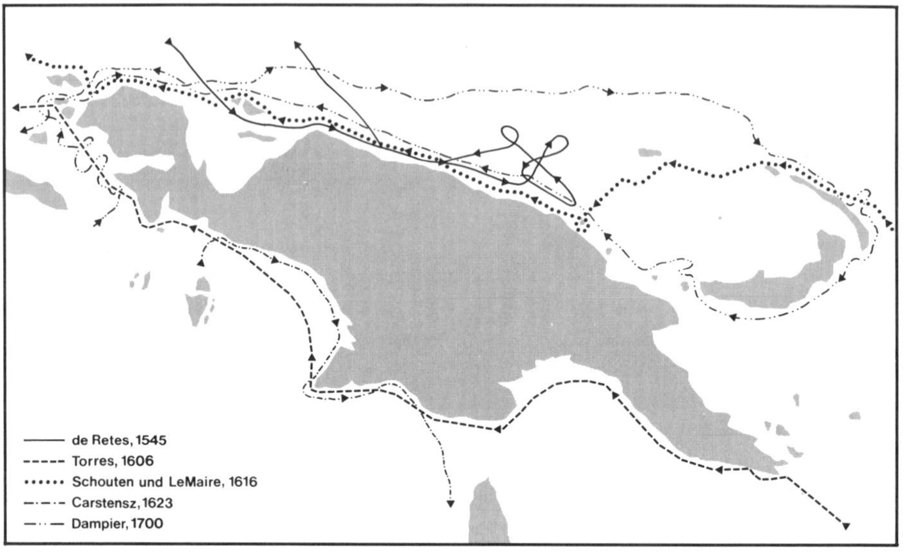

Entdeckungsreisen im 16. und 17. Jahrhundert

sen Pedro Reynel aus dem Jahre 1517. Die eingezeichnete Landmasse ist zwar nicht beschriftet, entspricht ihrem Umriß nach aber der Nordwesthalbinsel von Neuguinea. Das Wort ›Papua‹ wurde erstmals in einem Reisebericht aus dem indonesischen Archipel erwähnt, den der Italiener Antonio Bigafetta 1521 verfaßte. Als Mitteilung aus zweiter Hand ist hier zu lesen, »daß der König dieser Heiden, vom Königreich Papua, überreich an Gold sein soll und im Inneren der Insel wohnt«.

Es ist – es sei denn im Rahmen eines Spezialwerks – kaum möglich, alle Entdeckungsfahrten anzuführen, in deren Rahmen Neuguinea eine Rolle spielte. Selbst wenn man nur die wichtigsten aufzählt, ergibt sich ein buntes, überaus reichhaltiges Bild. Am 22. August 1526 verließ der portugiesische Gouverneur der Molukken, Jorge de Menezes, den Hafen von Malakka (heutiges Malaysia), wurde weit von seinem vorgesehenen Kurs abgetrieben und erreichte so im Lauf seiner Reise die ›Ilhas dos Papuas‹. Dabei dürfte es sich um die in der Geelvink-Bucht gelegenen Inseln gehandelt haben wie auch um die nördliche Küste des ›Vogelkopfes‹, wie der nordwestlichste Halbinselteil von Neuguinea genannt wird. Am 3. Juni 1528 brach der Spanier Alvaro de Saavedra mit einer Ladung Gewürznelken von Tidore (Indien) aus in Richtung Mexiko auf. Er gelangte bis zu den nördlich von Neuguinea gelegenen Schouten-Inseln, dann mußte er infolge widriger Umstände umkehren. Im Mai 1529 versuchte er nochmals, sein Ziel zu erreichen, und bei dieser Gelegenheit befuhr er die Nordküste der Insel auf einer Länge von etwa 520 Meilen. Bei dieser zweiten Reise traf Saavedra auf die Admiralitätsinseln, die östlich der Schouten-Inseln und nördlich von Neuguinea liegen, und entdeckte Manus, das er ›Uray la Grande‹ taufte. Im April 1537 fuhren zwei Schiffe unter dem Befehl von Hernando de Grijalva und Garcia de Escalante Alvarado mit dem Ziel der Entdeckung neuer Gebiete den Äquator entlang. Nachdem sie Neuguinea innerhalb der Geelvink-Bucht erreicht hatten, brach eine Meuterei aus, die mit dem Scheitern der ganzen Expedition endete. Am 16. Mai 1545 trat Ortiz de Retes die Fahrt von Tidore in Richtung Mexiko an und berührte dabei erstmals die neuguineischen Südinseln Superiore und Wiag. Am 20. Juni betrat Ortiz den Boden von Neuguinea in der Gegend des Bièr-Flusses (im heutigen West-Irian) und ergriff im Namen des Königs von Spanien von diesem Gebiet Besitz. Er taufte es ›Nueva Guinea‹ (als ›Nova Guinea‹ taucht dieser Name erstmals 1569 auf der Weltkarte des Gerardus Mercator auf).

Auch von der anderen Seite der Erdkugel aus wurden Entdeckungsfahrten nach Ozeanien unternommen. Am 25. Dezember 1605 brachen in Peru drei Schiffe auf, eines davon, die ›San Pedro‹, unter dem Kommando von Luis Vaez de Torres. Zusammen erreichten sie zunächst die Neuen Hebriden, wo eine Kolonie errichtet wurde, dann trennten sich die Wege. Torres fuhr in südwestlicher Richtung weiter, umsegelte Neuguinea von Süden her und nahm im Namen des spanischen Königs von den Häfen Besitz. Torres umschiffte als erster die Südostspitze von Neuguinea und fuhr dann durch die später nach ihm benannte Torres-Straße: Damit hatte er den Seeweg zwischen Australien und Neuguinea gefunden, eine Entdeckung, die den anderen Nationen noch einige Hundert Jahre lang verborgen bleiben sollte. Die unbeachtete Fahrt von Torres setzte den Schlußpunkt der spanischen Entdeckungen in diesem Gebiet.

Die nächste Nation, die in die Gewässer um Neuguinea vordrang, waren die Holländer, die hier sozusagen das 17. Jahrhundert beherrschten. Es ging dabei in erster Linie um wirtschaftliche Interessen, die von der Vereinigten Niederländischen Ostindischen Kompagnie (gegründet am

Holländische Neuguinea-Karte von 1617

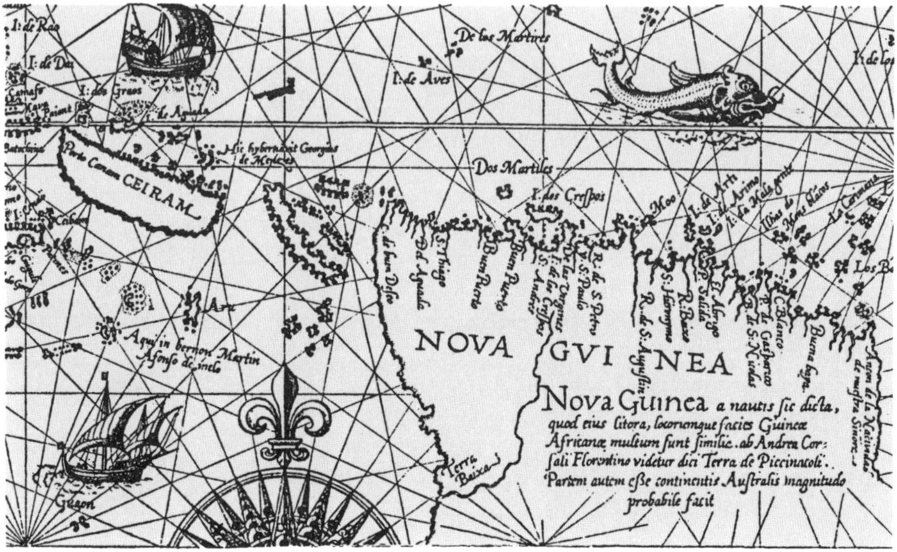

20. März 1602) vertreten wurden. Diese Gesellschaft verdrängte die Portugiesen weitgehend aus dem ostindischen Raum, und es lag für die Holländer nahe, ihren Vorstoß immer weiter nach Osten fortzusetzen, dorthin, wo auf den Karten die ›Terra australis‹ eingezeichnet war. Schon 1602 wurde Wilhelm Cornelius Schujten mit dem Schiff ›Duyfken‹ zum äußersten Ende des indonesischen Archipels nach Ceram geschickt, um dort Handelsmöglichkeiten mit dem benachbarten Neuguinea zu erkunden; von fingierten Berichten portugiesischer Aktivitäten abgeschreckt, kehrte er jedoch unverrichteter Dinge zurück. Drei Jahre später wollte die Ostindische Gesellschaft dann genaueres wissen und schickte die ›Duyfken‹ erneut aus, diesmal unter dem Befehl von Kapitän Willem Jansz. Bei dieser Gelegenheit wurden die südlich von Neuguinea gelegenen Kai- und Aru-Inseln entdeckt und die Süd- und Ostküsten von Neuguinea auf einer Länge von etwa 220 Meilen abgefahren. Die Halbinsel Kumawa erhielt den Namen ›Nuiw Zeeland‹, und die Gegend um Cap Buru wurde ›Duikens Eyland‹ getauft. Da Jansz bei seiner Fahrt auch die Kap York-Halbinsel im Nordosten Australiens berührte, hat hier möglicherweise schon ein paar Monate vor Torres' Ankunft eine Durchquerung der Torres-Straße stattgefunden.

Im Jahre 1614 erwuchs der holländischen Ostindischen Gesellschaft eine ernsthafte Konkurrenz. Isaac Le Maire hatte die Australische Kompagnie gegründet und ihr das Privileg erworben, auf vier Fahrten neue Länder zu finden und auf den dabei entdeckten Routen Handel zu treiben. Die Erkundungsfahrten wurden vom Sohn des Gründers, Jacques Le Maire, geleitet. Man verpflichtete Wilhelm Cornelius Schouten als Kapitän für das Schiff ›Eintracht‹. Die Mannschaft, die die Route von Osten her nahm, stieß am 24. Juni 1616 auf den nördlichen Teil der Nissan-Gruppe, die sogenannten ›Grünen Inseln‹, und auch auf das dazugehörige San Yang-Eiland. Sie kam nach Neuirland, wobei sie annahm, daß es sich bereits um Neuguinea selbst handle. Weiter in westlicher Richtung vorstoßend, nahm man die 25 Inseln der Admiralitätsgruppe ins Visier, anschließend wurde die Nordküste von Neuguinea abgefahren. Dabei entdeckte die Besatzung entlang der Küste wechselnde Färbung des Wassers sowie dahintreibende Baumstämme und Äste. Das führte zu der – richtigen – Annahme, daß hier ein Flußsystem vorhanden sei. Tatsächlich hatten europäische Augen erstmals die Mündung des Sepik gesehen. Weiter westlich segelnd, gelangte das Schiff am 24. Juli zu einer großen Insel, die zu Ehren des Kapitäns ›Schouten Eyland‹ genannt wurde. Das Westkap Neuguineas erhielt die Bezeichnung ›Kap der guten Hoffnung‹. Von dort ging es weiter nach Ternate, wo sich damals der Hauptsitz der Niederländischen Ostindischen Kompagnie befand. Wie ernst man von Seiten der Gesellschaft die Konkurrenz durch Le Maire nahm, geht daraus hervor, daß dessen Schiff in Batavia beschlagnahmt wurde, obwohl man dafür nach einem zweijährigen Prozeß vollen Schadenersatz leisten mußte.

In der Folgezeit wurde die Niederländische Ostindische Kompagnie selbst wieder aktiv. 1623 sandte sie Kapitän Jan Carstensz auf eine weitere Expedition. Er folgte der Südküste von Neuguinea in östlicher Richtung und entdeckte dabei eine schneebedeckte Gebirgskette ungefähr 100 km landeinwärts, die heutige Carstensz Range. Auch kam er mit dem südlich gelegenen australischen Festland in Berührung, ohne allerdings zu erkennen, daß es sich dabei um ein anderes Land, ja einen ganzen Kontinent handelte. Um die Möglichkeit des Handels mit der

Matsoi-Rinde (Verwandte des Zimt-Baumes) zu erkunden, stach 1636 Gerrit Thomas Pool in See. Sein Schicksal war tragisch, blieb aber durchaus kein Einzelfall: Er wurde von den Eingeborenen auf Neuguinea erschlagen ...

Eine der ganz großen Reisen des 17. Jahrhunderts, jene von Abel Janszoon Tasman im Jahre 1643, berührte ebenfalls das Territorium von Neuguinea. Tasman folgte ungefähr der Route von Le Maire und entdeckte dabei die Nordküste von Neubritannien. Weiter westlich segelnd, erkannte er nicht, daß es sich bei Neubritannien, Neuirland und Neuhannover um verschiedene Inseln handelte; er hielt sie für eine große, mit Neuguinea zusammenhängende Landmasse. Tasman stieß auch auf den Ausfluß des Ramu und schlug schließlich über die Schouten-Insel und Ceram den Weg nach Batavia ein. Aus der damals üblichen Praktik, Entdeckungsberichte zum eigenen wirtschaftlichen Nutzen geheimzuhalten, erklärt sich der Umstand, daß Abel Tasman 1644 noch einmal losgeschickt wurde, diesmal um zu klären, ob Neuguinea von Australien nun durch eine Seestraße getrennt sei oder nicht – daß Torres diese längst gefunden hatte, war eben nicht bekannt. Tasman fuhr die Westküste der Prinz Frederik Hendrik-Insel entlang, umrundete das ›falsche Kap‹ und folgte der Südküste. Er stieß auf die Küste von Australien, damals als ›Neu-Holland‹ bekannt, fand aber die Torres-Straße nicht und kehrte unverrichteter Dinge wieder zurück nach Batavia.

Das Bestreben, den spanischen Silberschiffen aufzulauern, die von Mexiko nach den Philippinen segelten, bedeutete zwar für die Ostindische Gesellschaft ein weiteres Motiv, die Erkundungsfahrten rund um Neuguinea auszudehnen, tatsächlich hatte man aber so wenig Erfolg damit, daß 1680 beschlossen wurde, von weiteren Expeditionen Abstand zu nehmen. Die Erfahrungen hatten gezeigt, daß die Kontakte mit den Eingeborenen mehr als problematisch verliefen, und außerdem waren die Gewässer zwischen dem Ostzipfel Indonesiens und Neuguineas von Piraten geradezu ›verseucht‹.

Der große Anreiz, am Geschäft mit den Gewürzen teilzuhaben, ließ am Anfang des 18. Jahrhunderts die Engländer verstärkt auf den Plan treten. Sie traten damit in ernsthafte Konkurrenz mit den Holländern, die zu Recht um ihre Monopolstellung fürchteten und schließlich dem sich immer mehr ausweitenden Gewürzschmuggel nicht länger tatenlos zusehen wollten. Von den zahlreichen Fahrten, die unternommen wurden, um jene Gewürzbäume zu vernichten, mit denen Schmuggel getrieben wurde, waren einige mit Erfolg gekrönt. Im Jahre 1705 gelang es Johann Adolf Van der Laun, auf der Insel Pulu Pisang innerhalb kürzester Zeit 6000 Muskatnußbäume mit Äxten zu fällen. Der ›Feldzug‹ von Jacob Weyland im selben Jahr führte übrigens zu der Entdeckung der Geelvink-Bucht.

Zu Beginn des 18. Jahrhunderts kam auch der englische Freibeuter William Dampier, der in diesen Gewässern kreuzte, zu Entdeckerehren: Er erblickte die Küste von Neuguinea, durchfuhr die nach ihm benannte Dampier-Straße und lieferte damit den Beweis, daß die Landmasse, die man bisher als Teil von Neuguinea betrachtet hatte, eine Insel war, die er ›Nova Britannia‹ taufte.

Alle Entdeckungen bis zu diesem Zeitpunkt waren einzig und allein dem Handelsgedanken verpflichtet gewesen, d. h. jede Nation wollte die eigene Einflußsphäre ausbauen und möglichst die

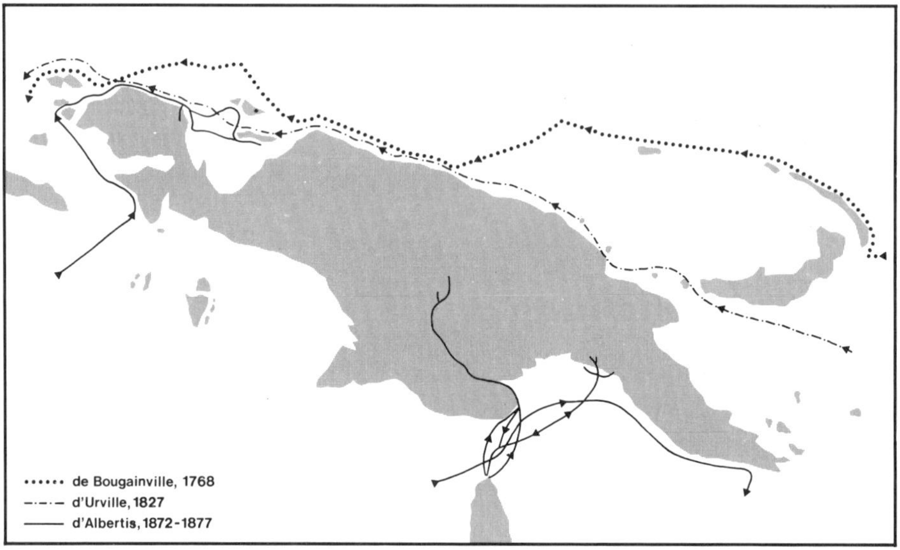

Entdeckungsreisen im 18. und 19. Jahrhundert

der Konkurrenz zurückdrängen. Das letzte Drittel des 18. Jahrhunderts brachte insofern eine Wende, als nunmehr der wissenschaftliche Aspekt der Entdeckungen in den Vordergrund trat. An den entsprechenden Expeditionen beteiligten sich neben den Engländern in zunehmendem Maße auch die Franzosen, allerdings mit geringerer Effizienz als die Engländer, auf deren Schiffen bessere Disziplin und Organisation herrschten. Natürlich spielte das handelsorientierte Denken auch bei diesen Reisen eine Rolle – so gelang es beispielsweise einem französischen Schiff, das Gewürzmonopol der niederländischen Ostindischen Kompagnie zu brechen, indem man keimfähigen Samen für Gewürze nach Mauritius schmuggelte.

Von größter Bedeutung für das ganze Gebiet war in dieser Zeit die Gründung der englischen Strafkolonie in der australischen Provinz Neusüdwales im Jahre 1788. Der kürzeste Weg dorthin führte zwar durch die Torres-Straße, die allerdings aufgrund der damaligen geographischen und navigatorischen Kenntnisse fast nur von Osten nach Westen, kaum jedoch in umgekehrter Richtung zu befahren war. Deshalb zogen es die meisten Schiffe vor, nördlich um Neuguinea herumzusegeln, das somit wieder mehr in den Blickpunkt rückte.

Der Engländer Philip Carteret erreichte die Gewässer um Neuguinea im Jahre 1767. Bei dieser Gelegenheit entdeckte er das Kilinailau-Atoll und die benachbarte Insel Buka, die nördlichste der Solomonen-Gruppe. Er befuhr zudem den St.-Georgs-Kanal zwischen Neuirland und Neubritannien, wodurch er bewies, daß die beiden Inseln nicht zusammenhingen. Am 7. September ergriff er im Namen von König Georg III. von Neuirland Besitz. Dann führte sein Weg weiter nach Westen, wo er die ›Admiralitätsinseln‹ fand und taufte. Nur ein paar Monate später startete die erste französische Expedition unter der Leitung des französischen Aristokraten

Louis Antoine de Bougainville, der die nach ihm benannte Meeresstraße zwischen den beiden Solomonen-Inseln Bougainville und Choiseul entdeckte. Carteret und Bougainville trafen sich übrigens im Februar 1769 mitten im Ozean vor der afrikanischen Küste, kamen zu einer Unterredung zusammen und versuchten dabei, einander auszuhorchen.

Die Frage, ob Neuguinea nun von Australien getrennt sei oder nicht, war zu dieser Zeit durchaus noch nicht ›offiziell‹ geklärt und bewegte die Gemüter. 1770, im Anschluß an seine Umsegelung des Pazifik, fand Captain Cook einen Weg durch die Torres-Straße, so daß er am 22. August endgültig verkünden konnte, daß ›Neu Holland‹ (Australien) und Neuguinea nicht zusammenhingen. In dieser Zeit wurden bereits zahlreiche Expeditionen ausgesandt, um Spezialfragen in bezug auf Neuguinea zu klären. So brach eine französische Expedition unter Lapérouse mit dem Ziel auf, festzustellen, ob die vor der Südostspitze von Neuguinea gelegenen Louisiaden-Inseln Teil des Festlandes von Neuguinea seien oder nicht. Lapérouse konnte den Beweis, daß es sich um eine selbständige Inselgruppe handelt, allerdings nicht erbringen, da er verscholl. Im Jahre 1789 kam dann der durch die ›Meuterei auf der Bounty‹ berühmt gewordene Kapitän Bligh mit einer Handvoll Matrosen in einem offenen Boot durch die Endeavour-Street zwischen Australien und Neuguinea; er legte dabei fast 7000 km zurück. Da die Briten eine Verbesserung der Schiffsrouten zwischen Indien und China anstrebten, wurde John Mac Cluer im

Deutsche Australien- und Melanesienkarte von 1753, die noch eine Landverbindung zwischen Australien und Neuguinea vermutet

Jahre 1790 mit der Aufgabe betraut, die Küsten von Neuguinea kartographisch zu erfassen. Ihm verdanken wir auch die Bestandsaufnahme des nach ihm benannten Mac Cluer-Golfs. Auf seiner zweiten Reise durch die melanesischen Gewässer kam William Bligh im Jahre 1792 an der Louisiaden-Gruppe vorbei und wählte den Weg durch die Torres-Straße, wobei er jene Route fand, die nach ihm ›Bligh's Entrance‹ genannt wird. Auf einer Insel des Archipels ließ er im Namen von König Georg III. die Fahne hissen.

Um den verschollenen Lapérouse zu finden, wurde 1791 eine weitere französische Expedition unter dem Befehl von Antoine d'Entrecasteaux ausgerüstet. Während seiner Erkundungsfahrten durch die Gewässer vor Neuguinea wurden die Trobriand-Inseln entdeckt, benannt nach Dennis Trobriand, einem Leutnant an Bord der ›Esperance‹. Zwei Jahre später war d'Entrecasteaux erneut unterwegs und erforschte die Südostküste, wobei eine Inselgruppe seinen Namen erhielt. Im selben Jahr besuchte der englische Walfänger William Wright Bampton die Torres-Inseln und den Golf von Papua.

Daß zu Beginn des 19. Jahrhunderts über viele Details des Gebiets noch immer Konfusion herrschte, besonders bezüglich der Hauptinsel Neuguinea, zeigen verschiedene Versuche dieser Epoche, Landkarten zu zeichnen, wobei die Verwirrung noch durch die unterschiedlichen Namen erhöht wurde, die Entdecker verschiedener Nationen den verschiedenen Örtlichkeiten gegeben hatten. Vereinzelte Entdeckungen gelangen in der Folgezeit noch Dumont d'Urville, David Laughlan (nach dem die Laughlan-Inseln benannt wurden) und Captain Wellings (Nukumanu-Inseln). Spätere Seeleute wie Captain Simpson, nach dem die Simpson Bay benannt ist (1872) oder Captain Moresby, der Port Moresby fand (1873), folgten mehr oder minder schon den Spuren von Vorgängern, die an diesen Regionen zumindest vorbeigefahren waren.

Die H. M. S. ›Basilisk‹, das Schiff von Captain John Moresby (Darstellung von 1871)

In der zweiten Hälfte des 19. Jahrhunderts waren die Küsten von Neuguinea und der großen Inseln sowie die meisten kleineren Inselgruppen des Archipels bekannt. Man kann mit Recht behaupten, daß wohl kein anderes Land der Welt eine so lange, fast 400 Jahre währende Entdeckungsgeschichte aufzuweisen hat, wobei häufig schon einmal Gefundenes zwischendurch in Vergessenheit geriet und von den nächsten Generationen aufs Neue entdeckt werden mußte. Dafür waren in nicht geringem Ausmaß die Praktiken der Geheimhaltung verantwortlich, die die frühen Entdeckungs- und Handelsfahrten begleiteten.

Die Erkundung des Landes

Erschließung und Besiedlung Neuguineas durch die Weißen standen von Anfang an unter äußerst ungünstigen Vorzeichen. Das war einerseits durch die Hindernisse bedingt, die in der Natur des Landes lagen – Korallenriffe vor den Küsten, Mangrovensümpfe, unwirtliches Klima, weite Gebiete mit Malaria verseucht –, andererseits durch die ausgesprochen feindseligen Einheimischen.

Nachdem die verschiedenen Entdecker jeweils die Flagge ihres Landes auf dem Boden von Neuguinea gehißt hatten, geschah erst einmal gar nichts. Diese ›Inbesitznahmen‹ blieben ohne weitere Bedeutung, wurden von den Regierungen ignoriert oder gar nicht ernst genommen. Erst viel später, als es darum ging, eventuelle Handelsvorteile zu wahren, besann man sich auf frühere Ansprüche.

Die erste ›Kolonie‹ auf dem Boden Neuguineas entsprang aus einer nicht offiziell sanktionierten Aktion. Im Jahre 1793 startete der englische Kapitän John Hayes mit zwei Booten von Kalkutta aus und erreichte nach einer Überfahrt von sieben Monaten Neuguinea. Da seine Mannschaft völlig erschöpft war und sich die Eingeborenen als relativ zugänglich erwiesen, entschloß er sich, hier eine Siedlung zu gründen. Er nannte die Gegend ›Neu-Albion‹, die Bucht ›Restaurations-Bucht‹ und errichtete ein hölzernes Fort, das den Namen ›Krönungsfort‹ erhielt. Ohne von irgendjemandem dazu autorisiert zu sein, nahm er im Namen von Großbritannien von dem Gebiet Besitz. Anlaß für dieses Unternehmen war ein Bericht von Kapitän MacCluer gewesen, der im Jahre 1791 bei seinem Besuch der Westküste Muskatnüsse gefunden hatte. Und so verwundert es nicht, daß die Siedler ausstreiften, um gleichfalls Muskatnüsse zu finden, daß sie Arbeitergruppen von Eingeborenen rekrutierten und sie zum Anpflanzen von Soja- und Muskatbäumen anhielten. Auch eine Trockenanlage für die Masoi-Rinde wurde errichtet. Aber diese erste Bastion der Siedler hatte nur kurze Zeit Bestand. Schon nach 20 Monaten wurde der Platz wieder geräumt, und zwar deshalb, weil die Nachricht bis hierher vorgedrungen war, daß England mit Holland auf dem Kriegsfuß stand.

Als nächstes versuchten 1828 die Holländer, in Neuguinea Fuß zu fassen. Eine staatlich sanktionierte Expedition ergriff vom Südwesten der Insel Besitz, und zwar vom 141. Grad östlicher Länge an der Südküste bis zum Kap der guten Hoffnung an der Nordküste. Man etablierte einen

Regierungssitz in der Triton Bay, an der Südseite der Vogelkopfhalbinsel. Die Kolonie erhielt den Namen ›Merkusort‹ zu Ehren von Peter Merkus, des Gouverneurs der Molukken. Das Klima in der Triton Bay war jedoch ungesünder als in der aufgegebenen englischen Siedlung; über 75 holländische Männer und indonesische Soldaten nebst ungezählten Frauen und Kindern starben dort im Verlauf der nächsten sieben Jahre, hauptsächlich an Malaria und Beri Beri. 1835 wurde die Ansiedlung wieder geräumt.

Englische Seefahrer ergriffen wiederholt von Neuguinea ›Besitz‹ – so etwa der Walfischfänger Chesterfield im Jahre 1793, ein Leutnant von der HMS ›Bramble‹ 1846 –, aber bis 1884 verband England damit keinerlei offiziellen Anspruch. Trotzdem lösten diesbezügliche Berichte in holländischen Regierungskreisen Besorgnis aus, was schließlich dazu führte, daß die Niederländer 1848 ihren Besitzanspruch in Neuguinea genauer präzisierten, und zwar bezogen auf das Gebiet westlich des 141. Längengrades. Überdies wurde die Nordküste unter die nominelle Oberhoheit des Sultanats von Tidore gestellt, mit der Auflage, daß Holland seine Souveränität jederzeit auch auf dieses Gebiet ausdehnen könne.

Nachdem die Bemühungen von Regierungen und Händlern zunächst nicht von Erfolg gekrönt waren, schalteten sich ab 1847 die Missionare zunehmend in die Erschließung Neuguineas ein. Über ihre Aktivitäten wird an anderer Stelle berichtet (vgl. S. 187ff.).

Der erste Naturforscher, der den Boden Neuguineas betrat, war der Brite Alfred Russell Wallace, der von März bis Juli 1858 an der Küste der Dorei Bay im äußersten Westen sein Lager aufschlug und auf Streifzügen versuchte, mehr über Flora und Fauna der Insel zu erfahren. Ein Deutscher, Dr. Bernstein, weilte 1864 für kurze Zeit gleichfalls in der Dorei Bay, nachdem er u. a. die Inseln Waigeo und Saranta durchquert hatte. Die Italiener Luigi d'Albertis und Dr. Odoardo Beccari verbrachten die Jahre 1872 bis 1873 in den Arfak-Bergen hinter der Dorei Bay. Sie waren somit die ersten Weißen, die in das Innere von West-Neuguinea vordrangen.

Es war einem Russen vorbehalten, als erster Nordost-Neuguinea zu erforschen. Nicolai Miklouho-Maclay wurde 1871 von dem russischen Schiff ›Vitiaz‹ in der Astrolabe Bay ausge-

Bedeutende Neuguinea-Forscher: von links nach rechts der Russe Nikolai Miklouho-Maclay, der Italiener Luigi d'Albertis und der Deutsche Otto Finsch

setzt. Er erkletterte das Finisterre-Gebirge im Hinterland und gab zweien der Gebirgskuppen die Namen Mount Schopenhauer und Mount Kant (sie wurden allerdings wenig später von Captain Moresby umgetauft in Mount Gladstone und Mount Disraeli). Miklouho-Maclay verbrachte über ein Jahr in der Astrolabe Bay. Nach einem kurzen Urlaub in Java hielt er sich einige Monate in der Triton Bay an der Südküste von Holländisch-Neuguinea auf. 1876 kehrte er zur Astrolabe Bay zurück, verbrachte ein weiteres Jahr dort und kam 1878 zu einem dritten Aufenthalt wieder. Man kann sagen, daß vom Standpunkt der Naturwissenschaft Miklouho-Maclay bis zu dieser Zeit der wichtigste Besucher der Insel war. Maclay maß den atmosphärischen Druck, legte Tabellen über die Wasser- und Lufttemperatur an, sammelte Muscheln, studierte die Gehirnzellen der Känguruhs und einiger Wildschweine, kurz, er interessierte sich universell für das Gebiet. Daneben gelang es ihm, einen bemerkenswert guten Kontakt zu den Eingeborenen herzustellen. Sie erlaubten ihm, ihre Haare zu untersuchen, sie gewährten ihm Einblick in ihre Sozialstrukturen (so beschäftigte er sich etwa mit ihrer Landverteilung), und schließlich konnte er sogar ein Eingeborenen-Wörterbuch anlegen.

Ein junger englischer Geologe, Octavius Stone, verbrachte 1875 drei Monate in den Gebirgen hinter Port Moresby, und im gleichen Jahr bemühte sich die Chevert-Expedition, geeignete Plätze für Missionsstützpunkte zu finden. Eines ihrer Mitglieder war d'Albertis (s. o.), der, als man den Fly River auf einer kurzen Strecke befuhr, den Entschluß faßte, dieses Gebiet einer genaueren Untersuchung zu unterziehen. Die Regierung des australischen Neusüdwales stellte ihm ein Neun-Tonnen-Dampfschiff zur Verfügung, die ›Neva‹. Am 23. Mai 1876 nahm diese kleine Schaluppe ihren langen, beschwerlichen Weg den Fly River hinauf, mit den Flaggen Italiens und von Neusüdwales am Mast. Nach einer geraumen Strecke flußaufwärts erblickte d'Albertis in der Ferne eine Gebirgskette, die er nach seinem König Viktor Emanuel nannte. D'Albertis befuhr den Fly River auf 500 Meilen, bevor ihn niedriger Wasserstand zur Umkehr zwang.

Vom geographischen und vom naturwissenschaftlichen Standpunkt war diese erste Neva-Expedition ein voller Erfolg, denn d'Albertis hat Neuguinea bis tief ins Landesinnere hinein erforscht und eine wertvolle Sammlung verschiedenartigster Exponate mitgebracht, von Käfern bis zu Menschenköpfen. Im Umgang mit den Eingeborenen zeigte er sich allerdings von einer weniger positiven Seite, da er keinerlei Skrupel hatte, seinen Standpunkt, wenn er es für nötig hielt, mit Gewehrkugeln und Dynamitladungen durchzusetzen. Der zweite Versuch von d'Albertis, den Fluß zu bezwingen, war dann von Pech verfolgt. 1877 kam er nicht einmal so weit wie bei seiner ersten Expedition, und er verpaßte auch die Einmündung des Strickland-Flusses, der acht Jahre später von Kapitän H. C. Everill entdeckt und erforscht werden sollte.

An den Flüssen zeigten die Entdecker begreiflicherweise großes Interesse, boten sie doch die einzige Möglichkeit, in das Innere des Landes vorzudringen. 1885 legte Dr. Otto Finsch, der deutsche Forscher, Zoologe und Anthropologe, etwa 50 km auf dem Sepik zurück. Im südöstlichen Teil von Neuguinea war es der Pfarrer James Chalmers, der bei seinen zahlreichen Erkundungsreisen einen der Mündungsarme des Purari-Flusses im Golf von Papua entdeckte.

1878 wurde die relative Ruhe an der Südostküste durch die Entdeckung von Gold am Laloki-Fluß, ungefähr 15 km landeinwärts von Port Moresby, gestört. Auf dem Höhepunkt dieses

›Goldfiebers‹ versammelten sich rund 60 Männer im Laloki-Lager, aber es dauerte nicht lange, bis nur noch fünf Europäer dort aushielten.

Mit der Aufspaltung des Ostens von Neuguinea in einen britischen und einen deutschen Teil (vgl. S. 145 u. 169) nahm auch die Erschließungspolitik verschiedene Wege. In dem von den Deutschen verwalteten Gebiet wurden hauptsächlich die Küstenstreifen in Besitz genommen und nur sporadische Entdeckungsfahrten ins Hinterland getätigt, während sich die Administration im britischen Gebiet weit mehr Mühe gab, das Land systematisch zu erschließen. Schon der erste britische Administrator zeigte Interesse für seine Kolonie. Zwar starb Sir Peter Scratchley schon drei Monate nach Amtsantritt an Malaria, zuvor konnte er aber noch die Küste bis zur deutschen Grenze abfahren und den Regierungssitz in Port Moresby etablieren. Sir William MacGregor, der 1888 als Administrator folgte, gelang es persönlich, den Fly River um 30 km weiter flußaufwärts zu erkunden als seinerzeit d'Albertis. Ein besonderer Magnet für die frühen Entdecker im britischen Teil der Insel war das Owen Stanley-Gebirge, das sich hinter Port Moresby dahinzieht. 1879 und 1886 unternahm Pfarrer James Chalmers zwei vergebliche Expeditionen dorthin, und 1887 blieben sowohl Georg Hunter als auch Carl Hartmann erfolglos. MacGregor startete am 17. Mai 1889 mit 38 Trägern erneut von Port Moresby aus, und am 11. Juni erkletterte er den von ihm so getauften Mount Victoria, den zweithöchsten Berg in Britisch-Neuguinea (der höchste, Mount Wilhelm, liegt nordwestlich des Golfs von Papua).

Auf der Nordseite der Insel kamen die Entdeckungen gleichfalls schrittweise voran. Dr. Otto Finsch bereiste im September 1884 mit dem Dampfer ›Samoa‹ in fünf Fahrten die Nordküste, das später als ›Kaiser-Wilhelms-Land‹ bekannte Gebiet, und entdeckte im Mai 1885 die Mündung des Sepik, den er ›Kaiserin-Augusta-Fluß‹ taufte. Auch das ›Bismarck-Gebirge‹ erhielt seinen Namen durch ihn, und den Ort Finschhafen erkor er zum ersten Amtssitz der Neuguinea-Gesellschaft. Die 100 m vor der Küste gelegene kleine Insel Madang ›kauften‹ die Deutschen den Eingeborenen für vier Äxte, vier bunte Tücher, vier Tonpfeifen und 24 Stück Tabak ab – ein Handel, der an den Erwerb von Neu-Amsterdam, des heutigen New York, erinnert.

Die Neuguinea-Gesellschaft suchte bald einen zweiten Platz für eine Siedlung und wählte zuerst Dallmannhafen (in der Nähe von Wewak), verwarf den Ort aber bald. Die endgültige Wahl fiel auf Hatzfeldthafen (in der Nähe von Bogia), benannt nach dem Sekretär des auswärtigen Amtes von Bismarck, Graf Hatzfeldt. Von Finschhafen als Hauptstadt aus verwaltete die Gesellschaft nicht nur Kaiser-Wilhelms-Land, sondern auch die Inseln, die damals Neu-Pommern (heute Neubritannien), Neu-Mecklenburg (Neuirland) und Neu-Lauenburg (Duke of York-Inseln) heißen. Ein Neffe von Bismarck, Stefan von Kotze, arbeitete einige Jahre lang als Landvermesser in der Kolonie. Seine Beurteilung der dort herrschenden Überbürokratie stellte dem jungen Kolonialreich kein gutes Zeugnis aus.

Die Kolonie erhielt bald eine Fahne, die in horizontaler Richtung in einen schwarzen, einen weißen und einen roten Streifen geteilt war und in der Mitte einen stilisierten schwarzen Löwen trug, der eine rote Fackel hielt. Schnell erhielt das Emblem auf der Fahne die Bezeichnung ›blutiger Knochen‹. Die ersten Entdeckungsfahrten, die unter dem Banner des ›blutigen Knochens‹ unternommen wurden, führten den Kaiserin-Augusta-Fluß, also den Sepik hinauf. Kapitän

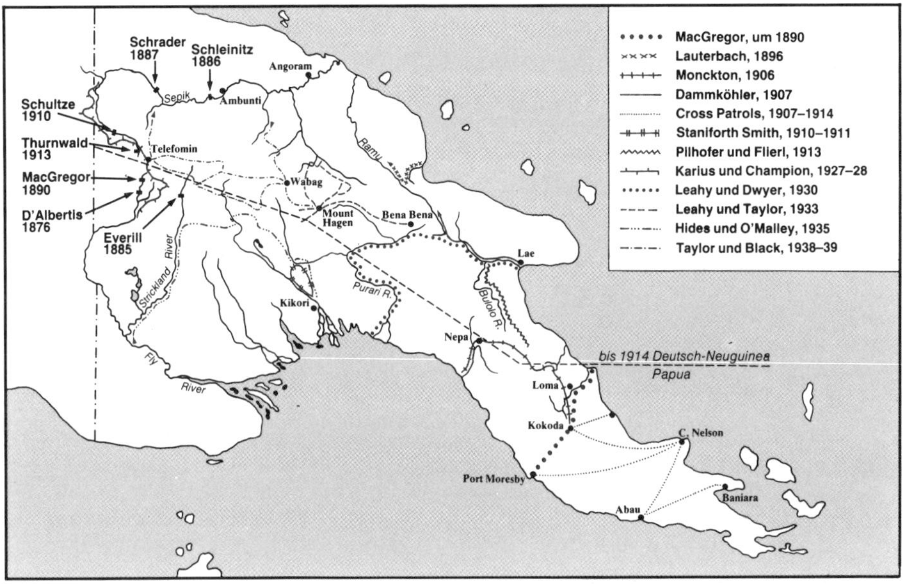

Erkundungsexpeditionen im 19. und 20. Jahrhundert

Dallmann folgte 1886 den Spuren von Dr. Finsch und ruderte 16 km stromaufwärts. Dabei stellte er fest, daß das Wasser tief genug war, um ein Dampfboot aufzunehmen. Im Juni und Juli desselben Jahres fuhr der deutsche Hochkommissar, Vizeadmiral Freiherr von Schleinitz, mit dem Dampfer ›Ottilie‹ ungefähr 320 km flußaufwärts. Als der Dampfer nicht mehr weiterkam, schaffte von Schleinitz mit einem kleinen Boot noch weitere 60 km.

1887 wurde eine weitere Expedition unternommen, diesmal unter dem Deutschen Dr. C. Schrader, der schon mit von Schleinitz gefahren war. Da der Sepik mehr Wasser führte als 1886, gelang es ihm, mit der ›Samoa‹ 600 km flußaufwärts zu fahren. Bei dieser Gelegenheit benannte er einen Gebirgszug südlich und östlich von Malu ›Hunstein‹, zu Ehren von Carl Hunstein, eines Goldsuchers, der seinerzeit in Port Moresby einen Laden führte.

Im allgemeinen läßt sich sagen, daß die Neuguinea-Gesellschaft mit ihren Bemühungen um Verwaltung und Erforschung nicht übermäßig erfolgreich war. Viele ihrer Schiffe wurden durch Auflaufen auf unbekannte Barriereriffs zerstört, viele ihrer Beamten starben an Malaria und Pocken, die Eingeborenen wollten sich nicht zur Arbeit für die Besatzer anhalten lassen. Man importierte als Arbeiter chinesische Kulis, deren Begeisterung (und Effizienz) sich aber ebenfalls in Grenzen hielt, man errichtete ein Sägewerk, um das vorhandene Holz zu verwerten, aber man hätte es billiger aus Australien einführen können. Es wurde auch eine Baumwollpflanzung angelegt, aber Bodenbeschaffenheit und klimatische Bedingungen erwiesen sich als äußerst ungeeignet. Und schließlich blieben die erwarteten Einwanderer aus, um die Vorhaben der Gesellschaft zu verwirklichen. So kam es, daß die Neuguinea-Gesellschaft 1889 bei der Reichsregierung anfragte, ob diese alle Verwaltungsaufgaben und -verantwortungen übernehmen wolle, was dann auch geschah.

Vier Jahre später jedoch trat die Neuguinea-Gesellschaft erneut in Aktion. 1892 hatte man den Hauptsitz nach Stephansort verlegt, in der Hoffnung, daß die neue Umgebung klimatisch weniger ungesund sei als Finschhafen. Darin hatte man sich aber empfindlich getäuscht, und kurz danach, 1895, wurde der Hauptsitz erneut verlegt, diesmal nach Friedrich-Wilhelms-Hafen in der Nähe von Madang.

Der erste, der sich für die Bergketten hinter der Küste von Kaiser-Wilhelms-Land interessierte, war Hugo Zöllner, ein Korrespondent der Kölnischen Zeitung. 1888 durchquerte er das Finisterre-Gebirge und wanderte mit drei anderen Europäern und zehn Trägern den Kabenau-Fluß entlang. Dann erklomm er einen 2900 m hohen Berg, den er Neven DuMont-Berg nannte, nach dem Besitzer seiner Zeitung. Von dort aus hatte er einen klaren Blick auf das Bismarck-Gebirge, und so bedachte er die vier höchsten Erhebungen mit den Namen Otto-, Herbert-, Maria- und Wilhelm-Berg, nach den Kindern Bismarcks.

Die wichtigste Erschließung im Zeichen des ›blutigen Knochens‹ war die des Ramu-Flußsystems. Das Hauptverdienst erwarb sich dabei ein deutscher Botaniker, Dr. Karl Lauterbach. 1890 folgte er von der Astrolabe Bay aus dem nordwestlich fließenden Gogol-Fluß für etwa 60 km, bevor ihn Malaria und Ruhr zur Umkehr zwangen. 1896 fragte die Neuguinea-Gesellschaft Lauterbach, ob er nicht eine Expedition von Stephansort aus ins Bismarck-Gebirge führen wolle. Dabei solle er, wenn möglich, die Quellen des Markham-Flusses finden. Lauterbach folgte den Anfängen des Flußsystems, aber es war seinem Proviantmeister, Ernst Tattenbeck, beschieden, zwei Jahre später festzustellen, daß der Ottilienfluß, wie Dr. Finsch ihn genannt hatte, tatsächlich der Ramu-Fluß war und in der Nähe des Sepik mündete.

1899 übernahm die Reichsregierung erneut und endgültig die Verwaltung Neuguineas. Die Neuguinea-Gesellschaft blickte auf ein weitgehend erfolgloses Wirken zurück. Von den 224 Beamten, die zwischen 1886 und 1899 für sie arbeiteten, starben 41 während der Dienstzeit, 133 wurden entlassen oder schieden freiwillig aus dem Dienst.

Natürlich mußte irgendwann der Versuch unternommen werden, die Insel an ihrer schmalsten Stelle zu durchqueren. Der erste endete mit einer Katastrophe: Der Reiseschriftsteller Otto von Ehlers kam 1895 nach Kaiser-Wilhelms-Land und ließ sich nicht davon abhalten, dieses Abenteuer von Salamaua aus zu starten. Nachdem er auf der Karte eine Entfernung von ungefähr 170 km gemessen und sich ein Tagespensum von 6 km auferlegt hatte, dachte er, das Unternehmen in 28 Tagen durchführen zu können. Da die 43 Mitglieder seiner Expedition pro Tag und Kopf ein halbes Kilo Reis benötigten, würde er mit 600 kg auskommen, errechnete er. Aber diese simple Arithmetik war den Realitäten einer Expedition in Neuguinea nicht angepaßt, und nur ein völliger Neuling wie Ehlers konnte sich wirklich darauf verlassen. In der Tat waren ihm am 36. Tag (!) die Lebensmittel ausgegangen. Als die Expedition auf einen Nebenfluß des Lakekamu traf, versuchten die zwei beteiligten Weißen auf einem Floß flußabwärts zu gelangen. Dabei wurden sie von Eingeborenen getötet. Nur 20 der eingeborenen Begleiter kamen schließlich in Motu Motu an. Da man aus den Berichten der Träger die Identität der Mörder kannte, erfolgte im August 1897 eine Strafexpedition, wobei der Verwalter des Gebiets, Kurt von Hagen, erschossen wurde.

Der nächste Weiße, der von den Quellwassern des Lakekamu kam und dabei den Durchbruch schaffte, den Ehlers vor Augen hatte, war ein 35jähriger Neuseeländer, Charles Arthur Whitmore Monckton. Im Dezember 1906 folgte er dem Waria-Fluß in westlicher Richtung und kam so weit, daß er meinte, es sei nun einfacher, der Südküste zuzusteuern, als wieder zurückzugehen. Er überquerte das Zentralgebirge und fuhr den Lakekamu-Fluß herunter – mit ihm 125 der ursprünglich 130 Teilnehmer an dieser entbehrungsreichen und strapaziösen Expedition.

Auch die Australier, die das nunmehr ›Papua‹ genannte Britisch-Neuguinea seit dem 1. Dezember 1906 verwalteten, befaßten sich nachdrücklich mit der Erschließung des Landes. 1910 versuchte Staniforth Smith, den Westen weiter zu erkunden. Er startete von der Goaribari-Insel, wo übrigens Chalmers und ein weiterer Missionar kurz vorher erschlagen worden waren, fuhr dann den Kikori-Fluß hoch, ging über Land zum Mount Murray und hoffte, das noch weitgehend unbekannte Gebiet des Strickland River durchqueren zu können. Er entdeckte dabei das Samberigi-Tal, bevor er sich verirrte. Erst nach einer Weile konnte er von einer Suchexpedition gerettet werden. Ein Drittel seiner Mannschaft büßte bei dieser Expedition das Leben ein.

Die Deutschen entfalteten ebenfalls rege Aktivitäten in ihrem Gebiet, vor allem rund um den Sepik. Einer der schillerndsten Charaktere der deutschen Erschließungsgeschichte war zweifellos der Österreicher Wilhelm Dammköhler. Er beteiligte sich an verschiedenen Expeditionen der Regierung und der Neuguinea-Gesellschaft, begleitete 1901 eine Huon-Golf-Expedition, wobei etwas Gold gefunden wurde, und war Mitglied der Ramu-Expedition von 1902. Im Lauf seiner elfjährigen Expeditionstätigkeit gelang es ihm 1907 als Erstem, von den Quellwassern des Markham zu denen des Ramu vorzustoßen. Zuguterletzt kostete ihn sein Abenteuergeist das Leben: 1909 wurde er in der Nähe des Watut-Flusses von Eingeborenen angegriffen und verblutete an elf Pfeilwunden. Lutheranische Missionare, allen voran Dr. Johannes Flierl, erkundeten den östlichen Teil des Hinterlandes der Astrolabe Bay und errichteten gleichzeitig Missionsstationen.

Das Sepik-Gebiet war der Hauptanziehungspunkt für mehrere wissenschaftlich ergiebige Unternehmungen. 1910 fand eine deutsch-holländische Grenzexpedition statt, geleitet von dem holländischen Kapitän J. Luymes und dem deutschen Professor Leonard Schultze. Bemerkenswert waren auch die Ergebnisse der sehr sorgfältig vorbereiteten und durchgeführten Expedition von Dr. Walter Behrmann im Jahre 1912/13 und zuletzt 1914 der Vorstoß von Dr. Richard Thurnwald in das Quellgebiet des Sepik. Der Erste Weltkrieg setzte allen Aktivitäten der Deutschen ein abruptes Ende, was insofern als bedauerlich zu betrachten ist, als die Deutschen weit mehr wissenschaftliche Fachleute einsetzten als die Engländer.

Die ›Patrouillen‹ im Gebiet von Papua konnten allerdings auch Entdeckungen verzeichnen, die u. a. auf das Konto von E. W. P. Chinnery, R. W. Grist, E. C. Skelly, Henry Ryan und G. H. Massey Baker gingen. Während des Ersten Weltkriegs wurden diese fortgesetzt, und in den zwanziger Jahren war es besonders das persönliche Interesse des Administrators, Sir Hubert Murray, der selbst weite Strecken in seinem Verwaltungsgebiet zurücklegte und für unermüdliche Forschungsarbeit sorgte. Nachdem das ehemalige Kaiser-Wilhelms-Land 1914 von Australien übernommen worden war, bemühte man sich auch dort, auf den Spuren der Deutschen das Hinterland weiter zu erschließen. Aber erst die Goldfunde kurz vor dem Zweiten Weltkrieg führten zur gründlichen Erforschung des Hochlandes. Am Sepik setzten sich die Verwaltungsposten früher fest. 1924 wurde zur Kontrolle des Gebiets die Ambunti-Station am mittleren Sepik eröffnet.

In den Jahren 1927/28 gelang es Charles Karius und Ivan Champion, innerhalb von vier Monaten das Land vom Fly bis zum Sepik zu durchqueren – ein Markstein in der Erforschungsgeschichte, auch wenn noch einige Gebiete östlich davon unentdeckt blieben. 1930 durchquerten dann die australischen Goldsucher Michael J. Leahy und Michael Dwyer das Land, indem sie vom Markham-Fluß in westlicher Richtung über das Bismarck-Gebirge zum oberen Ramu und dann südlich über die Grenze nach Papua vorstießen. Dasselbe Duo durchquerte die Insel dann von Port Moresby aus und untersuchte den Bena Bena-Fluß des oberen Purari-Systems. 1931 kamen sie in Kontakt mit den kriegerischen Kukukuku. Es dauerte noch zwei weitere Jahre, bevor das Chimbu- und das Waghi-Tal entdeckt wurden.

Jack Hides und J. O'Malley führten 1935 eine Expedition, die vom Strickland-Fluß das südliche Hochland erschloß. C. J. Adamson brach mit einem der ganz großen Entdecker, Ivan Champion auf, um das Gebiet rund um den Kutubu-See zu erkunden. Damals war das Flugzeug schon ein nützlicher Helfer, wenngleich entscheidende Strecken noch immer zu Fuß bewältigt werden mußten. 1938 ließ die Regierung eine Fläche von vielen Tausend Quadratkilometern zwischen Mount Hagen, der holländisch-papuanischen Grenze und dem Sepik erforschen. Die Expedition unter der Leitung von Jim Taylor und John Black war wahrscheinlich die größte, längste und bestausgerüstete, die je Papua-Neuguinea durchstreift hatte. Drei Europäer, 20 Polizisten und 230 Träger waren 25 Monate unterwegs.

Die Erschließung von Papua-Neuguinea war zur Zeit, als der Zweite Weltkrieg ausbrach, so gut wie abgeschlossen, auch wenn es noch vielen Nachkriegspatrouillen überlassen blieb, einzelne Gebiete im Detail zu erkunden und Kontakt mit den dortigen Eingeborenen aufzunehmen.

Politische Entwicklung

Deutsch-Neuguinea (Kaiser-Wilhelms-Land) und das Mandat des Völkerbundes bis zum Zweiten Weltkrieg

Die Zeit der deutschen Verwaltung

Obwohl deutsche Händler so früh wie jene anderer Nationen in der Inselwelt um Neuguinea Fuß faßten, erfolgte die offizielle Inbesitznahme des Gebietes durch die Deutschen erst im Jahre 1884. Bereits drei Jahrzehnte später – kurz nach Ausbruch des Ersten Weltkrieges, im September 1914, als australische Streitkräfte Rabaul und die anderen Zentren besetzten – war es mit der deutschen ›Kolonialherrlichkeit‹ schon wieder vorbei.

Die größte Berliner Privatbank, die Disconto-Gesellschaft, geleitet von Adolph von Hansemann, hatte schon früh begonnen, Anlagemöglichkeiten in Übersee zu prüfen. Im Jahre 1880 erkannte Hansemann, daß Neuguinea ein profitträchtiges Gebiet sein könnte, und so gründete er mit einem Konsortium von Berliner Bankiers die ›Neuguinea-Kompagnie‹ mit der Absicht, Land auf der Insel in Besitz zu nehmen, um die Voraussetzung für eine Annektion durch das Deutsche Reich zu schaffen. Deutsche Händler setzten sich auch bald auf den Duke of York-Inseln (zwischen Neubritannien und Neuirland) fest; Interessenkonflikte mit Großbritannien konnten ›am grünen Tisch‹ geregelt werden. 1884 fuhr dann der deutsche Dampfer ›Samoa‹ die Nordküste entlang, um potentielle Plätze für Handelsstationen zu erkunden, und das Kriegsschiff ›Elisabeth‹ nahm von Afrika her Kurs auf Neubritannien. Am 3. November 1884 annektierte die ›Elisabeth‹ Neubritannien und hißte die deutsche Flagge an der Nordküste von Neuguinea, am 12. November geschah das gleiche in Friedrich-Wilhelms-Hafen (heute Madang) und am 27. in Finschhafen. Fast gleichzeitig aber wurde durch Sir Hastings Romilly, den stellvertretenden Kommissar für den westlichen Pazifik, in Port Moresby das britische Protektorat im Südostteil der Insel proklamiert (vgl. S. 169).

Nachdem die Nachrichten der deutschen und britischen Annektionen nach Europa gekabelt waren, beschloß die Regierung der Queen Victoria, die Grenzen der britischen Einflußsphäre bis an den Südrand des deutschen Gebiets auszudehnen und dabei die Louisiaden sowie weitere Inselgruppen einzuschließen. Vier Monate später einigten sich die beiden imperialen Mächte auf eine Grenze zwischen ihren Territorien. Vom 8. südlichen Breitengrad an der nordöstlichen Küste verlief die Teilungslinie quer durch das Bergland, das damals allerdings noch völlig unbekannt war. Beide Gebiete stießen beim 141. Meridian an die holländische Grenze.

Die Hissung der deutschen Flagge in Mioko auf den Duke of York-Inseln am 4. November 1884

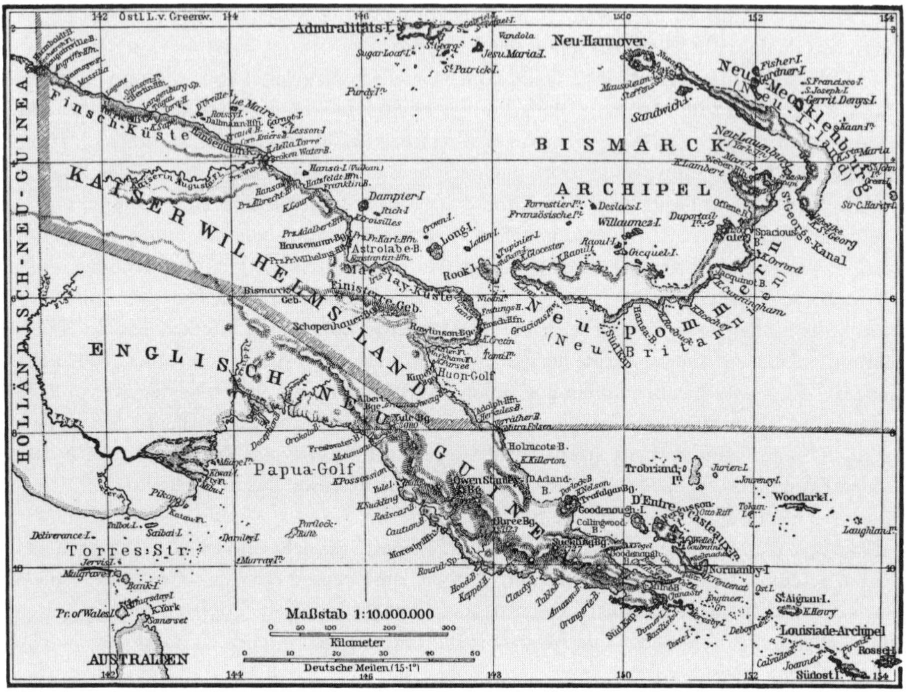

Karte des östlichen Neuguinea und des Bismarck-Archipels von 1888; folgende Seite: Karte des Kerngebiets von Kaiser-Wilhelms-Land (Deutsch-Neuguinea) von 1911

Nachdem nun also die deutsche Flagge in Neuguinea gehißt worden war, schienen auch die Pläne der Neuguinea-Kompagnie vorläufig aufgegangen zu sein. Das Bankierkonsortium ersuchte um das Privileg, im deutschen Teil der Insel frei schalten und walten zu können, was im Mai 1885 von der Reichsregierung auch gewährt wurde. Die entsprechende Vereinbarung besagte, daß die Neuguinea-Kompagnie die Souveränität im Land auf unbestimmte Zeit ausüben solle, nur die Ausübung der Gerichtsbarkeit und auch ein gewisser Einfluß auf Maßnahmen, die die Eingeborenen betrafen, blieben der kaiserlichen Regierung vorbehalten. Im übrigen waren die Berliner Bankiers dazu verpflichtet, als Gegenleistung für ihr exklusives Besitzrecht die Kolonie zu verwalten. Von Hansemann meinte, er könne das von seinem Berliner Schreibtisch aus tun – als ob es sich um ein Gut in Mecklenburg handelte.

Die Kolonie, die Deutschland 1884 begründete, bestand aus zwei getrennten Gebieten, dem nordöstlichen Teil des Festlandes, der in dieser Zeit ›Kaiser-Wilhelms-Land‹ genannt wurde, und den im Nordosten vorgelagerten Inseln, die nun ›Bismarck-Archipel‹ hießen. Letztgenannte Gegend war bereits seit gut einem Jahrzehnt von deutschen Händlern besucht worden, und auf der Gazellenhalbinsel von Neubritannien (oder, wie die Deutschen es nannten, Neu-Pommern) und auf den angrenzenden Duke of York-Inseln (oder zu Deutsch Neu-Lauen-

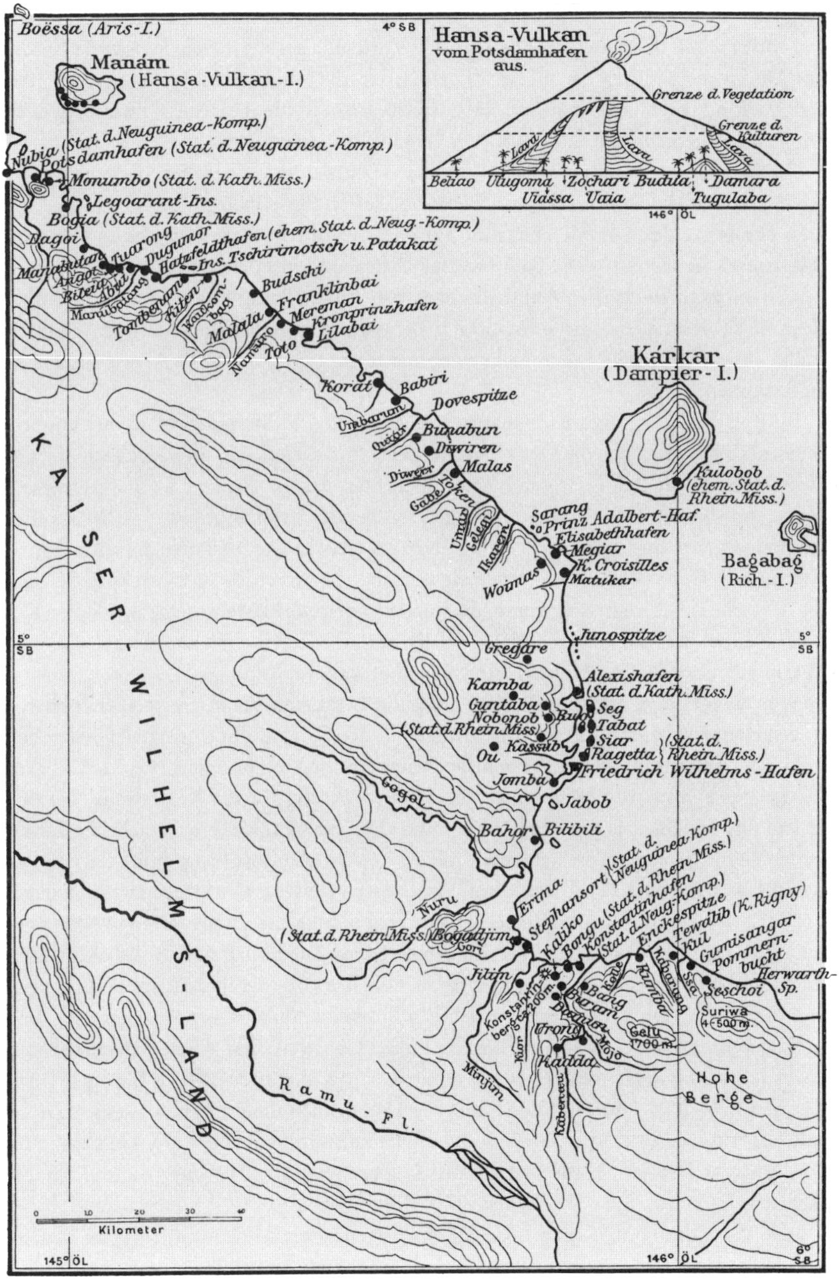

Boëssa (Aris-I.)
Manám
(Hansa-Vulkan-I.)
Hansa-Vulkan
vom Potsdamhafen aus.
Grenze d. Vegetation
Grenze d. Kulturen
Lava
Beliao
Uligoma
Zochari
Budua
Damara
Uiassa
Vaia
Tugulaba
Nubia (Stat. d. Neuguinea-Komp.)
Potsdamhafen (Stat. d. Neuguinea-Komp.)
Monumbo (Stat. d. Kath. Miss.)
Legoarant-Ins.
Bogia (Stat. d. Kath. Miss.)
Dagoi
Hatzfeldthafen (ehem. Stat. d. Neug.-Komp.)
Ins. Tschirimotsch u. Patakai
Tuarong
Dugumor
Budschi
Franklinbai
Mereman
Kronprinzhafen
Lilabai
Malala
Toto
Kárkar
(Dampier-I.)
Korat
Babiri
Dovespitze
Bunabun
Diwiren
Malas
Kulobob
(ehem. Stat. d. Rhein. Miss.)
Sarang
Prinz Adalbert-Haf.
Elisabethhafen
Megiar
K. Croisilles
Matukar
Woimas
Bagabag
(Rich.-I.)
KAISER-WILHELMS-LAND
Junospitze
Gregare
Kamba
Alexishafen
(Stat. d. Kath. Miss.)
Guntaba
Nobonob
Seg
Tabat
Siar
Ragetta
(Stat. d. Rhein. Miss.)
(Stat. d. Rhein. Miss.)
Ou
Kassub
Friedrich Wilhelms-Hafen
Jomba
Gogol
Jabob
Bahor
Bilibili
Erima
Stephansort (Stat. d. Neuguinea-Komp.)
Bongu (Stat. d. Rhein. Miss.)
Konstantinhafen
Stat. d. Neug.-Komp.
Enckespitze
Tewalib (K. Rigny)
Kul
Gumisangar
Pommern-bucht
Herwarth-Sp.
Nuru
(Stat. d. Rhein. Miss.) Bogadjim
Kaliko
Jilim
Seschoi
Suriwa 4-500 m.
Gelu 1700 m.
Hohe Berge
Uronu
Kadda
Minjim
Ramu-Fl.
Kilometer
0 10 20 30 40
4° SB
5° SB
6° SB
145° ÖL
146° ÖL

burg) bestand schon ein kleiner Kern von Ansiedlern. Aber diese bescheidenen Unternehmungen entsprachen durchaus nicht den großen Vorhaben der Gesellschaft. Auf die Entdeckungen von Dr. Finsch gestützt, der auf einer Karte bereits die möglichen Anpflanzungsgebiete im Hinterland von Finschhafen markiert hatte, hoffte man, in Neuguinea ein zweites Java zu finden, wo Tabak, Kaffee und Kakao enormen Gewinn bringen würden.

Die Neuguinea-Kompagnie nahm ihr Unternehmen in großem Stil in Angriff. Bevor noch der erste Verwalter, Admiral von Schleinitz, 1886 in Finschhafen eintraf, war die Stadt bereits zum Hauptsitz der Kolonie bestimmt worden. Weitere Stationen folgten in Konstantinhafen (Melamou), in der Astrolabe Bay, Hatzfeldthafen und in Potsdamhafen (Bogia), wo man sich bereits mit experimentellen Anpflanzungen von Tabak, Baumwolle und Kaffee beschäftigte. In Kerawara (Neu-Lauenburg) entstand ein Zentrum zur ›Arbeitsbeschaffung‹ – d. h., man versuchte dort, die Eingeborenen mehr oder minder mit Zwang für die Arbeit auf den Plantagen zu gewinnen.

1887, als die ›Neuguinea-Kompagnie‹ bereits über 2,5 Millionen Mark in ihre Unternehmung investiert hatte, mußten die Direktoren in Berlin feststellen, daß offensichtlich nicht alles nach Wunsch und Plan lief. Es trafen Nachrichten über das unmögliche Klima, Krankheiten, Probleme mit der Schiffahrt und Schwierigkeiten bei der Beschaffung von Arbeitskräften ein, so daß Hansemann nun nicht mehr völlig überzeugt davon war, daß man die wirtschaftliche Ausbeutung des Gebiets und die Verwaltungsaufgaben leicht würde vereinen können. So trat er an die deutsche Reichsregierung heran, die sich 1889 bereiterklärte, einen kaiserlichen Kommissar nach Neuguinea zu entsenden, der – auf Kosten der Gesellschaft allerdings – die Verwaltung übernehmen sollte. Von Hansemann versuchte, weiteres Kapital aufzutreiben, um seine Pflanzungen auszubauen, und gründete 1891 eine Tochterfirma, die ›Astrolab-Gesellschaft‹, die sich in der Hauptsache mit Tabakanpflanzungen in der Gegend um die Astrolabe Bay befaßte.

In der Annahme, daß der ersehnte Reichtum nun nicht mehr weit sei, übernahm die Neuguinea-Kompagnie 1892 erneut die Verantwortung für die Verwaltung, bis sie sie 1899 erneut und endgültig abgab. Ihre Aktivitäten widmete sie in der Hauptsache derTabakanpflanzung. Vier Pflanzungen im näheren Umkreis von Stephansort (Bogadjim), das 1888 gegründet worden war und nach der Aufgabe von Finschhafen 1891 zum Verwaltungszentrum avancierte, produzierten für die Astrolab-Gesellschaft Tabakblätter, die auf dem Bremer Markt gute Preise erzielten. Dann führte man chinesische Arbeiter von den holländischen Tabakpflanzungen auf Java und Sumatra ein, um die ungelernten Arbeitskräfte durch asiatisches ›Fachpersonal‹ zu ergänzen. Von Hansemann hatte seinen Einfluß beim Auswärtigen Amt geltend gemacht, um in Singapur und in den holländischen Ostindien-Gebieten diese Asiaten anwerben zu können. Sechs Jahre lang importierte er durchschnittlich 1000 Arbeiter jährlich für die Pflanzungen in der Astrolabe Bay. Doch mit den Chinesen kamen auch die Pocken, was eine so hohe Todesrate bewirkte, daß sich die Gesellschaft einen höchst üblen Ruf erwarb. Deshalb unterbanden die holländischen und britischen Kolonialregierungen ab 1893 jedes weitere Anheuern von Arbeitskräften durch die Deutschen nach Möglichkeit.

1896 verschmolz die Astrolab-Gesellschaft wieder mit der Mutterfirma, die ihre Interessen nunmehr den Kokosnüssen zuwandte. In Berlinhafen, in der Nähe von Aitape, begann die

Anlage von Kokosplantagen, und auf der Gazellenhalbinsel versuchte man, Kokosnüsse von den Eingeborenen einzutauschen. Bis 1898 hatte man zwar über 11 Millionen Mark investiert, mußte aber feststellen, daß die Einkünfte aus den Exporten – in diesem Jahr gerade 100 000 Reichsmark – in keinem Verhältnis zum Aufwand standen.

Das so ehrgeizig begonnene Neuguinea-Abenteuer hatte der Neuguinea-Kompagnie also nicht den erhofften Erfolg gebracht. Die Verwaltung des Landes war an der Unerfahrenheit der Beamten gescheitert: Sie konnten mit der Mentalität der Eingeborenen nichts anfangen und litten unter dem tropischen Klima und den Krankheiten. Aus Berlin kam eine Unzahl von Direktiven, die auch auf der fernen Insel ein schwerfällig-bürokratisches System etablierten. Die Kontaktnahme mit den Eingeborenen glückte in den wenigsten Fällen. 1899 wurde die Situation bereits als ziemlich hoffnungslos eingeschätzt; im Vergleich zu den wesentlich ergiebigeren afrikanischen Kolonien galt Neuguinea als so etwas wie ein Stiefkind.

1899 wurde die Kolonie einem Gouverneur unterstellt, der offiziell dem Kaiser, tatsächlich aber dem Kanzler Rechenschaft schuldete. Er hatte die Gesetze und Anweisungen, die aus Berlin kamen, durchzusetzen, konnte aber auch selbst Gesetze erlassen, sofern diese die örtlichen Angelegenheiten betrafen. Nach 1903 wurde der Gouverneur von einem Gouverneursrat unterstützt, gebildet aus höheren Beamten und einigen Siedlern. Insgesamt blieb vieles der Eigeninitiative des Gouverneurs überlassen, wobei ihn jedoch das magere Budget erheblich einschränkte. 1908 gab es im gesamten Territorium gerade 56 Beamte – sicher einer der Gründe für den anfangs nur sehr langsamen Fortschritt in der Entwicklung der Kolonie.

Die Verwaltungsaufteilung in zwei Gebiete, das Festland und den Archipel, war beibehalten worden. Man trug der Tatsache Rechnung, daß der verkehrsgünstigere Archipel für den Handel größere Bedeutung hatte, und verlegte die Hauptstadt nach Kopoko (neben Rabaul), von den Deutschen ›Herbertshöhe‹ genannt. Dort residierte nun also die Verwaltungsspitze, während auf dem Festland vor allem die Angestellten der Neuguinea-Kompagnie, jetzt eine private Gesellschaft, und die Missionare verblieben waren. Ein Bezirksamt in Friedrich-Wilhelms-Hafen (Madang) mit wenigen Beamten versorgte diese kleine Enklave.

Die Küstendörfer von den Solomonen bis nach Neu-Mecklenburg unterlagen einer nur höchst lockeren Kontrolle: Kokosnußhändler und Werber, die Arbeiter suchten, kamen in unregelmäßigen Abständen, desgleichen Marinepatrouillen oder gelegentliche Strafexpeditionen. Auf der Gazellenhalbinsel dagegen gab es seit 1899 eine reguläre Verwaltung. Hier war ein außergewöhnlicher Beamter, Dr. Albert Hahl, von 1896 bis 1899 als kaiserlicher Richter tätig, bevor er zum Stellvertreter des deutschen Gouverneurs Rudolf von Benningsen avancierte und 1901 schließlich zu dessen Nachfolger. Hahl erkannte von Anfang an, daß er die Lage nur stabilisieren konnte, wenn er die einzelnen Dörfer befriedete. Er wählte dafür folgenden Weg: In den Dörfern wurden Häuptlinge eingesetzt, die als Bindeglieder zwischen der Regierung und der jeweiligen Bevölkerung fungieren sollten. Jedes Dorf durfte selbst seinen ›Big Man‹ oder ›Lululai‹ nominieren, der dann ermächtigt war, bei minderen Konflikten zu vermitteln, bei internen Streitereien kleine Geldstrafen zu verhängen und schwerwiegendere Fälle an die deutschen Gerichte zu verweisen.

Obwohl es in der Gegend ursprünglich kein Häuptlingstum gab, funktionierte dieses System überraschend gut. Das von der Regierung verliehene Prestige gab diesen gewählten Männern genügend Rückendeckung, um im Sinn der Deutschen zu agieren. Als etwa der Bau von Straßen verlangt wurde, waren die Lululais dafür verantwortlich, die Dorfgemeinschaften in freiwillige Arbeitseinheiten aufzuteilen.

Die Pflichten und Befugnisse der Lululais wurden im Lauf der Zeit mehr und mehr erweitert. Sie mußten darauf achten, daß in den Dörfern Frieden herrschte, daß sich die Gartenanbauflächen vergrößerten, daß die Straßenbauarbeiten geleistet wurden und daß die Einheimischen die ab 1907 erhobene Kopfsteuer von 5 bis 10 Mark pro Jahr auch ordnungsgemäß entrichteten. Zur Unterstützung der Lululais wurden diesen – gleichfalls einheimische – Assistenten zugewiesen, sogenannte Tultuls, wobei es sich meist um Männer handelte, die bereits Dienst in der Polizeitruppe geleistet hatten und somit ein Minimum an Pidgin-Englisch beherrschten.

Hahl, der übrigens in den dreißiger Jahren seine Memoiren schrieb, nahm sich auch bezüglich der Landverteilung der Eingeborenen an und empfahl den Heimatbehörden, die europäischen Siedler zu enteignen und das Land den Einheimischen zurückzugeben, womit er natürlich auf wenig Gegenliebe stieß. Hahl war in seiner Tätigkeit anfangs durch die relativ knappen finanziellen Mittel eingeengt. Haupteinnahmequellen der Kolonie waren Ausfuhrsteuern und Zölle, dazu kamen jährliche Zuschüsse des Reichstags. Wegen des Geldmangels wurden weitere Regierungsstationen nur in größeren Intervallen und mit einem minimalen Beamtenapparat eingerichtet: 1904 in Namatanai, 1905 in Kieta, 1906 in Aitape und Simpsonhafen (letztgenannter Ort wurde später in das Distriktsgebiet von Rabaul eingegliedert). Jede dieser Stationen verfügte über nicht mehr als zwei oder drei Beamte und eine aus Einheimischen gebildete Polizeitruppe, die an den Patrouillen teilnahm.

Im Jahre 1908 besserte sich die Finanzlage der Kolonie, da erstmals eine Ausfuhrsteuer auf Copra erhoben werden konnte – die frühen Anpflanzungen warfen nun erstmals nennenswerte Erträge ab, weil die Palmen in das entsprechende Alter gekommen waren. Auch erzielte Copra zu dieser Zeit beste Weltmarktpreise, so daß der Exportwert von 1,7 Millionen Mark im Jahre 1908 auf über 8 Millionen im Jahre 1913 anstieg. Die verbesserte Situation in der Kolonie zog neue Siedler an, und so verdoppelte sich zwischen 1908 und 1914 die Zahl der weißen Bevölkerung.

Mit den 9,5 Millionen Mark, die der deutsche Reichstag bis 1909 an Unterstützungen gewährte (davon erhielt die Neuguinea-Kompagnie allerdings 4 Millionen als Entschädigung dafür, das Land wieder an das Reich abgetreten zu haben), konnte Gouverneur Hahl nach und nach sein Netzwerk an Stationen erweitern: 1909 wurde die Morobe-Station errichtet, 1911 eine in Manus, 1913 die Station Angoram am unteren Sepik, 1914 Lae am Markham-Fluß. 1914 gab es schließlich drei Distriktbüros – in Madang, Kavieng und Rabaul – und acht Regierungsstationen. Auch konnten mehr Beamte beschäftigt werden – die Gesamtzahl stieg zwischen 1908 und 1914 von ca. 56 auf ca. 100. Es handelte sich dabei (im Gegensatz zu den Beamten in Britisch-Neuguinea) um Männer mit hohen Qualifikationen, die meist Universitätsdiplome aufzuweisen hatten und auf ihren Gebieten Spezialisten waren, vor allem Ärzte, Landwirtschaftsexperten, Techniker und Ingenieure.

Das australische Völkerbund-Mandat

Sechs Wochen nach Ausbruch des Ersten Weltkriegs eroberte ein australisches Expeditionscorps das deutsche Territorium auf Neuguinea. Am 11. September 1914 landete Colonel William Holmes, von Sidney kommend, in der Blanche Bay und nahm Herbertshöhe (Kokopo) und Rabaul ohne Widerstand. Am 17. September unterzeichnete Hahl die Kapitulationsurkunde in Rabaul. Laut Absprache mit Großbritannien war die australische Besetzung der deutschen Kolonie als vorübergehende Maßnahme gedacht, endgültige Entscheidungen gedachte man nach dem Krieg bei den Friedenskonferenzen zu treffen. Die Militärverwaltung, die nun etabliert wurde, hatte keinerlei Befugnis, bestehende Gesetze zu ändern, außer wenn es galt, die Sicherheit der Besatzungsarmee zu gewährleisten. William Holmes ging sogar so weit, das private Besitztum der Deutschen und die eingebürgerten Sitten und Gebräuche zu schützen. Der zivilen Bevölkerung war es erlaubt, ihren bisherigen Tätigkeiten nachzugehen, und einige deutsche Beamte übernahm man sogar bis Dezember 1914. Dies führte jedoch zu heftiger Kritik in Australien, so daß Holmes von dem Brigadiergeneral Sir Samuel Pethebridge abgelöst wurde. Mit ihm kam eine Militärregierung zum Zug, die die Verwaltungsaufgaben von verschiedenen Armee-Einheiten erledigen ließ.

Die Australier richteten ihr Hauptaugenmerk auf die wirtschaftliche Entwicklung, vor allem auf den Export von Copra. In dieser Zeit befanden sich über 700 000 Morgen Land durch Kauf oder Pacht in den Händen von Europäern, etwa die Hälfte davon gehörte nach wie vor der Neuguinea-Kompagnie. Nur ein knappes Drittel dieses Bodens war bepflanzt, hauptsächlich mit Kokospalmen. Die Australier behielten sich zwar das ausschließliche Recht auf die Ausfuhr von Copra vor und brachten die gesamte Ware nach Sydney; dennoch erwirtschafteten die Deutschen weiterhin Gewinne, die sie dann, mit Unterstützung der Militärregierung, in Neu-

Eingeborene Polizeitruppe mit australischem Kommandeur im Jahre 1915

guinea reinvestierten. Zwar durften sie kein weiteres Land ankaufen (dies war ab 1922 ausschließliches Recht der Regierung), aber sie erhielten jährliche Pachtverträge, durch die weitere 40 000 Morgen Land unter ihre Kontrolle gerieten.

1919, nach Kriegsende, berief die australische Regierung eine königliche Kommission ein, um über die Zukunft des ehemals deutschen Gebiets zu beraten. Australien hatte die Kolonie als Völkerbund-Mandat der Klasse C zugesprochen erhalten, was de facto auf eine uneingeschränkte Kontrolle hinauslief. Sir Hubert Murray, der Administrator des britischen Teils von Neuguinea, strebte zwar eine Vereinigung an, aber die anderen Mitglieder der Kommission waren dagegen. Sie schlugen eine separate Verwaltung vor, die Enteignung deutschen Besitzes und die Deportation der deutschen Missionare. Diese Pläne konnten sich schließlich durchsetzen, und im Mai 1920 wurde ein Enteignungskomitee einberufen.

Die zivile Verwaltung der ehemaligen deutschen Kolonie durch Australien begann am 9. Mai 1921 unter dem sogenannten ›Australien-Gesetz‹, das dem australischen Generalgouverneur gesetzgebende Funktion übertrug. Erst 1928 kam es zu dem Beschluß, einen gesetzgebenden Rat und einen Exekutivrat einzurichten, und bis 1933 sollte es dauern, bevor diese Körperschaften ihre Tätigkeit aufnahmen. Bis zu diesem Zeitpunkt wurde das Land von einem Administrator – zehn Jahre lang von Brigadiergeneral E. A. Wisdom, dann von Brigadiergeneral T. Griffiths – in Zusammenarbeit mit der zuständigen Commonwealth-Abteilung verwaltet. 1934 übernahm Sir Walter McNicoll das Amt, das er bis zur japanischen Invasion 1942 innehatte.

Auch die zivile Verwaltung legte, wie schon die Militärregierung zuvor, großen Wert auf die Aufrechterhaltung der ehemals deutschen Pflanzungen, die zwischen 1924 und 1926 an rund 400 Neusiedler, in der Hauptsache ehemalige australische Soldaten, verkauft wurden. Die danach einsetzende wirtschaftliche Depression verhinderte, daß ihre Zahl weiter stieg. In den Jahren von 1921 bis 1925 entfielen 95% des Exportwertes auf Copra, und nur den Goldfunden im Morobe-Distrikt (s. u.) war es zuzuschreiben, daß man nicht von einem einzigen Ausfuhrprodukt völlig abhängig war. Zwar experimentierte man – wie schon einstmals die Deutschen – mit neuen Anbaupflanzen, doch erwies sich die Kultivierung von Baumwolle als völliger Fehlschlag, da die Bedingungen einfach nicht günstig waren, und auch Kakao und Kaffee, die besser gediehen, konnten in keiner Hinsicht die Bedeutung der Kokosnuß erreichen.

Ein Großteil des ›Reichtums‹ im Treuhandgebiet basierte auf Gold. Der berühmte Morobe-Goldrausch in Eddie Creek im Jahre 1926 führte nicht nur zu einem großen Zustrom von Goldschürfern, sondern auch zur weiteren Erschließung des Hochlandes. Von 1932 an stellte Gold mehr als die Hälfte des Exportwertes; die Erlöse stiegen von damals über eine Million Pfund bis auf zwei Millionen Pfund bei Ausbruch des Zweiten Weltkrieges.

Die Methoden, Arbeiter anzuheuern, blieben die gleichen wie in der deutschen Kolonialzeit; allerdings begrenzte man die normale Dienstzeit der Eingeborenen auf drei Jahre, wobei diese selbst unter gewissen Umständen ihre Verträge verlängern konnten. Auch wurde die Körperstrafe 1922 abgeschafft. Dennoch befand eine vom Völkerbund eingesetzte Kommission, die die

1 Krieger mit Pfeil im Anschlag ▷

2 Eingeborener mit Blätterhut und Blattumhang

3 und 5 Neubritannien: alter Krieger mit Muschelhalskrause und geflochtener Tragetasche (oben), junger Krieger mit Muschelhalskrause und einer Kombination von Axt und Speer als Mehrzweckwaffe (1880)

4 Eingeborener mit Steinaxt und Bogen

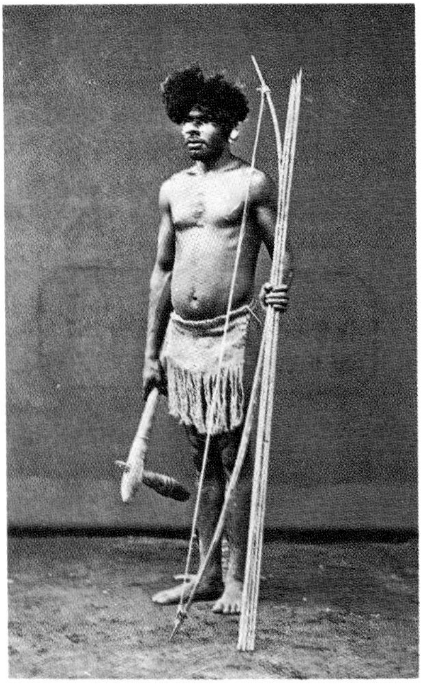

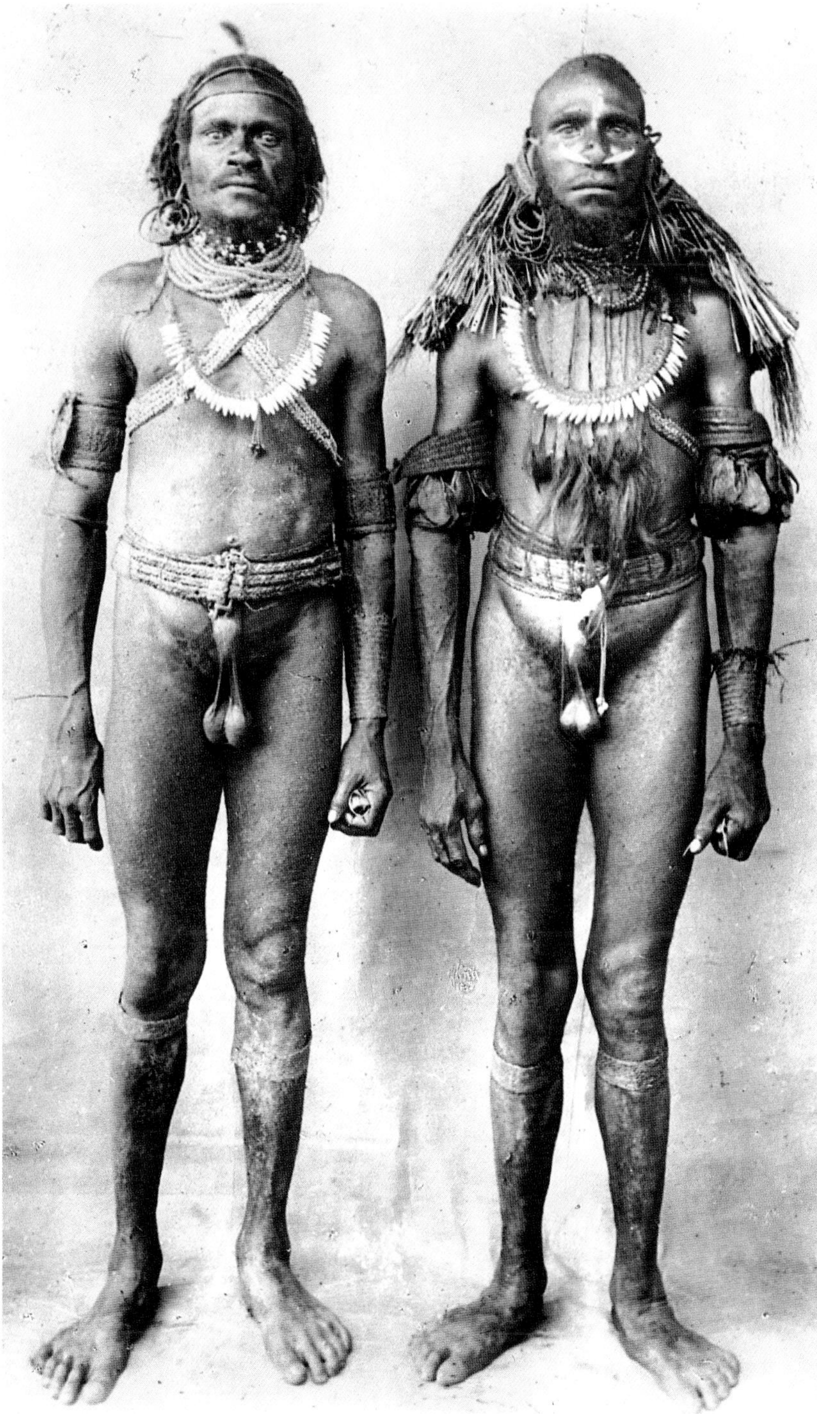

7 Junge Krieger bei der Gesichtsbemalung

◁ 6 Zwei Männer mit hochgezogenem Penis und Hundezahnketten

8 Mädchen beim Tätowieren

9 Junger Bursche mit Spiegel und Kamm

10 Mann mit Bambusrohr im Ohr

12 Golf von Papua: Maskentänzer ▷

11 ›Fetischmänner in Neuguinea‹

13 Neubritannien: Dukduk-Geheimbündler beim Anlegen ihrer Kostüme

15 Neubritannien: Tänzer stellen Geister dar ▷

14 Trobriand-Inseln: Tanz vor den geschmückten Yams-Vorratshäusern

16–18 Hermit-Inseln: Traditionelle Auslegerboote

19 Krebsscherensegelboot an der Südküste Papuas

20 Beladenes Lakatoi, Teil der Sago-Handelsflotte

21 Goldsucher zu Beginn des Jahrhunderts

22 Sir MacGregor, der britische Administrator, mit seiner Mannschaft bei einem Streifzug ins Landesinnere (1893)

23 Koloniale Kokosnußplantage

24 Rast der Trägerkolonne von Sir MacGregor (1893)

25 und 26 Neubritannien: Hütte eines britischen Missionars in Matupi (oben) und Wohnanlage auf der Farm Hernsheim

27 und 28 Neubritannien: Missionsschulen für Mädchen (oben) und Knaben in Herbertshöhe

29 Witwe mit dem Schädel ihres verstorbenen Gatten ▷

Arbeitsbedingungen der Eingeborenen prüfen sollte, daß die Lage schlechter sei als im britischen Papua. Auf diese Kritik reagierte die Verwaltung mit dem Hinweis, daß man hier viel mehr Arbeitskräfte brauche und darum zu rigoroseren Maßnahmen gezwungen sei.

Im Jahre 1930 beschäftigte man etwa 30 000 Arbeitskräfte, 1938 schon über 40 000. Wegen dieses wachsenden Bedarfs war man laufend bestrebt, weitere Gebiete unter Regierungseinfluß zu bringen. Patrouillen wurden ausgeschickt, um in den Dörfern die eingeborenen Vertrauenspersonen der Regierung, die Lululais und Tultuls, einzusetzen. Man folgte auf diesen Streifzügen ins unbekannte Land den Spuren der Goldsucher, die wagemutig immer tiefer in unberührte Gebiete vordrangen. 1936 befand sich ein gutes Drittel des Territoriums unter vollständiger Kontrolle der Regierung, ein weiteres Fünftel unter dem Einfluß der Patrouillen.

Erst der Zweite Weltkrieg beendete die getrennte Entwicklung der beiden Teile des Landes, die heute als ›Papua‹ und ›Neuguinea‹ vereinigt sind. Grundsätzlich ist zu sagen, daß sich der ehemals deutsche Teil wirtschaftlich entschieden besser entwickelt hatte und den Australiern weit weniger Sorgen bereitete als das Kosten und Probleme verursachende Papua.

Britisch-Neuguinea/Papua bis zum Zweiten Weltkrieg

Die Geschichte des britischen Südostteils von Neuguinea, des späteren Papua, verlief ebenso verworren wie die des deutschen Schutzgebiets. Schon 1846 hatte Leutnant C. B. Yule und 1873 Captain John Moresby versucht, das Gebiet für Großbritannien zu annektieren, aber die Regierung in London erkannte diese Inbesitznahmen nicht an. 1883 zeigte sich die Regierung der australischen Provinz Queensland, die von Neuguinea nur durch die Torres-Straße getrennt ist, durch die sichtbar wachsende deutsche Präsenz beunruhigt und schickte Henry M. Chester, damals Polizeioffizier auf der Thursday-Insel, in das unerforschte Nachbarland. Am 4. April 1883 proklamierte der die britische Souveränität über das Gebiet von Neuguinea zwischen dem 141. und dem 155. östlichen Längengrad, aber der Staatssekretär für die Kolonien, Lord Derby, wies in London auch diese Aktion zurück.

Die australischen Kolonien kritisierten die englische Regierung wegen dieser Haltung heftig, so daß sich die Briten schließlich zum Handeln entschlossen. Am 19. September 1884 gaben sie den Deutschen ihre Absicht bekannt, alle Küsten Neuguineas, die nicht von den Holländern okkupiert waren, in Besitz zu nehmen, mit Ausnahme der Nordküste zwischen dem 145. östlichen Längengrad und dem holländischen Gebiet. Wie um dieses Vorhaben rasch in die Tat umzusetzen, hißte Hugh H. Romilly am 23. Oktober 1884 in Port Moresby die Flagge Großbritanniens. Die offiziell anerkannte Zeremonie fand allerdings erst am 6. November durch Commodore J. E. Erskine statt – wenige Tage, nachdem die Deutschen mit der Annektion ihres Gebiets begonnen hatten (vgl. S. 145). Nach diversen Verhandlungen einigten sich Deutsche und Engländer schließlich auf die Teilung der östlichen Hälfte von Neuguinea, wobei, wie erwähnt, den Deutschen der Nordteil und der Bismarck-Archipel, den Engländern der Südteil mit vorgelagerten Inseln zufiel. Die Grenze verlief vom Mitre Rock an der Küste, am 8. südlichen Breitengrad, quer durch die Insel.

Das britische Protektorat ›British New Guinea‹ wurde an Ort und Stelle von einem Sonderkommissar vertreten, der dem Kolonialbüro in London direkt unterstellt war. Die Amtszeit des ersten Kommissars, Sir Peter H. Scratchley, verlief tragisch: 1884 bestellt, traf er am 28. August 1885 in Port Moresby ein und starb im Dezember desselben Jahres. Streitigkeiten um die Finanzierung der Verwaltung durchzogen fast die gesamte Zeit, in der das Schutzgebiet Bestand hatte. Die australischen Kolonien weigerten sich, die volle Verantwortung zu übernehmen, und Großbritannien zeigte im Grunde wenig Interesse. Bei der Kolonialkonferenz des Jahres 1887 einigte man sich schließlich auf einen Zehnjahresplan, wobei Großbritannien 18 000 Pfund für den Kauf und Unterhalt eines Schiffes aufbringen wollte, falls die Kolonie selbst jährlich 15 000 Pfund für die Verwaltung beisteuerte.

Die Briten setzten den ehemaligen Premierminister von Queensland, John Douglas, als Sonderkommissar für das Protektorat ein. Da dieser aber wußte, daß seine Berufung nur von kurzer Dauer sein würde, legte er keinerlei Ambitionen an den Tag und erarbeitete auch keine Richtlinien für eine ordentliche Verwaltung des Territoriums. Die Regierung wurde vor allem von den Händlern bedrängt, die in neue Gebiete eindringen, feste Landrechte erwerben und Schutz vor der Feindseligkeit der einheimischen Papuaner zugesichert haben wollten. Zwar hatte Commodore J. E. Erskine bei seiner Proklamation des Protektorats am 6. November 1884 der einheimischen Bevölkerung versichert, daß das Land in ihrem Besitz bleiben würde, aber Douglas war weit davon entfernt, das zu akzeptieren: Er zeigte sich im Gegenteil bereit, große Ankäufe für künftige Siedler zu tätigen. Nur die Missionare lehnten sich gegen diese Landkäufe auf.

Die vier Jahre des britischen Protektorats von 1884 bis 1888 waren eine wenig glückliche, von vielen Streitigkeiten gekennzeichnete Zwischenphase. Regierungsbeamte, europäische Siedler und auch Einheimische erhofften sich eine entscheidende Besserung der Zustände, als das Protektorat im September 1888 den Status einer britischen Kolonie erhielt. Im März 1902 bestimmte dann ein königliches Patent, daß die Kolonie formell an das australische Commonwealth angegliedert werden sollte. Es dauerte aber noch bis September 1906, bevor die australische Regierung endlich bereit war, die Verantwortung über das nun ›Papua‹ genannte Gebiet zu übernehmen – ein Anzeichen dafür, wie gleichgültig Australien dem nördlichen Nachbarn gegenüberstand. Die Verwaltungskompetenzen in der Zeit bis 1906 waren sehr undurchsichtig aufgeteilt worden. Einerseits war die Verwaltung direkt dem britischen Kolonialbüro unterstellt, andererseits übten die australischen Kolonien eine Art Kontrollfunktion aus. Außerdem steuerten sie größere Summen für den Unterhalt der Verwaltung bei. Der höchste Beamte der Kolonie war der Administrator. Bevor er Entscheidungen traf, mußte er sich mit einem gesetzgebenden und einem Exekutivrat beraten, auch wenn er die Befugnis besaß, bei außergewöhnlichen Umständen beide zu überstimmen. Der gesetzgebende Rat hatte zwischen zwei und fünf Mitglieder, der exekutive Rat zwei weitere. In der Praxis sah es so aus, daß beide Räte letztlich von den drei obersten Beamten – dem Administrator, dem obersten Richter und dem Regierungssekretär – mehr oder minder beeinflußt wurden. Die Eingeborenen waren in diesen Versammlungen nicht vertreten.

Der erste Administrator, der Schotte Sir William MacGregor (Abb. 22), war ein bemerkenswerter Mann, von Beruf Arzt, mit großen körperlichen und geistigen Kräften ausgestattet, wegen seiner Ausdauer ebenso bewundert wie wegen seiner Bildung. Während seiner zehnjährigen Amtsperiode verbrachte er mehr Zeit damit, das Hinterland von Britisch-Neuguinea zu erforschen, als in Port Moresby hinter dem Schreibtisch zu sitzen. Auch gelang es ihm, eine geordnete Verwaltung aufzubauen, obwohl ihm insgesamt weniger als 60 Europäer zur Seite standen und dieser kleine Beamtenstab durch Kündigungen und Todesfälle im Lauf der Zeit noch weiter reduziert wurde. MacGregor machte nach seinem Abschied von Britisch-Neuguinea noch eine bemerkenswerte Karriere als Gouverneur von Lagos, dann von Neufundland und schließlich von Queensland. Besonderes Verständnis gegenüber den Eingeborenen brachte er allerdings nicht auf (s. u.).

Australische Karikatur von 1935, die die getrennte Verwaltung von Papua und Neuguinea glossiert

Unter MacGregors Nachfolger, Sir George Le Hunte, der bis 1903 im Amt blieb, gewannen die beiden Regierungsausschüsse an Bedeutung, da Le Hunte sich oft in Australien aufhielt, um Finanzmittel zu beschaffen. Auf Le Hunte folgte am 9. Juni 1903 der vorherige oberste Gerichtsbeamte, C. S. Robinson, doch seine Amtsperiode endete schon im Juni 1904 durch Selbstmord. Er hatte eine Strafaktion gegen den Goarabari-Stamm unternommen, um den Tod der Missionare Chalmers und Tompkins zu rächen, und sich dadurch den Unwillen breiter Kreise in Australien eingehandelt. Als neuer Administrator wurde der Engländer Captain F. R. Barton gewählt, während dessen Amtsperiode es allerdings zu vielen Zerwürfnissen innerhalb des Beamtenapparats kam. In seine Zeit fiel auch die offizielle Übernahme von Papua durch Australien (s. o.). Die Kritik an F. R. Barton wuchs im Lauf der Zeit stark an, bis 1906 eine königliche Kommission zusammentrat, um den Fall zu prüfen. 1907 berief sie Hubert Murray, seit 1904 oberster Gerichtsbeamter, als neuen Administrator. Er behielt diese Position 30 Jahre lang bei, hochgeachtet weit über die Grenzen seiner Heimat hinaus. Mit freundlicher Ironie wurde das Land als ›his private baby‹ bezeichnet. Der deutsche Forscher Hugo Adolf Bernatzik, der zu Beginn der dreißiger Jahre in der Südsee forschte und Sir Hubert Murray in Port Moresby kennenlernte, äußerte sich voll Bewunderung über den Gouverneur, der sogar berufsmäßige Ethnologen beschäftigte, um jeweils zu prüfen, ob sich die Verordnungen seiner Regierung nicht nachteilig für die Eingeborenen auswirkten.

Die Eingeborenenpolitik sollte stets eine zentrale Frage in Neuguinea sein, solange das Land unter weißer Herrschaft stand. Zur Zeit des britischen Protektorats wurde dieses Problem dadurch erschwert, daß die Amtsbefugnisse des Sonderkommissars sehr ungenau definiert waren, und in der Tat beschränkte sich dieser darauf, Leben und Besitz der Europäer – ob Händler, Pflanzer oder Missionare – zu schützen. Sowohl Scratchley als auch Douglas ließen ganze Dörfer niederbrennen oder zerbomben, wenn sie glaubten, daß Dorfbewohner an einem Überfall auf Weiße teilgenommen hatten.

Skrupellose Händler bedeuteten für die Eingeborenen eine stetige Gefahr – nicht nur, weil sie versuchten, ihnen ihr Land wegzunehmen, sondern auch, weil immer wieder Eingeborene zur Arbeit auf den Pflanzungen von Queensland verschleppt wurden. Immerhin war zu Beginn des Protektorats einiges geschehen, um die Eingeborenen vor solcher Willkür zu schützen. Commodore J. E. Erskine hatte bei der Ausrufung des Protektorats in verschiedenen Gegenden einheimische Häuptlinge ernannt, denen er, quasi als ›Dienstabzeichen‹, jeweils einen Ebenholzstock überreichte. Diese Häuptlinge sollten den Beamten gegenüber Beschwerden über Europäer, aber auch über andere Eingeborene vorbringen und die eigenen Leute von Gewaltakten abhalten. Die Missionare hatten diese Politik unterstützt, indem sie jene Männer vorschlugen, die Erskine als Häuptlinge einsetzte. Natürlich handelte es sich dabei um bereits missionierte Eingeborene. Diese besaßen aber, wie sich bald herausstellte, nicht die Autorität, ihren Stammesgenossen etwas zu befehlen. So ging die Regierung vielfach dazu über, Regierungserlässe einfach vorlesen zu lassen und deren Nichtbefolgung mit drastischen Strafen zu belegen – etwa der, daß man die Wasserzufuhr zu dem Dorf einfach unterbrach.

Insgesamt war die Eingeborenenpolitik in den vier Jahren des britischen Protektorats alles andere als ein Erfolg, von keinerlei Homogenität geprägt, vielmehr eine Anhäufung oft widersprüchlicher Einzelaktionen. William MacGregor, der erste Administrator, sah sich entsprechend einer schwierigen Lage gegenüber, zumal die Eingeborenen im Jahr vor seinem Eintreffen zahlreiche Angriffe gegen die Europäer gewagt hatten. MacGregor ging davon aus, daß die Eingeborenen nur eine Sprache verstehen würden, nämlich die der nackten Gewalt, und so führte er in den beiden ersten Jahren seines Amtes persönlich mehrere Polizeiexpeditionen in die Gebiete, wo es zu Konflikten gekommen war, hauptsächlich in die östlichen Teile der Kolonie.

Sein Nachfolger Sir Hubert Murray hingegen kümmerte sich in seiner Amtszeit sehr um das Wohlergehen der eingeborenen Arbeiter und schuf 1908 eine eigene Regierungsabteilung, die sich mit deren Problemen befaßte. 1906 war nämlich ein Landgesetz erlassen worden, das Einwanderern und Ansiedlern Pachtverträge von 99jähriger Dauer ermöglichte. Dies löste eine wahre Flut australischer Einwanderer aus, was wiederum zur Folge hatte, daß große Mengen eingeborener Arbeiter rekrutiert werden mußten. Um deren Arbeits- und Wohnbedingungen auf den Pflanzungen kümmerte man sich nun von Regierungsseite. Murray gründete zwei neue Regierungssitze (für den Golf-Distrikt und den südöstlichen Distrikt) und bestimmte 1911, daß alle Regierungsstationen im äußeren Randgebiet durch regelmäßige Patrouillen untereinander verbunden werden sollten. In der Zeit zwischen den Besuchen der Regierungsbeamten waren die papuanischen Dorfpolizisten die einzigen Verbindungspersonen zwischen Verwaltung und Bevölkerung. Im großen und ganzen wurden sie den in sie gesetzten Erwartungen nicht gerecht, da es den Gewohnheiten der Eingeborenen widersprach, sich regieren und befehlen zu lassen.

Angeregt von dem Vorbild der Missionare etablierte Murray im Jahre 1923 eine neue Form der örtlichen Selbstverwaltung, indem er seine Beamten anwies, aus jeder Dorfgemeinschaft einen Ältesten auszuwählen, ihn zum ›Dorfrat‹ zu ernennen und mit einem Abzeichen zu schmücken. Der Plan schlug jedoch fehl, denn die Dorfräte durften offiziell nicht als ›Häuptlinge‹ handeln (und hätten es vermutlich auch nicht vermocht), sondern sollten lediglich dazu dienen, mit den patrouillierenden europäischen Offizieren Kontakt zu halten. Und die Regierungsbeamten selbst blieben beim alten Verfahren, das darin bestand, im Dorf öffentlich die neuen Gesetze vorlesen und Missetäter durch die Dorfpolizisten festnehmen zu lassen. Zwar wurden bis 1940 an die 2000 Dorfräte einberufen, aber es handelte sich mehr um eine formelle Geste, die keinerlei grundlegende Verbesserung der Eingeborenenpolitik brachte.

Man muß Murray zugestehen, daß er während seiner Amtszeit stets versuchte, im Interesse der Eingeborenen zu wirken. 1929 erließ er eine Bestimmung, nach der die Dorfältesten bei Gerichtsverhandlungen als Beisitzer hinzuzuziehen seien, um die europäischen Beamten über traditionelle Bräuche zu unterrichten, falls diese für den verhandelten Fall Bedeutung hatten. Da aber die meisten Magistratsbeamten nicht bereit waren, sich dieser Auflage zu beugen, kam die gute Absicht nicht zum Tragen. Es gab nur wenige Gebiete, wo die Eingeborenen in Versammlungen eine gewisse Machtposition ausübten, hauptsächlich in dem Milne Bay-Gebiet und im Hanuabada-Dorf von Port Moresby.

Die finanzielle Unterstützung Australiens für das Gebiet von Papua betrug nie mehr als 50 000 Pfund im Jahr, die Verbesserung der Finanzlage der Verwaltung und der Eingeborenenfürsorge war also nur durch erhöhte Produktion seitens der Eingeborenen selbst möglich. 1918 wurde deshalb ein Erlaß ausgegeben, der von allen Dörfern verlangte, in größerem Maß als bisher Kokosnüsse anzupflanzen. Desgleichen führte man eine Kopfsteuer für alle erwachsenen Männer ein. Die Einnahmen flossen vor allem den Gesundheits- und Erziehungsdiensten der verschiedenen Missionen zu.

Nach dem Ersten Weltkrieg erreichte die Auflehnung der Eingeborenen in Form der sogenannten ›Cargo-Kulte‹ ihren Höhepunkt. Bei den ›Cargo-Kulten‹ handelte es sich um eine psychologische Reaktion der Ureinwohner auf ihre Konfrontation mit den Weißen und deren Lebensformen. Bislang hatte das Interesse der Menschen hierzulande der Befriedigung der täglichen Bedürfnisse gegolten, darüber hinaus dienten alle Anstrengungen religiösen Zwecken. Nun aber waren in ihnen neue Wünsche und Begierden geweckt worden, die sie sich nicht erfüllen konnten. Sie sahen die Weißen im Besitz von Gütern, die sie ersehnten, aber nicht bekamen. Die Cargo-Kulte drücken in exzessiver Weise den Wunsch nach materiellem Reichtum im Sinne der westlichen Konsumgesellschaften aus; man erhoffte die Güter der Weißen und gleichzeitig die Vertreibung der Fremden. ›Cargo‹ bedeutet in vollem Sinn übersetzt ›Fracht‹: Schiffsladungen mit Besitz würden kommen – und mit ihnen die eigenen Ahnen, um wieder die früheren Zeiten zu etablieren.

Die ›Cargo-Kulte‹, die in den verschiedensten Ausprägungen auftraten, hielten sich sehr lange – erste Meldungen stammen aus den neunziger Jahren des vorigen Jahrhunderts, letzte noch aus der Mitte der sechziger Jahre. Meist standen einzelne Eingeborene als Führer oder Heilige auf; manchmal lockten sie ihren Landsleuten betrügerisch das Geld aus den Taschen, bisweilen propagierten sie Steuerverweigerung, dann wieder gewaltsame Erhebung. Die ›Cargo-Kulte‹ flammten während des Zweiten Weltkriegs erneut auf, als die amerikanischen Schiffe alle begehrten Konsumgüter auf die Insel brachten und manche großzügige schwarze GI's begannen, einige Waren unter die Eingeborenen zu verteilen. Jedenfalls lernten die Eingeborenen aus diesen Bewegungen, die weißen Pflanzer als Ausbeuter und die Missionare vielfach als doppelzüngige Heuchler zu betrachten, die das Christentum der Brüderlichkeit, das sie predigten, nicht selbst praktizierten. Die ›Cargo-Kulte‹ sind somit genauso als Aufstand der Farbigen gegen ihre weißen Unterdrücker zu verstehen, wie Revolutionen in vielen Teilen der Welt.

Zusammenfassend kann man feststellen, daß es in den Jahren von 1908 bis 1940 in zunehmendem Maße gelang, größere Gebiete von Papua unter Regierungseinfluß zu bekommen. Die Verwaltung lag stets in den Händen einiger weniger europäischer Beamter. Nach Murrays Tod im Februar 1940 wurde sein Neffe, H. L. Murray, zum Nachfolger berufen. Von diesem Zeitpunkt an wurde der Einfluß des australischen Beamtenstandes auf die Geschehnisse in beiden Teilen von Neuguinea größer und die Selbstbehauptung der Eingeborenen wieder nach Kräften zurückgedrängt.

Vom Zweiten Weltkrieg bis zur Unabhängigkeit

Der Krieg mit Japan bedeutete einen gewaltigen Einschnitt in die Verwaltungsstruktur Neuguineas, da Vereinfachung und Vereinheitlichung not taten. Im Februar 1942 schuf man den Kern einer militärischen Verwaltung mit den Einheiten Neuguinea und Papua, die schon wenig später, im April 1942, zur sogenannten ›Australian New Guinea Administration Unit‹ – abgekürzt ANGAU – mit Sitz in Port Moresby zusammengeschlossen wurden. Seit dieser Zeit befinden sich die bis dahin getrennten Gebiete von Papua (ehemalige britische Kolonie) und Neuguinea (ehemalige deutsche Kolonie) unter einheitlicher Verwaltung. Die praktische Arbeit von ANGAU lag in den Händen der Männer, die vor dem Krieg Mitglieder der zivilen Administration gewesen waren und die nun in militärische Ränge – im allgemeinen in den eines Majors – befördert wurden. ANGAU ging es zunächst darum, eingeborene Arbeitskräfte zu verpflichten, die der Armee als Träger dienen konnten und bei der Errichtung von Straßen, Landeplätzen, Schiffs- und Hafeneinrichtungen eingesetzt werden sollten. Auch oblag es ANGAU, ein Eingeborenenbataillon zu rekrutieren. Die wesentlichste wirtschaftliche Aufgabe dieser Zeit bestand darin, die strategisch so wichtigen Rohstoffe wie Copra und Gummi, an denen großer Bedarf bestand, weiterhin zu produzieren und nach Australien zu schaffen. In vielen verlassenen Pflanzungen wurde die Produktion nun wieder aufgenommen.

Bei der Rekrutierung der einheimischen Arbeitskräfte ging man nicht zimperlich vor. Es herrschten ähnliche Praktiken wie bei einer militärischen Einberufung; den Eingeborenen war es angesichts der drohenden schweren Strafen kaum möglich, sich der ›Anwerbung‹ zu entziehen. Die Methode erwies sich als wirksam – so lag etwa die Gummiproduktion 1942 höher als jemals in Friedenszeiten. Hatte man im Oktober 1942 erst knapp 4000 Eingeborene zu militärischen Diensten einberufen, so zählte man zwei Monate später schon 16 000, im September 1943 30 000 und im Juli 1944 dann 40 000. Offiziellen Schätzungen zufolge waren auf dem Höhepunkt der kriegerischen Aktionen 55 000 eingeborene Arbeiter zum Militärdienst verpflichtet. Besonders bewährten sie sich 1942 während der Kämpfe entlang des Kokoda-Pfades (s. u.), wo sie als Träger erstaunliche Leistungen beim Transport von Nachschubmaterial und der Evakuierung verwundeter Soldaten zeigten. Sie konnten sich als einzige in einem gebirgigen Dschungelterrain bewegen, das weder von motorisierten Transportmitteln noch von Tieren bewältigt werden konnte.

Die Japaner begannen ihren Siegeszug in Neuguinea mit der Besetzung von Rabaul und Kavieng im Januar 1942; es folgten die Einnahme von Lae und Madang und später von Hollandia im holländischen Teil der Insel. In den Kämpfen um den Kokoda-Pfad 1942 versuchten australische und einheimische Kräfte, den Vormarsch der Japaner auf Port Moresby aufzuhalten. 48 km vor der Hauptstadt gelang dies auch tatsächlich, wobei die japanischen Einheiten weitgehend aufgerieben wurden. Die Kämpfe zwischen den Invasoren und den alliierten Truppen, die die australischen ab 1943 unterstützten, währten allerdings noch mehr als zwei Jahre. Erst am 6. September 1945 ergaben sich die Japaner in Rabaul. Am 30. Oktober 1945 wurde eine provisorische zivile Verwaltung eingesetzt, die am 1. Juni 1949 von einer permanenten abgelöst wurde.

Nach dem Krieg herrschten in Neuguinea zunächst chaotische Zustände. Es dauerte einige Zeit, bis die japanischen Kriegsgefangenen und die alliierten Einheiten abtransportiert werden konnten und die europäischen Siedler auf ihre Pflanzungen zurückgekehrt waren; die berechtigten Schadensersatzansprüche der Eingeborenen, die unter Kriegszerstörungen zu leiden hatten, wurden nur sehr schleppend bearbeitet. Die provisorische Verwaltung hatte zwar, wie schon in den Zeiten der ANGAU, die ganze Osthälfte der Insel unter sich, aber es gab Spannungen, die auf die verschiedenen Verwaltungstraditionen zurückzuführen waren: Die Beamten im ehemalig deutschen Neuguinea richteten ihre Arbeit vor allem auf straffe Effizienz aus, während die im ehemalig britischen Papua in der Tradition ihres Gouverneurs Sir Hubert Murray standen und die Interessen der Eingeborenen in weitaus stärkerem Maße beachteten.

Die Verwaltung unterstand dem australischen ›Department of External Territories‹. In einer vielzitierten Rede im Abgeordnetenhaus von Canberra am 4. Juli 1945 sagte der zuständige Minister E. J. Ward, die Regierung sei nicht damit zufrieden, daß man vor der japanischen Invasion ausreichendes Interesse und entsprechende Mittel in dieses Gebiet investiert hätte. Abgesehen von der Dankbarkeit, die das Volk von Australien den Eingeborenen schulde, empfände es die Regierung als ihre Pflicht, alles in ihren Kräften stehende zu tun, um die Verbesserung der Lebensbedingungen der Eingeborenen zu gewährleisten, und sei der Meinung, daß das nur durch bessere Einrichtungen des Gesundheits- und Erziehungswesens erreicht werden könne sowie durch eine größere Beteiligung der Eingeborenen am Reichtum des Landes und über kurz oder lang auch an der Regierung.

Diese Erklärung über die künftige Marschrichtung der australischen Verwaltung im ›Territory of Papua New Guinea‹ stieß in konservativen Kreisen auf Ablehnung, dagegen auf

Zustimmung bei den Liberalen. Aber es sollte noch lange Zeit dauern, bis konkrete Pläne ausgearbeitet wurden, um diese Vorhaben in die Tat umzusetzen. Immerhin ging man von der vor dem Krieg gehegten Ansicht ab, Papua und Neuguinea müßten sich allein erhalten können: Die jährlichen Zuwendungen des Commonwealth wurden 1945 von bislang 42 500 Pfund auf 250 000 Pfund erhöht.

Trotz dieser Erhöhung blieben die finanziellen Mittel unzureichend. Man bemühte sich zwar, die früheren Regierungsstationen wieder zu eröffnen, aber man war nicht mehr in der Lage, regelmäßige Patrouillen in die entlegenen Gebiete durchzuführen. Diese Vernachlässigung zusammen mit den Auswirkungen des Krieges, der die Eingeborenen auch psychisch schwer belastet hatte, führte zum Aufleben der Cargo- und anderer mystischer Kulte (vgl. S. 137f.). Außerdem hatten die sporadischen Kontakte der Weißen mit dem Hochland während des Kriegs üble Nebenwirkungen gezeitigt: Durch die Verlagerung von Truppen und Arbeitskräften von der Küste ins Hochland waren dort Malaria und Dysenterie eingeschleppt worden, und da die Eingeborenen dagegen keine natürlichen Abwehrkräfte besaßen, war medizinische Versorgung dringend nötig, wollte man die Ausrottung ganzer Stämme verhindern.

Vorrangig blieb das Problem der einheimischen Arbeitskräfte. Die Verwaltung machte einen verhängnisvollen Fehler, als sie mit Wirkung vom 15. Oktober 1945 alle bestehenden Arbeitsverträge außer Kraft setzte. Auf den Pflanzungen, in den Häfen und einigen Dörfern entstand dadurch eine chaotische Situation. Nun mußte man zur Behebung des Problems ein eigenes Ministerium für eingeborene Arbeitsfragen einrichten, das immerhin etwa 30 Personen beschäftigte – ebensoviele wie das Finanzministerium. In der Folge wurden an die 600 Inspektionsreisen jährlich getätigt, um die Einhaltung der neuen Arbeitsverträge zu überprüfen. Diese neuen Verträge banden die Arbeiter streng, und es kam nunmehr zu einem eklatanten Mangel an Arbeitskräften. Während der ersten Nachkriegsjahre war die Verwaltung selbst Hauptarbeitgeber; fast ein Viertel der zur Verfügung stehenden Arbeitskräfte stand in ihren Diensten. In der Folgezeit lag die Priorität bei der landwirtschaftlichen Erschließung. Die australische Politik lief darauf hinaus, eine Gesellschaft von Kleinbauern zu schaffen, die über den Eigenbedarf hinaus einen verkäuflichen Überschuß produzieren könnte. Die zunehmenden Erträge an Kakao und Kaffee und die Errichtung von Teeplantagen sind auf diese Bemühungen zurückzuführen.

Die australische Verwaltung widmete sich auch energisch dem Problem der Landregistrierung, da die meisten der diesbezüglichen Unterlagen im Krieg verlorengegangen waren. Des weiteren wurden zwischen den Siedlungen Radiokontakte geschaffen und innerhalb der Städte Telefonnetze errichtet; ebenso beschäftigte man sich mit Konzepten für eine Lokalverwaltung und der Einberufung eines Gesetzgebenden Rates, wo neben Europäern auch Eingeborene als gewählte Mitglieder vertreten sein sollten.

Der Zusammenschluß der beiden Teile Papua und Neuguinea wurde 1949 durch ein Gesetz bekräftigt. Die Vereinten Nationen erneuerten das australische Völkerbund-Mandat für das Gebiet unter der Auflage, Vorbereitungen für die Unabhängigkeit zu treffen. Noch waren das australische Ministerium für externe Territorien und ein australischer Generalgouverneur für das Land zuständig, aber bis 1970 wurden schrittweise viele Ressorts den Behörden von Papua-Neuguinea unterstellt, beispielsweise Landwirtschaft, Gewerbeausbau, Erziehung, Gesundheitswesen, Industrie und Handel, Arbeitswesen, gemeinnützige Einrichtungen, Post und Telegraphie, Verkehrswesen, soziale Förderung, Forstwesen usw. Schließlich verblieben nur noch die Bereiche Handels- und Außenpolitik, Polizei- und Justizwesen, Militär und öffentliche Bedienstete unter direkter australischer Verantwortung.

Die australische Regierung, die sich nur die Hintertür eines Vetorechts freigehalten hatte, sorgte auch für verbesserte Schulbildung: 1969 war schon ein Drittel aller Grundschüler in Regierungsschulen und nicht mehr ausschließlich in den Missionen ausgebildet worden, bei den höheren Schulen sogar zwei Drittel aller Absolventen. Unter dem Stichwort ›Lokalisierung‹ nahm man mehr und mehr Einheimische in den öffentlichen Dienst auf und baute gleichzeitig die Zahl australischer Verwaltungskräfte ab.

Die Gleichstellung von Farbigen und Weißen verlief aber auch hier nicht weniger problematisch als in anderen Teilen der Welt. Zwar konnten sich gebildete Einheimische bald zu Direktorenposten, beispielsweise auf den Gebieten von Landvermessung und Bergbau, emporarbeiten, aber in der Bezahlung bestanden gravierende Unterschiede. Als schließlich im August 1968 die Gehälter beider Gruppen aneinander angeglichen wurden, hielt man für die Weißen das System der Auslandszulagen bereit, so daß unter dem Strich ein Ausländer ungefähr das dreifache verdiente wie ein Einheimischer in der gleichen Position. Das führte zu Protesten, die sich im Juli 1970 beim Besuch des australischen Premierministers in Form von Kundgebungen manifestierten.

Auf anderem Gebiet allerdings gab man sich fortschrittlicher als die westliche Welt: So bekamen Frauen im öffentlichen Dienst bereits ab Juli 1969 gleichen Lohn für gleiche Arbeit. Die Regierung des unabhängigen Papua-Neuguinea sollte später die Gleichberechtigung der Frau als einen der Hauptpunkte in ihr Regierungsprogramm aufnehmen, eine enorme Leistung angesichts des fast ausnahmslos streng patriarchalischen Gefüges der traditionellen Gesellschaft.

Der Weg von Papua-Neuguinea in die Unabhängigkeit war langwierig und alles andere als geradlinig. Dies spiegelt sich wider in der verworrenen Geschichte der Parteigründungen und -umgruppierungen:

Die ersten politischen Parteien in Papua-Neuguinea waren Ableger von überregionalen, außerhalb von Papua-Neuguinea angesiedelten Organisationen. Zunächst war in den zwanziger Jahren in Rabaul unter den dortigen Chinesen eine Zweigstelle der Kuomintang entstanden, der chinesischen nationalistischen Partei, die weniger Pläne für das ganze Land im Auge hatte als die Wohlfahrt der lokalen chinesischen Bevölkerung. Die Japaner, die in der Kuomintang einen natürlichen Feind sahen – Tschiang Kai Check war ja einer ihrer großen Gegner –, rotteten die Partei aus. Nach dem Krieg etablierte sie sich wieder, und zwar als Sprachrohr des Antikommunismus der ansässigen Chinesen, von denen viele die bevorstehende Unabhängigkeit von Papua-Neuguinea befürchteten und nach Australien auswandern wollten. Nachdem Australien 1957 das Recht der Übersiedlung zugestanden hatte, verlor die Partei ziemlich rasch an Bedeutung.

Schon vor dem Zweiten Weltkrieg bemühte sich die australische ›Labour Party‹ um eine Vertretung in Papua-Neuguinea. 1938 wurde eine Zweigstelle in Wau errichtet, 1941 folgten weitere in Port Moresby und Rabaul. Auch das ›United Australia Movement‹, eine kleine konservative Partei, die aus Papua-Neuguinea den siebenten australischen Staat machen wollte, suchte Anhänger, kam aber über eine konstituierende Versammlung im August 1962 in Port Moresby nicht hinaus und löste sich auf, als die 500 anwesenden Eingeborenen entschieden gegen dieses Vorhaben protestierten.

Bevor sich in den sechziger Jahren eigene, bodenständig gewachsene politische Parteien zu etablieren versuchten, gab es schon Vorläufer wie einige Cargo-Kulte, deren Anhänger, abgesehen von mystisch-religiösen Ambitionen, durchaus auch politische Ziele verfolgten, des weiteren die ›Steuerzahler-Vereinigung‹, eine Farmer-, Bauern- und Siedlervereinigung und verschiedene Pflanzerverbände. Die erste offizielle Partei, die im Gebiet des heutigen Papua-Neuguinea entstand, war dann die gemischtrassige ›United Progress Party‹, gegründet im Oktober 1960 von drei Mitgliedern des abgelösten Legislative Council, die bei den Wahlen 1961 vier Kandidaten – einen Eingeborenen und drei Weiße – durchbringen konnte, aber bald wieder zerfiel. Nach den Wahlen zum Abgeordnetenhaus im September 1964 versuchten dann einige der unabhängigen Kandidaten einen Zusammenschluß zustande zu bringen, die sogenannte ›Elected Members Group‹, die jedoch nur bis zum Juni 1966 hielt. Im selben Zeitraum kam es zur Gründung der ›New Guinea United National Party‹, die im September 1965 mit sehr viel Publizität aus der Wiege gehoben wurde. Sie hatte das Ziel, unter den Mitgliedern des Abgeordnetenhauses Anhänger zu finden, bestand aber, zumindest dem Namen nach, nur bis zum Juni 1967. Dann gaben ihre Führer bekannt, daß ihre Mitglieder und Geldmittel zur ›Pangu Party‹ (s. u.) übergegangen seien.

In diesem Jahr 1967 herrschten hektische politische Aktivitäten – rund ein halbes Dutzend Parteien unterschiedlicher Bedeutung und Lebensdauer traten damals an die Öffentlichkeit. Die erste davon war die ›United Christian Democracy Party‹ (UCDP), die kurz vor der Wahl im Mai 1967 ihren Namen in ›United Democracy Party‹ verkürzte. Eines ihrer Anliegen war es, das Pidgin-Englisch als Nationalsprache einzuführen.

Die bedeutendste Partei des Landes wurde im Januar 1967 gegründet: die sogenannte ›Pangu Party‹. Bei ihren Mitgliedern handelte es sich vor allem um junge, ehrgeizige Beamte, die teilweise radikale Ansichten vertraten. Der australischen Verwaltung waren sie ein Dorn im Auge, vor allem, nachdem es ihnen gelang, im Abgeordnetenhaus 15 der radikaleren Mitglieder für ihre Sache zu gewinnen. Der Vorsitz der ›Pangu Party‹ wechselte zwischen vier Personen, von denen Michael Somare, der heutige Regierungschef von Papua-Neuguinea, ein Journalist aus dem Sepik-Gebiet, die herausragende Persönlichkeit war. Die Partei hatte übrigens den ersten bezahlten Parteisekretärposten zu vergeben: Ihn erhielt Albert Maori Kiki, der spätere Außenminister, von dem noch an anderer Stelle die Rede sein wird, da sein Buch ›Ich lebe seit 10 000 Jahren‹ zu den wichtigsten Dokumenten gehört, die im Europäer Verständnis für die Eingeborenen von Papua-Neuguinea wecken können.

Das Programm der ›Pangu Party‹ umfaßte zwei wesentliche Punkte: 1) eigenständige Verwaltung, die zur völligen Unabhängigkeit führen sollte; 2) Vereinigung von Papua und Neuguinea, wobei ›Pangu‹ als sprachliche Schöpfung für ein Land und ein Volk, unabhängig von Rasse und Sprachen, stehen sollte. Außerdem übernahmen die Pangu-Vertreter die Idee der UCDP (s. o.), Pidgin zur alles verbindenden Hauptsprache des Landes zu erklären, auch wenn sie Englisch als offizielles Idiom im Verwaltungs- und Handelsbereich beibehalten wollten.

Um 1970 hatte sich die Pangu Party mit etwa zehn festen Mitgliedern im Abgeordnetenhaus als einzige stabile politische Vereinigung etabliert. Sie baute ihre Position in der Folgezeit weiter aus und publizierte auch eine eigene monatliche Zeitschrift, die ›Pangu Pati Nius‹. Die Abgeordneten der ›Pangu Party‹ weigerten sich, irgendwelche Ministerposten zu bekleiden, weil sie aus der Opposition heraus agieren wollten, ohne der australischen Verwaltung zu ermöglichen, sie zu vereinnahmen. Im Gegensatz dazu gab es eine sogenannte ›Independent Members Group‹, die zeitweise bis zu 70 Mitglieder aufweisen konnte und durchaus bereit war, ihre Abgeordneten in Ministerposten aufrücken zu lassen.

Daneben kamen regionale Verbindungen auf. Sie vertraten vordringlich ihre örtlichen Interessen und wurden zu keinem nationalen Faktor, wohl aber zu Unruheherden. Da war die ›Melanesian Independent Front‹ (MIF), die im Oktober 1968 in Rabaul gegründet wurde und kurz vor ihrer Auflösung Ende 1969 etwa 1000 Mitglieder auf Bougainville und Neuirland zählte. Als Gegenbewegung war schon im November 1968, gleichfalls in Rabaul, die ›United Niugini Party‹ ins Leben gerufen worden, nur um die Politik der MIF zu bekämpfen. Im Februar 1969 schloß sie sich mit der im gleichen Raum entstandenen ›United Islands Political Society‹ zur ›United Political Society‹ zusammen, die sich wiederum im Mai desselben Jahres zur ›Mataungan Association‹ umformierte, die von Stammesangehörigen der Tolai dominiert wurde. Im südlichen Teil von Bougainville wurde eine weitere Partei gegründet: Die ›Napidakoe Navitu‹ entstand im Juli 1969 mit Zielen, die mit dem entstehenden Kupferprojekt zusammenhingen. Zuerst wollte sie die Landverkäufe boykottieren und dann, als das nicht möglich war, für ihre Mitglieder, die Verkäufer, bessere Preise erzielen. Von dieser Partei gingen die Bestrebungen aus, Bougainville von dem künftigen Staat Papua-Neuguinea abzutrennen – was später dann eines der ersten Hauptprobleme des jungen Staates werden sollte (vgl. S. 307). Die vom Ausland unabhängigen Gruppen hatten inzwischen mehrfach einen Wandel erfahren, waren zur ›Compass Party‹ geworden und hatten sich dann zur ›United Party‹ umorganisiert. Eine Splittergruppe dieser unabhängigen Kreise stellte die mittlerweile gegründete ›People's Progress Party‹ dar, und fast gleichzeitig wurde im Hochland die ›National Party‹ ins Leben gerufen, die der ›Pangu Party‹ nahestand.

Für das Jahr 1972 waren Wahlen angesetzt, und die vier nunmehrigen Hauptparteien – ›Pangu‹, ›United‹, ›People's Progress‹ und ›National‹ – rüsteten zusammen mit der ›Mataungan Association‹ zum Kampf um Sitz und Stimme im Parlament. Der Ausgang der Wahl zeigte, daß die ›Pangu Party‹ zwar keine absolute Mehrheit erringen konnte, daß es ihr aber möglich war, in Koalition mit Splittergruppen die Regierung zu bilden. Es kam zu zahlreichen Koalitionsgesprächen mit unabhängigen Abgeordneten und zu verschiedenen Vereinbarungen. Am 19. April 1972 – es war sein 36. Geburtstag – konnte Michael Somare die zukünftige nationale Koalitionsregierung präsentieren, und wenige Tage darauf wurde er in das Amt des Premierministers von Papua-Neuguinea eingeführt.

Die neue Regierung bemühte sich um ein rasches Inkrafttreten der Unabhängigkeit. Am 1. Dezember 1973 gestand die australische Regierung dem Volk von Papua-Neuguinea Selbstregierung zu – was im Abgeordnetenhaus des Gebiets, dem ›House of Assembly‹, das als vorläufiges Parlament fungierte, durchaus nicht einstimmig gebilligt wurde. Bei der Schlußabstimmung über die Selbstverwaltung des Territoriums kam es zu 52 Pro- und immerhin noch 34 Kontra-Stimmen.

Nachdem die Abspaltungsbewegung von Bougainville durch den persönlichen Einsatz von Michael Somare einigermaßen unter Kontrolle gebracht worden war, kam es von anderer Seite aus zu Unabhängigkeitsbestrebungen: Eine Frau, Josephine Abaajah, lehnte die Vereinigung des ehemaligen Papua mit Neuguinea ab und gründete die ›Papua-Basena‹-Unabhängigkeitsbewegung. Sie war seither in allen Parlamenten präsent, wenn auch nur mit einer Handvoll von Abgeordneten.

Ursprünglich war das Inkrafttreten der Unabhängigkeit für den 1. Dezember 1972 vorgesehen gewesen, verschob sich aber mehrfach und wurde erst am 16. September 1975 offiziell verkündet. Die Regierung von Premierminister Michael Somare bestand u. a. aus dem stellvertretenden Premier- und Landwirtschaftsminister Dr. John Gees, aus Sir Albert Maori Kiki mit dem Ressort für Außenpolitik und Außenhandel und Dr. Julius Chan als Handelsminister.

Die Regierung des unabhängigen Staates, der sich als parlamentarisch-demokratische Monarchie versteht und Königin Elizabeth II. als Staatsoberhaupt anerkennt, formulierte ein Acht-Punkte-Programm mit folgenden Zielen:

»1. Ein rascher Anstieg der wirtschaftlichen Anteilnahme von Papua-Neuguinea-Bewohnern im individuellen und sozialen Bereich, und ebenso ein rascher Aufstieg in der Einkommensbeteiligung für die einheimische Bevölkerung.

2. Eine gerechtere Verteilung der wirtschaftlichen Erträge, einschließlich Angleichung der Bezahlung der einheimischen Bevölkerung und gleiche Arbeitschancen und Dienstleistungen in den verschiedenen Landesteilen.

3. Dezentralisation wirtschaftlicher Unternehmungen, Planungen und Regierungsausgaben unter Betonung landwirtschaftlicher Entwicklung, dörflicher Industrie, Verbesserung des Innenhandels und erhöhter Zuweisungen für regionale Aktivitäten.

Wappen und Flagge von Papua-Neuguinea

4. Unterstützung des Einzelhandwerks und des lokalen Dienstleistungs- und Geschäftswesens unter weitestmöglicher Stärkung typischer Papua-Neuguinea-Formen wirtschaftlichen Lebens.
5. Eine möglichst unabhängige Wirtschaftsordnung, die den Bedarf der Bevölkerung weniger an den Importgütern ausrichtet, als vielmehr an den eigenen Produktionsmöglichkeiten.
6. Ausbau eines Systems, das darauf verzichtet, die zentralen Regierungsaufgaben zu erhöhen, sondern statt dessen Finanzaufkommen und Ausgaben weithin regional steuert.
7. Zunahme aktiver und gleichberechtigter Beteiligung von Frauen in allen wirtschaftlichen und sozialen Bereichen.
8. Regierungskontrolle und Beteiligung in allen jenen Sektoren des Wirtschaftslebens, wo Kontrolle zur Durchführung dieser Entwicklungsziele nötig erscheint.«

Die Hauptbemühungen der neuen Regierung waren (und sind) somit unter den Begriffen ›Gleichheit‹, ›Selbstverantwortung‹ und ›ländliche Entwicklung‹ zusammenzufassen. Dabei wählte man bewußt den Weg, die alte Gesellschaftsordnung der Stammesverbände nach Möglichkeit nicht zu zerstören. Zur ›Gleichheit‹ hieß es damals in der Erklärung der Regierung:

»Der Begriff ›Gleichheit‹ ist in den alten Gesellschaftsordnungen von Papua-Neuguinea immer wichtig gewesen. Wir hatten unsere führenden Männer und sogar Häuptlinge in einigen Gebieten. Aber wir hatten niemals diesen großen Kontrast zwischen Reichen und Armen, den man in manchen sog. modernen Gesellschaftsordnungen findet. Wenn wir arm waren, dann waren wir alle zusammen arm. Und die führenden Männer haben ihre Verpflichtungen den Geringeren gegenüber nie vergessen. Jeder Mann und jede Frau konnte mit der Familie oder der Sippe rechnen und sich versorgt wissen. Diesen Geist des Teilens müssen wir uns erhalten, auch wenn wir uns bemühen, einige der Vorzüge der modernen Technologie zu erreichen.

Wir wollen keine moderne Gesellschaft aufbauen, wenn das heißt, daß in ihr nur der Mächtige und Reiche die Vorzüge genießen kann.

Es ist nicht recht, wenn einige in Luxusautos fahren – oder sogar zwei Autos haben –, während die meisten Leute immer noch auf Buschpfaden wandern.

Es ist nicht recht, teuere Krankenhäuser zu haben, die nur wenigen dienen, wenn die meisten Menschen nicht einmal eine kleine Ambulanz in ihrer Nähe haben. Es ist nicht recht, zehn- oder fünfzehntausend Dollar für teuere Häuser einiger weniger auszugeben, wenn mehr und mehr unserer Leute in Wellblechhütten und Kartonbuden in den Slums leben.

Wenn wir unsere Wirtschaft modernisieren wollen, so laßt uns das auf eine Art und Weise tun, die den für unsere Kultur so wichtigen Gleichheitsgedanken enthält. Es geht uns weder um eine kapitalistische noch um eine sozialistische Entwicklung. Zu viele Länder haben sich schon sozialistisch genannt, aber das Ideal der Gleichheit darüber vergessen. Wir entwickeln auf typische Papua-Neuguinea-Weise etwas, was in unserer eigenen Kultur und in unseren Traditionen angelegt ist. Und Gleichheit ist ein ganz wichtiger Bestandteil dieser Traditionen.«

Die Regierung wollte von Anfang an nicht Fortschritt um jeden Preis erreichen, sondern mit einer Politik der behutsamen Schritte der Eigentümlichkeit der Nation Rechnung tragen. Einer der bemerkenswertesten Sätze im Regierungsprogramm war jener:

Prominente Gäste des jungen Staates im Jahre 1984: Der britische Kronprinz Charles ...

»In allen unseren 700 Sprachen gibt es keine Wörter für Slums, Arbeitslosigkeit oder Umweltverschmutzung. Wollen wir wirklich diese Art Land aufbauen, wo man solche Wörter braucht?«

Wie wir wissen, hat der Fortschritt eine Art Eigendynamik, die jeden dieser Begriffe auch in Papua-Neuguinea Realität werden ließ – ob es nun um die furchtbaren Wellblechhäuser von Hanuabada geht, die Lage der Fabrikarbeiter oder das Schiff, das im Juli 1984 mit einer Ladung von tödlichem Zyankali vor Port Moresby sank.

Im Jahre 1977 kam es zu Neuwahlen, bei denen die ›Pangu Party‹ wiederum nicht die absolute Mehrheit erringen konnte und eine Koalition mit der ›People's Progress Party‹ unter Sir Julius Chan eingehen mußte. Die Koalition brach im November 1978 auseinander, und die ›Pangu Party‹ verbündete sich nunmehr mit der ›United Party‹. Zu Beginn des Jahres 1980 kam es zu einem Mißtrauensvotum der United-Fraktion, worauf Michael Somare seinen Rücktritt erklärte. Daraufhin übernahm Sir Julius Chan das Amt des Premierministers, aber nur bis zu den Wahlen vom Jahre 1982, aus denen die ›Pangu Party‹ gestärkt hervorging (52 von insgesamt 109 Parlamentssitzen), während keine der anderen Parteien mehr als zwölf Sitze erreichen konnte. Michael Somare, längst zum ›Vater der Nation‹ erklärt, kehrte in seine Funktion als Premierminister zurück, und es hat den Anschein, daß sich daran für absehbare Zeit nichts ändern dürfte.

... und Papst Johannes Paul II. (vgl. S. 194)

Letzte Angaben über Papua-Neuguinea nennen für 1981 ein Bruttosozialprodukt von 2,5 Milliarden Dollar (Österreich, das ein Fünftel so groß ist, hat über 67 Milliarden). Im Frühjahr 1984 gab Michael Somare bekannt, daß Papua-Neuguinea als siebenter Staat der 1967 gegründeten ASEAN-Vereinigung (der bisher die Philippinen, Malaysia, Indonesien, Singapur, Thailand und Brunei angehören) beitreten werde.

Wirtschaftliche Erschließung

Bis zur Mitte des vorigen Jahrhunderts bot Neuguinea für Europäer so gut wie keine wirtschaftlichen Anreize. Nur Walfänger machten gelegentlich im Bismarck-Archipel und auf den nördlichen Solomonen Station, um Wasser und Vorräte zu ergänzen. 1865 begannen dann Händler von Sydney aus, sich um die Verwertung der Perlen und Seegurken in den Gewässern um Neuguinea zu bemühen, vor allem in der Torres-Straße und den dort gelegenen Inseln. Danach, etwa ab 1870, faßte man die reichen Holzbestände Neuguineas ins Auge. Anfangs erwartete man sich Profit von Sandelholz, aber bald stellte sich heraus, daß die auf der Insel vertretene Art keine dauerhaften Gewinne versprach.

Australische Karikatur von 1883, die auf die Ausplünderung Neuguineas durch Queensland hinweist

Captain Henry, Kommandant der letzten Kolonistenexpedition nach ›Port Breton‹ (Neuirland), mit zwei eingeborenen Begleitern (Darstellung um 1882)

1871 begann die deutsche Handelsfirma Johann Caesar Godeffroy & Söhne aus Hamburg, die eine Station in Apia auf Samoa unterhielt, ihre Schiffe zum Bismarck-Archipel und zu den Admiralitätsinseln zu schicken, um dort vor allem Copra (s. u.) und Schildkrötenpanzer einzukaufen. Ein Jahr später richtete ein Engländer in Port Hunter auf den Duke of York-Inseln die erste permanente Handelsstation Neuguineas ein. 1873 beschloß die Godeffroy-Gesellschaft, das gleiche zu tun und gründete zwei Niederlassungen auf der Gazellenhalbinsel von Neubritannien. Copra, das geschnittene und getrocknete Fleisch der Kokosnuß, das noch zu einem der wichtigsten Exportartikel der Insel werden sollte, wurde in dieser Zeit in einer Menge von etwa 2000 Tonnen jährlich ausgeführt. Ein anderes Handelsobjekt waren Menschen. Auf Fidschi und Queensland an der Westküste Australiens herrschte steter Mangel an Arbeitskräften, und so wurden junge Männer mehr oder minder gewaltsam für die Arbeit auf den Zuckerrohrplantagen ›angeworben‹. Auch wenn die Missionare dieser Praxis starken Widerstand entgegensetzten, schätzt man, daß allein im Jahre 1883 rund 2500 junge Männer aus Neuguinea verschleppt wurden.

In dieser Zeit kam auch allmählich der Gedanke auf, daß Neuguinea ein Land sei, in dem sich Europäer ansiedeln könnten, weil Landwirtschaft und die Ausbeutung von Bodenschätzen Gewinn versprachen. Zum Zweck der Besiedlung wurde 1867 in New South Wales eine Gesellschaft gegründet, 1875 formierte sich mit gleicher Intention in England ein Syndikat, und die Deutsche Seehandels-Gesellschaft, 1880 von einer Gruppe Berliner Bankiers gegründet, faßte ebenfalls dieses Ziel ins Auge. Schon 1872 segelte ein Schiff mit hoffnungsvollen Goldsuchern von Sydney aus los, doch kenterte es am Großen Barriereriff vor der Küste von Queensland. Erst fünf Jahre später, als man in der Nähe von Port Moresby Gold entdeckte, kam eine größere Anzahl von Goldsuchern nach Neuguinea, und die Regierung setzte einen Agenten ein, um für Ruhe und Ordnung zu sorgen.

Wenig bedeutungsvoll für die wirtschaftliche Erschließung Neuguineas, aber als tragischer Aspekt in der Geschichte des Landes muß der Auftritt des Betrügers Charles Bonaventure du Breil angesehen werden, der sich von eigenen Gnaden Marquis de Rays nannte. 1879 trat er mit einem Kolonisationsplan für Neuguinea an die französische Öffentlichkeit, in dem er eine ›freie Kolonie‹ in ›Port Breton‹ proklamierte, das im südlichen Neuirland liegen sollte. Er warb für seine Idee, druckte Broschüren und erreichte, daß zwischen 1880 und 1881 tatsächlich über 500 Auswanderer zur Hauptstadt seines erfundenen Imperiums aufbrachen. Die meisten weigerten sich allerdings, an Land zu gehen, als sie erkannten, daß es hier noch keinerlei Einrichtungen irgendwelcher Art gab und die Zustände als einfach desolat angesehen werden mußten. Die meisten derjenigen, die dennoch blieben, wurden Opfer dieser waghalsigen Besiedlungsidee (vgl. S. 300f.).

Im weiteren Verlauf der wirtschaftlichen Entwicklung traten einmal die landwirtschaftlichen Produkte, dann wieder die Bodenschätze in den Vordergrund, je nachdem, was die höheren Handelspreise erzielte. Um die Jahrhundertwende stand die Goldförderung an erster Stelle, dann gewann, bis zur Entdeckung der Goldfelder von Morobe, für knapp 15 Jahre die landwirtschaftliche Produktion wieder Vorrang, bevor sich schließlich in jüngster Zeit durch die Inbetriebnahme der Kupferminen auf Bougainville das Schwergewicht wieder zugunsten der Bodenschätze verlagert hat.

Von Anfang an vertrat die Regierung die Ansicht, daß es die europäische Art der landwirtschaftlichen Nutzung sei, die in Neuguinea den meisten Erfolg verspreche und eine sichere Basis für den Aufstieg des Landes darstelle. Australische Investitoren waren lange Zeit unsicher gewesen, wieweit sie sich in Neuguinea engagieren sollten. Als das ehemalige Protektorat nun 1906 dem Commonwealth of Australia angegliedert wurde, nahmen auch die Inbesitznahme von Land rapide zu: In den ersten fünf Jahren der australischen Regierungszeit wurden über 360000 Morgen Land verpachtet, verglichen mit lediglich 22000 in den vorangegangenen 18 Jahren. Mit den langfristigen, günstigen Pachtverträgen waren allerdings gewisse Bedingungen verknüpft, so etwa die, daß bestimmte Verbesserungen und Erschließungen getätigt werden mußten. Etwa ein Drittel des verpachteten Landes wurde wegen Nichterfüllung dieser Forderungen zwischen 1911 und 1944 tatsächlich wieder beschlagnahmt.

Die erste Kokosnußplantage war von den Deutschen 1893 in der Blanche-Bucht in Neubritannien angelegt worden. Zwei Jahre später folgte eine weitere auf dem Festland, in der Nähe von Finschhafen. Die in deutschem Besitz befindlichen Kokosnußplantagen erlebten während des Ersten Weltkriegs eine Zeit des Aufschwungs, da man den Pflanzern zwar erlaubte, auf ihren Plantagen zu bleiben, aber verbot, ihren Gewinn nach Deutschland auszuführen. Also legten sie die Profite im Ausbau ihrer Pflanzungen an, so daß sich die mit Kokosnuß bebaute Fläche innerhalb der vier Kriegsjahre mehr als verdoppelte, von 74 000 Morgen auf über 170 000. Zu Beginn des Zweiten Weltkriegs gab es in Neuguinea mehr als 300 000 Morgen Kokospalmenland, und gut die Hälfte davon basierte auf ehemaligen deutschen Beständen. Mit einer jährlichen Produktion von ungefähr 3000 Tonnen stellte Copra den viertwichtigsten Exportartikel Neuguineas dar.

Ein weiteres wichtiges Ausfuhrprodukt war Gummi. Hier hatten die Deutschen mit ihren Plantagen weniger Erfolg, da die Briten und Holländer über Samen besserer Qualität verfügten und diese natürlich nicht weitergaben. So unternahmen die deutschen Pflanzer Versuche mit minderwertigen Verwandten der Gummibäume, die aber wegen geringer Erträge bald eingestellt wurden. Die meisten Gummipflanzen befanden sich an der Südküste, bei den Briten, die bei Ausbruch des Zweiten Weltkriegs immerhin 13 000 Morgen Land für Gummi kultiviert hatten. 1939 betrug die Ausfuhrmenge ca. 300 000 Tonnen.

Der wirtschaftliche Aufschwung mit Hilfe von Copra und Gummi wäre geradliniger verlaufen, hätte es nicht immer wieder organisatorische Hemmnisse gegeben. So besagte etwa der Navigationsakt von 1921, daß alle Exporte von Neuguinea über Sydney abgewickelt werden müßten, was natürlich die Transportkosten gewaltig erhöhte. Auch machte sich die Weltwirtschaftskrise Ende der zwanziger Jahre auch in Neuguinea bemerkbar, da die Weltmarktpreise fielen.

Nach dem Zweiten Weltkrieg wurden ernsthafte Versuche unternommen, die Palette landwirtschaftlicher Erzeugnisse zu erweitern. So nahm man den Anbau einer Reihe neuer Produkte in Angriff, von Kakao, Kaffee, Hanf, Sago und auch Tee. Vor allem der im Hochland von Neuguinea gedeihende Kaffee ist eine bedeutende Einnahmequelle für die Eingeborenen geworden. Darüber hinaus widmete man sich auch der Produktion von ›Spezialitäten‹, etwa der Passionsfrucht, die hauptsächlich von den weiblichen Eingeborenen gepflanzt und zur Fruchtsaftherstellung ins Ausland exportiert wird.

Eine große Bedeutung kommt in der heutigen Zeit der Rinderzucht zu, wobei es weniger um die Milch- als um die Fleischproduktion geht, da die Milcherträge von Anfang an äußerst gering ausgefallen sind. Zu einer systematischen Ausbeute der reichen Fischvorkommen ist es bis heute noch nicht gekommen, obwohl kleinere Unternehmen Krabben fangen und auch in Dosen verarbeiten. Die Regierung ist bemüht, japanische Vorstöße in die Fischgewässer zu verhindern, um die eigenen Bestände zu sichern.

Bei den Bodenschätzen spielte das Gold immer wieder eine besondere Rolle. Der erste konkrete Bericht eines Goldfundes stammt aus dem Jahre 1852. Damals entdeckte Captain Owen Stanley, der mit seinem Schiff, der ›Rattlesnake‹, zu Vermessungsarbeiten unterwegs war, auf Töpferwaren Goldspuren. 1888 wurde auf der Paluga-Insel im Louisiaden-Archipel Gold gefunden, und schon ein Jahr später waren Hunderte von Goldsuchern an der Ausbeute beteiligt. Der ›Goldrush‹ auf Misima nahm sogar ein solches Ausmaß an, daß 1897 Dampfschiffe in regelmäßigen zweiwöchigen Abständen von Queensland aus losfuhren, um weitere Goldsucher zu bringen. Im ganz großen Stil wurde die Goldausbeute dann nach dem Ersten Weltkrieg betrieben. Damals entdeckte man die Vorkommen im Morobe-Distrikt, vor allem am Bulolo-Fluß, der eine sehr reiche Ader aufwies, die 1926 durch Funde im Eddie Creek, einem Zufluß des Bulolo, noch übertroffen wurde. Die Schwierigkeiten, denen sich die Goldgräber ausgesetzt sahen, waren allerdings enorm – ein unwirtliches, von Malaria und Ruhr verseuchtes Land und der äußerst schwierige Transport über Urwaldpfade. Angesichts dessen wurde eine tägliche Ausbeute von weniger als 10 Unzen Gold als nicht gewinnträchtig empfunden. Erst in den späten zwanziger Jahren fand man eine Lösung des Problems: Die Fluglinie Guinea Airways Ltd. avancierte innerhalb kürzester Zeit, bis 1932, zum größten Luftfrachtunternehmen der Welt! Zwischen 1933 und 1941 wurden über 10 000 Passagiere und zwischen 6000 und 8000 Tonnen Fracht jährlich befördert. Sogar eine ganze elektrische Kraftanlage sowie eine Goldzerkleinerungsmaschine wurden zerlegt eingeflogen.

Im Zuge der Goldsuche fand man auch andere wichtige Mineralien, z.B. Osmeridium, Platin, Zinn, Eisen, Mangan, Blei und Zink. Über das ganze Land sind reiche Kohlenvorkommen verstreut, die aber bis dato noch nicht genutzt wurden. Auch finden sich in dem vulkanischen Gestein überall größere Absonderungen von Kupfer und Schwefel.

Das seit seiner Inbetriebnahme wirtschaftlich bedeutendste Unternehmen Papua-Neuguineas ist mit Abstand die Kupfermine auf Bougainville, die drittgrößte der Welt, die zeitweise bis zu 70% des gesamten Nationaleinkommens bestritt. Seit im Jahre 1972 das erste Schiff eine Ladung von Kupferkonzentrat nach Deutschland transportiert hat, sind über 500 Millionen Tonnen Material bewegt worden, um insgesamt 1,4 Millionen Tonnen Kupfer, 157 Tonnen Gold und 254 Tonnen Silber zu fördern. In der zweiten Hälfte der achtziger Jahre soll ein ähnlich großes Projekt auf dem Festland in Angriff genommen werden, am Ok Tedi, einem Nebenfluß des Fly. Die geschätzten Kupfervorkommen sollen denen von Bougainville gleichkommen und die mögliche Goldausbeute noch wesentlich höher sein. Trotz der gewaltigen Einschnitte in das soziale Gefüge und in die Landschaft unweit der Grenze zum indonesischen Teil der Insel hat ein britisches Konsortium im Frühjahr 1984 mit ersten Vermessungsarbeiten begonnen.

Zwar wird seit der Unabhängigkeit 1975 eine Erweiterung der Exportwirtschaft mit einer möglichst breiten Palette von Produkten angestrebt, aber nach wie vor führt Papua-Neuguinea, wertmäßig betrachtet, doppelt so viel ein wie aus. Ohne die großzügigen Spenden und finanziellen Hilfen der australischen Regierung wäre der gesamte Verwaltungsapparat von Neuguinea nicht funktionsfähig. Wieweit dieser Zustand in den nächsten Jahren verbessert werden kann, bleibt abzuwarten.

Missionierung

Missionare haben in der Geschichte von Neuguinea eine entscheidende Rolle gespielt. Ihr Anteil an Entdeckung, Erschließung und Besiedlung, am Erziehungs- und Gesundheitswesen kann gar nicht hoch genug eingeschätzt werden.

Missionsstation in der Milne Bay-Provinz (Darstellung von 1888)

Christoforo d'Acosta, ein Jesuit, schrieb im Jahr 1569 auf den Molukken, es gebe auf dem Festland heidnische Papuas, die anscheinend nach dem Christentum fragten. Und im selben Jahr sprach ein anderer Jesuit, Nicolas Nuñez, von dem Wunsche der Eingeborenen, getauft zu werden, dem man allerdings noch nicht Folge leisten könne, da sie erst in den Regeln der christlichen Kirche unterwiesen werden müßten. Es dauerte dennoch seine Zeit, bis es zu tatsächlichen Missionsversuchen kam, wobei der deutsche und der englische Teil auch diesbezüglich eine getrennte Entwicklung nahmen, bis das Land nach dem Ersten Weltkrieg unter eine vereinigte Verwaltung gestellt wurde.

Die Missionierung Neuguineas verlief ähnlich wie die Kolonisierung – es gab etliche Fehlstarts. So etablierten die französischen Missionare der ›Mariengesellschaft‹ 1847 auf der Woodlark-Insel eine Station, gaben aber schon nach wenigen Jahren auf. Im Oktober 1852 wurden sie durch einen anderen Orden ersetzt, von der ›Überseegesellschaft von Milan‹. Doch auch diese Missionare waren nicht erfolgreich und zogen sich 1855 wieder zurück. Diese katholischen Missionsversuche gingen auf eine Initiative von Papst Gregor XVI. zurück, der 1844 die Errichtung eines apostolischen Dekanats in Melanesien und Mikronesien bekanntgegeben hatte. 1882 wurden die Katholiken wieder aktiv. Diesmal waren es die ›Missionare vom Heiligen Herzen‹, die ihre Tätigkeit auf Neubritannien aufnahmen.

Die ›Londoner Missionsgesellschaft‹ war die erste, die festen Fuß in Britisch-Neuguinea faßte. Ihre missionarischen Pläne lassen sich bis in das Jahr 1822 zurückverfolgen, als ein Pfarrer namens John Williams zur Bekehrung von Neuguinea aufgerufen hatte. Es sollte allerdings bis 1870 dauern, bevor dieser Plan Gestalt annahm. Im Jahre 1871 begannen Reverend Samuel MacFarlane und Reverend A.W. Murray mit acht polynesischen Lehrern ihre Missionstätigkeit auf einigen Inseln in der Torres-Straße. Im folgenden Jahr siedelten die Missionare polynesische Lehrer in verschiedenen Stationen der Küste an, hauptsächlich in Port Moresby, und im November 1874 kam Pfarrer W. G. Lawes als erster europäischer Missionar auf dem Festland nach Port Moresby. Er blieb hier bis zu seiner Pensionierung 1906. Ab 1877 wurde er von Reverend James Chalmers unterstützt, der bis zu seiner Ermordung 1901 auf den Goaribari-Inseln (vgl. S. 209), höchst aktiv und als großer Friedensstifter bekannt war. Der Einfluß der Londoner Missionsgesellschaft erstreckte sich auf die gesamte Südküste, vom Fly-River bis zum Südkap. Erst im Jahre 1885 wurde die Vorherrschaft der Engländer von den katholischen Missionaren der ›Heiliges Herz‹-Gesellschaft in Frage gestellt, die sich jetzt auch auf der Yule-Insel vor der Küste festsetzten.

Der Administrator von Britisch-Neuguinea, Sir William MacGregor, sah sich nun mit dem Problem der rivalisierenden Missionsgesellschaften konfrontiert. Er versuchte es im Jahre 1890 dadurch zu lösen, daß er weitere Missionsvereinigungen ins Land rief. Es kamen die ›Australasian Wesleyan Methodist Missionary Society‹ und die ›Anglikanische Mission‹. Die methodistische Kirche war schon seit 1875 im Bismarck-Archipel tätig und dehnte nun ihre Aktivitäten auch auf das Gebiet von Britisch-Neuguinea aus (Hauptsitz auf der Dobu-Insel). Die Anglikanische Mission kam im August 1891, repräsentiert durch Reverend Albert MacLaren und Reverend Copland King, die in Dogura Land für ihren Hauptsitz erwarben. Ihre Aktivitäten weiteten sich in der Folge entlang der 500 km langen Nordostküste vom Kap Dacie bis zum Mitre Rock aus. Die Verantwortung für diese Mission wurde 1891 vom Primat von Australien auf einen lokalen Bischof übertragen. Reverend Montagu John Stone-Wigg wurde 1898 der erste Bischof von Neuguinea; er übte sein Amt zehn Jahre lang aus.

Es bestand ein grundlegender Unterschied zwischen den Bestrebungen der katholischen und denen der protestantischen Missionare: Die Katholiken arbeiteten mit einem überwiegenden Anteil von Europäern, während sich die Protestanten bemühten, in weit größerem Ausmaß Eingeborene aus dem polynesischen und, so bald wie möglich, auch aus dem papuanischen Raum als Lehrer einzusetzen. Die Polynesier hatten allerdings am meisten unter Anstrengungen und Entbehrungen zu leiden, und so kam es, daß im vorigen Jahrhundert rund 130 von ihnen im Dienst der Londoner Missionsgesellschaft ihr Leben ließen.

Die Regierungsvertreter, angefangen bei Sir Peter Scratchley, haben der Missionstätigkeit gegenüber immer höchste Achtung bezeugt. Es war allen völlig klar, daß ohne diese Arbeit Land und Leute nie vollständig unter europäischen Einfluß geraten konnten. Auch wäre die wirtschaftliche Entwicklung ohne die Vorarbeiten und die Kontaktaufnahmen, die von den Missionaren geleistet wurden, kaum möglich gewesen. So ist es begreiflich, daß die Kooperation der Regierung mit den Missionaren sehr eng war. 1890 wurde zwischen einigen Missionen übrigens ein sehr vernünftiges, wenn auch nur mündliches ›Gentlemen's Agreement‹ getroffen, wobei man die jeweiligen Einflußsphären festlegte, damit sich die verschiedenen Vertreter der verschiedenen Gesellschaften nicht in einem sinnlosen Konkurrenzkampf gegenseitig zermürbten und damit in den Augen der Einheimischen ihren Status und ihre Effektivität einbüßten. William MacGregor gelang es, diese Abmachung zwischen der Londoner Missionsgesellschaft, den Methodisten und den Anglikanern zu schließen – gegen den Widerstand der französischen katholischen Missionare, die sich später dann auch nicht daran hielten.

Im September 1906, als das Australische Commonwealth formell die Kontrolle über das Gebiet von Papua übernahm, waren dort vier verschiedene Missionsgesellschaften unter den Einheimischen tätig: die ›Londoner Missionsgesellschaft‹ hatte eine ganze Reihe von Missionsstationen entlang der ganzen Südostküste errichtet; – die katholischen Missionare der ›Heiliges Herz‹-Gesellschaft waren vor allem auf der Yule-Insel und in der Mekeo-Gegend beschäftigt, hatten aber auch bis ins gebirgige Hinterland vereinzelte Niederlassungen gegründet; – die Methodisten hatten sich entlang von fünf Routen niedergelassen, die sich auf die Hauptinselgruppen vor der Südostspitze von Papua konzentrierten sowie auf kleinere Streifen entlang der Festlandküste; – die Anglikanische Missionsgesellschaft schließlich unterhielt ihren Hauptsitz in Dogura und zehn weitere Stationen im umliegenden Gebiet. 1908 wurden die ›Sieben-Tage-Adventisten‹ von den Besitzern einer Plantage in der Sogeri-Gegend nach Neuguinea gerufen. Sie begannen ihre Missionsarbeit bei dem Kojari-Stamm und dehnten ihre Arbeit dann auf die Stämme der Aroma-, Orokolo- und Vailala-Gebiete aus.

Wie schon erwähnt, hielt sich die katholische Missionsgesellschaft vom ›Heiligen Herzen‹ nicht an die Abmachungen, die Terrains der anderen Missionen zu respektieren, und ließ sich auf dem Gebiet der Londoner Missionsgesellschaft nieder, indem sie 1915 ihren Distrikthauptsitz in Port Moresby einrichtete. Später setzte sie sich auch in den Gebieten von Toaripi (1927) und Samarai (1932) fest. Auch die Sieben-Tage-Adventisten drangen in diesem Zeitraum in die Gebiete der Londoner Missionsgesellschaft ein, und das Wachstum der Städte Port Moresby und Samarai trug dazu bei, daß sich letztlich fast alle Missionen in diesen Gebieten etablierten.

Im ehemaligen Kolonialreich von Deutsch-Neuguinea lagen die Verhältnisse etwas anders. Mit wenigen Ausnahmen wurden alle Missionsgruppen von Deutschland aus finanziert und mit deutschem Personal besetzt. Die Verwaltung hatte im Jahr 1890 versucht, eine Demarkationslinie zwischen den verschiedenen Glaubensrichtungen zu ziehen, doch war ihre Aufteilung von den Missionsgruppen nicht respektiert worden und folglich erfolglos geblieben.

Im Jahre 1914 waren sieben verschiedene Gesellschaften im deutsch verwalteten Gebiet tätig. Die Methodisten als erste hatten ihre Arbeit 1875 unter der Führung von Pater George Brown auf den Duke of York-Inseln, Neuirland und Neubritannien aufgenommen, mit eingeborenen Lehrern aus Fidschi und Samoa. Sie bauten ein ganzes Netz von Stationen in der Blanche Bay und in Neuirland auf. Pater George Brown, zweifellos eine der großen Persönlichkeiten in der Missionsgeschichte von Papua-Neuguinea, geriet übrigens ins Zwielicht, als er nach der Ermordung von einigen seiner Leute durch die Tolai selbst an einem blutigen Vergeltungszug teilnahm und in seinem Tagebuch Befriedigung über die genommene ›Rache‹ bekundete.

Die ersten katholischen Missionare in diesem Gebiet waren französische Priester, die der Gesellschaft vom ›Heiligen Herzen‹ angehörten und 1882 auf die Gazellenhalbinsel von Neubritannien kamen. Nachdem sie dieses Gebiet mit einem Netz von Stationen überzogen hatten, nahmen sie Neuirland in Angriff und errichteten dort Missionsstationen an der Südküste. 1913 gründeten sie die erste auf den Admiralitäts-Inseln. 1914 verfügte die Bruderschaft vom ›Heiligen Herzen‹ über 135 Schulen, in denen 4825 Schüler in deutscher Sprache unterrichtet wurden. Die Kosten wurden hauptsächlich durch örtliche Einkünfte bestritten, da Bischof Louis Couppé es zu seiner Politik gemacht hatte, von Anfang an Land zur Bearbeitung aufzukaufen. 1914 besaß die Mission etwa 32 000 Morgen Land, wovon der Großteil mit Kokospalmen bepflanzt war.

Im Gebiet der Deutsch-Solomonen arbeiteten die Missionare der ›Gesellschaft Mariens‹, die 1901 ihre erste Station in Kieta eröffneten. Aber erst, als dort eine Regierungsstation eingerichtet wurde, erhielten die sehr bedrängten Gottesmänner ausreichend Sicherheit, um ihren Wirkungskreis ausdehnen zu können. Bis 1914 etablierten sie fünf weitere Stationen; schließlich verfügten sie über zwölf Schulen mit 443 Schülern. Auf der Manus-Insel betätigte sich die protestantische ›Liebenzell-Mission‹ seit 1914.

Auf dem Festland teilten sich entlang des Küstengebiets drei Missionsgesellschaften das Terrain. In der Gegend des Huon-Golfes war die lutheranische ›Neuendettelsauer Missionsgesellschaft‹, die 1849 in Bayern gegründet worden war, tätig. Sie nahm ihre Aktivitäten in Neuguinea mit Pfarrer Johann Flierl an der Spitze 1886 durch die Eröffnung einer Station in Simbang in der Nähe von Finschhafen auf. 1913 hatte die Gesellschaft 13 Schulen mit 1193 Schülern und zwei Lernzentren für eingeborene Hilfskräfte, die übrigens die einzigen Schulen waren, in denen ausschließlich auf Deutsch unterrichtet wurde.

Die Arbeit der ›Rheinischen Mission‹ war nicht von ähnlichem Erfolg gekrönt. Die 1828 in Barmen gegründete Gesellschaft wurde von der evangelischen Kirche im Rheinland und in Westfalen unterstützt. Sie eröffnete 1887 ihre erste Station in Bogadjim (Stephansort) in der Astrolabe Bay. Diese Station hatte den Nachteil, daß sie sich in unmittelbarer Nähe von Pflanzungen der Neuguinea-Gesellschaft befand, wo eine rege Zuwanderung eingeborener Arbeiter und ein unruhiges Klima herrschten, weswegen die missionarischen Erfolge minimal blieben. Nach einem Vierteljahrhundert (1912) belief sich die Zahl der bekehrten Eingeborenen auf gerade 81 Personen, und in den Schulen der Mission lernten nur 500 Schüler. Erst bei Ausbruch des Ersten Weltkriegs zeichnete sich auf diesem Gebiet ein Umschwung ab, als die Londoner Missionsgesellschaft eingriff und aus Samoa Lehrer schickte, die flexibler waren und neue Stationen errichteten. Nun kamen die Eingeborenen gleich in Hundertschaften, um sich taufen zu lassen.

Die dritte Missionsvereinigung auf dem Festland war wiederum eine katholische, die ›Gesellschaft vom Heiligen Wort‹ (Societas Verbi Divini), die 1875 in Steyl (Holland) gegründet worden war. Ihr Vertreter, Vater Eberhard Limbrock, erreichte die Kolonie 1896 in seiner Eigenschaft als apostolischer Präfekt für das Festland von Neuguinea. Im gleichen Jahr noch wurde die erste Station der Gesellschaft auf der Tumleo-Insel bei Aitape (damals Berlinhafen) gegründet. Das anfängliche Arbeitsgebiet dieser Missionare erstreckte sich in Richtung holländischer Küste. Von Anfang an wurde in den Schulen Deutsch unterrichtet, um der sprachlichen Aufsplitterung der Gemeinschaft entgegenzuwirken. Die Steyler Missionare, wie man sie kurz nannte, waren es aber auch, die die heutige Amts- und Nationalsprache Pidgin English einführten und entwickelten. 1905 wurde der Hauptsitz der Gesellschaft nach Alexishafen verlegt, um dem Administrationszentrum näher zu sein, und 1914 bestand schon eine ganze Kette von Missionsstationen, die sich von der Astrolabe Bay nach Westen erstreckten. Umfangreiche Landkäufe machten die Steyler zu einem der größten Landbesitzer in der Gegend, und sie setzten auch Maßstäbe in der Landnutzung: 1914 hieß es, ihre Ländereien seien in einem größeren Ausmaß mit Kokospalmen bepflanzt als selbst jene der Neuguinea-Gesellschaft. 1913 wurden die ersten Schritte unternommen, um das Hinterland zu erschließen, und man gründete eine Station im unteren Sepik-Gebiet. Diese von Vater Franz Kirschbaum ins Leben gerufene Station sollte der Hauptstützpunkt für acht weitere sein, die bis 1939 in diesem Raum entstanden.

Als die zivile Verwaltung 1921 das ehemalige Gebiet der deutschen Kolonie übernahm, waren die sieben bereits erwähnten Missionsgesellschaften hier tätig, zu denen im Lauf der Zeit noch weitere kamen, die sich auch Schritt für Schritt im zentralen Hochland niederließen und dort für die Etablierung des europäischen Einflusses sorgten.

Die Frage, was man mit den vielen deutschen und deutschstämmigen Missionaren im nun britischen Treuhandgebiet anfangen sollte, irritierte die Verwaltung in hohem Maße. Ein Erlaß aus dem Jahre 1921 besagte, daß sie innerhalb der nächsten sieben Jahre durch Nichtdeutsche zu ersetzen seien. In der Gesamtstatistik gab es in den Jahren bis 1923 einen Schwund an Personal, allerdings dann in den Vorkriegsjahren des Zweiten Weltkriegs wieder einen Anstieg, wobei es durchaus nicht gelang, die deutschen Missionare abzuschieben. Hier einige Zahlen: 1923: 325 ausländische Missionare, davon 231 Deutsche (und einer von ihnen aus Österreich); 1927: 373, davon 197 Deutsche (7 aus Österreich); 1934: 565, davon 320 Deutsche (20 aus Österreich); 1940: 676, davon 374 Deutsche (25 aus Österreich).

Es ist schwer, das tatsächliche Ausmaß der diversen Bekehrungen durch die verschiedenen Missionsgesellschaften auf einen Nenner zu bringen, weil sehr unterschiedliche Maßstäbe daran angelegt wurden, was unter einem ›bekehrten Heiden‹ denn zu verstehen sei. Einige Gesellschaften schrieben rigoroses Bibeltraining vor, andere setzten tatsächlich eine totale Zerstörung des bisherigen Lebensrhythmus der Eingeborenen voraus, während wieder andere auf vergleichsweise ›lockere‹ Art und Weise jemanden als ›Gläubigen‹ gelten ließen. Zahlenangaben ist also mit großer Skepsis zu begegnen. Allgemein läßt sich sagen, daß die Protestanten ein leichtes Übergewicht zu verzeichnen hatten – für 1940 vermerkte man rund 190 000 Anhänger der katholischen Kirche gegenüber einer Viertelmillion Protestanten. Beiden Gruppen gehörten zu diesem Zeitpunkt etwa 60% der eingeborenen Bevölkerung an, die damals auf ca. 660 000 geschätzt wurde (heutige Zahlen vgl. S. 193 f.).

Obwohl die katholischen Missionen zahlenmäßig unterlegen waren, nannten sie entschieden mehr Grundbesitz ihr eigen. Die Missionen besaßen im Jahr 1940 insgesamt 45 000 Hektar Land, wovon 30 000 auf die katholischen entfielen. Die Katholiken besitzen insgesamt über 300 Missionsstationen in Papua-Neuguinea, außerdem Priesterseminare und Schulen; und zu Beginn des Zweiten Weltkriegs betrieben sie über die Hälfte aller Missionskrankenhäuser. Diese Zahlen machen klar, daß man die Missionen in Neuguinea nicht nur als geistige Faktoren ansehen darf, sondern daß auch ein gutes Stück weltlicher Machtpolitik hinter ihren Aktivitäten steckte. Die Erwirtschaftungen von quasi privaten Profiten ermöglichte es ihnen, ihr Schulsystem aufzubauen und zu erhalten sowie gleichzeitig auch die medizinische Versorgung des Landes in Angriff zu nehmen.

Es kam den Missionen sehr entgegen, daß die Verwaltung ihnen nicht ungern finanziell unter die Arme griff und sie ihre Arbeit ungestört tun ließ. So zog man an einem Strang, es gab ein gemeinsames Ziel, und wenn die Ergebnisse in internationalem Maßstab auch bescheiden gewesen sein mögen, so bedeuteten sie für das Leben der Eingeborenen doch einen enormen Umschwung.

Das Schulwesen der Missionen wurde nach europäischem Muster organisiert. Für die unterste Stufe gab es die Dorfschulen, geführt von einheimischen Kräften. Es folgten auf etwas höherem Niveau die sogenannten ›Elementarschulen‹ und dann die sogenannten ›Zwischenschulen‹, die vor allem im näheren Umkreis der Missionshauptsitze als Internatsschulen geführt wurden. Dort unterrichteten europäische Lehrkräfte, unterstützt von Einheimischen. In diesen Zentren bildete man auch die einheimischen Lehrkräfte heran. Darüber hinaus verfügten einige Missionen auch über technische und landwirtschaftliche Fachschulen, so daß auch die praktische Seite der Ausbildung nicht vernachlässigt wurde. Die hier ausgebildeten Kräfte fanden auf den Gütern der Missionsstationen Arbeit. Was die Unterrichtssprache anbetraf, so verwendete man auf den unteren Schulstufen fast ausschließlich die Eingeborenensprachen. Die lutherische Kirche entwickelte die Yabem- und Kâte-Sprache als Einheitssprachen in ihrem Einflußbereich, die Missionare vom ›Heiligen Wort‹ systematisierten aufgrund ihrer linguistischen Studien das Pidgin-Englisch, das zur heutigen Nationalsprache des jungen Staates Papua-Neuguinea geworden ist.

Die evangelische lutheranische Kirche von Papua-Neuguinea zählt heute über 400 geweihte eingeborene Pfarrer, die einer Gemeinde von über 500 000 Menschen vorstehen. Die Sieben-Tage-Adventisten haben eine Führungsschicht von ca. 1000 Personen, die in zehn Missionen und 60 Stationen tätig sind und 103 Grundschulen, drei Hauptschulen, eine Mittelschule und ein Krankenhaus (in der Nähe von Wabag) betreiben. Auf der Gazellenhalbinsel richteten sie ein College ein, wo die zukünftigen Missionare auf ihre Aufgaben vorbereitet werden. Die Baptistenvereinigung von Papua-Neuguinea hat 50 ausländische Missionare, die von einigen Hundert Dorfpfarrern unterstützt werden. Die Heilsarmee, die 1956 in Port Moresby Fuß faßte, besitzt mittlerweile 34 Zentren. Die Zeugen Jehovas haben sich auch stark profiliert. In der Region von Port Moresby bestehen allein schon 11 Gemeinden, sechs weitere im übrigen Land.

Ein Fluggemeinschaft für 36 verschiedene protestantische missionarische Gruppierungen nahm im Jahre 1951 den Betrieb auf und hat es mittlerweile auf 18 kleinere Flugzeuge gebracht; sie beschäftigt 25 Piloten und sechs Ingenieure. Viele der entlegenen Missionsstationen können nur durch diesen Fluggemeinschaftsdienst erreicht werden.

Daß Papua-Neuguinea trotz mehr als hundertjähriger Missionstätigkeit und trotz der Tatsache, daß offiziell über die Hälfte aller Bewohner als Christen gelten (33% Protestanten, 18% Katholiken) noch nicht fest in den Händen der christlichen Kirchen ist, bewies der Besuch von Papst Johannes Paul II. im Mai 1984. Zwar brachen unzählige Eingeborene auf, um den Papst willkommenzuheißen, aber ein vatikanischer Gewährsmann hatte den Papst zuvor informieren müssen, daß vor allem das Problem der Polygamie noch ungelöst sei, desgleichen das des alten Ahnen- und Geisterglaubens. Tatsache ist ja auch, daß die Eingeborenen für die katholische Messe und deren Wandlung – »Das ist mein Fleisch, das ist mein Blut« – bloß deshalb so viel Verständnis aufbrachten, weil es sie an ihre eigene kannibalische Vergangenheit erinnerte. Als man dem Papst bei einer Messe in Mount Hagen als Geschenke neben einer Bibel in Pidgin-Englisch auch Schweinezähne und ein Beil überreichte, wandte er übrigens seine Pidgin-Kenntnisse an mit den Worten: ›Old spirit – no good‹. Unter diesem Motto, daß die alten Geister nicht gut seien, wurden in Papua-Neuguinea bereits unersetzliche Kunstwerke zerstört ... Der Papst empfahl den Eingeborenen ersatzweise als ›gute Geister‹ die Erzengel.

Kirche in Milne Bay, die noch die traditionelle Gestaltung eines Kulthauses zeigt; bemerkenswert die viktorianischen Elemente in der Kleidung der Frauen (Darstellung von 1888)

Die Küstenprovinzen

Central Province und National Capital District

Lage und geographische Beschaffenheit

Die zentrale Provinz von Papua-Neuguinea ist die älteste des Landes, da der ausgezeichnete Hafen von Port Moresby die Europäer schon früh anregte, sich hier niederzulassen. Mit einer Fläche von 29 940 km² (die 240 km² des 1974 abgeteilten National Capital District rund um Port Moresby eingeschlossen) erstreckt sie sich rund 400 km an der Südküste entlang, von der Yule-Insel im Westen bis hinüber zur Provinz Milne Bay. Die durchschnittliche Breite liegt bei 80 km. Das Landesinnere wird vom südlichen Teil der Owen Stanley Range beherrscht, deren höchste Erhebungen, der Mount Victoria und der Mount Albert Edward, über 4500 m erreichen.

Verkehr und Wirtschaft

Die zentrale Provinz zeichnet sich vor allem im Hauptstadtbereich durch ein weitgehend gutes Straßensystem aus – etwas, was man vom Rest des Landes kaum sagen kann. Orte, die tiefer im Landesinneren liegen, können allerdings oft leichter per Flugzeug erreicht werden. Nachdem die Kupfervorkommen, die in der Astrolabe Range unmittelbar hinter der Küste gefunden wurden, bereits abgebaut sind, versucht die Provinz mit dem Anbau von Kokos- und Gummipalmen sowie mit der Förderung der Rinderzucht neue Einnahmequellen zu erschließen.

Geschichte

Der wohl berühmteste Brauch der Gegend in voreuropäischen Zeiten war das alljährliche ›Hiri‹, das auf einen eklatanten Mangel an Nahrungsmitteln zurückging. Damals pflegten die hier lebenden Eingeborenen, die Motu, von Porebada aus mit den Oktoberwinden in den Golf von Papua zu segeln. Zu diesem Zweck verbanden sie ihre Kanus zu großen, eindrucksvollen Gebilden, den schon erwähnten ›Lakatoi‹ (vgl. S. 113). Im Dezember kehrten sie mit dem Nord-

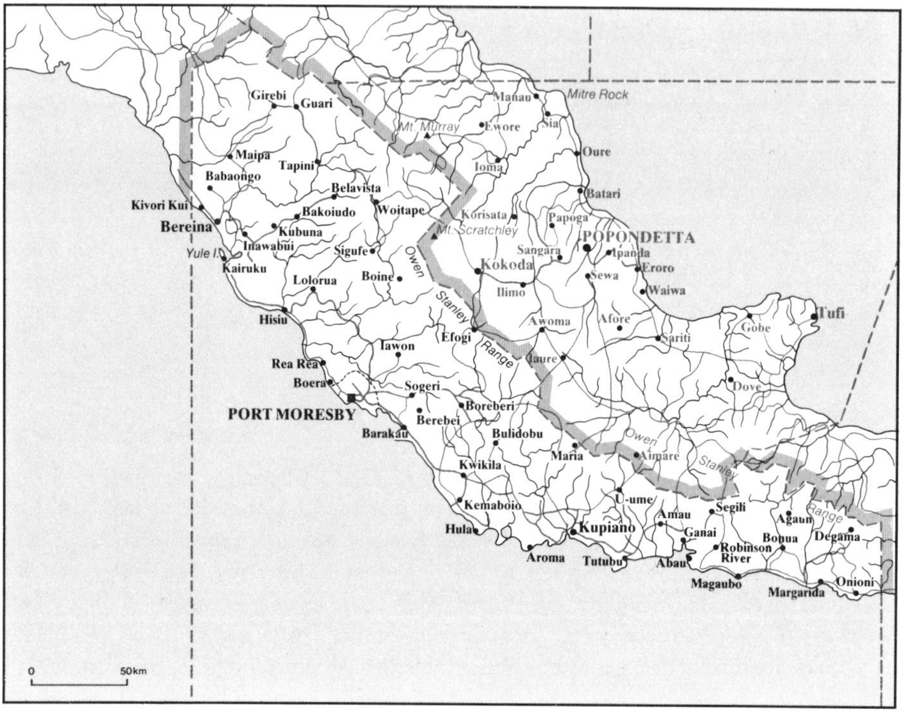

Central Province mit National Capital District

westmonsun wieder heim. In ihren riesigen Tontöpfen brachten sie hauptsächlich das lebenswichtige Sago für die folgenden Monate mit. Heute ist ›Hiri‹ – das letzte fand 1953 statt – nur noch eine Erinnerung, die durch ein jährliches, mit einem Kanurennen zelebriertes Fest wachgehalten wird. Die Europäer faßten erstmals 1875 auf der Yule-Insel Fuß, wurden aber schon bald wieder von den feindseligen Eingeborenen vertrieben. 1885 errichtete die Missionsgesellschaft ›Kongregation der Heiligen Herzen‹ hier eine Station, die in Port Leon noch heute besichtigt werden kann. Auch die Regierung von Papua ließ sich eine zeitlang auf Yule nieder und unternahm von der Insel aus Vorstöße zur Erforschung des Landesinneren. In der Folge wuchs die Bedeutung der Provinz durch die Tatsache, daß Port Moresby sich zunächst als Hafen und Handelszentrum empfahl und schließlich zur Hauptstadt avancierte.

Bevölkerung

Die in der zentralen Provinz ansässigen ca. 20 000 **Motu,** die sich bis heute vor allem von der Fischerei ernähren, sind berühmter geworden als andere Stämme, weil sich die englischen und australischen Herren ihrer Sprache, des später sogenannten ›Police Motu‹ bedienten, um sich mit den Eingeborenen zu verständigen. Auch setzte man die Motu bevorzugt als untere Dienstgrade der lokalen Polizei- und Verwaltungsstellen ein. Das gab ihnen eine Art von Vorrangstellung, aber auch von politischem Bewußtsein, weswegen es gerade die Motu der Umgebung von Port Moresby waren, die sich am stärksten für die Unabhängigkeitsbewegung einsetzten. Andererseits haben die Motu besonders unter der Nähe der Weißen zu leiden gehabt. Von ihren einst so schönen Häusern und Kanus blieb kaum etwas erhalten. Nur die älteren Leute, jene der ›Hiri‹-Generationen, sind noch im Gesicht und am ganzen Körper tätowiert. Heute gilt die Tätowierung als ›altmodisch‹, während früher eine nicht-tätowierte Frau als ›billig‹ angesehen wurde. Immerhin kleiden sich die jungen Leute bei den ›Hiri‹-Festen noch wie ihre Vorfahren und versuchen auch, die traditionellen Tänze nachzuvollziehen. Die Rolle der ›Dubu‹-Geister hat allerdings die Kirche übernommen, denn Reverend W. G. Lawes hatte die Motu schon 1873 besucht, und die Londoner Missionsgesellschaft, aus der die heutige ›United Church‹ hervorging, konnte die meisten von ihnen als Anhänger gewinnen.

Ein anderer in der Zentralprovinz angesiedelter Stamm, die rund um Bereina an der Grenze zur Golf-Provinz lebenden **Mekeo,** wurden durch ihre kunstvollen Frisuren und die leuchtendfarbige, geometrische Gesichtsbemalung, die sie bei festlichen Anlässen trugen, bekannt.

Port Moresby

Port Moresby, die Hauptstadt von Papua-Neuguinea, bildet den Kern des kleinen, nur 240 km² umfassenden National Capital District, der 1974 zu einer eigenständigen Verwaltungseinheit erklärt wurde. Die Stadt liegt an der Küste und infolge der sich nördlich dahinziehenden Gebirgskette der Owen Stanley Range in einem ›Regenschatten‹: Tatsächlich regnet es hier spürbar weniger als in anderen Teilen des Landes, weswegen die Erde eine charakteristische braune Färbung zeigt und viele Europäer den Ort als trocken, heiß und staubig empfinden.

Im Hafen des heutigen Port Moresby landete im Februar 1873 der englische Captain John Moresby, hielt sich hier ein paar Tage auf und trieb Handel mit den Eingeborenen. Der 1830 geborene Sohn eines Admirals hatte als Seefahrer eine beachtliche Karriere gemacht. 1871 war er, bereits als Kommandant eines eigenen Schiffes, nach Australien gekommen, und hier wurde er angeheuert, Neuguinea näher zu erforschen. Er fand nicht nur den Hafen von Port Moresby, sondern auch (wieder) die Milne Bay und die China Strait. 1888, mittlerweile im Rang eines Admirals, zog er sich zurück, um Bücher über seine Entdeckungsfahrten zu schreiben. 1922 starb er in London. Kurze Zeit nach Moresbys Besuch gründete die Londoner Missionsgesellschaft eine Station an dem von ihm nach seinem Vater benannten Ort. Ihr folgten die unsauberen Geschäftemacher – von hier aus wurde ein intensiver Menschenhandel betrieben, denn die ›Kanaken‹ brachten mehr Geld ein als ›konventionelle Güter‹.

Als 1884 das Protektorat Britisch-Neuguinea gegründet wurde, machte man Port Moresby zur Hauptstadt. Hier amtierten berühmte Administratoren, wie Sir William MacGregor und Sir Hubert Murray. 1925 erhielt die Siedlung Elektrizität, 1941 eine Wasserleitung. Im Zweiten

Bei der Landung von Captain Moresby in der Traitor's Bay (1873) kam es zu einem Zusammenstoß mit den Eingeborenen, der allerdings unblutig verlief

Weltkrieg versuchten die Japaner, die Stadt von Norden her zu nehmen – aber der Weg über den Kokoda-Trail wurde knapp 50 km vor Port Moresby gestoppt. Anschließend unterhielt der US-General MacArthur hier eine Zeitlang sein Hauptquartier. Port Moresby blieb auch Regierungssitz, als Papua und Neuguinea vereinigt wurden, desgleichen nach der Unabhängigkeit – allerdings nicht ohne Widerstand. An der Südküste der Insel isoliert, schien es weniger Vorteile zu bieten als etwa Lae an der Nordostküste, das einen wesentlich leichteren Zugang ins Hochland erlaubt. Aber heute ist die Stellung von Port Moresby als Verwaltungszentrum und darüber hinaus größte Stadt des Landes unangefochten.

Port Moresby zählt zwar nur rund 140 000 Einwohner, zeigt aber dennoch die traurigen Symptome einer Großstadt der Dritten Welt: Hierher zieht es jene Menschen vom Lande, die ihr ›Glück‹ machen wollen und oft genug in den Slums landen. Daher auch das rapide Wachstum: 1971 ergab die Volkszählung noch rund 80 000 Einwohner! Entsprechend hoch liegt die Kriminalitätsrate.

Von seinem **Zentrum,** das rund um den Paga-Hügel auf einer Halbinsel gelegen ist, hat sich Port Moresby tief ins Land hinein ausgedehnt. Der alte Stadtkern, von Walter Cuthbertson 1886 angelegt und früher Granville West genannt, läßt heute noch einen gewissen kolonialen Charme spüren. Blickfang im Zentrum ist der gewaltige Büroblock des Australian New Guinea House. Gegenüber befindet sich das neue ›Travelodge‹, die teuerste Unterkunft in einer Stadt, die ihrerseits den Ruf genießt, der teuerste Ort weit und breit im Pazifik zu sein. An der Hauptverkehrsader des Stadtzentrums, der Douglas Street, erhebt sich das Papua New Guinea Banking Corporation House, ein moderner Bau mit traditionellen Dekorationselementen. Neben der Post finden Interessierte das Philatelistische Büro (die Briefmarken von Papua-Neuguinea werden von Sammlern sehr geschätzt!). Gleichfalls in der Douglas Street liegt das Trobriand Crafts Center, wo es Kunsthandwerk von den Trobriand-Inseln und Umgebung zu kaufen gibt. Bevor man das Stadtzentrum verläßt, lohnt ein Ausflug auf die Spitze des Paga-Hügels, von wo sich ein wirklich schöner Blick über die Stadt bietet.

Wollen Sie das Kulturzentrum besuchen, wenden Sie sich vom Stadtkern nach Norden in Richtung der Vorstadt **Konedobu.** Früher befanden sich hier die wichtigsten Regierungs-

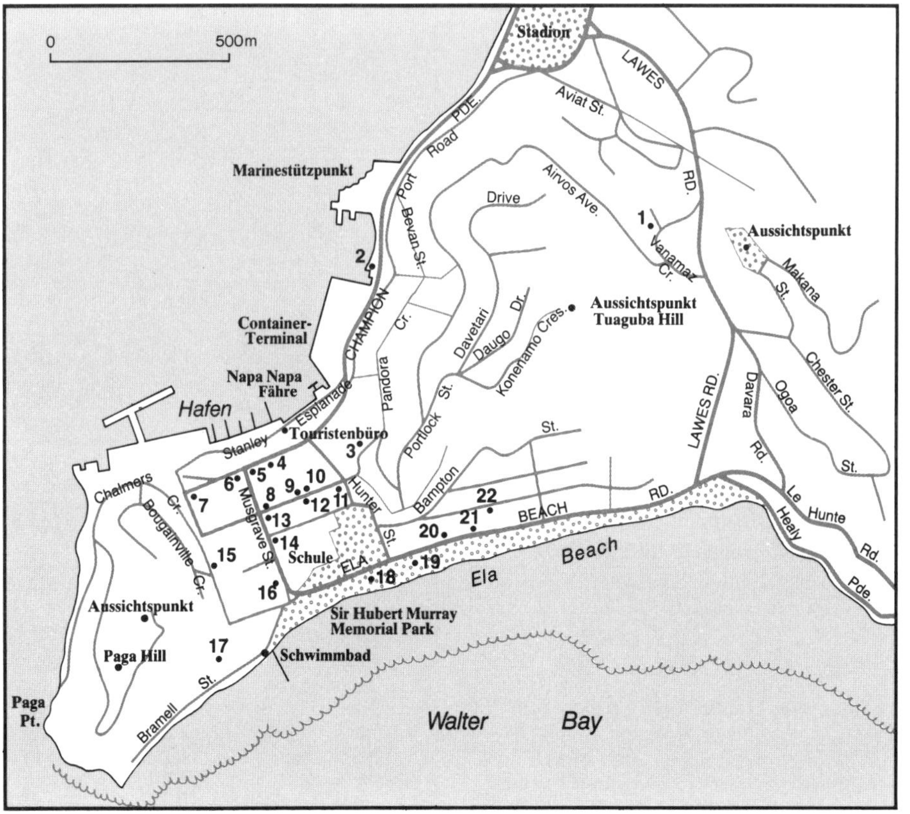

Port Moresby, Innenstadt 1 Bank Union 2 Yachtclub 3 altes Parlamentsgebäude 4 Steamship's Supermarkt 5 Moresby Hotel 6 Burns Philp Supermarkt 7 Post 8 Air Niugini-Büro 9 United Church 10 Verwaltungssitz von Shell 11 Travelodge Hotel 12 Anglikanische Kirche 13 Papua Hotel 14 Theater 15 Port Moresby Club 16 Römisch-katholische Kirche 17 Dekenai Restaurant 18 Bowling Club 19 Bibliothek 20 Davara Motel 21 Oberoi Hotel 22 Devon Lodge gebäude, die mittlerweile aber großenteils nach Waigani oder in andere Vorstädte abgewandert sind. Bei dem Cultural Center handelt es sich um eine Freilichtanlage, die zahlreiche traditionelle Häuser und Boote zeigt – auf einigen darf man sogar herumklettern.

Nördlich des Kulturzentrums folgt der Stadtteil **Hanuabada,** was in der lokalen Sprache so viel wie ›die große Stadt‹ bedeutet. Als Captain Moresby 1873 hier landete, war Hanuabada nämlich die größte Siedlung der Gegend, bestehend aus den für weite Teile der Küste typischen Pfahlbauten. Hier ließen sich auch die ersten Missionare nieder. Im Zweiten Weltkrieg wurde die Ansiedlung völlig zerstört und danach mit modernen Materialien – vor allem Wellblech – wieder aufgebaut. Das hat natürlich einiges an Reiz genommen, zudem gilt die Gegend nachts als gefährlich für Touristen. An Sehenswürdigkeiten bietet Hanuabada einen Felsen mit Aussichtspunkt und – ganz in der Nähe – den alten Friedhof mit dem Grab von Sir Hubert Murray. Ein Stückchen weiter nördlich, im Hafen von Port Moresby, findet sich eine vielbesuchte Attraktion: das Wrack des von den Japanern zu Beginn des Zweiten Weltkriegs versenkten Schiffes ›MacDhui‹.

Nur wenige Gehminuten vom Zentrum der Stadt entfernt, erstreckt sich in südlicher Richtung **Ela Beach,** ein beliebtes Wohnviertel der wohlhabenden Einheimischen mit einem ausgedehnten Sandstrand. Zwischen den zahlreichen Motels und Pensionen verstecken sich noch ein paar alte Gebäude. Allerdings eignet sich der Strand eher dazu, faul in der Sonne zu liegen als zum Schwim-

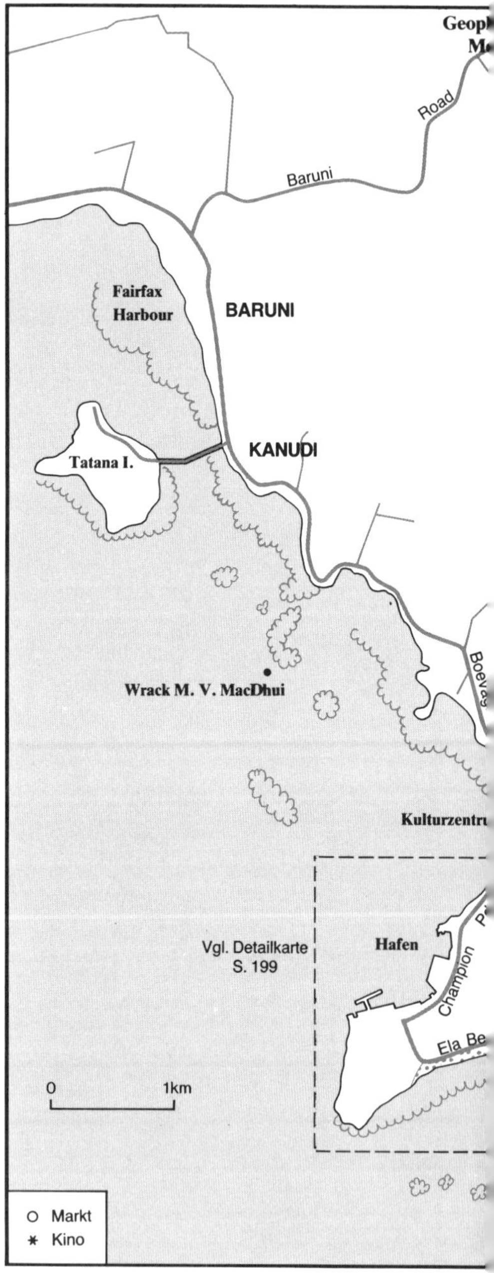

Port Moresby mit Vororten ▷

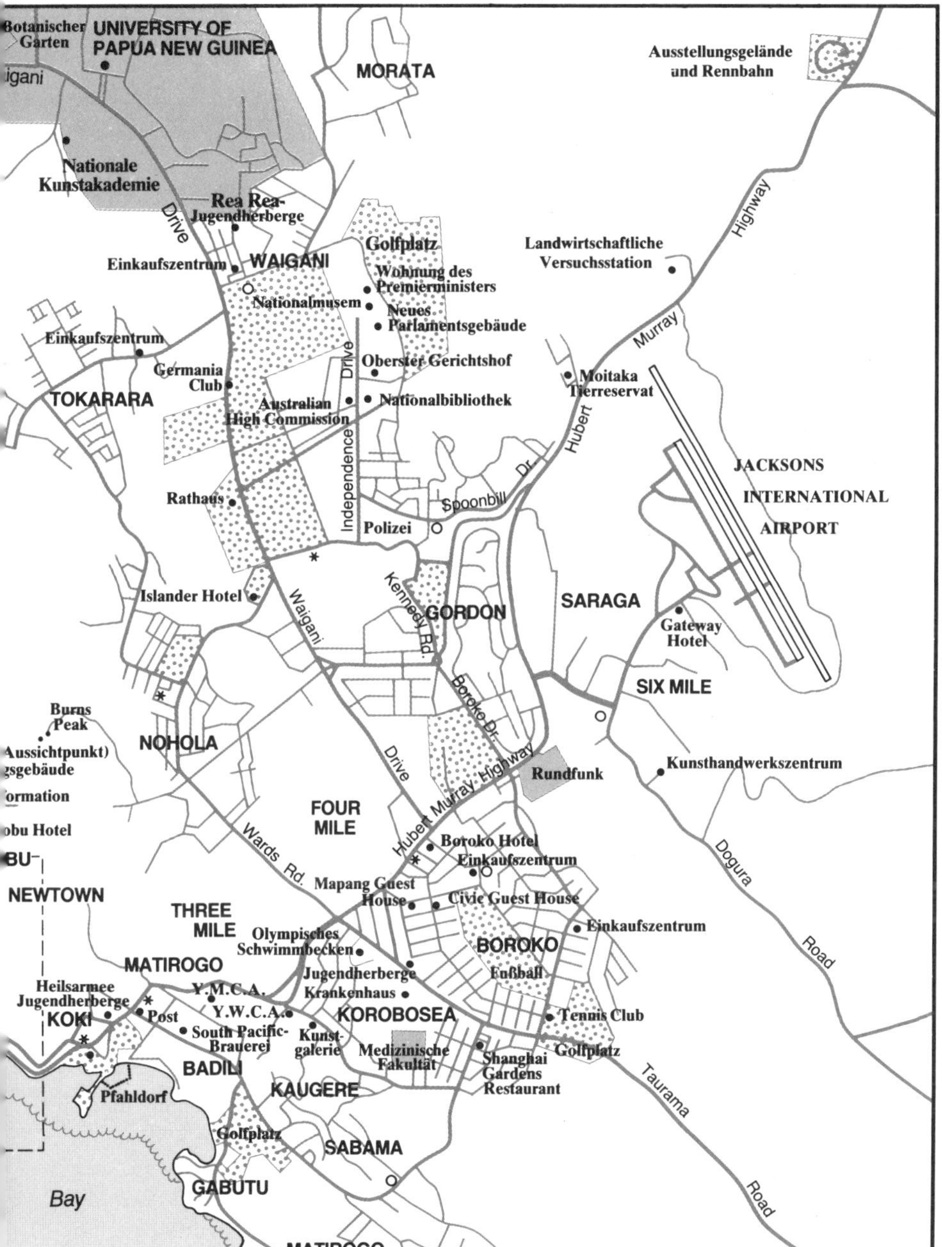

Botanischer Garten
UNIVERSITY OF PAPUA NEW GUINEA
igani
MORATA
Ausstellungsgelände und Rennbahn
Nationale Kunstakademie
Rea Rea-Jugendherberge
Drive
Golfplatz
Landwirtschaftliche Versuchsstation
Highway
Einkaufszentrum
WAIGANI
Wohnung des Premierministers
Nationalmusem
Neues Parlamentsgebäude
Murray
Einkaufszentrum
Drive
Oberster Gerichtshof
Germania Club
Moitaka Tierreservat
TOKARARA
Australian High Commission
Nationalbibliothek
Hubert
JACKSONS INTERNATIONAL AIRPORT
Independence
Dr.
Rathaus
Spoonbill
Polizei
Kennedy Rd.
Islander Hotel
Waigani
GORDON
SARAGA
Gateway Hotel
Boroko Dr.
SIX MILE
Burns Peak
Aussichtpunkt)
NOHOLA
sgebäude
Drive
Hubert Murray Highway
Rundfunk
Kunsthandwerkszentrum
ormation
FOUR MILE
obu Hotel
Boroko Hotel
Einkaufszentrum
Wards Rd.
Dogura
BU-
NEWTOWN
Mapang Guest House
Civic Guest House
THREE MILE
Olympisches Schwimmbecken
Einkaufszentrum
BOROKO
Road
MATIROGO
Jugendherberge
Fußball
Heilsarmee Jugendherberge
Y.M.C.A.
Krankenhaus
KOKI
Post
Y.W.C.A.
KOROBOSEA
Tennis Club
South Pacific-Brauerei
Kunstgalerie
Medizinische Fakultät
Shanghai Gardens Restaurant
Golfplatz
BADILI
Taurama
Pfahldorf
KAUGERE
Golfplatz
SABAMA
GABUTU
Road
Bay
MATIROGO

men, denn das Wasser ist seicht und nicht recht sauber, auch liegen unweit der Küste Korallenbänke. Gleich hinter Ela Beach, in der Musgrave Street, steht die katholische Kirche St. Mary's, errichtet im Stil eines Tambaran-Hauses, wie sie am Sepik vorkommen.

Von Ela Beach kann man am Strand entlang zu Fuß in den Stadtteil **Koki** gehen, der vor allem wegen seines Marktes berühmt ist. Dieser heißt ›Lakatois‹, nach einem Baum, aus dessen Blättern die Eingeborenen Zigaretten drehen. Der Koki-Markt, wohl nicht der beste, aber sicher der bekannteste des Landes, bietet besonders am Samstag, der landesweit als großer Markttag gilt, ein bemerkenswert buntes und lebendiges Bild. In der Nähe befindet sich der ›Girl Guides' Handicraft Shop‹, der gute Kunsthandwerksprodukte aus allen Teilen des Landes verkauft.

Hinter Koki und dem anschließenden Korobsea folgt landeinwärts **Boroko,** der erste und größte der neuen Stadtteile von Port Moresby, das zweite Zentrum der Stadt mit zahlreichen Geschäften und Büros, zentral gelegenen Sportanlagen, mehreren Kirchen, dem Spital, der Polizei und der Feuerwehr. Hier wohnen die meisten Europäer. Von Boroko führt der Waigani Drive, vorbei an den Wohngebieten von Hohola und Gordon, nach **Waigani,** dem ausgedehnten neuen Regierungsviertel. 13 km vom alten Stadtzentrum entfernt sind hier die modernen Renommiergebäude des Landes entstanden, das zentrale Regierungsgebäude, der Kunstsenat, die Nationalarchive, der oberste Gerichtshof, das Hauptgebäude der Papua New Guinea Development Bank und, ganz in der Nähe davon, das Nationalmuseum und die Kunstgalerie.

Für das von dem Architekten Martin Fowler entworfene neue Nationalmuseum (Farbt. 48) hat der Staat Papua-Neuguinea zwei Millionen Kina aufgewendet. Der Bau wurde am 27. Juni 1977 von Präsident Somare eröffnet. Er umfaßt u.a. einen Sing-Sing-Platz, ein Amphitheater für audiovisuelle Vorführungen (Platz für 500 Personen) und ein Barbecue-Gelände; sein Schwebedach ist das größte im Südpazifik. Neben den ständigen Kollektionen werden immer wieder Sonderausstellungen gezeigt – die ersten galten der Töpferei sowie einer Übersicht über die verschiedenen Paradiesvögel. Derzeit verfügt das Museum über 20 000 Ausstellungsstücke.

Das neue Parlamentsgebäude wurde im August 1984 in Anwesenheit des englischen Kronprinzen Charles eröffnet. Die Architekten haben versucht, die traditionelle Kultur des Landes mit modernem Baustil zu verbinden: Im Grunde ist das Gebäude wie ein Tambaran-Haus am Sepik gestaltet, mit dem charakteristischen hochgezogenen, spitzen Dach. Das eindrucksvolle Giebelmosaik zeigt althergebrachte Symbole wie Krokodil und Schlange, eine Frau mit einem Tragnetz, einen Mann, der im Garten arbeitet, Fische im Wasser und einen großen Fluß, Tiere des Landes und gebräuchliche Ornamente. Die hölzernen Säulen, Türen und Wände wurden in traditionellem Stil geschnitzt, und auch die Säle kombinieren die Sachlichkeit moderner Konferenzräume mit lokalen Anspielungen – so ist etwa das Rednerpult (ein Geschenk Australiens) trotz des zeitgemäßen Lederfauteuils mit Holz geschmückt, und an der Front hat man eine Trommel, wie sie früher die Menschen zusammenrief, eingeschnitzt. Der Erholungsraum für die Parlamentarier wurde im Stil eines dörflichen Rundhauses gestaltet. Eine sehr eindrucksvolle, Altes und Neues verbindende Skulptur des heimischen Bildhauers Benni More, die eine Legende von Kainantu erzählt, hängt an der Außenseite der Parlamentsbibliothek. Eine Metallplastik von Gikmai Kundun über der Rezeption des Administrationsteils zeigt Menschen, ein Schwein und einen Baum – auch hier klingen traditionelle Elemente an. Es ist für Besucher durchaus sehens- und hörenswert, einer Sitzung des Parlamentes beizuwohnen, alleine schon, um zu erleben, wie alle Reden simultan in die drei Sprachen des Landes – Englisch, Pidgin und Motu – übersetzt werden.

Kurz hinter Waigani erreicht man das 1965 eröffnete, moderne Universitätsgelände von Port Moresby sowie – nicht weit davon – den Botanischen Garten mit einer der besten Orchideenkollektionen der Welt und zahlreichen anderen tropischen Gewächsen. In der Nähe der Universität befindet sich auch die National Arts School.

Die Umgebung von Port Moresby

Von Port Moresby aus kann man verschiedene interessante Ausflüge unternehmen. Südlich der Küste liegt die **Insel Manubada** (Großer Vogel), die mit einer Fähre erreichbar ist. Ein paar Kilometer hinter dem Jackson Airport befindet sich die **Moitaka Wildlife Station** mit einer Krokodilfarm als größter Attraktion. Freitagnachmittags werden die Tiere gefüttert. Weiter landeinwärts folgt der **Bomana-Kriegerfriedhof,** wo rund 4000 australische und einheimische Soldaten des Zweiten Weltkrieges begraben sind. Die weiter östlich gelegenen, etwa 46 km von der Stadt entfernten **Rouna-Fälle** sind ein beliebtes Ausflugsziel der Bewohner von Port Moresby; leider beeinträchtigt das hier installierte Wasserkraftwerk den eindrucksvollen Anblick.

Folgt man der Sogeri Road, die einen bis hierher gebracht hat, weiter, gelangt man zu dem sehenswerten **Varirata-Nationalpark** mit seinen schönen, genau markierten Spazierwegen, die u. a. zu einem traditionellen Baumhaus führen. Bevor Sogeri selbst erreicht wird, weist ein Denkmal darauf hin, daß nun nach links eine rumplige Straße zu dem berühmten **Kokoda Trail** (vgl. S. 175) emporführt. Viele Besucher von Papua-Neuguinea lassen sich diese Stätte des letzten Krieges, die für das Land eine ähnliche Bedeutung hat wie die ›Brücke am Kwai‹ für Thailand, nicht entgehen. Bei McDonald's Corner steht eine metallene Soldatenstatue und beim nächsten Punkt, Ower's Corner, beginnt dann der eigentliche Kokoda-Pfad. Wenige Touristen werden die rund 90 km bergauf und bergab tatsächlich in voller Länge durchwandern wollen, denn die großen Höhenunterschiede (zwischen 500 m am Beginn, 100 m am Goldie River und 2300 m am Mount Bellamy) bedeuten eine außerordentliche Strapaze.

Gulf Province

Lage und geographische Beschaffenheit

Die zwischen der Western und der Central Province an der Südküste des Landes gelegene, rund 34 500 km² große Golfprovinz zählt zu den von der Natur am meisten benachteiligten Gebieten Papua-Neuguineas. Kein Wunder, daß die Statistik besagt, rund 30% der hier ansässigen Bevöl-

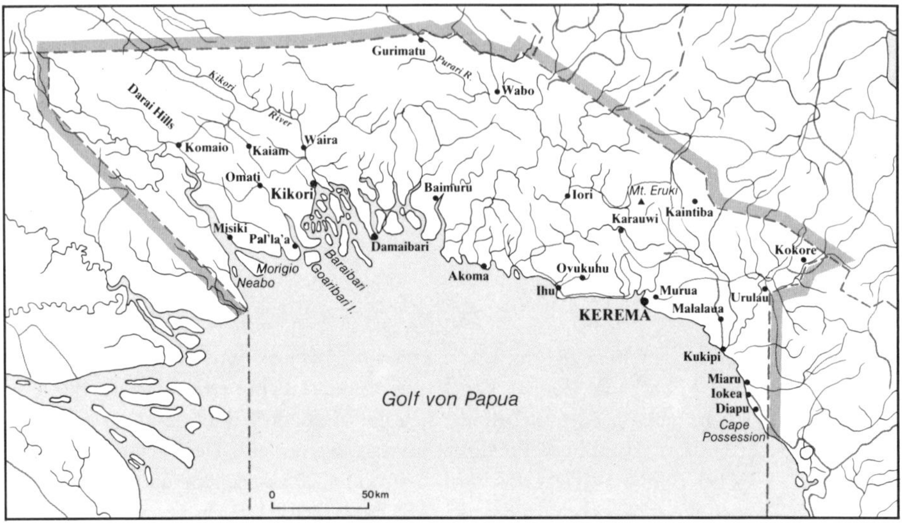

Gulf Province

kerung (ca. 73 000) suchten ihr Glück anderswo, weil die Lebensbedingungen einfach zu hart sind. Das liegt vor allem daran, daß das Gebiet von mehr als einem Dutzend großer und von unzähligen kleinen Flüssen durchzogen wird. Der bedeutendste ist der Purari, der die Provinz teilt, dazu kommen der Vailala, der Kikori, der Turama, der die Ostgrenze bildende Lakekamu, um nur einige wenige zu nennen. Die Deltas dieser Flüsse reichen oft bis über 60 km tief ins Land, das dahinter gleich bergigen Charakter annimmt. Der dichte Regenwald kann eine Höhe von bis zu 50 m erreichen.

Ist das Klima im Osten, an der Grenze zur Central Province, noch eher trocken, so wird es in Richtung Westen zunehmend feuchter. Die Regenfälle sind im Gebiet von Kikori, der früheren Hauptstadt, so stark, daß der dortige Flugplatz zwischen Mai und Oktober wegen Überflutung unbrauchbar ist – weshalb man den Verwaltungssitz 1960 in das etwas trockenere Kerema verlegte.

Verkehr und Wirtschaft

Die Golf-Region ist durch das Schwemmland so unzugänglich, daß es hier nur etwa 200 km brauchbare Straßen gibt, dagegen rund 4800 km Wasserwege, die teilweise sogar Städte verbinden (z. B. Kikori und Baimuru) und elf Fluglandebahnen, über die ein Großteil des Warenverkehrs abgewickelt wird. Nur etwa 10% des Landes sind bisher wirtschaftlich genutzt. Es war – und ist – die Rede davon, am Purari-Fluß das größte Stauwerk Australasiens zu errichten, größer sogar als der Assuan-Damm. Konkrete Schritte in dieser Richtung wurden aber noch nicht unternommen, und so kann der Besucher den Purari vorläufig noch in seiner wilden Schönheit erleben, wie er mit zahlreichen Wasserfällen durch das Gebirge zum Meer herabfließt.

1911 schien es, als könnte der Region plötzlicher Reichtum zufallen: Im Delta des Vailala-Flusses wurde nämlich Erdgas endeckt, woraufhin man viel Geld und Mühe in die Suche nach Öl investierte – allerdings erfolglos. Vermutlich liegt das wirtschaftliche Potential der Golf-Region am ehesten in den Waldbeständen. Der Anbau von Kokosnuß und Gummi hat bislang keine große Bedeutung.

Geschichte

Da die Golf-Region früher reichlich über Sago verfügte, war sie das Ziel der Motu bei ihren jährlichen ›Hiri‹-Fahrten (vgl. S. 195). Die Weißen haben sich, mit Ausnahme der Missionare, kaum um das Gebiet gekümmert, da es wirtschaftlich keine Anreize bot. In der ganzen Golf-Region waren Kopfjagd und Kannibalismus früher weit verbreitet. Manche Forscher haben versucht, die Tatsache des Menschenessens nicht nur rituell, sondern gleichsam auch mit ›gesundheitlichen‹ Gründen zu erklären. Es wurde die Frage gestellt, ob die Menschen, die sich hier völlig einseitig von Sago ernährten, auf diese Art nicht instinktiv versuchten, ihren Proteinhaushalt in Ordnung zu bringen.

Die heutige Gulf Province bestand ursprünglich aus zwei Teilen, Gulf und Delta, deren östlicher von der Zentralprovinz aus regiert wurde. 1951 erfolgte die Vereinigung. Es gibt so gut wie keine wichtige Stadt hier, auch die derzeitige Hauptstadt Kerema hat kaum etwas zu bieten. Die Orte Kikori, Baimuru, Ihu, Kaintiba oder Malalaua könnten erst dann einige wirtschaftliche Bedeutung gewinnen, wenn das Kraftwerksprojekt eines Tages verwirklicht werden sollte – oder sich tatsächlich Öl zum Erdgas hinzugesellen würde.

Bevölkerung

Die Bevölkerung des Landes teilt sich in vier große Gruppen. Die **Delta-Leute,** es mögen an die 15 000 sein, sind Halbnomaden: Sie bauen ihre Dörfer auf hohen Pfählen an den Flußufern, aber da die Flüsse des öfteren ihren Lauf wechseln, müssen auch die Siedlungen immer wieder wandern. Die Delta-Leute gelten als nicht besonders tüchtig und werden, wenn sie auswandern, meist nur als Arbeiter eingesetzt. Hinter der Küste leben in festen Dörfern an die 40 000 Angehörige des **Elema-Stammes.** Sie genießen innerhalb des Landes eine höhere Reputation, sowohl als Künstler als auch als Arbeiter, denen man schwierigere Aufgaben anvertrauen kann. Der Stamm der **Kamea,** der im Bergland in Richtung des Morobe-Distrikts siedelt (Zentrum: Kaintiba), ist mit den Kukukuku jenseits der Berge eng verwandt. Wie bei diesen handelt es sich um kleine, stämmige, sehr kriegerische Menschen, die früher immer wieder Überfälle auf Dörfer an den Flüssen unternahmen. Bis zum Zweiten Weltkrieg führten sie noch blutige Schlachten.

Im Bereich des Purari-Deltas lebt schließlich der **Namau**-Stamm, der über ein besonderes Kultobjekt verfügt: die sogenannten ›Kaiaimunu‹, aus Flechtwerk hergestellte Figuren eines Ungeheuers mit offenem Rachen, die vor allem bei den Initiationszeremonien eine große Rolle spielen. Die bis zu 3 m großen Stücke hatten einen besonderen Platz in den Kulthäusern. Initianten mußten sich auf ein solches Ungeheuer setzen, worauf es zerbrach, und dann ein neues anfertigen; gelegentlich wurden sie auch darin herumgetragen. Die Schwirrhölzer im Inneren des Gestells klangen wie die Stimme der Bestie. Manchmal steckte man der Figur auch das Opfer einer Kopfjagd, den ganzen Körper oder auch nur den Kopf, ins Maul.

Western Province

Lage und geographische Beschaffenheit

Mit einer Größe von 99 600 km² und einer Einwohnerzahl von rund 75 000 ist die Westliche Provinz die größte und zugleich die am dünnsten besiedelte des Landes. Sie hat über 480 km eine gemeinsame Grenze mit dem indonesischen West-Irian. Diese verläuft fast vollständig entlang des 141. Längengrades; nur dort, wo der Fly River diese Linie überschreitet, folgt sie dem Fluß. Der Fly, der zweitgrößte Strom des Landes – er ist über 1100 km lang und ergießt sich in einer Breite von 80 km (!) ins Meer – kann es zwar an Größe mit dem Sepik aufnehmen, ist aber kulturell nicht so interessant, weshalb er von Touristen kaum besucht wird.

Das gewaltige Mündungsgebiet des Fly, in dem sich viele Inseln befinden – darunter Kiwai als größte (mit 48 km Länge und 4 km Breite) –, beherrscht mit seinem Delta beinahe das gesamte Küstengebiet der Provinz und die Westseite des Golfs von Papua. Westlich davon münden weitere Flüsse, darunter der Bensbach, und erstrecken sich endlose Mangroven- und Regenwälder, bevor die Landschaft in ein weites Savannen-Grasland übergeht, das sich in West-Irian fortsetzt. Nördlich davon erhebt sich dann das große, aus porösem Kalkstein bestehende und von zahlreichen Höhlen und unterirdischen Flüssen durchzogene Papua-Plateau. Bevor der Strickland River in den Fly mündet, gräbt er sich tief in dieses Plateau. In der nordwestlichen Ecke der Provinz erheben sich dann verschiedene Bergketten – die Hindenburg, Blücher und Müller Ranges –, deren Namen noch von den Deutschen stammen. Der Mount Huriaga ist mit über 3000 m der höchste Berg dieser Gegend.

Verkehr und Wirtschaft

Es gibt nur etwa 1000 km Straßen verschiedener Güteklassen, was bedeutet, daß fast aller Verkehr ins Innere der Provinz nur per Flugzeug erfolgen kann. Der Fly und der Strickland dienen als Wasserwege. Westlich der Hindenburg Range erheben sich die Star Mountains, wo bei der

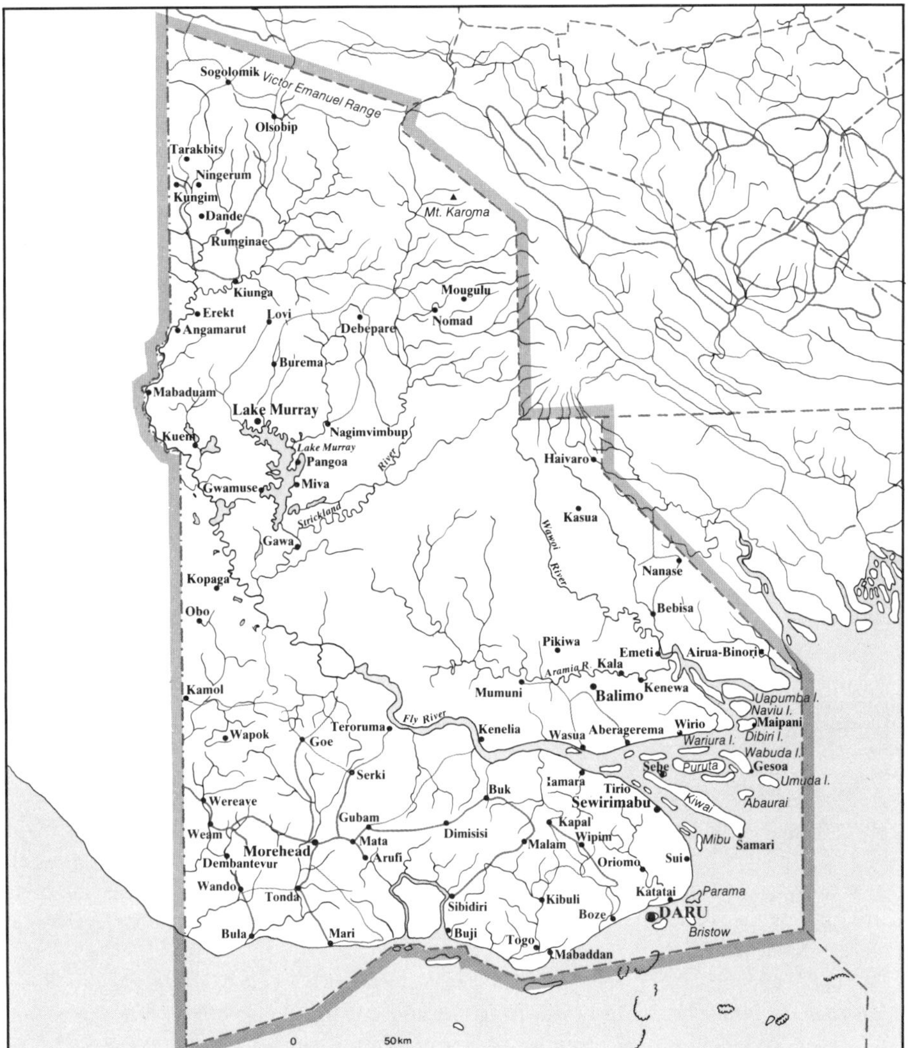

Western Province

Stadt Ok Tedi bedeutende Gold- und Kupfervorkommen (man schätzt 250 Millionen Tonnen) geortet wurden. Dem Abbau stehen die enormen Transportprobleme entgegen. Wirtschaftliche Bedeutung hat dieser Teil des Landes nie erlangt. Man nahm ursprünglich an, daß sich die weiten Grasfluren gut für Viehzucht eignen würden, mußte entsprechende Pläne aber wegen der häufigen starken Überschwemmungen aufgeben. Lange Zeit blieb der Handel mit Krokodilhäuten die wichtigste Einnahmequelle. Es gibt zwar nach wie vor über 100 Krokodilfarmen, wo die Tiere gezüchtet werden, aber bezüglich der Jagd herrschen inzwischen Restriktionen, um ein Aussterben der freilebenden Exemplare zu verhindern.

Geschichte

Tief in diesen Teil des Landes ist man erst spät vorgedrungen. Die Küste dagegen war stets belebt, denn bis hierher führten die ›Hiri‹-Handelsfahrten (vgl. S. 195f.), und auch die Missionare – als erste die London Missionary Society ab 1880 – faßten hier bald Fuß. Über die Küsten- und Flußregionen kamen die Weißen jedoch lange nicht hinaus. 1927 versuchten Charles Karius und Ivan Champion erstmals, Neuguinea zu durchqueren, und zwar über den Fly hinauf und den Sepik an der Nordküste wieder hinab. Der erste Anlauf scheiterte, aber der zweite gelang – eine der Großleistungen in der Erforschung des Landes.

Es war der Administrator William MacGregor, der 1889 diesen Teil des Landes als Verwaltungseinheit Western Province etablierte, damals mit der Hauptstadt Mabaduan (an der Mündung des Pahoturi-Flusses gelegen). 1895 kam es zu dem Anglo-Dutch Border Treaty, der die Grenze zwischen der holländischen und der englischen Provinz weitgehend so festlegte, wie sie 1967 zwischen Australien und Indonesien bestätigt wurde.

Bevölkerung

Zu den bemerkenswerten Stämmen der Westlichen Provinz, die wegen der geringen verkehrsmäßigen Erschließung noch weitgehend an ihren alten Sitten festhalten, zählen die **Tugeri,** die von der willkürlichen Grenzziehung durch die Insel geteilt worden sind. Sie galten einst als wilde Kopfjäger, die den Brauch übten, für jedes neugeborene Kind einen Menschen zu töten. Das Opfer mußte vor seiner Hinrichtung noch irgend etwas sagen, und das wurde, egal was es war, der Name des Kindes.

An der Mündung des Fly leben rund um die gleichnamige Insel die **Kiwai,** hochgewachsene Menschen mit semitischen Zügen, sehr fähige Seeleute und früher bekannt für ihre Tänze. Ihre kulturellen Verbindungen reichen über die Torres-Straße nach Süden, bis zu den Bewohnern der australischen Provinz Queensland. Die Wissenschaftler haben vor allem der Dichtung und den Sagen der Kiwai-Leute verschiedene Untersuchungen gewidmet.

Die **Gogodala** siedeln als Nachbarn der Kiwai in dem sogenannten Balimo-Gebiet zwischen dem Fly und dem Aramia-Fluß. In früheren Zeiten bestand bei ihnen ein Dorf jeweils aus einem einzigen, 2 m über dem Boden errichteten Langhaus, das eine zentrale Halle in der Mitte und kleine Zimmer an den Seiten besaß. Dabei war es den Männern vorbehalten, sich in der Halle aufzuhalten, zusammenzusitzen und zu plaudern. Männer und Jungen schliefen auf Plattformen unter dem Dach, während Mutter, Töchter und kleine Buben nach Familien getrennt in den kleineren Räumen wohnten. Von diesen Langhäusern sind fast keine mehr erhalten. Die neuen Dörfer bestehen aus Familienhütten, die um eine zentrale Fläche angeordnet sind. Da die Gogodala an Flüssen leben, spielen die Kanus – hergestellt aus ausgehöhlten und dann ausgebrannten Baumstämmen – in ihrem Leben eine große Rolle. Bei feierlichen Gelegenheiten werden Kanu-Rennen veranstaltet. Die Männer beherrschen die Kanus meisterlich – schon die kleinen Jungen erlernen diese Kunst. Aber auch die Frauen paddeln damit zu ihren bevorzugten Fischgründen. Die Männer sorgen für das Fällen der Sagopalmen, die neben den Fischen die Hauptnahrung liefern. Bei Festen tragen die Männer ungemein farbenprächtige Masken, reich mit Federn geschmückt. Die Muster nehmen auf Tiere Bezug.

Daru

Daru, auf einer kleinen Insel vor der Küste gelegen, wurde in den dreißiger Jahren anstelle von Mabaduan zur Hauptstadt der Western Province erklärt. Die kleine Stadt besitzt einen lebhaften Hafen, wo früher Perlen, Seegurken und Krokodilhäute gehandelt wurden; heute nimmt die Fischverarbeitung den ersten Rang ein. Es gibt in Daru wenig mehr zu besichtigen als ein Denkmal für den ›Märtyrer‹ Reverend James Chalmers, sein Grab und seine Tamate Memorial Church (›Tamate‹ war der Spitzname von Chalmers gewesen). Sein tragisches Schicksal ist so typisch, daß es etwas ausführlicher geschildert werden soll.

Chalmers (1841–1901), gebürtiger Schotte und Angehöriger der Congregational Church, widmete sich ganz der Missionstätigkeit. 1866 brach er nach Rarotonga auf den Cook-Inseln auf, wo er zehn Jahre verbrachte. Hier bildete er Lehrer aus, aber sein größter Wunsch war es, auf ›richtige Heiden und Wilde‹ zu treffen, was er sich wohl romantischer vorstellte, als es für ihn werden sollte. Jedenfalls erfüllte ihm Neuguinea diesen Traum: 1877 landete er in Port Moresby, von wo er ausgedehnte Reisen entlang der Küste unternahm. In den neunziger Jahren wurde das Gebiet um den Fly River das Zentrum seiner missionarischen Aktivitäten. Chalmers war ein Mann von starker Persönlichkeit und erfreute sich allgemeiner Hochschätzung. Er publizierte zahlreiche Aufsätze über Neuguinea und trug einiges zum Wissen über das Gebiet bei.

Im April 1901 befand sich Chalmers in einer persönlich sehr unglücklichen Lage: Seine zweite Frau starb nach zwölfjähriger Ehe in Daru. Chalmers selbst fühlte sich krank, aber sein Pflichtgefühl ließ ihn nicht ruhen. Als er von den Goaribari-Leuten auf der gleichnamigen Insel hörte, beschloß er, selbst dorthinzufahren, um eine Missionsstation zu gründen – eine weitere in der Kette, die er entlang der Küste bereits angelegt hatte. Am 7. April 1901 erreichte er zusammen mit dem jungen Reverend Oliver Tomkins die Goaribari-Insel. Die Eingeborenen begegneten ihm mit offener Feindschaft. In missionarischem Eifer gingen Chalmers, Tomkins und zehn weitere Leute dennoch an Land – obwohl sie zweifellos wissen mußten, daß es sich bei den Goaribari um praktizierende Kannibalen handelte. Man schlug den Missionaren mit schweren Steinen die Schädel ein und verspeiste sie.

Diejenigen von Chalmers Begleitern, die fliehen konnten, brachten die Nachricht von der Tragödie nach Port Moresby und setzten damit eine Reihe von blutigen Vergeltungsschlägen in Gang. Das Boot ›England‹ wurde von der Regierung ausgesandt und hinterließ eine blutige Spur: 24 Eingeborene wurden getötet, zwölf Zeremonienhäuser, hier ›Dobu‹ genannt, niedergebrannt. Man fand den Schädel von Chalmers und nahm ihn mit. Aber das war Christopher Robinson, der 1903 als Administrator nach Port Moresby kam, noch nicht genug: Er wollte auch den Kopf von Tomkins wiederhaben. Es gelang der Strafexpedition von Robinson tatsächlich, die Knochen von Tomkins zu finden (man konnte sie identifizieren, weil dieser an Tuberkulose gelitten hatte). Damit ließen es die Weißen aber nicht bewenden – diesmal richteten sie ein wahres Massaker an, das Robinson scharfe Verweise eintrug und ihn schließlich seine Stellung kostete.

Bensbach Wildlife Lodge

Die entlegendste Sehenswürdigkeit der Provinz befindet sich bei der Stadt Weam an der Grenze zu West-Irian. In dem reizvollen Naturpark gibt es nicht nur herrliche Paradiesvögel, sondern auch erstaunlich viel Rotwild. In den zwanziger Jahren hatten es die holländischen Missionare in ihrem Teil des Landes eingeführt, aber die Tiere kümmerten sich nicht um Grenzen und kamen zu Zehntausenden auch nach Papua-Neuguinea. Angler werden an dem reich bestückten Bensbach River ihre Freude haben.

Lake Murray

Der größte See des Landes, der in der Regenzeit eine gewaltige Ausdehnung erreicht und in der Trockenzeit auf ein Fünftel seiner Größe schrumpft, liegt im Hochland zwischen Fly und Strickland. Mehrere Flüsse speisen ihn. Am See befindet sich eine Krokodil-Forschungsstation. Der Besuch wird vor allem in der Zeit von Dezember bis April durch blutrünstige Moskitoschwärme beeinträchtigt.

Northern Province

Lage und geographische Beschaffenheit

Die rund 19 800 km² große Nördliche Provinz besteht aus einem zwischen Meer und Bergen eingezwängten Stück Land, das von der Küste aus zwischen 90 und 110 km tief kontinuierlich zu der Owen Stanley Range hin ansteigt. Es finden sich hier einige imposante Berge, allen voran der

Mount Victoria mit über 4070 m, weiter der Mount Albert Edward, der Mount Murray, der Mount Scratchley und der Mount Suckling, alle zwischen 3400 und 4000 m hoch. Die Provinz besteht vorwiegend aus vulkanischem Land – traurigen Ruf genießt der vor der Owen Stanley Range gelegene Mount Lamington, der 1951 mit verheerenden Folgen ausbrach (s. u.). Vulkanisch ist auch das Gebiet um die Stadt Tufi am Cape Nelson, wo ein patriotischer englischer Kapitän drei Vulkanen die Namen Mount Trafalgar, Mount Victory und Mount Britannia gegeben hat. An der südlich gelegenen Collingwood Bay, benannt nach einem Kapitän von Lord Nelson, hat sich die vulkanische Lava in Form von ›Fingern‹ ins Meer ergossen und die schönsten tropischen Fjorde gebildet, die man sich nur vorstellen kann, gesäumt von wunderbaren Korallenbänken.

Überhaupt ist die ganze 240 km lange Küste dieser Provinz mit ihren wilden Buchten und einsamen Stränden überaus reizvoll. Das Gebiet wird von Touristen kaum besucht, aber Europäer finden das Leben hier angenehm – vor allem in der trockenen Saison von Mai bis August. Mehrere Flüsse, als größte der Musa und der Kumusi, münden ins Meer und bilden ein fruchtbares Delta.

Northern Province

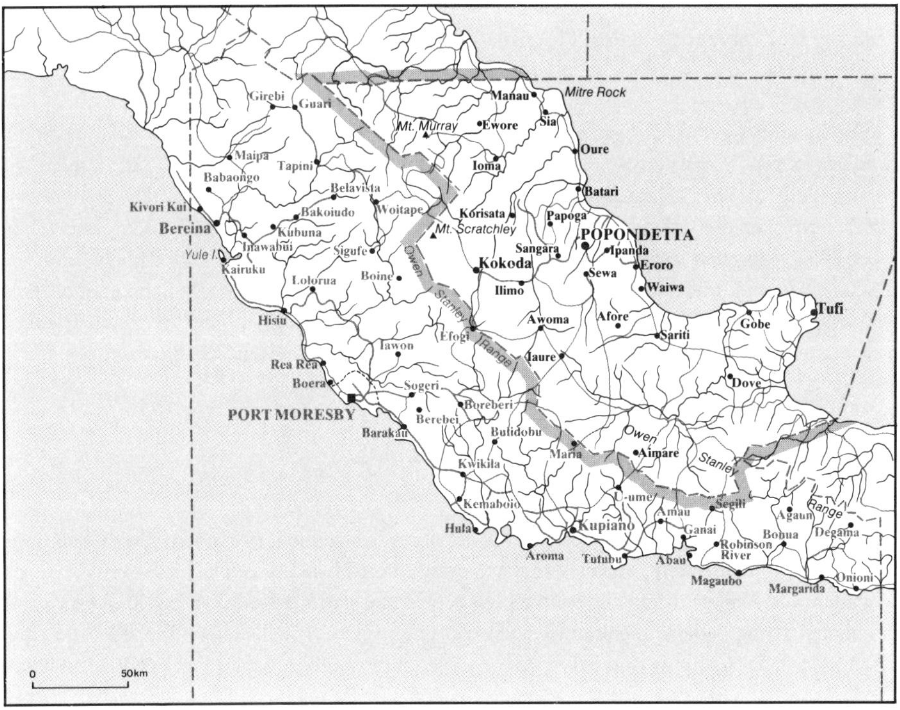

Verkehr und Wirtschaft

An die 500 km Straßen durchziehen das Gebiet, 18 Landebahnen ermöglichen Personen- und Frachtverkehr auf dem Luftweg. Oro Bay, südlich der Hauptstadt Popondetta gelegen, besitzt einen Hochseehafen. Die Landwirtschaft konzentriert sich auf die Küste, wo Gummibäume das wichtigste Anbauprodukt darstellen, gefolgt von Kaffee. Die Viehzucht gewinnt an Bedeutung, während die Copragewinnung abnimmt. Neuerdings werden auch Ölpalmen kultiviert.

Geschichte

Das Gebiet wurde von den Europäern spät in Besitz genommen; Interesse erweckte es erst, als man im Gefolge der Goldfunde im nördlich gelegenen Morobe auch in dieser Gegend das begehrte Metall entdeckte, und zwar bei Yodda und Kokoda. Daraufhin eskalierten gewaltsame Auseinandersetzungen, auch mit den Eingeborenen, zu denen die Kontakte zuvor friedlich verlaufen waren. Nachdem sich die Goldvorräte erschöpft hatten, kehrte wieder Ruhe ein – bis der Zweite Weltkrieg gerade hier mit dramatischen Folgen hereinbrach. Die Amerikaner waren eben dabei, in der Region eine Basis zu errichten, als die Japaner im Juli 1942 landeten und von der Ortschaft Kokoda aus jenen selbstmörderischen Vorstoß durch das ganze Land unternahmen, der die Eroberung von Port Moresby zum Ziel hatte (vgl. S. 175). Von den 16 000 Japanern, die über den Kokoda-Trail zogen, überlebten nur 700; ihr General Horii ertrank beim Rückzug im Kumusi-Fluß.

Die Zerstörungen in der ganzen Provinz waren erheblich, und es dauerte viele Jahre, um wenigstens provisorischen Wiederaufbau zu leisten. Die neue Hauptstadt Higatura war eben fertiggestellt, als am 21. Januar 1951 der Vulkan Mount Lamington ausbrach. Die Stadt wurde total zerstört, an die 3000 Eingeborenen und 35 Europäer, die ganze weiße Kolonie, kamen um, über 8000 Menschen verloren ihr Heim. Der 1585 m hohe Berg verstreute damals Lava und Asche in einem Umkreis von über 230 km – den Donner seines Ausbruchs hatte man bis Port Moresby hören können. Seither verhält sich der Mount Lamington – der nur mehr friedlich raucht, keinen Krater hat und bestiegen werden kann – ruhig. Die neue Hauptstadt Popondetta wurde in respektablem Abstand von ihm erbaut.

Bevölkerung

Allein in dieser Gegend finden sich an die 30 verschiedene Sprachgruppen. Der bekannteste Stamm sind die **Orokaiva,** Melanesier, die in verstreuten Ansiedlungen leben. Sie ernähren sich vor allem von Süßkartoffeln und Schweinefleisch. Da sie kritische Situationen lieber mit Zauberei als mit Krieg beilegten, galten sie auch früher als relativ friedlich. Die Eingeborenen von **Wanigela** an der Collingwood Bay sind für ihre hochentwickelte Töpferei bekannt. Überhaupt ist die Nördliche Provinz eine der wenigen Gegenden in Papua-Neuguinea, wo noch der Tapa-

Tabuhaus in der Humboldt Bay an der Grenze zu West-Irian (Darstellung von 1888)

Rindenstoff mit der Hand hergestellt wird. Man klopft dazu die Rinde des Papiermaulbeerbaumes ganz weich, trocknet sie in der Luft und bemalt sie mit phantastischen Designs.

Popondetta

In der ansonsten nur mäßig interessanten kleinen Stadt mit ihren (1980) über 6300 Einwohnern gibt es ein Kriegsdenkmal mit einer aufschlußreichen Karte über die Schlachtfelder von einst. Tatsächlich haben an den nördlich gelegenen Buchten von Buna und Gona einige der erbittertsten Kämpfe des Zweiten Weltkriegs stattgefunden. Auch an die Opfer des Mount Lamington-Ausbruchs erinnert ein Denkmal. Auf der Straße nach Kokoda kann man bei der **Sasenbata Mission** haltmachen, von wo es hinauf auf den Mount Lamington geht.

Morobe Province

Lage und geographische Beschaffenheit

Die etwas über 33 000 km² große Provinz gruppiert sich rund um den Huon-Golf. Die Nordküste ihres Nordteils, der Huon-Halbinsel, ist flach, der Rest der Provinz dagegen gebirgig. Der Hauptfluß, der Markham, ergießt sich bei der Hauptstadt Lae ins Meer. Mit mehr als 330 000 Einwohnern ist Morobe die zweitdichtest besiedelte Provinz des Landes, was den günstigen geographischen Bedingungen zuzuschreiben ist. Trotz hoher Niederschläge gibt es kaum Sümpfe, aber genügend fruchtbares Land, vor allem im Tal des Markham. Die Finisterre Range, die Sarawaged Range und die Rawlinson Range, die sich über die Huon-Halbinsel erstrecken, werden von Regenwald bedeckt. Lediglich die Berge im Südwesten des Landes, die bereits zum Zentralen Bergland zählen, sind ungastlicher.

Zur Morobe-Provinz zählen mehrere vorgelagerte Inseln vulkanischer Natur. Das wohlkultivierte Rooke Island oder Umboi, dessen Gipfel 1370 m erreicht, ist mit 777 km² die größte, es folgen das dichtbewaldete Tolokiwa (39 km² groß, 1377 m hoch) und Sakar (34 km²), wo es früher starke Vulkanausbrüche gab.

Verkehr und Wirtschaft

Während des Zweiten Weltkrieges sind in der Provinz verschiedene Straßen angelegt worden, die heute noch wichtig sind, vor allem die zwischen der Hauptstadt Lae und den ehemaligen Goldgräberstädten Wau und Bulolo. Die größte Bedeutung als Verkehrsknotenpunkt hat Lae allerdings erhalten, weil hier der sogenannte ›Highland Highway‹ beginnt, der über 160 km durch die Morobe-Provinz verläuft und bis tief ins Hochland führt (der Begriff ›Autobahn‹ scheint allerdings etwas hoch gegriffen: Vielfach handelt es sich nur um eine Erdstraße, die von jedem Unwetter schwer beschädigt wird). Lae ist außerdem als Flughafen wichtig, wobei man neben dem stadteigenen noch einen neuen im 40 km entfernten Nadzab errichtet hat, auf dem auch große Maschinen landen können. Da der Huon-Golf im allgemeinen ruhig ist, eignet sich Milfordhaven an der Mündung des Markham ausgezeichnet als Hafen, ebenso wie Finschhafen, eine Gründung der Deutschen.

Morobe ist heute eines der wichtigsten Wirtschaftszentren des ganzen Landes. Das früher alles beherrschende Gold spielt zwar keinerlei Rolle mehr, und die Landwirtschaft leidet sehr unter der Gewohnheit der Eingeborenen, das Gras zu Rodungszwecken immer wieder abzubrennen. Andererseits wurde hier eines der bedeutendsten Zentren für die Rinderzucht geschaffen, und auch die Hühnerfarmen erzielen gute Ergebnisse. In den dreißiger Jahren hat man begonnen, Kaffee anzupflanzen, der besser gedieh als der Kakao, und auch Versuche mit Tee haben sich bewährt. Vor allem aber ist reichlich Holz vorhanden, das u. a. in der größten und modernsten Sperrholzfabrik der Welt bei Bulolo verarbeitet wird. Man hat auch einiges an Sekundärindustrie, die den heimischen Markt beliefern soll, geschaffen. Drähte, Nägel, Fiberglas, Plastik, Chemikalien, Industriegase, Aluminiumfenster und Eisenöfen gehören zu den hier hergestellten Produkten.

Morobe Province

Geschichte

Die Versuche der Deutschen, sich dauerhaft in Finschhafen niederzulassen, scheiterten am Klima (vgl. S. 148f.). Die Geschäftsleute und Regierungsbeamten zogen sich nach Neubritannien zurück, nur die Lutheranische Mission blieb hier. Damit war auch ein anspruchsvolles Projekt aufgegeben worden: eine Radio-Station, die ein Teil des Kommunikationsnetzes sein sollte, das die deutschen Kolonien in der Südsee – also die Niederlassungen auf den Karolinen und in Samoa – miteinander verband.

Als die Australier das Gebiet 1914 übernahmen, herrschte hier noch völlige Ruhe. 1921 tauchte dann ein Mann auf, der legendär werden sollte: ›Sharkeye‹ Park, der erste, der in der Region Gold fand. Von nun an strömten über den Hafen von Salamaua die Goldsucher ins Land, denen schlimme Strapazen bevorstanden – sie mußten sich in tagelangen Märschen rund 50 km landeinwärts nach Wau und Bulolo durchschlagen, bedroht von dem Klima (es kann des Nachts hier sehr kalt werden), von tropischen Krankheiten und feindlichen Eingeborenen. 1926 wurde bei Edie Creek ein noch reicheres Goldfeld entdeckt, und zur Lösung der daraus resultierenden Transportprobleme setzte man nunmehr Flugzeuge ein. Die Entwicklung verlief rapide, der hiesige Flugverkehr stellte in den dreißiger Jahren weltweite (!) Rekorde auf (vgl. S. 187). Durch die Suche nach Gold wurde auch das Hochland allmählich erforscht.

Da die Gegend einen derartigen Aufschwung nahm, beschloß man, das Verwaltungszentrum von Australisch-Neuguinea von Rabaul (auf Neubritannien) nach Lae zu verlegen. Doch der Krieg unterbrach die Entwicklung, die Japaner machten auch das Gebiet von Morobe zu einem Schlachtfeld und hinterließen schwere Zerstörungen. Der Hafen von Salamua wurde nie wieder aufgebaut.

Nach dem Krieg lag der Goldpreis niedrig, die Kosten überstiegen den Gewinn, und nach und nach wurden die einzelnen Fördergruben geschlossen – das letzte 1965. Heute sind nur noch ein paar private Goldgräber am Werk. Die wirtschaftlichen Schwerpunkte der Provinz verlagerten sich auf andere Zweige – nicht zuletzt auf den Tourismus. Lae ist heute Ausgangspunkt der meisten Reisenden, die ins Hochland reisen wollen.

Bevölkerung

Auch in dieser Provinz herrscht die übliche Vielfalt von Stämmen und Sprachen. Das Summer Institute of Linguistics, das 1956 seine Tätigkeit in Neuguinea begann, hat die verschiedenen Sprachen des Gebiets studiert; es konnte zwar gewisse Ähnlichkeiten, aber keinerlei gemeinsame Basissprache feststellen. Soweit die Stämme, wie etwa die **Yupna,** noch in den Bergen (in diesem Fall in der Finisterre Range) leben, sind sie weitgehend ihren alten Traditionen verhaftet geblieben. Man weiß wenig von ihnen – auch deshalb, weil bei vielen die mündliche Überlieferung inzwischen verlorengegangen ist.

Die **Leute am Markham-Fluß,** groß und als intelligent geltend, sind den Chimbu verwandt. An der Küste leben fleißige Seefahrer, in den Bergen vielfach Bewohner kleiner Dschungeldör-

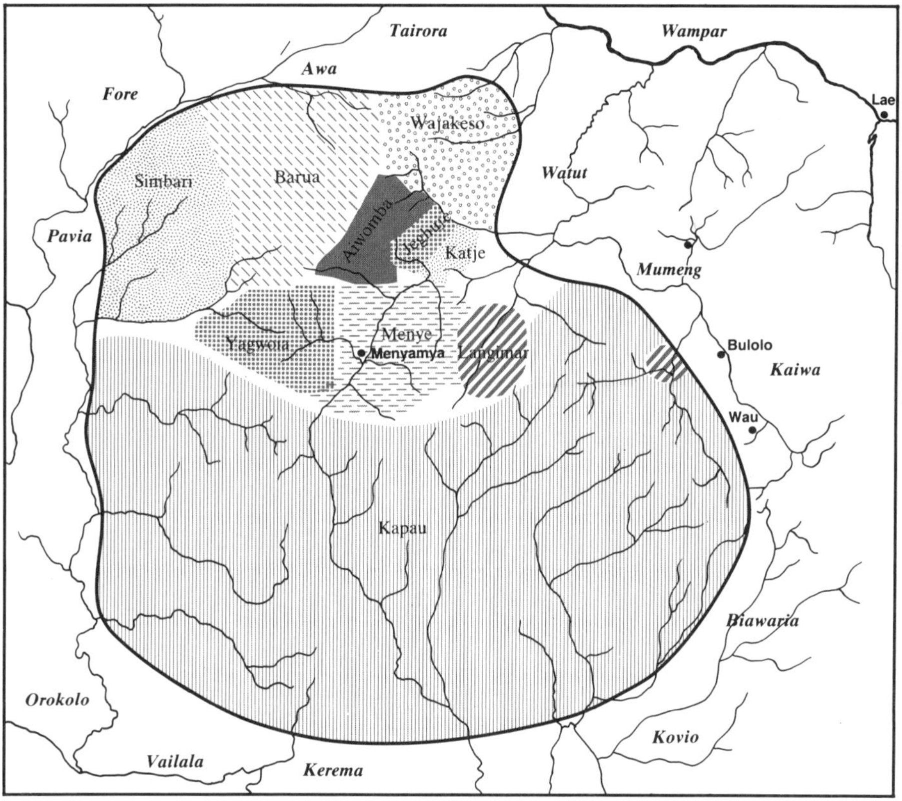

Verbreitungsgebiet der Kukukukus mit Dialektgruppen und Nachbarstämmen

fer, Stämme, die nicht mehr als 700 Menschen umfassen wie die **Momalili.** Andere, wie die **Wain-Naba,** mögen noch über 10000 Personen zählen. Die bekanntesten Bewohner des Gebiets sind die **Kukukukus,** ein durch seine kriegerische Attitüde berüchtigter Stamm von ein paar Tausend Menschen. Ihre geringe Körpergröße – sie messen oft nicht mehr als 1,50 m – kompensierten sie früher durch ein geradezu mörderisches Temperament. Sie lebten als Nomaden und überfielen friedliche Dörfer, falls sie einander nicht selbst befehdeten. Weiße, die mit ihnen in Verbindung zu treten versuchten, endeten nicht selten mit einem Pfeil im Bauch. Bis in die dreißiger Jahre hinein konnte die Regierung die Kukukukus nicht unter Kontrolle bekommen; erst seit kurzem glaubt man, ihnen ihre aggressive Haltung und ihren Kannibalismus abgewöhnt zu haben. Zu den Trauerritualen der Kukukukus zählte die Gewohnheit, sich einen Finger abzuhacken, der dann als Halsschmuck getragen wurde. Die Tatsache, daß diese Art von Beileidsbekundung öfter bei Frauen als bei Männern auftrat, läßt daran zweifeln, daß sie immer gänzlich freiwillig erfolgte.

Lae

Als in den zwanziger Jahren im Morobe-Gebiet, bei Wau und Bulolo, Gold gefunden wurde, suchten die Verantwortlichen von Guinea Airways Ltd. dringend nach einem Ort, wo sie eine Flugzeuglandebahn errichten konnten, denn jeglicher Transport in größerem Stil war nur auf dem Luftweg möglich. Bei Lehe, einer kleinen Missionsstation am Huon-Golf, fand man das bestgeeignete Stück Flachland, die Flugpiste wurde errichtet, und die Junkers-Maschinen nahmen ihren Liniendienst auf. Dennoch blühte die Stadt, die nun Lae hieß, keinesfalls auf – bis zum Zweiten Weltkrieg gab es hier wenig mehr als ein kleines Hotel, ein paar Geschäfte, und die Möglichkeit, Frachten zu lagern und zu laden.

Am 16. September 1943 landeten die Japaner in Wagan, einem kleinen, etwa 8 km von Lae entfernten Dorf. Noch heute kann man dort – mit Bewilligung der Einheimischen – am Strand die Reste der Landebarke ›Myoko Maru‹ besichtigen, die im schwarzen Sand versinkt. Nachdem die Japaner vertrieben worden waren, mußte die schwer zerstörte Stadt so gut wie neu aufgebaut werden.

Lae, mit heute über 60 000 Einwohnern die zweitgrößte Stadt des Landes, gilt als ausgesprochen gut geplant. Obwohl Industriezentrum und, wie von Anfang an, um den zentralen Flughafen angelegt, bietet es das Bild einer grünen Garten- und Blumenstadt, in der die Fabriken, Büros und Geschäfte locker verstreut liegen. Die vielen Hotels, Clubs und Sporteinrichtungen (Lae verfügt über den einzigen 18-Loch Golfplatz des Landes) ermöglichen Europäern ein relativ angenehmes Leben – die Stadt kann dem Vergleich mit jeder gleichgroßen in Australien durchaus standhalten.

1949 wurde der Botanische Garten angelegt, der mit einer Ausnahme – die Orchideensammlung in Port Moresby ist die bessere – als der großartigste des Landes gilt. Der 93 ha große Park vermittelt einen wirklich hervorragenden Eindruck von dem schier unglaublichen Vegetationsreichtum Neuguineas. Innerhalb des Geländes befindet sich ein Kriegerfriedhof mit 3000 Gräbern.

Es gibt in Lae zwei Märkte, einen westlich des Flugfeldes, den anderen, Butibum Market genannt, in der Nähe des gleichnamigen Flusses. Der Luman Hill, der bei den Deutschen ›Burgberg‹ hieß, wurde von den Japanern mit Tunnels und Höhlen versehen. 2 km außerhalb der Stadt liegt Ampu, die lutheranische Station. Die Kirche wurde 1937 errichtet und während des Krieges als Spital verwendet.

Finschhafen

Finschhafen, nach dem deutschen Südseeforscher Otto Finsch (vgl. S. 140) benannt, liegt nordöstlich von Lae an der Küste. Die Neuguinea-Kompagnie errichtete hier 1885 ihre erste Niederlassung auf einer 90 m von der Küste entfernten Insel, die später durch eine steinerne Brücke mit

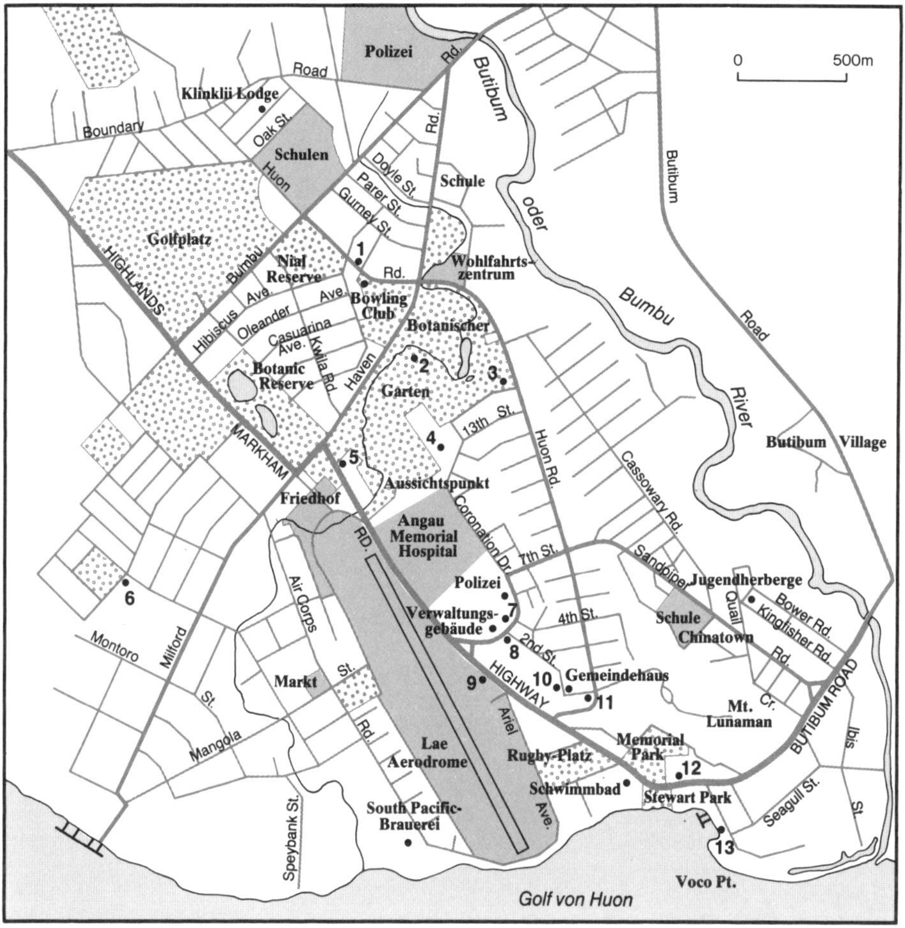

Lae 1 Theater 2 Botanischer Garten 3 Gewürzpflanzenanlage 4 Soldatenfriedhof 5 Huon Golf Motel 6 United Church 7 Post 8 Römisch-katholische Kirche 9 Air Niugini-Büro 10 Melanesian Hotel 11 Lae Club 12 Hotel Cecil 13 Yachtclub

dem Festland verbunden wurde. Obgleich die Stadt als hübsch galt, hielten es die Deutschen nur sieben Jahre hier aus: Das mörderische Klima wütete so unter ihnen, daß sie in Scharen starben.

Nur noch wenige Gebäude aus der Kolonialzeit sind erhalten, darunter eine Missionsstation. Die hier während des Krieges stationierten Amerikaner ließen nach ihrem Abzug umfangreiches Material, darunter viele Schiffe und Flugzeuge, zurück.

Bulolo

11 km tief in der Bulolo-Schlucht liegt in 692 m Höhe die Goldgräberstadt Bulolo. Der Pionierstil manifestiert sich in Holzhäusern, an Alleen gelegen. Die Bagger von einst können noch am Stadtrand besichtigt werden. Heute beherrscht nicht mehr das Gold, sondern die Bauholzindustrie die Gegend.

Wau

Etwa 1000 m hoch gelegen, besticht die kleine Stadt mit ihren kaum 2000 Einwohnern durch ihr angenehmes Klima: warme Tage, kühle Nächte. Wau erlebte seine Blütezeit während des Goldrausches – in der Nähe, im Koranga Creek, fand ›Sharkeye‹ Park das erste Gold –, aber mit dessen Ende hat es entschieden an Bedeutung verloren. Von Pinien gesäumt, ist der Ort nur noch hübsch und historisch.

In Wau befindet sich das Wau Ecology Institute, das vom Bernice P. Bishop-Museum in Hawaii gegründet wurde und sich u.a. Forschungen darüber widmet, wie man den durch Brandrodung zerstörten Boden wieder fruchtbar machen kann. Das Institut besitzt ein kleines Museum, man kann dort auch wohnen.

Eine Sehenswürdigkeit der Stadt ist auch der Flugplatz, nicht nur, weil er in den Jahren 1937/38 der meistangeflogene der Welt war (!), sondern weil man kaum sonstwo eine so steile Landebahn finden wird, die auf 1000 m Länge ein Gefälle von 91 m aufweist. Neben der Bahn steht ein Denkmal für die australischen Soldaten, die während des Krieges hier ihr Leben verloren.

Von Wau sind es ein paar Stunden Fußweg nach Edie Creek, wo man noch die Atmosphäre der echten Goldgräber erleben kann. Von hier aus führte übrigens der sogenannte ›Bulldog Track‹ nach Port Moresby, der noch schwierigere Anforderungen stellte als der Kokoda Trail.

Madang Province

Lage und geographische Beschaffenheit

Die zwischen Morobe und der Sepik-Region gelegene Provinz Madang an der Nordküste, die im Inneren an die Bismarck Range und die Hochlandprovinzen anschließt, umfaßt rund 28 000 km² und zählt nicht ganz 250 000 Einwohner. Von Touristen wird sie vor allem deshalb besucht, weil ihre gleichnamige Hauptstadt den Ruf genießt, nicht nur die schönste Stadt des Landes, sondern der ganzen Südsee zu sein.

Hinter der 273 km langen Küste verläuft ein relativ breiter Streifen fruchtbaren Landes, bevor das Gebiet bergig wird. Der Hauptfluß, der Ramu, entspringt im Osten des Bismarck-Gebirges, sucht aber von dort nicht den kürzesten Weg zum Meer, sondern verläuft parallel zur Küste durch die ganze Provinz, bis er etwas südlich des Sepik ins Meer mündet. Das Ramu-Tal ist, wie jenes des Markham in Morobe, ein reiches Grasland, das sich für die Viehzucht bestens eignet. Abgesehen von der Bismarck-Range, deren höchste Erhebung, der Mount Wilhelm, zwischen Madang und Chimbu liegt, verläuft im Süden der Provinz noch die Finisterre Range, im Nordosten die Schrader Range und nordöstlich, hinter Madang, die Adelbert Range.

Zur Madang-Provinz zählen drei größere und einige kleinere Inseln, alle vulkanischen Ursprungs, fruchtbar und schön anzusehen – und gefährlich, da ihre Vulkane noch immer begrenzt aktiv sind. Die Bevölkerung des 83 km² großen Manam, 15 km vor der Hansa Bay und der Stadt Bogia gelegen, wurde aus diesem Grunde sogar von der Regierung evakuiert. Besucher, die die Insel mit einer täglichen Fähre von Bogia aus erreichen können, sollten bei der Besteigung des 1829 m hohen Vulkans tunlichst beachten, daß es sich dabei um ein gefährliches Unternehmen handelt. An einer Seite des Kraters hat man ein seismologisches Observatorium etabliert. Westlich von Manam liegt eine winzige Insel namens Aris (bzw. Boisa).

Karkar, 362 km² groß und durch die Isumrud Strait vom Festland getrennt, wird auch Dampier Island genannt, weil William Dampier hier als erster Weißer landete. Später errichteten die Lutheraner eine Missionsstation, wurden aber – nachdem ihnen schon Eingeborene und Malaria zu schaffen gemacht hatten – endgültig von einem Ausbruch des 1833 m hohen Vulkans vertrieben. Die Lutheraner kehrten allerdings wieder, Katholiken stellten sich gleichfalls ein, obwohl der Berg immer wieder – zuletzt 1974 – aktiv wird. Es lohnt sich, die Insel, um die eine 50 km lange Straße führt, zu besuchen; Karkar ist ein typisches Südsee-Eiland mit herrlichem Strand aus schwarzem Sand, dicht bewaldet und fruchtbar. Man erzielt hier die denkbar

Madang Province

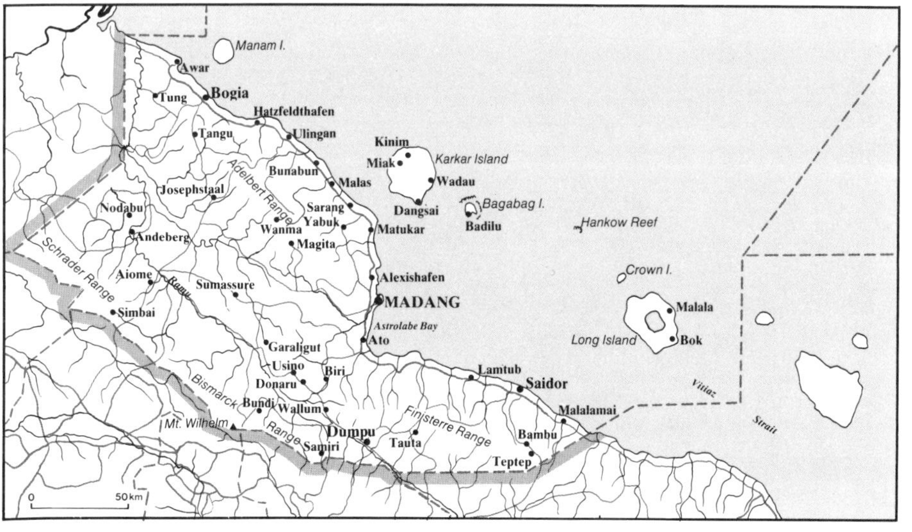

besten Ergebnisse beim Anbau von Kokospalmen. Vor Karkar liegt die 36 km² kleine Insel Bagabab, ein dicht bewaldeter, versunkener Krater.

Gegenüber von Saidor, durch die 48 km breite Vitiaz Strait vom Festland getrennt, liegt Long Island, mit 414 km² die größte der zur Provinz Madang gehörigen Inseln. Sie besteht aus zwei konischen Kratern, von denen einer mit Wasser gefüllt ist – ein See, dessen Wände immer noch 250 m hoch klettern. Der Vulkan selbst erhebt sich bis 1305 m. Hier wohnen an die 600 Menschen. Berühmt ist das Vogelleben der Insel; die exotischen Tiere kann man in einem Wildlife Sanctuary bewundern. Nach Long Island kommen die großen Seeschildkröten, um ihre Eier zu legen.

Verkehr und Wirtschaft

Rund 1500 km Straßen führen durch die Provinz, darunter als wichtigste die 193 km lange Küstenstraße von Madang nach Bogia. Der Highlands Highway, der von Lae ausgeht, teilt sich in Waterais – der Hauptweg führt ins Hochland, ein Abzweig über Dumpu nach Madang. Allerdings kann diese Passage durch das Ramu-Tal wirklich nur von vierradgetriebenen Geländefahrzeugen bewältigt werden, da oft Bäche zu überqueren sind.

Seit den Tagen der Deutschen wird in der Gegend von Madang Copra gewonnen, auch Kakao und Kaffee haben ihre Bedeutung, und im Ramu-Tal hat man versucht, Reis und Getreide anzubauen. Vor allem ist die Gegend aber ein Viehzuchtgebiet. Noch heute betreibt die katholische Mission in Alexishafen ihre Rinderhaltung; Schlachthäuser befinden sich in Madang. Der Fischfang reicht nur für den lokalen Bedarf. Wichtigster Wirtschaftszweig dürfte inzwischen das Holz sein, eine Industrie, die bereits von den Japanern sehr gefördert wurde. Der Hafen von Madang spielt nicht nur für den Frachtverkehr eine Rolle, sondern auch für die Schiffbau- und Reparaturindustrie.

Geschichte

Der erste Weiße, der sich für längere Zeit – nämlich 15 Monate – in der Gegend aufhielt, war der russische Forscher und Biologe Nicolai Miklouho-Maclay (1846–1888), der 1871 in der Astrolabe Bay an Land ging, um wissenschaftliche Forschungen zu tätigen. Im Gegensatz zu den meisten Europäern die ihm folgten, pflegte er beste Beziehungen zu den Eingeborenen und konnte wertvolle, bis heute interessante Erkenntnisse über die Region gewinnen. Heute noch lobt man die freundliche Mentalität der hier ansässigen Menschen, und schon Miklouho-Maclay nannte die Gegend den ›Archipel der glücklichen Menschen‹.

1895 kamen die Deutschen. Seit Jahren suchte die Neuguinea-Kompagnie an der Nordküste der Insel nach einem Ort, wo für Europäer erträgliche Lebensbedingungen herrschten. Man hatte Finschhafen verlassen, dann Stephansort (Bogadjim), weil das dortige Klima so viele Todesopfer forderte. Nun ließ man sich rund um die schon 1884 gegründete Kokosnußplantage

Haus auf einer kleinen Insel in der Astrolabe Bay (Darstellung von 1888)

Modilon nieder und nannte den Ort, der heute Madang heißt, Friedrich-Wilhelms-Hafen. Es war der letzte Versuch der Deutschen, auf dem Festland Fuß zu fassen – aber auch hier wüteten Malaria und Schwarzfieber. Schließlich verlegten die Siedler ihr Hauptquartier nach Kokopo bei Rabaul auf der Insel Neubritannien. Immerhin blühte die Plantage Modilon bis zum Zweiten Weltkrieg, denn das Land hier ist fruchtbar. Die deutsche Lutheranische Mission hatte sich bereits 1887 hier angesiedelt, die Katholische Mission bezog 1904 ihren Standort in Alexishafen, etwa 20 km nördlich von Madang. Im Zweiten Weltkrieg nahmen die Japaner erst Lae, dann Madang. Die Australier lieferten den Besatzern harte Schlachten und trieben sie die Küste entlang nach Norden, bis sie in Wewak geschlagen wurden. Dabei erlitt das ganze Gebiet schwere Zerstörungen.

In den Jahren nach dem Krieg verzeichnete die Provinz einen großen Aufschwung, da die Hochlandgebiete von Flugzeugen aus Madang versorgt wurden. Als sich der Transport jedoch auf den Highlands Highway verlagerte, verlor Madang zugunsten von Lae an Bedeutung. Erst die Holzindustrie brachte neue Impulse.

Bevölkerung

Touristen kommen am ehesten mit den Yabob und den Bilbil in Kontakt, die in kleinen Ortschaften südlich von Madang leben. Die **Bilbil** siedelten bis 1904 auf der gleichnamigen kleinen, der Küste vorgelagerten Insel, zogen dann jedoch wegen Nahrungsmangels auf das Festland. Die Tatsache, daß sie sich nie selbst mit Lebensmitteln versorgen konnten, wurde schon in frühesten Zeiten durch den Handel mit den bekannten, von den Frauen gefertigten Töpfen kompensiert. Die Bilbil waren früher fähige Seefahrer, die auf ihren großen, zweimastigen Kanus Hunderte

Frauen von der Astrolabe Bay; folgende Seite: Töpferinnen auf der Insel Bilbil (Darstellungen von 1888)

von Kilometern an der Küste entlangfuhren, um Handel zu treiben. Bevor sie aufbrachen, wurde der sogenannte ›Likon‹ zu Rate gezogen, der Wettermann, der den besten Zeitpunkt für die Fahrt bestimmte. Man glaubte, daß er Macht über das Meer und den Wind habe. Gerieten die Kanus in einen Sturm, wurde von ihm erwartet, daß er die ›Masalai‹, die Geister des Meeres zu Hilfe riefe. Auch bei den Bilbil sind die meisten alten Sitten verloren gegangen. Männerhäuser, wo die Männer geheime Zusammenkünfte pflegten und die Zauberflöten spielten, gibt es nicht mehr, heute leben die Familien in ihren auf Pfählen gebauten Häusern zusammen. Aber wenn im Juni Yams geerntet wird, findet noch ein traditionelles Fest statt, und auch die alten Initiationsriten wollte man nicht gänzlich aufgeben. Alle zwei Jahre fahren die jungen Männer für zwölf Tage auf die Bilbil-Insel. Wenn sie zurückkehren, tragen sie rote Röcke als Zeichen ihrer neuen Würde, und dann feiert das ganze Dorf mit ihnen.

Ähnliches gilt auch für die **Yabob,** die gleichfalls früher hervorragende Seeleute waren und heute noch schöne Töpfe herstellen.

In der Madang-Provinz leben auch Menschen, die als Pygmäen einzustufen sind. Die etwa 10 000 **Aiom** am Fuß der Schrader-Kette werden im Durchschnitt nur 1,27 m groß. Meist lebt jede Familie für sich, nach Männern und Frauen getrennt, nur selten bilden die verstreuten Rindenhütten Dörfer. Die Aiom nähren sich vordringlich von Süßkartoffeln, züchten Schweine und zeigen sich kaum je Fremden.

Stämme melanesischer Herkunft sind an verschiedenen Stellen des Ramu zu Hause – die **Garia** in den zerklüfteten Bergketten zwischen Ramu- und Nuru-Fluß, die etwa 7000 **Maring** südlich des Ramu, die **Rao Beri** im Sumpfgebiet des Ramu, etwa 130 km von Madang entfernt. In der Bucht von Bogia siedeln etwas mehr als 20 km landeinwärts die **Tangu,** die ebenfalls melanesischen Ursprungs sind. Sie versuchen, Reste ihres traditionellen Lebens zu bewahren. Ihre Siedlungen bestehen aus vier bis fünf Pfahlbauten rund um einen Festplatz. Die Tangu tragen Unterröcke aus weichen Bananenfasern und darüber aus Pandanus-Blättern geflochtene Gürtel. Nachrichten geben sie mittels der Schlitztrommeln weiter. Früher waren sie, aus Protest gegen das Christentum, dem sie heute verpflichtet sind, Anhänger der Cargo-Kulte. Nur noch rund 300 Köpfe zählen die **Kominiung,** die am Goam-Fluß, einem Nebenfluß des Ramu, leben. Ihre letzten traditionellen Männerhäuser sind bereits verschwunden, manches von ihrem traditionellen Handwerk hat sich aber noch erhalten, etwa die Herstellung der schön geschnitzten Kanus und Paddel, die für Flußfahrten dienen. Wenn die Kominiung ihre Erntefeste veranstalten, beschwören sie immer noch die Geister ihrer Ahnen.

Madang

Man hat Madang immer wieder die schönste Stadt des Pazifik genannt, was vielleicht übertrieben sein mag – aber die schönste Stadt von Neuguinea ist es gewiß. Der kleine, fast verschlafen wirkende Tiefwasserhafen liegt reizvoll auf einer Halbinsel, durchzogen von zahlreichen Parks, Seen und Kanälen. Es gibt viel Regen hier, entsprechend gedeiht eine üppige tropische Vegetation. Und so wenig aus der Zeit der deutschen Kolonie letztlich überlebt hat – die großen, schattenspendenden Bäume, die für die deutschen Ansiedlungen charakteristisch waren, stammen zum Teil noch aus dem vorigen Jahrhundert. Zumindest einige von ihnen haben den Zerstörungen des Zweiten Weltkriegs widerstanden.

Heute ist Madang eine mit allen notwendigen Einrichtungen wie Schulen, Spital, Banken, Geschäften und Restaurants ausgestattete Kleinstadt mit rund 22000 Einwohnern, darunter noch einige Angehörige der früher zahlreicheren chinesischen Kaufmannsschicht. An den wunderhübschen Parks mit Teichen voller Wasserlilien warnen immer wieder Tafeln vor Krokodilen, obwohl sich niemand erinnern kann, in der Stadt jemals einem freilebenden Exemplar begegnet zu sein. Der Hafen von Madang gilt gleichfalls als Sehenswürdigkeit, und da die Stadt vom Wasser aus einen schönen Anblick bietet, empfiehlt sich eine Rundfahrt, die dann üblicherweise auch zu den etwas nördlich gelegenen Inseln Kranket und Siar führt, wo man Picknicks und Barbecues veranstalten kann.

Die Stadt selbst ist mühelos zu erwandern. Ihr Wahrzeichen, das 30 m hohe Coastwatcher Memorial, liegt am äußersten Ende der Halbinsel am Meer und kann von draußen aus einer Entfernung von 25 km gesehen werden. Es erinnert an jene Männer, die im Krieg unter Einsatz ihres Lebens die japanischen Stellungen ausspioniert haben. Geht man vom Coastwatchers Memorial den Coronation Drive südwärts, so erlebt man eine der schönsten Strandpromenaden der Südsee. Man trifft auf das ›Smuggler's Inn‹, ein Motel, und den Lions Reserve Beach, wo es sich lohnt, ein wenig hinauszuschwimmen, denn schon nach wenigen Metern erblickt man die schönsten Tropenfische. Ganz in der Nähe, an der Modilon Road, liegt die Tusbab High School, die über ein hübsches kleines Museum einheimischer Kunst verfügt – Studenten dieser Hochschule haben sich auch zu einer Sing-Sing-Gruppe zusammengefunden. Weiter spazierend, kommt man zur modernen katholischen Kathedrale, deren Glasfenster man aus Deutschland eingeflogen hat, zum Madang Museum und zum Kulturzentrum.

Wichtigster Besichtigungspunkt der Stadt ist aber, zumal für deutsche Besucher, der alte Friedhof, im Zentrum der Stadt auf einem Hügel gelegen, von einer Steinmauer umschlossen und mittlerweile teilweise schon von der üppigen Vegetation überwuchert. Hier sind viele Angehörige der Neuguinea-Kompagnie begraben. Manche Grabsteine zeigen Spuren der Kämpfe, die im Zweiten Weltkrieg hier stattgefunden haben. Man wird hier eine ›Spezialität‹ von Madang erleben: die Fledermäuse, die büschelweise von den Bäumen hängen – sie haben sich den Friedhof als Ruhestätte ausgesucht. Ganz in der Nähe des Friedhofs befindet sich der Markt, der – wie anderswo – auch hier am Samstag das lebendigste Bild bietet. Neben Früchten und Gemüse wird auch Kunsthandwerk verkauft, vor allem Muscheln, die man zu Halsketten und Armreifen verarbeitet.

Ein kurzer Ausflug von Madang führt nach Süden in zwei kleine Dörfer, nach **Yabob Village** und **Bilbil Village,** die beide für ihre Töpfereiarbeiten berühmt sind – beliebte Touristen-Mitbringsel, zumal die Töpfe in Bilbil denen der Sepik-Region ähneln.

Die Straße in Richtung Norden erreicht nach etwa 20 km die Katholische Mission von **Alexishafen,** das im Zweiten Weltkrieg eine Basis der Japaner war. Man kann noch deren ehemalige Flugpiste, von Flugzeugwracks gesäumt, sehen. Der kleine Friedhof neben dem Spital der Missionsstation erinnert an die vielen deutschen Missionare, die nie wieder in ihre Heimat zurückgekehrt sind.

Madang 1 Coastwatchers Motel 2 Madang Hotel 3 Lutheranische Kirche 4 Polizei 5 Madang Club 6 Yachtclub 7 Post 8 Theater 9 Chinesisches Viertel 10 Markt und deutscher Kolonialfriedhof 11 Anglikanische Kirche 12 Kraftwerk 13 Römisch-katholische Kirche 14 South Pacific Village Inn 15 Air Niugini-Büro 16 United Church 17 Smuggler's Inn 18 Soldatenfriedhof

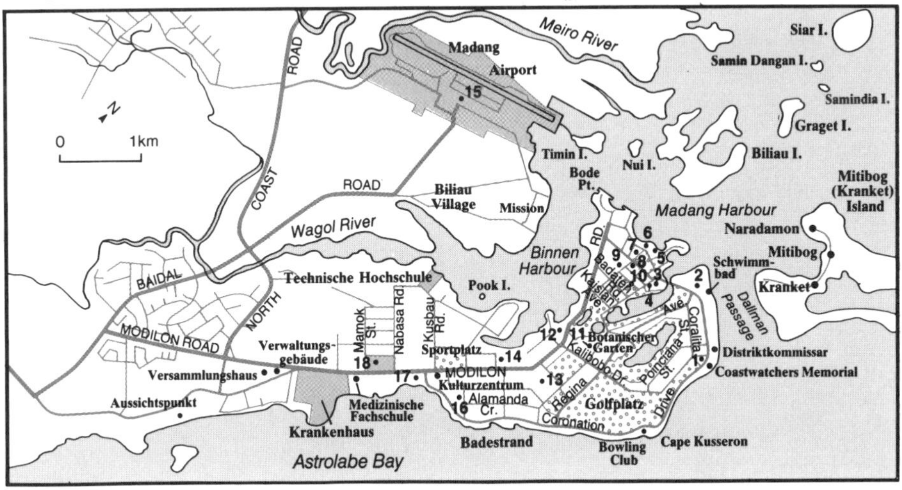

Die Sepik-Provinzen
(West Sepik und East Sepik)

Lage und geographische Beschaffenheit

Das Gebiet, das vom Fluß Sepik bis zum Meer im Norden und zu den zentralen Bergketten im Süden reicht, wurde in der Geschichte Neuguineas immer wieder auf verschiedene Weise unterteilt – u. a. auch in der Form, daß man die Gebiete südlich des Flusses und jene nördlich davon zu verschiedenen Verwaltungseinheiten machte. Eben erst war eine vereinigte ›Sepik-Region‹ etabliert worden, als man sie im Dezember 1968 – vorläufig zum letzten Mal – schon wieder teilte. Ähnlich wie im Falle Neubritanniens wurden zwei sehr ungleiche Teile geschaffen: Die Provinz East Sepik umfaßt den Großteil des Flusses, so weit, wie Schiffer und Touristen im allgemeinen kommen. Auf der Landkarte ergibt dies ein merkwürdiges Bild, da sich ein Stück der östlichen Provinz dort, wo der Fluß verläuft, weit in die westliche hineinschiebt. Erklärt hat die Regierung das damit, daß die Menschen am Fluß so viel gemeinsam hätten, daß man sie verwaltungsmäßig nicht trennen wollte.

Die Provinz West Sepik ist die touristisch weniger interessante, durch die gemeinsame Grenze mit dem nicht ganz freundlichen Nachbarn Indonesien auch die kritischere. Zu ihr gehören das Quellgebiet des Flusses und seine bergigen Anfänge. Viermal windet sich der Sepik in das Gebiet von West-Irian hinüber, ohne daß man – wie beim Fly im Süden – den Grenzverlauf dem Fluß angepaßt hätte: Hier verläuft die Grenze strikt am 141. Meridian entlang, ungeachtet dessen, was die Natur vorgezeichnet hat.

Die Provinz East Sepik umfaßt 43 770 km² mit rund 230 000 Einwohnern, die Provinz West Sepik 31 145 km² mit knapp über 100 000 Einwohnern. Die Küste der Region verläuft im Osten von den Murik Lakes bis Wewak ›unruhig‹ – es handelt sich um Schwemmland, das sozusagen dauernd in Bewegung ist. Weiter westlich wird die Küste felsiger, Korallenriffe sind vorgelagert, es gibt keine natürlichen Häfen, und schon kurz dahinter beginnt das Bergland. Von West nach Ost sind es die Oenake Range gleich hinter der Stadt Vanimo, dann die Bewani, die Torricelli und schließlich die Prince Alexander Mountains, die im Norden ziemlich abrupt emporsteigen, während sie gegen Süden sanfter abfallen. Dort verläuft das Tal des Sepik, das im Süden wiederum von der Thurnwald Range, den Schatteburg Mountains, der Central Range und den Schrader Mountains begrenzt wird.

Der Sepik ist mit einer Länge von 1126 km der bedeutendste Strom Neuguineas. Er entspringt im zentralen Hochland, am Nordabhang der Victor Emanuel Range. Sein Oberlauf führt durch Berg- und Hügelland mit teilweise gewaltigen Wäldern, während sich sein Mittellauf durch

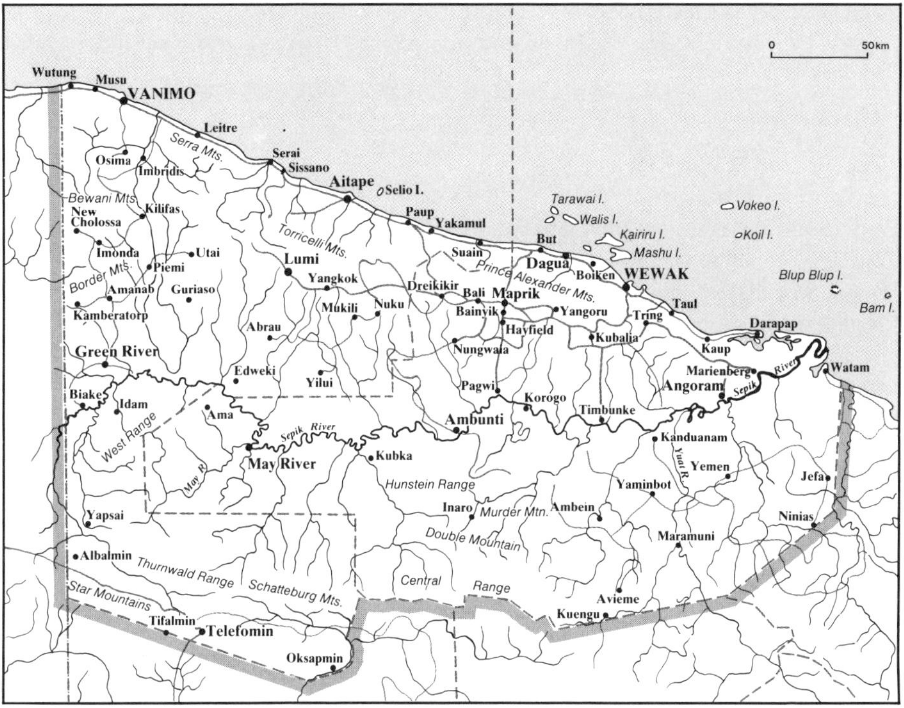

Die Sepik-Provinzen (West Sepik und East Sepik)

endlose Schwemmlandebenen windet, wo seine Breite von ein paar 100 m bis auf seenartige Erweiterungen ausufern kann. Das untere Sepikgebiet, vor der 1,6 km breiten Mündung in den Pazifik, ist ein ungeheurer Sumpf mit Schilf, Sagopalmen, vereinzelt auch Zuckerrohr sowie Mangrovenwäldern. Den ganzen Fluß begleitet ein ständiges Überschwemmungsgebiet. Seen, die sich teilweise in den Sepik entleeren, sind der Chambri und der Warangai am May River.

Was den Fluß so unübersichtlich macht und die Schiffahrt behindert, ist die Tatsache, daß er Tiefe und auch Verlauf dauernd ändern kann, daß zahllose Nebenarme zufließen, sich tote Arme und Lagunen, Schleifen und Kanäle bilden. Hinzu kommt, daß oft sehr große, baum- und grasbewachsene Inseln auf dem Fluß treiben, die sich vom Ufer losgerissen haben. Schmal und schnell ist der Sepik nur bei seinem Ursprung im Gebiet der Telefomin (nicht weit übrigens von der Quelle des Fly). Es dauert eine Weile, bis er sich die Berge hinabgewunden hat und schiffbar wird. Dann aber bildet er eine natürliche, seit der Steinzeit von den Menschen benutzte Handelsroute. An seinen Ufern hat sich eine Kunst entfaltet, die gemeinhin als höchstentwickelte des melanesischen Raums gilt.

Zur Ost-Sepik-Provinz gehören noch einige Inseln, so die nach dem holländischen Entdecker Schouten benannten, weiter Kairiru, Mushu und andere kleine. Auch die Inseln Aua und

Wuvulu werden von hier aus verwaltet, obwohl sie eigentlich zum Manus-Distrikt gehören. Die meisten der Küste vorgelagerten Inseln sind vulkanischen Ursprungs, entsprechend fruchtbar und dicht besiedelt.

Verkehr und Wirtschaft

Da der Sepik das Haupttouristengebiet von Papua-Neuguinea darstellt, war es erforderlich, den Zugang zum Fluß so weit wie möglich zu erleichtern. Der Sepik-Highway führt 135 km von Wewak nach Maprik, von wo es eine Straße in südwestlicher Richtung nach Pagwi gibt (deren Qualität wird allerdings, je mehr man sich dem Fluß nähert, immer schlechter, weil sie oftmaligen Überflutungen ausgesetzt ist). Man kann von Wewak, das einen Flughafen und einen Überseehafen besitzt, aber auch Angoram am Sepikunterlauf anfahren.

Im Gegensatz zur östlichen Provinz ist die westliche verkehrsmäßig kaum erschlossen, auch wenn der Sepik-Highway schon bis Nuku reicht und bis Aitape weitergebaut werden soll. Es liegt hier der etwas kuriose Fall vor, daß die Provinzhauptstadt Vanimo auf dem Landweg überhaupt nicht zu erreichen ist – die geplante Küstenstraße von Aitape wird dieses Übel vielleicht eines Tages beseitigen. Vanimo und Aitape verfügen neben den unerläßlichen Airstrips auch über Werften.

Die Sepik-Provinzen besitzen zwischen der Küste und den Bergen zwar nicht allzu viel fruchtbares Land, aber es wird intensiv genutzt. Vor allem Kaffee ist in der Ost-Provinz von Bedeutung. Man verarbeitet die grünen Kaffeebohnen vor dem Export im Land selbst. Auch Copra und Kakao werden mit gar nicht so schlechtem Erfolg angebaut, Reis gedeiht im Maprik- und Angoram-Gebiet. Das Meer und der Sepik liefern reichlich Fische.

Ein wichtiger Wirtschaftsfaktor waren lange Zeit die Krokodilhäute, aber es verhielt sich hier wie überall: Die Tiere wurden wahllos abgeknallt, bis die Regierung dem Morden endlich einen Riegel vorschob. Das Ministerium für Primärindustrie gibt nun jährlich bekannt, wieviele Tiere geschossen werden dürfen. Außerdem hat man Krokodilfarmen am Sepik eingerichtet. Gleichfalls in Farmen werden Kasuare gezüchtet, von denen man einen Teil im Hochland freiläßt. Genauen Bestimmungen ist mittlerweile auch die – allerdings schwer kontrollierbare – Ausfuhr der wundervollen heimischen Schmetterlinge unterworfen. Gleichfalls ein prachtvolles Naturprodukt sind die lokalen Orchideen – vor allem die ›blaue Sepik‹ –, die für den Export gezüchtet werden.

Das wenige Gold, das im Maprik-Gebiet gefunden wurde, spielt kaum eine Rolle, wohl aber der Tourismus und die damit verbundene Kunstgewerbe-Industrie. Wer heute am Sepik Holzschnitzereien kauft, muß sich allerdings dessen bewußt sein, daß er ein eigens für diesen ›Export‹ hergestelltes Massenprodukt (wenn auch handgemacht) erwirbt, und daß es sich bei den diversen Ornamenten und Schmuckelementen nur um seelenlose Nachahmungen von vorgegebenen Formen handelt, deren frühere symbolische Bedeutung möglicherweise selbst den heutigen Schnitzern unbekannt ist. Mittlerweile ist den Behörden von Papua-Neuguinea auch klargeworden, daß die besten Stücke der eigenen Kunst wahrscheinlich in den Museen des Auslands ruhen, und darum trauert man jedem ›echten‹ Stück nach, das geschickte Händler, meist Amerikaner, den Eingeborenen doch noch herauslocken konnten.

Da es in der West-Sepik-Provinz fast keinen Tourismus und auch nicht viel fruchtbares Land gibt – am Green River wird etwas Reisanbau betrieben –, konzentriert sich hier alles auf die Holzbestände, das Kupfer und ein wenig Gold, das bei Amanab und Lumi vorkommt.

Geschichte

Das Sepik-Gebiet erfreute sich stets lebhafter Beachtung – ob es nun malaiische Jäger und Händler waren, die auf der Suche nach Paradiesvögeln hierherkamen, oder ob die Forscher im Gefolge der Neuguinea-Kompagnie der Faszination von Natur und Kunst dieser Region erlagen. Dr. Otto Finsch (1839–1917), deutscher Ethnograph und Ornithologe, nach dem die einstige deutsche Station Finschhafen benannt ist, fuhr als erster den Sepik hinauf, den er ›Kaiserin Augusta-Fluß‹ nannte. Er kam damals nur etwa 50 km weit, da er Ruderboote benutzte, aber folgende Expeditionen mit Dampfbooten drangen bis zu 600 km weit vor, und Händler (auch jene, die Arbeitskräfte rekrutierten) und Missionare folgten ihnen. Weitere wissenschaftliche Expeditionen, etwa von Behrmann (1912/13) oder Richard Thurnwald, der dreimal das Gebiet zwischen Sepik und Nordküste durchquerte, brachten wertvolle Erkenntnisse über Stämme und ihre Kunst wie auch über das Tier- und Pflanzenleben.

Die Deutschen hatten Stationen in Aitape, Angoram und Marienberg errichtet. Die Australier, die ihnen folgten, begnügten sich mit einem 1924 etablierten Posten in Ambunti; ansonsten interessierten sie sich nicht sonderlich für das Gebiet. Für die Wissenschaftler hingegen behielt es ungebrochene Faszination: 1928 kamen Karius und Champion bei ihrer Durchquerung der Insel von Süden nach Norden hier durch, 1933 zeichnete die Townsend-Eve-Expedition zahlreiche Karten der Region.

Der Zweite Weltkrieg tobte auch am Sepik. Es gelang den Amerikanern, in Hollandia, der Hauptstadt des damaligen holländischen Teils der Insel, zu landen und damit die am Sepik stationierte 8. Armee der Japaner zu isolieren. Nach einigen erbitterten Kämpfen fiel 1945 Wewak, und der japanische General Adachi ergab sich.

Bevölkerung

Dort, wo der Sepik entspringt, leben im Hochland die **Telefomin,** früher ein kämpferischer Stamm, der seine Nachbarn vertrieben hatte, um sich in deren Gebiet niederzulassen. In früheren Tagen waren Auseinandersetzungen mit den Falamin und Ulapmin, die etwa vier Gehstunden von ihnen entfernt leben, an der Tagesordnung, während sie zu den Fegolmin immer gute Handelsbeziehungen unterhielten. Diese hatten nämlich Waren, die sie von der Südküste bezogen, anzubieten, und die Telefomin tauschten diese gegen ihren Tabak ein. Die Telefomin, von denen es noch an die 2500 gibt, leben in kleinen Dörfern mit jeweils drei Männerhäusern – eines für die Unverheirateten, eines für die Verheirateten und eines für die Alten. Die Frauen, die diese Bauten nicht betreten dürfen, leben mit den kleinen Kindern in etwa 20 kleinen, rundum verstreuten Häusern, die auf Pfosten etwa einen Meter über dem Boden stehen. Die Wände aus Holzbrettern werden innen mit Rinde verkleidet; es gibt keine Fenster, nur eine kleine Tür, über der oft ein bemaltes Stück Holz angebracht ist. Solche Hausbretter und Schilde sind mit geheimen Bildern aus den Zeiten der Vorfahren bemalt, die somit symbolisiert werden.

Die Telefomin besitzen auch ein heiliges Haus für den ganzen Stamm: Es steht im Dorf Telefolip im Ifi-Tal und soll von der Vorfahrin Afek gebaut worden sein. Es wird nur für ganz besondere Zeremonien benutzt. Innen hängen Tausende von Schweinekinnbacken, die die Telefomin vielfach auch in ihren Wohnhäusern aufbewahren, und zwar neben Netzen, die die Schädel und Knochen der verstorbenen Vorfahren enthalten. Nur die wichtigsten Ahnen des Dorfes können damit rechnen, auf solche Art im Männerhaus ›begraben‹ zu werden. Jedenfalls spielt der Glaube an die Macht der Ahnen bei diesem Stamm noch eine große Rolle.

Jede Familie der Telefomin besitzt mehrere Gärten, von denen sich einige in der Nähe des Hauses befinden, während andere einen halben Tagesmarsch entfernt sein können. Wenn sich eine Familie dorthin begibt, kann es sein, daß sie wochenlang ausbleibt; Mann und Frau wohnen dann gemeinsam. Sie trennen sich wieder, wenn sie ins Dorf zurückkehren. In den Gärten arbeiten Männer und Frauen zusammen, im übrigen sind die Frauen für die Schweinezucht und das Tragen schwerer Lasten zuständig. Schon kleine Mädchen müssen diese Pflichten erfüllen. Außer Yams, Taro und Süßkartoffeln dienen Bananen, Nüsse und Bohnen als Nahrung, daneben jagt man wilde Schweine, Possums und Vögel. Auch bei den Telefomin müssen sich die Jungen langwierigen Initiationszeremonien unterziehen, die schon im siebenten Lebensjahr beginnen und sich stufenweise manchmal solange hinziehen, bis die Männer 20 oder gar 30 sind. Die älteren initiierten Knaben dürfen in ausgedehnten Festen mit den jungen Mädchen tanzen.

Die **Tifalmin,** die nur mehr ein paar Hundert Köpfe zählen, sind Nachbarn der Telefomin und haben mit diesen einiges gemeinsam. Sie schmücken sich ausgesprochen gerne – die Männer tragen Penisköcher und Nasennadeln, die entweder aus Knochen oder Steinen, aber auch aus Schweinehauern, Kasuarkielen oder Perlmuschelscheiben bestehen können. Auch Halsbänder sind verbreitet. Die Tifalmin gelten als sehr musikalisch und besitzen eine Vielzahl von Instrumenten. Sie halten auch Hunde, jagen viel, und die Frauen sammeln kleines Getier als Nahrung. Auch bei den Tifalmin haben die Missionare dafür gesorgt, daß viele der alten Bräuche inzwischen nicht mehr existieren.

Im Mündungsgebiet des Sepik leben die **Arapesh,** nur noch ein paar Hundert Menschen mit ausgeprägtem Geisterglauben. Sie verehren ihre Ahnen und sind davon überzeugt, daß für alles Schlechte, das geschieht, böse Geister die Verantwortung tragen. Die Arapesh tauschen nach einem genau festgelegten Zeremoniell Schweine gegen Perlmuscheln. Ihre Partner dabei sind die **Abelam,** die noch relativ zahlreich in der Maprik-Region leben; man schätzt ihre Zahl auf

30 Viele Dörfer im Hochland sind von Schutzwällen umgeben, die das Wildern der frei gehaltenen ▷ Schweine in den umliegenden Gärten verhindern sollen

31 Familie aus dem Hochland vor dem Haus für die Frau, die Kleinkinder und die Schweine

32–34 In Pidgin-Englisch werden die Kinder liebevoll als ›Mankis‹ (von ›monkeys‹) bezeichnet

35–39 Neben dem Betelnußkauen zählt das Rauchen zu den Hauptvergnügungen von Männern und Frauen

40–43 Endlose Palaver gehören zu den häufigsten Beschäftigungen der Männer

44 Eine Frau dreht Pflanzenfasern zu Kordeln, aus denen kunstvolle Tragetaschen gefertigt werden

45 Das Ausbessern der Häuser nimmt viel Zeit in Anspruch

46 Das Buschmesser, ein vielseitig verwendbares Werkzeug, wird ständig mitgeführt

47 Rösten von Süßkartoffeln, der Hauptnahrung im Hochland

48 Eine traditionelle Methode der Salzgewinnung ist es, poröse Faserpflanzen in salzhaltiges Wasser einzulegen und danach zu verbrennen. Die Asche dient dann als Salz

49 Dorfschulklasse

50 und 51 Frauen bestreiten den größten Teil des Marktgeschehens auf Neuguinea

52–54 Die medizinische Versorgung ist selbst in entlegenen Gebieten einigermaßen gesichert: Ausbildung von einheimischen Krankenpflegerinnen (oben), Entwicklungshelferinnen im Einsatz (unten) und Krankenstation im Hochland (folgende Seite)

55–57 Giebelkonstruktionen mit Kultfiguren und Masken an Männerhäusern des mittleren Sepik; rechts unten im Vordergrund ein Stammbaum, anhand dessen die Eingeborenen ihre Genealogie nachverfolgen können

58 Dorfanlage mit Rundhütten im Hochland

60 Hauseingang, der durch aufgeschichtete Bretter verschlossen wird ▷

59 Pfahlbauten am Sepik

30 000. Bei ihnen spielt der Yams eine außerordentlich große Rolle, sie betreiben einen wahren Kult damit. Im Juli/August werden große Yams-Feste gefeiert, bei denen man die Knollen bündelt und mit Masken schmückt. Der Mann, der dabei das größte Stück vorweisen kann – wobei man hinzufügen muß, daß es hier Arten gibt, wo eine Knolle bis zu 3,50 m (!) lang werden kann –, genießt besonderes Prestige innerhalb der Gemeinschaft. Die Erntefeste bedeuten für Touristen Feste fürs Auge – und den Fotoapparat. Yams und Taro werden in Vorratshäusern aufbewahrt, die oft Stockwerke hoch sind. Wenn ein neuer Garten angelegt werden soll, helfen die Verwandten bei den Rodungsarbeiten mit. Für die großen Zeremonien der Abelam werden die prächtig geschmückten Tänzer eigens ›auserwählt‹. Nur wenn sie von den alten Männern, die in die Geheimnisse der Vorfahren eingeweiht sind, unterwiesen wurden und selbst die Geister, die Tambarans, gesehen haben, kommt ihnen diese besondere Ehre zu. Bei den Abelam hat übrigens nicht nur jede Frau, sondern auch jeder Mann ein Haus für sich.

Gleichfalls am Sepik, und zwar an den Ufern des Mittellaufs, leben an die 10 000 Menschen vom Stamm der **Yatmul.** Sie sind die bekanntesten Künstler des Gebiets, ebenso berühmt für ihre monumentalen Zeremonial- und Wohnhäuser wie für ihre Holzschnitzereien. Sie haben komplizierte Initiations-Zeremonien, bei denen den jungen Männern als charakteristisches Zeichen ihrer Kultur das Muster eines Krokodils in den Rücken geschnitten wird.

An einem Nebenfluß des Sepik, dem Yuat, leben die **Mundugumor.** Sie besiedeln fruchtbares Bergland im Angoram-Gebiet und zeigen noch heute gleichsam ›Nachwehen‹ ihres früheren Daseins als Kopfjäger: Obwohl sie heute mit den Sumpflandbewohnern, die sie einst ständig bekämpft haben, friedliche Handelsbeziehungen unterhalten, scheint das Gefühl der Unsicherheit noch nicht von ihnen gewichen zu sein. Früher war man ja selbst innerhalb des Stammes seines Lebens nicht sicher, und so lebt jede Familie für sich allein und hat ihre Hütte gegen ›die Anderen‹ durch eine Palisadenwand geschützt. Die Mundugumor, denen die bekannte Anthropologin Margaret Mead eine ausführliche Studie widmete, zeigen vor allem als Musiker aber auch künstlerische Ambitionen. Besonders die kleinen geschnitzten Schutzpfropfen für ihre Sakralflöten stellen wahre Meisterleistungen dar. Übrigens kommt die Aggressivität der Mundugumor in einer Art ›Wildheit‹ ihrer Werke zum Ausdruck, in Gesichtern, deren Ausdruck erschreckend bösartig anmutet.

Gleichfalls im Sepik-Gebiet, wenn auch eher im Bergland, leben die **Washkuk.** Ihr Land, oberhalb von Ambunti, liegt rund 700 m hoch und fällt an vielen Stellen in sumpfige Niederungen ab. Die Bergbewohner unterscheiden sich deutlich von den unmittelbar am Sepik siedelnden Stämmen: Sie sind kleiner, mehr untersetzt und haben nach europäischem Empfinden nicht deren intelligent anmutenden Gesichtszüge. Sie zeigen aber auch eine entschieden freundlichere, angenehmere Wesensart als die kriegerischen, herrschsüchtigen Sepik-Leute mit ihrer Kopfjäger-Vergangenheit. Die Häuser der Washkuk sind klein, zeltartig und, da nicht vom Fluß bedroht, nicht auf Pfählen gebaut; sie bestehen aus Palmblättern und haben oft keine Wände. Von den Washkuk-Leuten wird berichtet, daß sie die ›Hautschneide-Zeremonie‹ als symbolische Abtrennung vom Blut der Mutter begreifen. Seltsam mutet der Komplex der Washkuk-Männer ihren Frauen gegenüber an: Sie empfinden Minderwertigkeitsgefühle, weil sie keine monatlichen Blutungen haben, und schneiden sich daher bisweilen mit einem Messer in das

Glied oder in die Zunge, um auch zu bluten. Die Kunst der Washkuk wurde von Alfred Bühler, dem Direktor des Baseler Museums, erforscht. Charakteristisch an ihrer Darstellung des menschlichen Gesichts ist die Verzierung durch rote und weiße Farbe, die in Linien, Zickzackornamenten, Punkten und Spiralen aufgetragen wird. Hier scheint eine gewisse Verwandtschaft mit der Kunst der Hebriden gegeben.

Ein sehr armer Stamm sind die **Yigei,** die auch ›Hunstein-Bergleute‹ genannt werden, da sie in diesem Gebirge südlich des Sepik, unterhalb von Ambunti, leben. Zu ihren Initiationsriten gehört das ungemein schmerzhafte Durchbohren der Nase, um das Nasenstück des Rhinozeroskäfers durch die Nasenflügel pflocken zu können. Ob es für diesen Stamm, der nur noch ein paar Dutzend Mitglieder hat, eine Zukunft gibt, scheint nicht gesichert – seit Jahren überlebte bei ihnen kein neugeborenes Kind. Da sie nur so wenige sind und ausschließlich untereinander heiraten, begehen die Yigei gezwungenermaßen ständig Inzucht.

Wewak

Das heute etwa 15 000 Einwohner zählende Wewak, von den Deutschen Dallmannhafen genannt, wurde 1905 mit Erlaubnis des damaligen Gouverneurs Dr. Hahl von der Missionsgesellschaft ›Heiliges Wort‹ in Besitz genommen und 1912 zu einer Missionsstation ausgestaltet. Die ursprünglich auf einem Hügel errichtete hübsche Stadt hat sich inzwischen in Richtung Küste ausgebreitet und auch das Gebiet der ehemaligen Boram-Plantage eingenommen. Heute ist Wewak der ›klassische‹ Ort für eine Zwischenlandung, wenn man entweder die Sepik-Region besuchen oder auch nach West-Irian weiterreisen will.

Wewak hatte im Zweiten Weltkrieg besonders unter der japanischen Besatzung zu leiden, die im November 1942 begann. Hier, in Cape Wom, ergab sich am 13. September 1945 Generalleutnant Hatazo Adachi, der Kommandant der 18. Armee, den Australiern. Er wurde zum Tode verurteilt, nahm sich aber vor der Hinrichtung, am 10. September 1947, in seinem Gefängnis in Rabaul selbst das Leben. Der Cape Wom International Memorial Park, etliche Bombenkrater und verrostete japanische Flugzeugwracks erinnern ebenso an die damaligen Geschehnisse wie ein 1960 errichtetes großes japanisches Kriegerdenkmal hinter der katholischen Kathedrale. Dort waren die gefallenen Japaner in einem Massengrab bestattet gewesen, bevor sie – nach Kriegsende – nach Japan zurückgebracht wurden. Ein weiteres ›Denkmal‹ befindet sich am Hafen: das Wrack der ›Busama‹, die hier im Sand verrottet.

Die größte Sehenswürdigkeit von Wewak, wo übrigens Präsident Michael Somare (der aus dem Sepik-Gebiet stammt) sein Haus hat, stellt der Kreer-Markt dar, der wie alle Märkte des Landes vor allem samstags ungeheuer belebt ist. Das Melanesien Art Center zeigt einige schöne Sepik-Arbeiten, und in der Brandi High School haben Studenten auf dem Campus ein traditionelles Sepik-Dorf nachgebaut. Hinter der Stadt finden sich Höhlen und ein alter Friedhof.

Die Strände rund um Wewak zählen zu den besten des Landes. Von hier aus kann man auch einige der vorgelagerten Inseln besuchen, etwa Kairiru an der Victoria Bay mit seinen heißen Quellen. Von Wewak führt eine Küstenstraße nach Aitape.

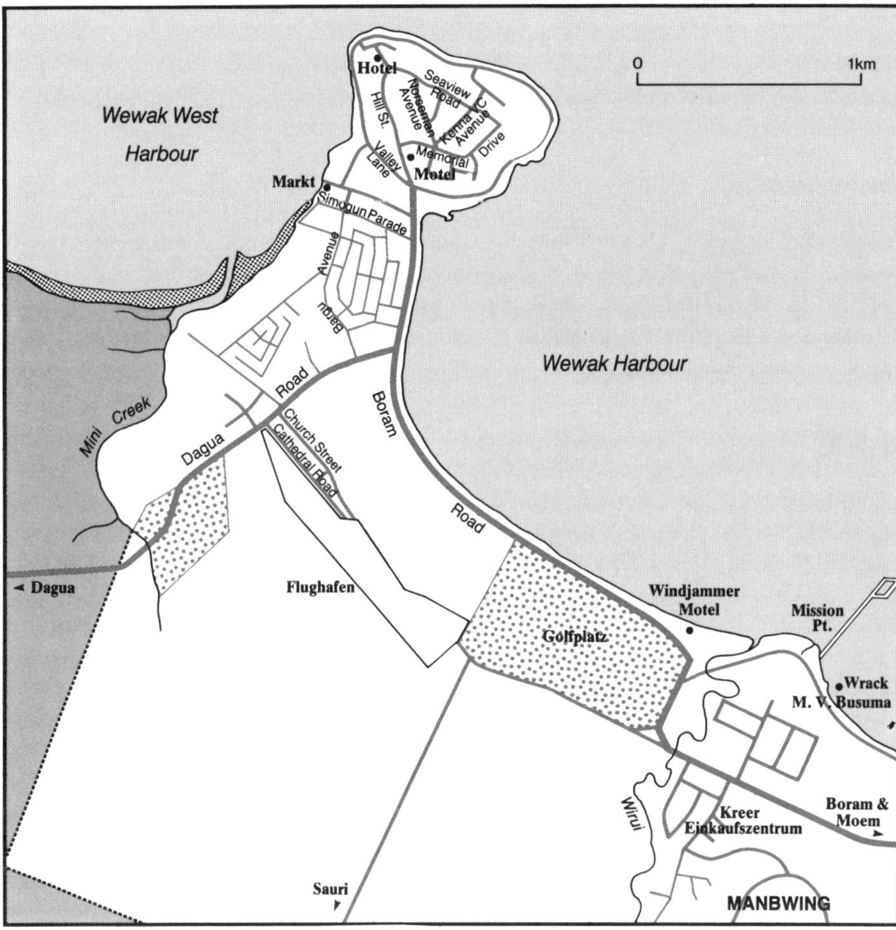

Wewak

Aitape

Früher, bevor die Region geteilt wurde, war Aitape die Hauptstadt der gesamten Sepik-Provinz. Auch heute gibt es noch Bestrebungen, den Verwaltungssitz der West-Sepik-Provinz von Vanimo hierhin zu verlegen, weil der Ort nicht so nahe an der Grenze liegt und leichter zu erreichen ist. Die pittoreske kleine Stadt wurde 1905 von den Deutschen errichtet – das 1906 erbaute Gefängnis steht heute noch. Am Airstrip liegen Flugzeugwracks, und in der Nähe, bei der St.-Anna-Mission, befindet sich ein japanisches Kriegerdenkmal.

Vanimo

Die gleichfalls von den Deutschen gegründete Provinzhauptstadt mit ihren rund 3000 Einwohnern liegt nur etwa 30 km von der Grenze zu West-Irian entfernt auf einer Halbinsel.

Telefomin

Diese 1525 m hoch gelegene, 1948 errichtete Regierungsstation zählt zu den entlegensten Orten von ganz Papua-Neuguinea; sie ist nur durch einen wöchentlichen Flug oder zu Fuß zu erreichen. Beachtung verdient hier nur die Baptistenmission, die im Rahmen ihrer Bemühungen um die Stämme der Gegend ein sehr schönes Museum angelegt hat, das neben Kunstgegenständen auch eine Fossiliensammlung zeigt.

Maprik

Von Wewak kommend, wendet man sich beim Verkehrsknotenpunkt Hayfield nördlich nach Maprik, wie die ganze Gegend an der Südabdachung des Prinz-Alexander-Gebirges genannt wird. Sie ist für ihren eigenen Kunststil (vgl. S. 119) ebenso bekannt wie für einen speziellen Yams-Kult. Der Hauptort Maprik besitzt ein besonders schönes Kulthaus, dessen Front sich eindrucksvoll nach vorne lehnt und das strahlend bunt in den Farben braun, ocker, weiß und schwarz bemalt ist. Das Kulturhaus der Stadt und der Kunstgewerbe-Verkaufsladen sind in der gleichen Art gestaltet.

Entlang des Sepik

Auch wenn nur wenige Touristen den ganzen Sepik entlangreisen, werden im folgenden die Stationen entlang des Flusses von den westlichen Hügel- und Bergländern bis zum Gebiet der Einmündung in den Pazifik geschildert.

Malewai: Dieses zweigeteilte Dorf des Washkuk-Stammes besitzt ein Kulthaus, das im Innern mit bemalten Sago-Palmblättern ausgeschmückt ist. Hier kann man charakteristische Tonwaren kaufen, längliche Töpfe mit Menschengesichtern. In einem Privathaus findet man auch noch einen mit Ton überzogenen und bemalten Menschenschädel. Es gibt hier nur noch wenige Tambaran-Häuser, und diese befinden sich zumeist in schlechtem Zustand. Sie sind auch kleiner als jene am Sepik, lassen aber noch die einstige Pracht erahnen. Die in düsteren Farben gehaltenen Bildwerke, soweit erhalten, beeindrucken durch große Einheitlichkeit in ihren abstrakt-ornamentalen Motiven.

Yigei: Gelegentlich werden auch Ausflüge in dieses an einem Seitenarm des Sepik gelegene Dorf unternommen, auch wenn es recht armselig wirkt: Es bietet die einzige Möglichkeit, mit den Yigei, den ›Hunstein-Bergleuten‹, in Kontakt zu kommen.

Ambunti: Ambunti wurde 1924 von den Australiern als weit vorgeschobene Regierungsstation eingerichtet, um die Situation am mittleren Sepik unter Kontrolle zu bekommen. Für Weiße war die Gegend damals nicht sehr anziehend – 1929 waren hier, 420 km von der Sepik-Mündung entfernt, gerade drei stationiert. Die Stadt liegt landschaftlich sehr schön, an drei Seiten wird sie von Wald umgeben. Das 35 m lange Council House hat man im Stil eines traditionellen Tambaran-Hauses errichtet, desgleichen das Gerichtsgebäude. Es gibt hier eine Statue des sogenannten ›Aroktoup‹, des nach Meinung der Eingeborenen ersten Menschen.

Von Ambunti führt ein etwa dreistündiger Spaziergang nach Banggus, wo man ein echtes altes Tambaran-Haus besichtigen kann.

Aviatip: Mit rund 1000 Einwohnern ist Aviatip eines der größten Dörfer am Sepik. Die Abkapselung der hiesigen Menschen wird nicht nur aus der Tatsache ersichtlich, daß Missionare hier überhaupt keinen Erfolg hatten, sondern auch daraus, daß sie eine eigene Sprache sprechen, die nur von rund 2000 Menschen beherrscht wird. Dennoch konnte sich hier die beste Regierungsschule für das ganze Gebiet etablieren.

Im Dorf gibt es etwa zehn verschiedene Clans, von denen jeder sein eigenes Tambaran-Haus besitzt; entsprechend sind diese Bauten hier eher klein ausgefallen. Simon Harrison, ein englischer Anthropologe, hat die Führungsstrukturen in diesem Ort untersucht. Er fand Dorfälteste, die einen mythologischen Wortschatz von über 20 000 Namen kannten. Je umfangreicher sein mythologischer Stammbaum, umso höher das Ansehen, das der Betreffende genießt.

Da der Ort in früheren Zeiten zweimal von den Deutschen niedergebrannt wurde, sind heute keine bemerkenswerten Sehenswürdigkeiten mehr zu finden.

Japandi: Hier werden ›mondgesichtige‹ Masken hergestellt, teilweise in Eulenform mit Eulenschnäbeln. Man setzt sie bei den Zeremonien gegen böse Geister ein, die man mit Tieropfern (Hühner, Schweine) zu beschwichtigen sucht. Die Masken sollen des nachts, laut klappernd, auch die Mücken auffressen. Es ist übrigens ratsam, nicht einfach in die Wohnhäuser zu gehen – noch vor wenigen Jahren wurden dort Wasserpythons als ›Haustiere‹ gehalten, und wahrscheinlich übt man diesen Brauch bis heute.

Japanaut: Die Einwohner dieses Ortes haben sich auf die Herstellung von kleinen schwarzen Masken und Schnitzereien spezialisiert, die entfernt ›ägyptisch‹ wirken. Im Tambaran-Haus fällt ein hölzerner Schleifstein auf: Dort wurden früher mittels aufgestreutem Sand die Streitäxte geschärft.

Pagwi: Dieser Ort am mittleren Sepik ist nur insofern bemerkenswert, als hier die mehrtägigen Flußfahrten mit dem ›Melanesian Explorer‹ (Farbt. 49) beginnen. Von Wewak kommend, erreicht man die Stadt über Hayfield. Zu sehen gibt es lediglich eine Krokodilfarm, einen Markt, wo man geräucherten Fisch und die kleine, runde, rote oder gelbe ›Ton‹-Frucht kaufen kann, sowie ein paar Schnitzereien am Gerichtsgebäude.

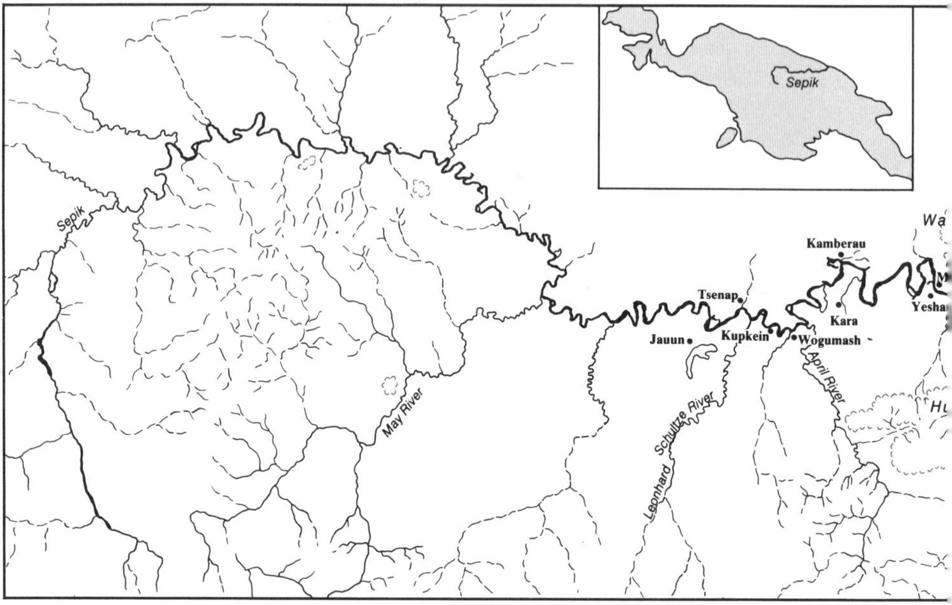

Die Siedlungen am Sepik

Yentshamunagua: In diesem Dorf kann der Besucher eine der ältesten metallbeschlagenen Trommeln des Gebiets bewundern. Ein Australier wollte sie einst (gesetzeswidrig) kaufen, die Regierung kam jedoch dahinter und verbot den Handel. Der Australier hatte bereits 1000 Kina (von den vereinbarten 4000) angezahlt, aber das Dorf konnte sie nicht rückerstatten, da das Geld schon ausgegeben worden war.

Hier gibt es auch ›heilige Pflanzen‹, vor allem die Lontar-Palme, die auf einem künstlich aufgehäuften Erdhügel inmitten von Ziersträuchern angepflanzt wurde. In die aus Holzscheiten bestehende Umzäunung sind auch einige Menschenfiguren (Tambarana) eingesetzt. Es ist für die Sepik-Statuen charakteristisch, daß der Kopf größer ist als der Rumpf, daß sie riesige Augen, eine lange Nase und eine herausgestreckte Zunge haben. Diese wird verschieden interpretiert – sollte sie dazu dienen, das Böse abzuwehren, oder signalisierte sie den Tod durch Erwürgen?

Swatmeri: Dieser Ort gilt als Zentrum für die Herstellung von Rednerstühlen, wie man sie in jedem Tambaran-Haus findet. Hier kann man auch einen hölzernen Stammbaum besichtigen, in den Stäbchen eingesteckt werden – große für die lebenden Männer, kleine für die Verstorbenen (Abb. 57).

Korogo: In diesem Dorf sollen die besten Schnitzer des Sepik beheimatet sein. Ihre Arbeiten geben die genauen Proportionen der nachgebildeten Ahnen wieder. Charakteristisch an den

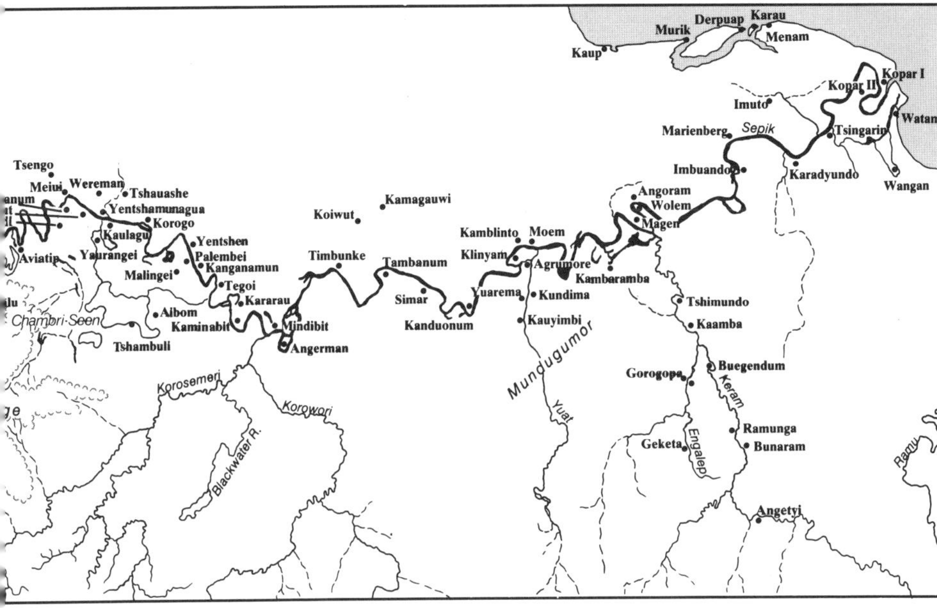

Gesichtsmasken, die an den Tanzkostümen der Männer befestigt werden, sind die längliche Form, die Verzierung mit zahlreichen Kauri-Muscheln und das Aufkleben von echtem Menschenhaar. In Korogo konnte ich die Erklärung hören, die Bewegungen der tanzenden Männer beim Sing-Sing sollten den Wellengang nachahmen.

Palembai: Dieses Dorf liegt ein paar Kilometer vom Fluß entfernt – ein schöner Spaziergang durch eine Gartenlandschaft führt dorthin. Es ist das älteste Dorf der ganzen Gegend, und die anderen Siedlungen leiten ihren Ursprung von ihm ab. Zwei große Tambaran-Häuser stehen einander gegenüber, dazwischen erstreckt sich ein Rasen, der als Tanzplatz dient. Vor dem größeren Kulthaus liegen ›heilige Steine‹, wie man sie in der Gegend häufig findet. Sie gelten als besonders kostbar, da es im Sepik-Gebiet keine Steine gibt, man sie also von weither gebracht haben muß. In dem anderen findet sich ein Gebethocker, der nicht fotografiert werden darf, denn von ihm heißt es, er hätte die Fähigkeit, sich von selbst zu bewegen.

Während des Krieges waren in Palembai 2000 Japaner stationiert, und die Amerikaner haben es bombardiert – davon zeugt noch die Ruine eines Kulthauses. Aus der weiter zurückliegenden Geschichte des Dorfes wird eine recht grausige Episode erzählt. Die Krieger waren ausgezogen und hatten ein anderes Dorf überfallen, dabei drei Frauen geraubt und nach Palembai gebracht. Man brach ihnen die Beine über einem Kanurand, damit sie nicht fliehen konnten. Der Ehemann einer der Frauen (ihr war nur ein Bein gebrochen worden, das Brechen des anderen hatte sie durch das Knacken eines Astes simuliert) wollte die Gattin nicht verlieren, weil sie einen hohen Brautpreis gekostet hatte. Also wagte er Ungeheuerliches – er tanzte in das feindliche Dorf hinein und verlangte die Frau zurück, anderenfalls wollte er selbst getötet werden. Die Einwohner von Palembai köpften ihn über einer Trommel, bespritzten die drei Frauen mit seinem Blut und töteten sie anschließend auch. Überhaupt herrschen harte Sitten in Palembai: Wenn die große Schlitztrommel ertönt, müssen alle Bewohner des Dorfs schweigen, sonst drohen schwere Strafen (etwa Niederreißen des Hauses). Bei jeder Gelegenheit – Geburt und Begräbnis, Heirat oder Einweihung eines Kanus, Erflehen einer Trockenperiode – findet hier ein Sing-Sing statt, wobei auffallend schleppend getanzt wird. Der Tanz ›gehört‹ übrigens einem der Dorfältesten, der in Naturalien dafür bezahlt werden muß.

Besucher des Sepik wollen natürlich auch Souvenirs kaufen. In Palembai werden besonders schöne Hängetaschen hergestellt. Die Preise lagen bisher stets niedriger als an der Küste.

Chambri-Seen: Die Chambri-Seen, die untereinander durch Kanäle verbunden sind, liegen südlich des mittleren Sepik. Es handelt sich dabei um flache, brackige Gewässer, die in der Trockenzeit fast austrocknen, in der Regenzeit aber Unmengen von Wasser in den Sepik ergießen. Hier befinden sich drei Dörfer, die von Touristen häufiger besucht werden: Aibom, Lukluk und Indagu. An einem der Seen gibt es ein katholisches Missionshaus, das auch Gäste aufnimmt und dessen ›Father Padlo‹, der hier mehr als 30 Jahre lebte, in vielen Reiseführern Erwähnung findet.

Aibom ist ein berühmtes Töpfereidorf, und wenn man Glück hat, kann man zusehen, wie die Frauen im Freien, ohne Hilfe irgendwelcher Werkzeuge, allein mit ihren Händen die Töpfe formen. Auch die Verzierungen werden mit den Händen angebracht, Linienornamente mit den Fingern eingezeichnet oder kleine Wülste aufgesetzt, gelegentlich auch Gesichter als Motive gestaltet. Als Material dient Lehm, der mit Sand gemischt und dann verknetet wird. Zuerst bilden die Frauen den Boden, dann durch das Ansetzen von Wülsten die äußere Hülle, die sie mit Hilfe von Blättern glätten. Die Töpfe, Schalen, Teller werden ein paar Tage im Freien stehengelassen, dann im Holzfeuer gebrannt. Sofern sie nicht für den Verkauf an die Touristen bestimmt sind, bewahrt man Nahrungsmittel, etwa Sagomehl, darin auf.

In **Indagu** gibt es ein neues Tambaran-Haus. Hier kann man vor allem Holzschnitzereien kaufen, gehalten in dem für die Chambri-Seen charakteristischen ›polierten‹ Stil. **Lukluk,** der dritte Ort, hat eines der besten Gästehäuser am Sepik, wirkt aber nicht sehr freundlich.

Yentshen: Das neue, zweistöckige Haus Tambaran von Yentshen ist nicht nur deshalb eine Besonderheit, weil 19 Männer fünf Jahre lang daran gebaut haben und dabei im Zölibat leben mußten: Es entstand auch nach einem alten Vorbild. In einem belgischen Museum hatte sich nämlich eine Fotografie des früheren Tambaran-Hauses gefunden, die noch von den ersten deutschen Forschern, die den Sepik besuchten, aufgenommen worden war – und danach entwarf man das neue Gebäude. Im Obergeschoß ist ein Fruchtbarkeitssymbol angebracht: Wenn man die Treppe hinaufsteigt, so schreitet man zwischen zwei gespreizten Frauenbeinen hindurch. An der Schmalseite des Hauses befindet sich eine riesige Fratze, die Feinde abschrecken soll.

Die Sing-Sing-Veranstaltungen von Yentshen sind wegen der abenteuerlichen Verkleidungen bekannt – die Masken zeigen Krokodile, Schweine, Kasuare oder zweiköpfige Männer. Bei diesen Gelegenheiten werden auch heilige Flöten gespielt, und zwar immer paarweise: eine weibliche, eine männliche. Bemerkenswert sind weiter die trogartigen, mit Krokodilsymbolen verzierten Stoßtrommeln, an denen ein langer Stil befestigt ist: Läßt man sie in eine ausgeschachtete Grube mit Grundwasser fallen, ergibt sich ein explosionsartiger Knall. Diese Stoßtrommeln, die nur bei großen Festlichkeiten zum Einsatz kommen, gelten als heilig und werden vor den Blicken der Nichteingeweihten durch Strohmatten geschützt.

Kanganaman: Die Ortschaft Kanganaman nimmt innerhalb der Sepik-Dörfer schon deshalb eine besondere Stellung ein, weil es hier das älteste erhaltene Tambaran-Haus zu besichtigen gibt. Es ist nach allen Seiten offen, bis zu 7 m hoch und im oberen Stockwerk mit dem Motiv einer Frau mit gespreizten Beinen versehen. Das Haus gilt als nationaler Schatz, weshalb für den Eintritt Geld verlangt wird. Beeindruckend ist nicht nur die monumentale Konstruktion, sondern auch die Tatsache, daß alle Balken und Gerüste über und über mit Schnitzwerk und Malerei bedeckt sind. Leitern führen zum ersten Stock, wo Masken und Heiligtümer aufbewahrt werden.

Zu einigen der Schnitzereien erzählen die Eingeborenen alte Legenden, so etwa zu der Darstellung der Frau, die von einem Krokodil und einem Adler gehalten wird. Eine Frau hatte im Wald den Urin eines bösen Geistes getrunken und daraufhin zwei Eier gelegt. Aus einem kroch ein Krokodil, aus dem anderen ein Adler. Die Tiere betreuten abwechselnd ihre Mutter, fütterten sie mit den Früchten des Baumes oder den Fischen aus dem Wasser. Die Geschichte zur Darstellung der Frau mit den zwei Kormoranen auf der Schulter lautet so: Eine Frau brachte immer viel mehr Fische nach Hause als die anderen Dorfbewohner. Eines Tages schlich ihr Mann ihr nach und beobachtete, wie sie ihre Ohren abnahm, sich die Haut abzog und den Federbalg eines Kormorans überzog. In dieser Vogelgestalt fing sie die Fische. Zu Hause versteckte der Mann ihre Vogelhaut. Die Kinder erzählten der Mutter davon, und die, da sie nun ihr Geheimnis entdeckt sah, verwandelte sich in den Kormoran zurück. Trotz aller Bitten ihrer Kinder flog sie zum Fluß und blieb als Vogel für immer dort.

Kaminabit: Für Touristen, die gerne spektakuläre Souvenirs mitbringen, ist Kaminabit der geeignete Ort, denn hier wird ›erotische‹ Kunst angeboten: etwa Statuetten masturbierender Männer mit einem Riesenglied und auch jene Penisköcher aus Holz- und Kürbishüllen, die sehr groß und schön geschmückt sein können, aber heute selbst bei feierlichen Anlässen nicht mehr getragen werden.

Mindibit: In Mindibit haben sich die Sieben-Tage-Adventisten niedergelassen und eine Kirche und eine Missionsschule errichtet. Der Ort hat, was eher eine Ausnahme darstellt, kein Haus Tambaran. Es gibt hier auffallend viele Vögel – Papageien, Kakadus, Sittiche und die Gaeva-Taube (›Victoria Crowned Pigeon‹), die größte Taube der Welt mit herrlichem blauen Gefieder und kronartigem Kopfaufbau (vgl. S. 23). Von ihr heißt es, daß sie den Tod eines Menschen durch auffälliges Umherhüpfen anzeige. Ihr eingeborener Name lautet Kenji-vabi, was durchaus auch ein Frauenname sein kann. Die Taube wird auch als Brautpreis für eine Frau akzeptiert.

Timbunke: Timbunke ist wegen seiner Lage an einem natürlichen Kanal, der das Dorf teilt, prompt als ›Venedig des Sepik‹ bezeichnet worden. Im Kulthaus finden sich sogenannte ›Garam ut‹-Schlitztrommeln, die vor rund 100 Jahren mit Steinäxten aus dem Holz des ›Garam ut‹-Baumes gehauen wurden. An einer Schlitztrommel sind Einkerbungen für getötete Feinde angebracht – man zählt über 40 davon!

Der Ort hatte schon immer unter fremden Eroberern zu leiden. In der deutschen Kolonialzeit richteten, wie bis heute erzählt wird, die Weißen einmal eine Gewehrsalve gegen einen heiligen Stein – ohne böse Folgen für sie. Die Einheimischen erklären das damit, daß der Zauber der Fremden eben stärker gewesen sei. Später errichteten die französischen Katholiken hier eine Missionsstation. Im Zweiten Weltkrieg kamen die Japaner und legten einen Stützpunkt mit zwei Wasserflugzeugen an. Damals spaltete sich die Dorfbevölkerung in eine pro- und eine anti-japanische Fraktion. Die Australier bekamen von den japanfeindlichen Eingeborenen die Anwesenheit der Japaner gemeldet und zerstörten die Flugzeuge mit Bomben. Die Besatzer wollten daraufhin ein möglichst abschreckendes Exempel statuieren und metzelten mit einem Maschinengewehr alle Dorfbewohner nieder, derer sie habhaft werden konnten – 99 Männer und eine alte Frau. Die anderen Frauen und Kinder waren vorher in den Urwald geflüchtet und hielten sich dort versteckt. Die Opfer wurden in einem Bombentrichter verscharrt, der heute zugeschüttet ist – nur Blumensträucher und ein schlichtes rotes Holzkreuz erinnern noch an die Greueltat, die sich in diesem so malerisch wirkenden Flecken 1943 ereignete.

Tambanum: Der Ort Tambanum ist in vielerlei Hinsicht bemerkenswert – als mit rund 2000 Einwohnern größtes Dorf am Sepik, als Beginn der ›Mittelsepik‹-Sprachregion, als einstmals bedeutendes Kunstzentrum, als Ort schließlich, wo die englische Anthropologin Margaret Mead ein Jahr lang geforscht hat (mittlerweile sind übrigens an ihren Methoden wie an ihren Ergebnissen ernste Zweifel aufgetaucht).

Auch Tambanum besitzt kein großes Kulthaus, dafür aber viele kleinere Männerhäuser. Zahlreiche Hausfronten sind mit Giebelmasken oder großen Gesichtern geschmückt, die die Schutzpatrone darstellen. Die große Produktion an vor allem länglichen Masken hat dem Ort die Bezeichnung ›Kultgegenstände-Fabrik des Sepik‹ eingetragen.

In dem Städtchen findet sich weiter eines der schönsten Exemplare eines Rednerstuhls. Er ist mit einem Kopf verziert, der einen Schmuck aus Kasuarfedern, einen Bart aus Menschenhaaren, einen Nasenschmuck mit Eberhaaren, einen Besatz aus Schneckenschalen und Augen aus Schneckenteilen trägt.

Kambàramba: Die Bewohner dieses Ortes, die eine ganz eigene Sprache sprechen, leben unter höchst schwierigen Bedingungen – es ist so wenig Land vorhanden, daß die Häuser teilweise über den Kanal gebaut werden mußten, und weil es kein ordentliches Holz gibt, mußten des öfteren Sago-Palmen als Baumaterial herhalten. Inzwischen hat die Regierung einen Großteil der Bevölkerung nach Angoram umgesiedelt, weil die hygienischen Bedingungen in Kambaramba einfach zu schlecht sind. Jene Dorfbewohner, die blieben, wohnen unter recht ärmlichen Bedingungen in ihren Pfahlbauten im Wasser. Sie können kein Land bebauen, ernähren sich nach Möglichkeit von Fischfang, Krokodiljagd und Handel – wobei sich eine recht seltsame Methode eingebürgert hat, für Obst und Gemüse zu sorgen: Die Männer aus den umliegenden Dörfern kommen mit Tragnetzen voll der begehrten Güter, und das männliche Familienoberhaupt bestimmt, ob Gattin, Mutter oder Tochter mit dem ›Gemüsehändler‹ schlafen soll. Dieser hinterläßt dann das gefüllte Tragnetz als Bezahlung.

Der Ort besteht aus einem alten und einem neuen Teil; er hat kein Tambaran-Haus, da man nach dem Zerfall des alten kein neues mehr errichtete. Das bedeutet, daß es auch keinen Ort für ein Sing-Sing gibt (die gewöhnlich auf dem Platz davor abgehalten werden) – also tanzt man ganz gegen die Regel in den Wohnhäusern. Mangel an Land zwang die Bewohner von Kambaramba auch, eigene Begräbnisformen zu entwickeln. Die Toten werden auf eigens dafür errichteten überdachten Plattformen in der Nähe ihrer Wohnhäuser verbannt. Zu diesem Zweck wickelte man sie früher in Rinde, heute in Laken. Die Knochen schließlich bewahrt man auf.

Angoram: Angoram, das noch einen gewissen kolonialen Charme ausstrahlt, ist das Handelszentrum des Sepik, für Krokodilhäute ebenso wie für Kunstgegenstände. Die Deutschen gründeten hier vor dem Ersten Weltkrieg eine Station, woran noch der alte Friedhof erinnert. Im Ort steht ein Denkmal für elf indische Soldaten, die im Zweiten Weltkrieg in japanische Gefangenschaft gerieten, aber gerettet werden konnten.

Angoram hat ein besonders großes, rund 40 m langes Haus Tambaran, erbaut in einem Gemisch verschiedener lokaler Stile. Ursprünglich wollte man darin ein Sepik-Kulturzentrum einrichten, heute dient es nur als Verkaufsladen für Kunsthandwerk, der aber immerhin einen repräsentativen Querschnitt der Sepik-Stile anbietet. Gleich in der Nähe befindet sich der Morgenmarkt, wo man Sago, geräucherten Fisch und Tapioka-Pudding kaufen kann. Auch eine kleine Krokodilfarm gibt es zu besichtigen.

Marienberg: Zwischen Angoram und der Küste erstreckt sich das Gebiet des unteren Sepik, wo sich der Strom flach und breit seiner Mündung entgegenwälzt. In den vergangenen Jahrzehnten und Jahrhunderten hat er oftmals seinen Weg gewechselt, kleinere, isolierte Seen hinterlassend. Der Sepik besitzt kein Delta, er fließt geradewegs ins Meer. Auf der unteren Strecke liegt als einziger größerer Ort die katholische Missionsstation Marienberg.

Pater Franz Kirschbaum gründete sie im Jahre 1913, und bald wurde sie der Stützpunkt für die weitere Erschließung des Sepik durch die Missionare. Franz Kirschbaum, geboren 1882 und 1907 nach Neuguinea beordert, erwarb sich einen besonderen Ruf als Erforscher des Sepik. Er starb 1939 bei einem Flugzeugunglück in Alexishafen. In den dreißiger Jahren begann ein energischer Gottesmann aus Vorarlberg, Bruder Otto, in Marienberg Holz zu verarbeiten. Er zog mit den Eingeborenen in die Wälder, fällte Bäume und baute damit Kirchen, Pfarrhäuser und Schulen. Heute steht in Marienberg ein Sägewerk, es gibt eigene Werkstätten für Schreinerarbeiten, und das ganze Wewak-Gebiet wird von hier aus mit Holz beliefert.

Die Hochland-Provinzen

Eastern Highlands Province

Lage und geographische Beschaffenheit

Folgt man von Lae aus dem ›Highland Highway‹, so erreicht man als erstes die Provinz Östliches Hochland. Mit ihren rund 300 000 Einwohnern auf 11 706 km² gehört sie zu den dichtestbesiedelten Regionen des Landes. Hochgebirge – der Mount Michael bei Lufa erreicht 3750 m – und tiefe Täler beherrschen das Landschaftsbild.

Verkehr und Wirtschaft

Fluglandebahnen und Straßen (die allerdings sehr unter dem Regen zu leiden haben) erschlossen dieses küstennahe Gebiet vergleichsweise schnell. Nach dem Zweiten Weltkrieg erfolgte ein rascher wirtschaftlicher Aufschwung, vor allem durch die Anlage von Kaffeeplantagen. Die fruchtbaren Täler bieten auch gute Bedingungen für Erdnüsse, Passionsfrucht und Tabak, ferner auch für die Viehzucht. Der Staudamm am oberen Ramu-Fluß deckt den Elektrizitätsbedarf des gesamten Hochlands und einiger Küstengebiete (Lae, Madang).

Geschichte

Hierher drangen die Europäer erst spät vor. Einer von ihnen, der 1882 geborene Deutsche Hermann Detzner, der erst in der deutschen Kolonie Kamerun beschäftigt war und 1914 nach Deutsch-Neuguinea kam, erlebte ein kurioses Schicksal: Bei Kriegsausbruch weilte er gerade im Busch, und anstatt sich, wie die anderen Deutschen, zu ergeben, hielt er sich versteckt. Vier Jahre lang versuchte er in verschiedenen ›Expeditionen‹, den holländischen Teil der Insel zu erreichen, geriet aber nach dem verlorenen Krieg dennoch in Gefangenschaft. 1920 erschien in Berlin sein Buch ›Vier Jahre unter Kannibalen‹, in dem er behauptete, als erster diesen Teil des Hochlands erforscht zu haben. Aber man hegte Zweifel an seinen Schilderungen, die recht vage blieben, und 1932 distanzierte er sich selbst davon. Es konnte nie geklärt werden, ob er wirklich

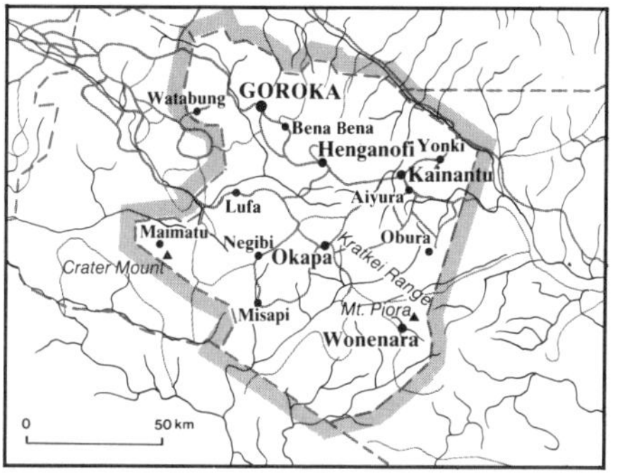

Eastern Highlands Province

tief ins Hochland vorgedrungen war oder einfach die Berichte anderer ausgewertet hat. Detzner starb in den sechziger Jahren.

1927 kam Reverend Johann Flierl, ein deutscher lutheranischer Missionar, in das Flußgebiet des Asaro und des Bena Bena, und 1930 tauchten zwei australische Goldsucher, M. J. Leahy und M. I. Dwyer im östlichen Hochland auf. Wenig später entstand die erste Regierungsstation in Ramu (dem heutigen Kainantu am Ramu-Fluß), ein paar Jahre danach eine weitere in Goroka, das heute Provinzhauptstadt ist. Bis 1951 wurde das ganze Hochland als Einheit verwaltet, dann teilte man es in verschiedene Provinzen auf.

Bevölkerung

Allgemein ist über die Hochland-Bevölkerung zu sagen, daß es sich um kleine, gedrungene, braunhäutige Menschen handelt, die fast alle die Neigung zeigen, ihre einst kriegerischen Ambitionen in sehr gesunde geschäftliche zu verwandeln.

Ein Stamm, der traurige Berühmtheit erlangt hat, sind die **Fore.** Sie litten unter einer bis dato unbekannten, ›Kuru‹ oder ›lachender Tod‹ genannten Krankheit, die sie grausam dezimierte. Forschungen konnten feststellen, daß diese mittlerweile eingedämmte Seuche, die vor allem Frauen befiel, auf einen merkwürdigen Erreger zurückging, der sich im Gehirn festsetzte. Da bei den kannibalischen Riten dieses Stammes vor allem die Frauen die Gehirne der Opfer verspeisten, waren sie entsprechend stärker betroffen.

In der Nähe von Goroka leben die **Gahaku-Gama,** die sich früher untereinander erbittert bekämpft haben. Auch die **Bena Bena** siedeln östlich von Goroka, desgleichen die **Korofeigu.** Diese Stämme weisen Gemeinsamkeiten auf, nicht nur in der Wirtschaft, die sich auf Schweinezucht und Süßkartoffeln stützt, sondern auch in der patrilinearen Ordnung, die mit einem festen Glauben an die Überlegenheit der Männer verbunden ist. Von den **Gururumba,** die im Asaro-Tal leben, heißt es, daß sie von starken materiellen Neidgefühlen bewegt wurden, die sich etwa darin äußerten, daß Männer sich der Güter ihrer Nachbarn bemächtigten, um sie zu vernichten. Die **Siane,** die zwischen Goroka und dem Waghi-Tal anzutreffen sind, zeichnet ein besonders intensives Verhältnis zu persönlichem Besitz aus (was an sich in Papua-Neuguinea nicht typisch ist). Bei den **Kamano,** die bei Kainantu siedeln, herrschen besonders gespannte Beziehungen zwischen den Geschlechtern.

Goroka

Goroka, die Hauptstadt der Eastern Highlands Province, ist mit etwa 19 000 Einwohnern die fünftgrößte Stadt des Landes. Sie liegt in der Nähe des Asaro-Flusses in 1600 m Höhe. Man überblickt die ganze Gegend am besten, wenn man den Aufstieg über den etwas mühseligen Pfad nicht scheut, der an der Wisdom Street beginnt. Die touristisch recht gut eingerichtete Stadt bietet an Sehenswertem das J. K. McCarthy Museum, eines der besten des Landes, wo man exzellente Hochlandmasken, Waffen, Musikinstrumente und andere Kunstgegenstände besichtigen und z. T. auch kaufen kann. Natürlich keine Stücke wie jenes schaurige aus früherer Zeit: eine Halskette, die aus menschlichen Fingern besteht! Das Museum erhielt seinen Namen übrigens nach J. K. McCarthy, einem der ›klassischen‹ Patrouillenoffiziere des Landes, der ein seinerzeit viel gelesenes Buch, ›Patrol into Yesterday‹, geschrieben hat.

Das angenehme Klima – es herrscht hier eine Art immerwährenden Frühlings – und die Nähe zur Küste haben dazu beigetragen, daß Goroka, das noch in den 50er Jahren eine kleine Niederlassung war, einen raschen Aufschwung nahm, heute **das** Handelszentrum des Hochlands ist und Mount Hagen, die Hauptstadt der Western Highlands Province, übertrumpft hat. Mount Hagen und Goroka wechseln sich übrigens jährlich in der Veranstaltung der ›Highland Shows‹ ab – in geraden

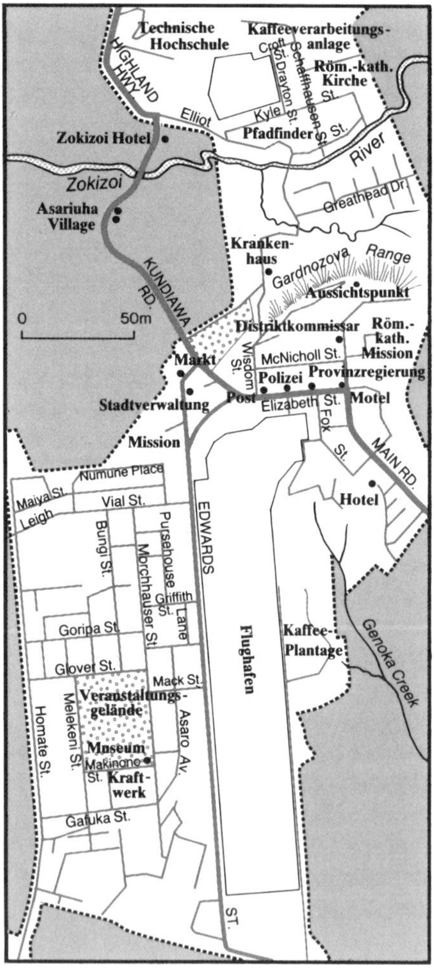

Goroka

Jahren finden sie in Goroka statt, in ungeraden in Mount Hagen. Die Shows wurden ursprünglich nicht für Touristen durchgeführt, sondern als Treffen der verschiedenen Stämme zum Zweck gegenseitigen friedlichen Kennenlernens. Natürlich stellte sich die Zusammenkunft prächtig geschmückter Krieger, die ihre lokalen Tänze und Zeremonien vorführten, schnell als bedeutsame Touristenattraktion heraus – was dann natürlich auch den Niedergang zum inhaltsleeren Spektakel für die Fotoapparate zur Folge hatte.

Die Umgebung von Goroka

Rund 10 km von Goroka entfernt liegt die Stadt Bena Bena, die zu einem Webereizentrum geworden ist. Die Regierung hat den Einheimischen das Weben beigebracht (es wird interessanterweise von den Männern betrieben), um einen neuen Industriezweig zu etablieren. Das Ergebnis sind schöne Ponchos und Decken, Bettvorleger und Matten.

Die entscheidende Touristenattraktion in der Umgebung von Goroka, die in keinem Reiseprogramm fehlt, sind die sogenannten ›Schlamm-Männer‹ (Mud men) in dem rund 20 km von der Hauptstadt entfernten Dorf **Asaro** (Farbt. 19). Wie es zu ihrer geisterhaft anmutenden Erscheinung kam, wird so überliefert: Bei einer der vielen Stammesfehden zogen die Bewohner von Asaro den kürzeren. Die Überlebenden retteten sich auf die Schlammbänke des Flusses, wo sie sich bis zum Einbruch der Dunkelheit versteckt hielten. Als sie, über und über mit hellem Schlamm verkrustet, lautlos wegschleichen wollten, lösten sie bei den Feinden, die sie beobachteten, helle Panik aus, da man sie für die rächenden Ahnengeister der Getöteten hielt. Die Asaro, überrascht von der Wirkung ihrer unbeabsichtigten Aufmachung, entwickelten eine Kampfstrategie daraus, eine Art psychologischer Kriegsführung, und schufen Schlamm-Gesichtsmasken.

Bei den Highland Shows traten die bis dahin unbekannten Schlamm-Männer in das Licht der Öffentlichkeit und erregten solches Staunen, daß man sie bald zu einer Touristenattraktion machte. Inzwischen gibt es solche ›Mud men‹-Vorstellungen im ganzen Hochlandgebiet, aber es soll vorkommen, daß Touristen, die nicht genau wissen, was sie erwartet, tatsächlich etwas von dem Schrecken der einstigen Feinde empfinden, wenn die ›Schauspieler‹ (um nichts anderes handelt es sich heute) in ihrem gespenstigen Habitus lautlos heranschleichen.

Bevor man auf dem ›Highland Highway‹ Goroka erreicht, fährt man an **Yonki** vorüber, wo sich das 1972 errichtete Kraftwerk am Ramu befindet, das – von jugoslawischen und südkoreanischen Ingenieuren errichtet – das modernste und größte im Südpazifik ist und die Stromversorgung von Lae und Madang, des gesamten Hochlandes und von Teilen der Nordküste bestreitet.

Anschließend erreicht man die Stadt **Kainantu,** früher ein Goldgräberzentrum, heute eher auf Viehzucht, Kaffeeanbau und Töpferei konzentriert. Südlich des Highways liegt die Stadt **Okapa,** die traurigen Ruhm durch die schon erwähnte ›Kuru‹-Krankheit (vgl. S. 261) erlangt hat. 64 km südlich von Goroka erhebt sich bei **Lufa** der Mount Michael, den Bergsteiger erklettern können. Es gibt in der Gegend auch bemerkenswerte Höhlen mit prähistorischer Malerei.

Chimbu Province

Lage und geographische Beschaffenheit

Mit 8476 km^2 ist Chimbu zwar die kleinste der fünf Hochland-Provinzen, mit ihren 200 000 Einwohnern zugleich aber auch die am dichtesten besiedelte. Sie verfügt über besonders viele landschaftliche Höhepunkte und Kontraste: Hochgebirge, reiche Waldbestände und malerische, weite, grasbewachsene Täler, die sich vorzüglich für die Landwirtschaft eignen. Da die Eingeborenen ihre Gärten oft in Stufen anlegen, ergibt sich ein überaus reizvolles Bild, das manchmal mit den Reisterrassen der Philippinen verglichen wurde.

Verkehr und Wirtschaft

Allmählich sind Straßen und Fluglandebahnen in das Hochland vorgedrungen. Es war wichtig, dieses Gebiet zu erschließen, nicht nur seines touristischen Potentials wegen, sondern auch, weil das gute Klima für ausgezeichnete Anbauergebnisse bei Kaffee sorgt. Wichtigste Ernährungsgrundlage der Menschen ist hier die Süßkartoffel. Früher konnte ein Kälteeinbruch die ganze Ernte ruinieren und zu Versorgungsproblemen führen, heute greift in solchen Fällen die Regierung mit Nachschub an Saatgut ein.

Geschichte

Man weiß nicht genau, woher die heutigen Hochlandbewohner kommen, da sie selbst keine mündliche Überlieferung mehr kennen. Manche Forscher vermuten, daß sie erst seit rund 300 Jahren in den Hochtälern hausen und die vor ihnen hier ansässige Bevölkerung vertrieben oder vernichteten – Menschen, von denen man nichts weiß, die aber überall bearbeitete Steine zurückgelassen haben, die den heute hier lebenden Stämmen gänzlich fremd sind. Als die Hochlandbewohner 1933 erstmals mit Weißen in Kontakt kamen, verhielten sie sich zunächst recht freundlich und riefen den Fremden immer wieder das Wort ›Chimbu‹ zu. »Das Wort ›Chimbu‹ ist ein Ausdruck von Zufriedenheit, Erstaunen oder Freude«, schrieb der Brite A. A. Roberts, »es kann am besten als das lokale ›Hurra‹ beschrieben werden.« Und so gab man der Gegend und den Eingeborenen den Namen ›Chimbu‹ (auch ›Simbu‹). Die Kämpfe, die stets unter den Eingeborenen tobten, konnten von den Weißen nicht so schnell unter Kontrolle gebracht werden, und die Aggressionen richteten sich auch bald gegen sie. 1933 und 1934 wurde je ein Verwaltungsoffizier ermordet, 1934 und 1935 je ein Missionar. Daraufhin erklärte die Regierung das Hochland zum ›geschlossenen Gebiet‹. Nur allmählich drang man durch den Bau von Fluglandebahnen und Straßen in das Gebiet vor, das vom Zweiten Weltkrieg

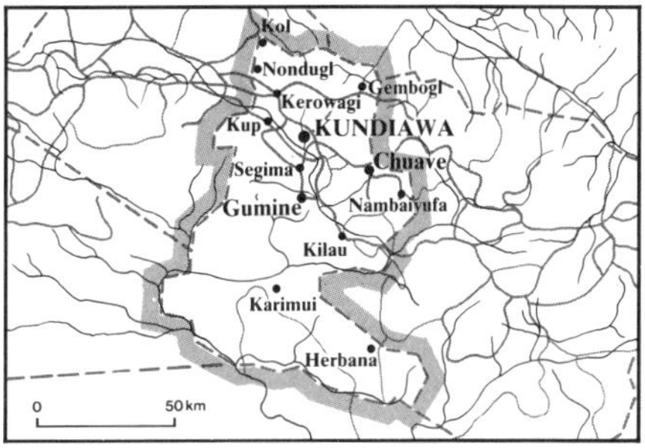

Chimbu Province

nahezu unbehelligt blieb. Erst 1957 konnte die Regierung davon ausgehen, völlige Kontrolle auszuüben. Damals wurde die heutige Chimbu-Provinz noch als Teil des Eastern Highland District von Goroka aus verwaltet. Am 1. Juli 1966 erklärte man sie zur eigenständigen Provinz mit der Hauptstadt Kundiawa. Die Missionare haben erfolgreiche Arbeit geleistet, und heute gelten die Bewohner der Chimbu-Provinz als friedliche Bauern, die lebhafte kommerzielle Interessen zeigen.

Bevölkerung

Hier sind vor allem die **Chimbu** selbst zu nennen, die der Region den Namen gaben. Von ihnen gibt es noch an die 60 000, also ungewöhnlich viele. Im Fall der **Kuman** sprechen sogar 120 000 Menschen eine Sprache. Das einst ausgesprochen kriegerische Wesen dieser kräftigen, kleinen Berglandbewohner mit den langen Nasen und den seltsam semitischen Zügen zeigt sich heute nur noch in einer gewissen traditionellen Feindseligkeit zwischen den Geschlechtern. Diese geht so weit, daß Männer und Frauen nicht nur – was oft vorkommt – getrennt leben, sondern auch nur widerwillig miteinander schlafen.

Heute gelten die Chimbu als tüchtige Arbeiter, die sehr gute Leistungen vollbringen, beispielsweise in der 3 km von Kundiawa entfernten Coffee Factory der Chimbu Coffee Ltd. Da die Bevölkerung Fleisch sehr liebt, gibt es hier, wie es heißt, mehr Schweine als Menschen. Trotzdem kommt Fleisch nicht täglich auf den Tisch, und in den Dörfern stellt jedes Schweineschlachten noch immer eine Zeremonie dar.

Die überaus dichte Besiedlung des Gebiets hat dazu geführt, daß viele Arbeitskräfte in die Städte abwandern – allerdings nicht für dauernd. Sie verdingen sich bloß für ein oder zwei Jahre und kehren dann mit dem ersparten Geld in die Heimat zurück. Arbeiter aus dem Hochland werden in ganz Papua-Neuguinea ›Chimbu‹ genannt, egal, ob sie tatsächlich welche sind oder von anderswo stammen.

Besucher der Region können sicher ›Chimbu-Spiele‹ sehen, Folklore-Veranstaltungen, die von professionellen Schauspielertruppen vorgeführt werden. Sie stellen verschiedene Phasen des traditionellen Dorflebens lautstark und mit viel eigener Begeisterung dar.

Kundiawa

Die Provinzhauptstadt, die 1980 rund 4300 Einwohner zählte, liegt landschaftlich reizvoll inmitten von pinienbewachsenen Hügeln, Wasserfällen und sorgfältig angelegten Gärten und

Kanälen. Man findet hier mehr oder weniger alles, was eine kleine Stadt benötigt, darunter ein Spital und eine internationale Grundschule. Kundiawa liegt am Highland Highway, 130 km von Mount Hagen und 92 km von Goroka entfernt.

Chuave

Diese Stadt, inmitten von Hügeln und Kalkstein-Formationen am Fuß des 2730 m hohen Mount Elimbari gelegen, der ohne große Mühen zu besteigen ist, bietet gleichfalls einen lieblichen Anblick. 3 km entfernt liegt die Gomia-Höhle, die Hunderte von Metern in die Tiefe führt. Hier kann man noch auf die Skelette von Begrabenen stoßen. 25 km südlich von Chuave finden sich in **Nambayzfa** gleichfalls Höhlen und das sogenannte ›Amphitheater‹, ein riesiger, eingesunkener Platz mit bemerkenswerten Felsmalereien.

Mount Wilhelm

Dort, wo die Chimbu-, die Madang- und die Western Highland-Provinz zusammenstoßen, liegt inmitten eines Nationalparks der schneebedeckte **Mount Wilhelm,** der höchste Berg von Papua-Neuguinea, dessen Höhe mit 4500 m (was in etwa korrekt sein dürfte) bis 4800 m angegeben wird. Fliegt man nach **Kegusugl,** das in 2469 m die höchste Fluglandebahn der Insel besitzt, kann man als erfahrener Bergsteiger den Mount Wilhelm mühelos bewältigen.

Western Highlands Province

Lage und geographische Beschaffenheit

Die rund 8288 km² große Provinz Westliches Hochland umfaßt das Gebiet zwischen der Kubor Range (mit Erhebungen von über 4000 m) im Süden und der Bismarck Range im Norden. Das feuchte, fruchtbare Land zeigt eine bemerkenswerte Vegetationsfülle – von Wäldern und alpinen Savannen bis zu Grasland und einem Garten-Fleckerlteppich von Menschenhand.

Verkehr und Wirtschaft

Die Hochland-›Autobahn‹ hat dieses Gebiet endgültig ›geöffnet‹, auch hier nicht nur wegen des Tourismus, sondern auch wegen landwirtschaftlicher Interessen: Kaffee und Tee sind sichere Anbauprodukte. 1973 wurde in Mount Hagen ein Seidenweberei-Zentrum eröffnet.

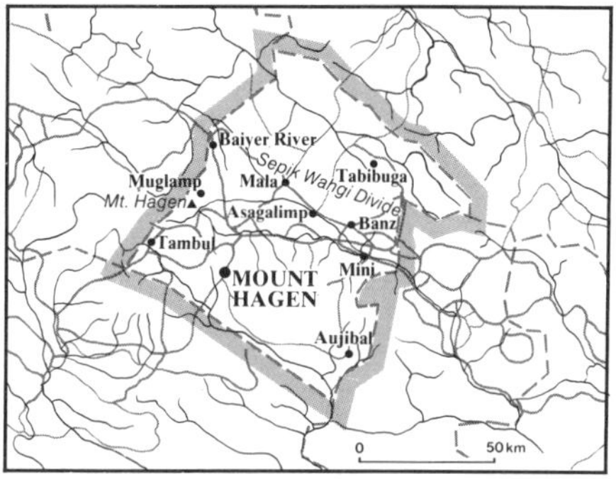

Western Highlands Province

Geschichte

Immer schon führte durch diese Gegend eine Handelsroute, und bevor die Weißen in dem bis zu 10 Meilen breiten Waghi-Tal den Ort Mount Hagen anlegten, trafen sich hier bereits die Eingeborenen aus allen Himmelsrichtungen, um zu handeln – vor allem mit Perlmuscheln, mit Waffen (Äxte, Speere), Salz und Tagasso-Öl, das sie benötigten, um sich für ihre Zeremonien einzufetten. Die ersten Weißen kamen zu Beginn der dreißiger Jahre, und ähnlich wie einst in Mexiko bescherten sie der einheimischen Bevölkerung das Erlebnis eines ›Weißen Gottes‹ – so wird es zumindest erzählt: Dem ersten Flugzeug, das auf einem gerodeten Feld landete, entstieg der besonders hochgewachsene Entdecker Grabowsky, ganz in Weiß gekleidet. Als die Eingeborenen ihn sahen, sollen sie sich unter Geheul auf den Boden geworfen haben.

1933 wurde in Kuta ein Goldgräbercamp errichtet, 1936 eine Station in Mount Hagen, die aber vorläufig nur mit zwei Mann besetzt war. Zeitweise wurde noch danach das gefährliche Gebiet für ›geschlossen‹ erklärt.

Bevölkerung

Die Bevölkerung des Westlichen Hochlands, die den Touristen so farbenprächtig erscheint, bildet – wie überall im Land – keine Einheit, sondern ist in zahlreiche Grüppchen gespalten. Allerdings gibt es hier auch Großgruppen wie die **Metlpa** mit rund 80 000 Angehörigen, die sich auf zahlreiche Dörfer und Clans verteilen. Weitere Stämme der Region sind die **Ma-Enga,** die **Roni,** die sich dem Teeanbau gewidmet haben, die **Jate,** die **Manga** und die **Kuma.** In ihrer Glaubens- und Vorstellungswelt nehmen die Ahnengeister noch immer einen großen Raum ein.

Mount Hagen

Die Hauptstadt des Westlichen Hochlandes wurde nach dem deutschen Administrator Kurt von Hagen benannt. Er hatte sich 1897 auf eine Strafexpedition begeben, um die Mörder jener beiden Weißen zu finden, die 1895 zu einer Durchquerung der Insel aufgebrochen waren (vgl. S. 142 f.). Als er die mutmaßlichen Täter bei Madang gefangennehmen wollte, kam er selbst ums Leben. Hagen liegt in Bogadjim (dem damaligen Stefansort) begraben. In der Stadt erinnert

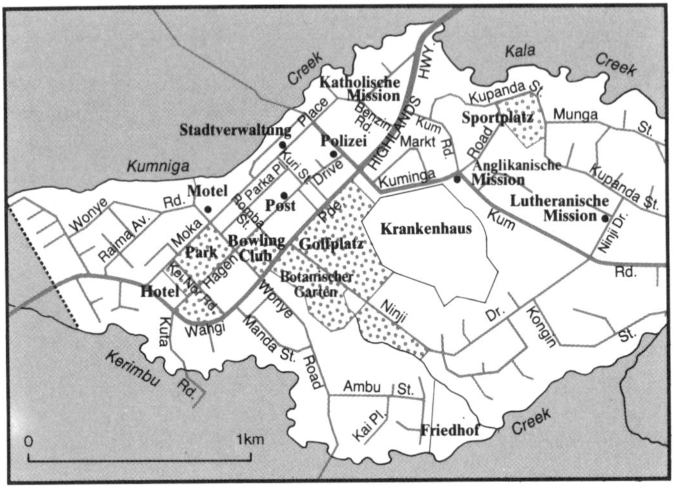

Mount Hagen

an ihn noch der bronzene ›Hagen-Adler‹, sein Familiensymbol auf einem Zement-Obelisken neben dem alten hölzernen Regierungsgebäude auf dem Hügel.

Die Märkte von Mount Hagen sind schöner als jene von Goroka, weil hier die Hochlandbewohner noch in ihrer traditionellen Kleidung erscheinen. Mount Hagen hat ein Einkaufszentrum, wo man u.a. die typischen Hochlandäxte kaufen kann – es handelt sich dabei um Vielzweckgeräte mit Steinklingen an einfachen Schaften, die ebenso dazu dienten, Gartenarbeit zu tun wie dem Feind den Schädel einzuschlagen. Beim Tod eines nahen Angehörigen hat man sich damit ein Stück des Fingers abgehackt. Äxte für Zeremonien sind natürlich geschmückt; sie werden noch immer vereinzelt von Hochlandbewohnern im Gürtel getragen, vor allem anläßlich von Sing-Sings. Diese gibt es übrigens in der Gegend häufig, und es ist für Touristen im allgemeinen nicht schwer, eines ausfindig zu machen. Im täglichen Leben sind die Steinäxte inzwischen Beilen aus Stahl gewichen, aber wie gesagt, als Tourist kann man noch immer eigens angefertigte Stücke kaufen.

Die Umgebung von Mount Hagen

Die ›klassischen‹ Ausflüge ab Mount Hagen führen ins **Nebliyer-Tal,** wo es noch typische Hochland-Dörfer zu besichtigen gibt, und vor allem zum **Baiyer-Fluß** rund 50 km nördlich, wo inmitten des Regenwaldes ein schöner Naturpark mit einem Paradiesvogelgehege (Baiyer River Sanctuary) angelegt wurde. Man kann hier an die 90 Arten herrlichster Vögel bewundern, die sich ansonsten zumeist tief in die Wälder zurückgezogen haben. Für viele Besucher von Papua-Neuguinea bietet sich hier die einzige Gelegenheit, einen Paradiesvogel von Angesicht zu Angesicht zu sehen – wenn auch nur durch Maschendraht in etwas zu kleinen Käfigen.

Bevor man Mount Hagen erreicht, passiert der Highway den Ort **Nodugl** an der Grenze zwischen Chimbu und dem westlichen Hochland. Der Ort besitzt noch ein kleines Reservat für Paradiesvögel aus dem ehemaligen Besitz von Sir Edward Hallstrom, dessen Vogelsammlung auch die Grundlage für das Baiyer River Sanctuary bildete. Die Städte **Banz** und **Minji** sind als Tee- und Kaffeeanbauzentren bekannt. Das breite Waghi-Tal, das man hier durchfährt, ist die Gegend der ›Waghi-Wigmen‹, die durch ihre prunkvollen Frisuren auffallen.

Enga Province

Lage und geographische Beschaffenheit

Diese knapp 11 000 km² große Provinz bietet dem Menschen keine günstigen Lebensbedingungen. Tief eingeschnittene Täler mit schnell fließenden Flüssen sowie Berge, die bis 3700 m aufragen, beherrschen das Bild. Gnadenlose Brandrodung hat dem Wald großen Schaden zugefügt, und so dominieren hier das Gras, alpine Savanne und die von Menschenhand angelegten Gärten.

Verkehr und Wirtschaft

Zwar führt die Hochland-›Autobahn‹ bis hierher, aber es gibt kaum wirtschaftliches Potential, das dem Gebiet Aufmerksamkeit zukommen lassen könnte. Die Einheimischen bauen Kartoffeln, Gemüse und Pyrethrum an, eine gänseblümchenartige Pflanze, die als Ingredienz bei Mückenspray Verwendung findet. Am Fremdenverkehrs-Boom, der die Hochland-Provinzen ergriffen hat, partizipiert die Enga-Provinz so gut wie nicht – darum ist es möglicherweise tatsächlich die letzte ›Steinzeit-Enklave‹ des Landes. Dem Besucher fordert die unerschlossene Enga-Region eine gute Portion Abenteuerlust ab.

Enga Province

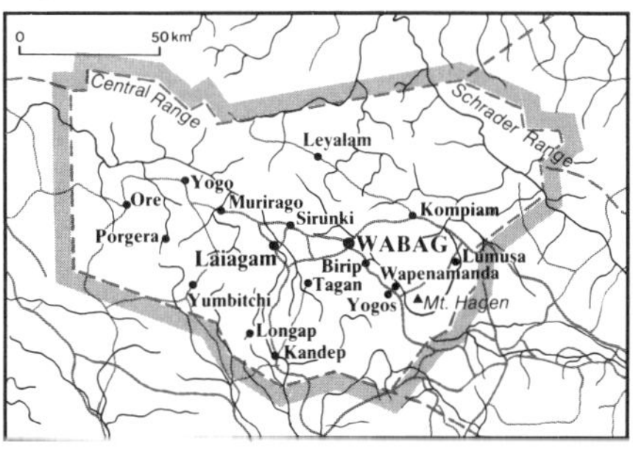

Geschichte

Man schrieb bereits 1968, als sich die erste australische Patrouille hierher verirrte, und erst seit den 60er Jahren haben sich zögernd einige Weiße angesiedelt. 1973 wurde das Westliche Hochland geteilt und sein östlicher Teil zur selbständigen Provinz Enga gemacht. Damit hatte man die rückständigste und zugleich gefährlichste Provinz von Papua-Neuguinea geschaffen.

Bevölkerung

Die Provinz wurde nach dem dominierenden Volk der **Enga** genannt, das von den rund 175 000 Einwohnern an die 160 000 stellt. Hier toben bis heute tödliche Stammeskämpfe, vor allem, weil sich die Eingeborenen untereinander nicht einig sind, ob sie die von der Regierung auferlegte westliche Lebensform akzeptieren oder sich heftig dagegen wehren sollen. ›Highlands Football‹ nennt man etwas salopp die Auseinandersetzungen in dem entlegenen Landstrich.

Die Enga teilen sich in Clans von jeweils rund 400 Leuten, die zusammenleben, nach Männern und Frauen getrennt. Die Frauenhäuser sind größer als jene der Männer, denn hier schlafen nicht nur die kleineren Kinder, sondern auch die Schweine, deren Stall das Zentrum des Frauenhauses bildet. Am Feuerplatz sitzen Männer und Frauen zwar zum Essen beisammen, aber auf verschiedenen Seiten. Da es nachts sehr kalt sein kann, brennt das Feuer ständig.

Vom Hauptnahrungsmittel, der Süßkartoffel, gibt es im Bergland an die 60 verschiedene Sorten. Mancherlei, vor allem Kaffee, wird zum Verkauf angepflanzt. Schweine dienen nicht nur als Nahrung, sondern auch als Geschenke. Da Land äußerst kostbar ist, beschäftigen sich die Männer weniger mit Arbeit als mit dessen Verteidigung – oder auch mit dem Versuch, den eigenen Besitz zu vergrößern, was dann wieder Vergeltungsschläge der Beraubten auslöst. Bei Feierlichkeiten ist es üblich, die Gesichter mit Baumöl und schwarzer Asche einzureiben. Nur alle sieben Jahre findet als besonderes Fest eine Art von Schweinemarkt statt, ›Te‹ genannt. Der Austausch bedeutet halb Geschenk, halb Tribut.

Die Enga sind keine großen Künstler, wenn es darum geht, etwa Schnitzwerke anzufertigen, aber sie wenden unendliche Mühe auf, sich für ihre Sing-Sings zu schmücken. Dabei ist die Bemalung von Gesicht und Körper traditionell festgelegt – die Art, die Nase zu färben, kann etwa einem anderen Enga verraten, woher der Betreffende kommt, welchem Clan seine Mutter angehört. Perücken aus Menschenhaaren, prächtig mit Federn verziert, wirken imposant.

Das Sozialprestige des einzelnen Mannes hängt bei den Enga nicht, wie anderswo, etwa von seinen Fähigkeiten als Gärtner, Jäger oder Fischer ab, sondern davon, wie gut er singt und spricht. Wer das beherrscht, wird berühmt wie bei uns ein Filmschauspieler.

Geheimnisvoll ist die Herkunft einiger Steinschnitzereien, die die Enga in Zusammenhang mit dem Ahnenkult benutzen und von denen sie behaupten, sie nicht selbst hergestellt, sondern von irgendwelchen ›Himmlischen‹ erhalten zu haben. Man hob diese Steine auf, um die Ahnen glücklich zu machen – eine Absicht, der auch viele Schweine geopfert werden.

Wabag

Wabag, die in 1830 m Höhe gelegene Hauptstadt der Provinz, ist wegen der hohen Berge ringsum kaum anzufliegen – es gibt hier zwar eine lebensgefährliche Landebahn, aber die offiziellen Linien beziehen die Stadt nicht in ihr Netz ein. Man muß auf dem Highland Highway von Mount Hagen erst ein Stückchen in Richtung Mendi fahren und dann den nördlichen Abzweig nehmen. In der von rund 1500 Menschen bewohnten Stadt gibt es das einzige Hotel der ganzen Provinz, geführt von Australiern.

Landschaftlich sehenswert ist noch das Gebiet um den **Lake Kopiago,** dort, wo Enga an die Sepik-Provinzen grenzt und der Porgera-Fluß in den Strickland-Fluß mündet. Da keine Straßen dorthin führen, ist das Gebiet für Touristen allerdings nur per Flugzeug zu erreichen.

Southern Highlands Province

Lage und geographische Beschaffenheit

Im September 1951 wurde der zentrale Hochland-Distrikt von Papua-Neuguinea in drei Teile gegliedert, von denen die heutige Provinz Südliches Hochland mit rund 25 000 km^2 der größte (auch von allen Hochlandprovinzen überhaupt) und mit ca. 250 000 Einwohnern auch bevölkerungsreichste ist. Die Nordgrenze der Provinz verläuft genau dort, wo sich früher die Grenze zwischen dem britischen Papua und dem deutschen Neuguinea befand. Die Landschaft ist von hohen, bis über 4000 m aufragenden Bergen, breiten Tälern und ausgedehnten Flußsystemen gekennzeichnet. Kalkstein beherrscht das Bild, und es ist anzunehmen, daß sich hier noch unentdeckte Riesenhöhlensysteme finden können. Es regnet viel, aber die landwirtschaftlichen Erträge sind unbedeutend.

Verkehr und Wirtschaft

Die letzten Ausläufer der Hochland-›Autobahn‹ reichen bis zur Provinzhauptstadt Mendi. Kaffee, der etwa im Westlichen Hochland hervorragende Ernten bringt, erzielt hier nur magere Ergebnisse, und auch andere Bemühungen, dem Land mehr abzugewinnen, als die Eingeborenen zum Überleben brauchen, haben wenig Erfolg gezeitigt.

Geschichte

So kriegerisch die Bewohner des Hochlands auch stets gewesen sein mögen, es gab doch schon früh lebhafte Handelsbeziehungen zwischen ihnen und der Golf-Region. Zu Kontakten mit Weißen kam es hier erst sehr spät: 1935 unternahmen J. G. Hides und L. J. O'Malley eine Expedition durch das Gebiet, die letzte übrigens, die ohne Hilfe von Flugzeugen stattfand. Der im Staatsdienst stehende Jack Gordon Hides (1906–1938), in Port Moresby geboren, zählte zu den letzten wichtigen Erforschern von Papua. So wagte er sich etwa zu den Kukukukus, um Mörder festzunehmen. Administrator Sir Hubert Murray wählte ihn dann für das aus, was er selbst

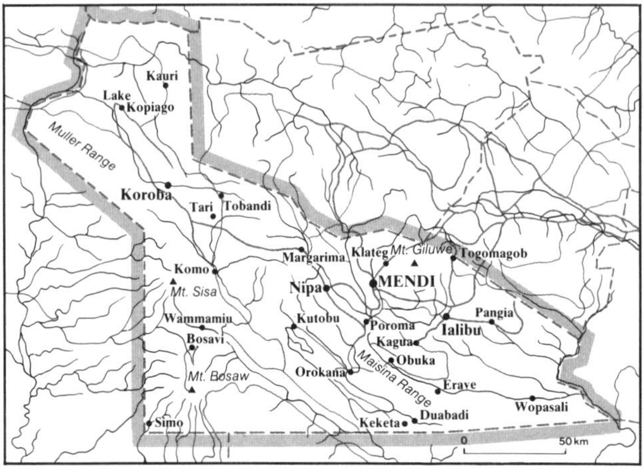

Southern Highlands Province

später die »schwierigste und gefährlichste Patrouille« nannte, die je im Land unternommen wurde. Hides und O'Malley kamen über den Strickland-Fluß als erste auf das Hochland-Plateau, überquerten die furchterregenden Kalkstein-Hindernisse, sahen als erste die ›Wigmen‹ mit ihren riesigen, phantastischen Perücken aus Menschenhaar. Bis sie in Kikori (in der Golf-Region) ankamen, war ein halbes Jahr vergangen. Sie hatten neun Überfälle von Eingeborenen abwehren müssen, wobei 32 Angreifer erschossen worden waren; zwei Mann ihrer 38köpfigen Begleitung starben an Erschöpfung. Hides glaubte, während dieser ›Strickland-Purari‹-Patrouille Gold gefunden zu haben, und kehrte als Privatmann im Auftrag einer australischen Firma nochmals zum Strickland-Fluß zurück. Diesmal hatte er weniger Glück – fünf seiner Träger starben, schließlich auch sein Begleiter David Lyall, und Hydes' Gesundheit war so untergraben, daß er 1938, erst 32jährig, in Sydney an Lungenentzündung starb.

Für das feindliche südliche Hochland haben die Weißen überhaupt wenig Vorliebe gezeigt, und die Erschließung erfolgte zögernd. 1937 legte man am Kutubu-See ein Basiscamp an, 1950 wurde die erste Fluglandebahn im Gebiet angelegt, 1952 versuchte die Regierung, den Einheimischen ihre mörderischen Stammeskämpfe gesetzlich zu verbieten, woraufhin die Mendi-Krieger erst recht ihren Ehrgeiz darein setzten, jeden offiziellen Beauftragten mit Waffen zu empfangen. Der Bau des ›Highland Highway‹ der sich bis Mendi vorschob, brachte dann zögernden Fortschritt. Man legte Teeplantagen an und versuchte es mit Viehzucht – bei Ialibu und Pangia wurden größere Farmen errichtet.

Bevölkerung

Mit den Bewohnern des Südlichen Hochlandes hatten es die Weißen über alle Maßen schwer: Sie waren nicht, wie andere Stämme, kommerziell zu interessieren, lehnten den ›westlichen

Fortschritt‹ ab und wehrten sich so lange es irgend ging gegen die ihnen aufgezwungene Verwaltung.

Die **Mendi** leben in einem schmalen Kalksteintal in der Nähe der Hauptstadt. Sie haben keine Dörfer, jede Familie baut ihr eingezäuntes Anwesen inmitten ihrer Gärten. Im allgemeinen gibt es ein Haus für die Männer, zwei für die Frauen und vielleicht noch ein kleines ›Geisterhaus‹ mit einem magischen Stein oder einem Kasuar-Käfig. Um böse Geister fernzuhalten, wird gelegentlich der Schädel eines Vorfahren auf einer Stange aufgepflanzt.

Eine bedeutende feierliche Handlung für die Männer, die mit einem großen Schweineessen verbunden ist, bedeutet die Errichtung eines Geisterhauses, ›Tim‹ genannt. Es gibt eine spezielle Maske für diese Gelegenheiten namens ›Timsank‹. Am Ende der Feierlichkeiten werden alle Zeremoniengegenstände im Geisterhaus verbrannt. Früher waren die Mendi so große Kämpfer, daß kein Mann unbewaffnet ging. Heute steigert man sein Prestige, indem man Reichtum präsentiert, d. h. den anderen, die man beeindrucken will, vormacht, wie viele Schweine man schlachten kann. Wertvollstes Gut neben den Tieren ist eine Perlmuschel, ›Momak‹ genannt, die als Bezahlung benutzt wird, auch als Entschädigung für getötete Feinde.

Rund 4500 Angehörige der **Foi** leben rund um den Kutubu-See. Eine Höhe von 800 m macht das tropische Klima angenehm. Der Süßwasser-See spielt im Leben der Leute die zentrale Rolle. Sie sind sehr stolz auf ihn und legen Wert darauf, daß nach ihrem Tod ihre Knochen so auf den Kalksteinen begraben werden, daß sie den See überblicken können. Dörfer bestehen aus einem großen Männerhaus und zahlreichen Frauenhäusern ringsum, alle etwa 2 m über dem Boden auf Pfählen errichtet. Die Männerhäuser sind ungewöhnlich groß – 40 bis 70 m! – was eine recht komplizierte Konstruktion voraussetzt. Die Männer schmücken sich mit Kasuar- und Paradiesvogel-Federn und bemalen sich mit roter und gelber Farbe, wozu die großen weißen Muscheln einen lebhaften Kontrast bilden. Frauen tragen im Alltag kurze, kleidartige Überwürfe und Tücher um den Kopf. Auch sie legen bei besonderen Gelegenheiten Kina-Muscheln an. Das Öl des Tigasso-Baumes ist die kostbarste Handelsware der Foi.

Die nächsten Nachbarn der Foi sind die nur noch etwa 900 **Fasu,** deren Leben dem der Foi in vieler Hinsicht ähnelt. Die Fasu erkennt man an ihren großartigen zeremoniellen Kopfputzen aus weißen Kakadu-Federn.

Mit noch etwa 75 000 Menschen zählen die **Huli** zu den größten Volksgruppen in Papua-Neuguinea. Sie leben im Tagari-Tal, in der Nähe von Tari. Ihre Männerhäuser sind von je einem großen Tor verschlossen, was auf die kriegerische Vergangenheit verweist; die Frauenhäuser liegen in den Gärten verstreut. Der fruchtbare vulkanische Boden des Tari-Beckens wird von den Huli zu 90% mit Süßkartoffeln bepflanzt. Die fingergroßen Nüsse der Pandanus-Palme bereichern den Speisezettel. Da die Männer glauben, zu viel Kontakt mit den Frauen schade ihrer Gesundheit, isolieren sie sich so weit wie möglich von diesen – obwohl sie bezüglich der Nahrung weitgehend auf die Frauen angewiesen sind. Die ausgesprochene ›Frauenfeindlichkeit‹ hat früher dazu geführt, daß sich junge Männer oft zu ›Junggesellen-Bünden‹ zusammenfanden. Sie lebten ganz für sich und brachen jeden Kontakt zum Stamm ab; erst in fortgeschrittenem Alter kehrten sie zurück. Auffällig sind die kunstvollen Perücken der Männer, manchmal dreieckig, manchmal halbkreisförmig, teils aus Menschenhaar, teils aus Palmblättern hergestellt.

Bei Sing-Sings stellen sich die Huli – mit ihrer eindrucksvollen gelben Gesichtsbemalung – in einer langen Reihe auf. Zum Klang der Handtrommel springen sie dann wippend in die Höhe. Die Huli blasen Pan-Flöten, spielen einen Bogen mit zwei Saiten und kennen verschiedene Arten von Trommeln. Frühere Begräbnissitten verfügten, daß Männer in Särge gelegt und diese neben den Häusern aufgestellt werden mußten. Heute wünscht die Regierung die ›normale‹ Erdbestattung. Auch die Sitte, daß sich Witwen in lange Grasröcke kleideten und über und über mit grauem Schlamm einschmierten, ist verschwunden.

Rund 2500 **Kaluli** leben rund um den Mount Bosavi, nach dem sie sich auch ›Bosavi-Leute‹ nennen. Auch sie bauen große, bis zu 40 m lange und bis zu 18 m breite Männerhäuser. Es können bis zu 80 Menschen darin wohnen. Manchmal steht ein solches Haus aber auch leer und dient nur als Treffpunkt, während die Dorfbewohner in kleinen Hütten zusammenleben. Die vom Regenwald beherrschte Region der Kaluli macht die Gartenarbeit nicht leicht – man braucht kräftige Steinäxte, um den Boden roden zu können.

Die Kaluli fertigen keine Masken und Schnitzereien; sie tun sich eher als Sänger, Tänzer und Geschichtenerzähler hervor. Ihr ›Gisar‹-Fest veranstalten sie, um an irgendein trauriges Erlebnis zu erinnern, meist um der Toten zu gedenken. Dann werden alle vom Klang der traurigen Gesänge ergriffen, und es kommt vor, daß die Männer weinen, aufspringen und sich mit Fackeln schwere Brandwunden an den Schultern zufügen. Tags darauf ist man auf diese Narben sehr stolz.

Mendi

Der Verwaltungssitz der Südlichen Hochland-Provinz, an die 1700 m hoch gelegen, zählte 1980 etwas über 4000 Einwohner; er ist nur schwerlich als ›Stadt‹ zu bezeichnen – rund um die Fluglandebahn gruppieren sich einige Geschäfte und Büros. Zu sehen gibt es ein kleines Museum und den lebhaften samstäglichen Markt. Die in der Gegend angebotenen ›Ialibu Baskets‹, allerlei gewebte Waren, sind dunkler und gröber als etwa die Produkte aus Buka, aber ebenfalls sehr gefragt. In der Umgebung von Mendi gibt es noch ein paar traditionelle Dörfer mit den charakteristischen Langhäusern zu besichtigen, und entlang des Highways, der nach Mendi führt, finden sich mehrere spektakuläre Wasserfälle.

Mount Giluwe

Nordöstlich des Mendi-Tales liegt der **Mount Giluwe,** dessen Höhe mit zwischen 4161 und 4362 m angegeben wird. Gemeinhin gilt er nach dem Mount Wilhelm als zweithöchster Berg des Landes, auch wenn dieser Ruhm nach anderen Angaben dem Mount Bangeta zukommt – Genauigkeitsfanatiker haben es in Neuguinea nicht leicht. Sei dem wie es sei, für geübte Bergsteiger ist der Mount Giluwe kein Problem. Erwähnung verdient im Gebiet des Südlichen Hochlands schließlich noch das ausgesprochen reizvolle Flachland um den **Lake Kutubu.**

Die Inselprovinzen

Milne Bay Province

Lage und geographische Beschaffenheit

Obwohl sie auch ein kleines Stück ›Festland‹ umfaßt, nämlich den äußersten südöstlichen Zipfel von Neuguinea, in den die Ausläufer der Owen Stanley Range hineinreichen, ist Milne Bay eindeutig eine Inselprovinz: Sie zählt nicht weniger als 160 größere und 500 kleinere Inseln und Atolle (von denen die meisten auf die Hauptgruppen der Louisiaden, der Trobriands und der D'Entrecasteaux-Inseln entfallen), 20 254 km² Land verteilen sich auf eine mehr als zehnmal so große Meeresfläche (251 230 km²). Die teils bergigen Inseln (manche haben Erhebungen bis zu 2400 m) stellen eine im Meer versunkene Fortsetzung des Festlandes dar. Vulkane finden sich in dieser Gegend nicht so häufig wie etwa auf Neubritannien. Der Verwaltungssitz befand sich früher auf der Insel Samarai, die dem Festland nur wenige Kilometer vorgelagert ist, wurde aber, das sich die dortige Stadt wegen der geographischen Gegebenheiten nicht weiter ausdehnen konnte, 1968 nach Alotau verlegt.

Verkehr und Wirtschaft

Neuguinea ist ein Land, das ohne das Flugzeug kaum zu bereisen wäre – eine Tatsache, die in besonderem Maße auch für die Insel-Provinz Milne Bay gilt. Kurze Zeit schien es, das schon vor der Jahrhundertwende gefundene Gold sei wirtschaftlich bedeutend, aber die Vorkommen erwiesen sich auf die Dauer als wenig ergiebig. Dem Tourismus böten sich auf den Inseln – großenteils ›Südseeparadiese‹, wie man sie sich gemeinhin vorstellt – potentiell genügend Attraktionen, derzeit fehlt es aber noch an der notwendigen Infrastruktur.

Geschichte

Die einzelnen Inseln wurden zu verschiedenen Zeitpunkten entdeckt; die entsprechenden Daten finden sich in den jeweiligen Abschnitten. Captain John Moresby segelte 1873 um die Südostspitze von Neuguinea und benannte sie nach dem damals ältesten Seelord Großbritan-

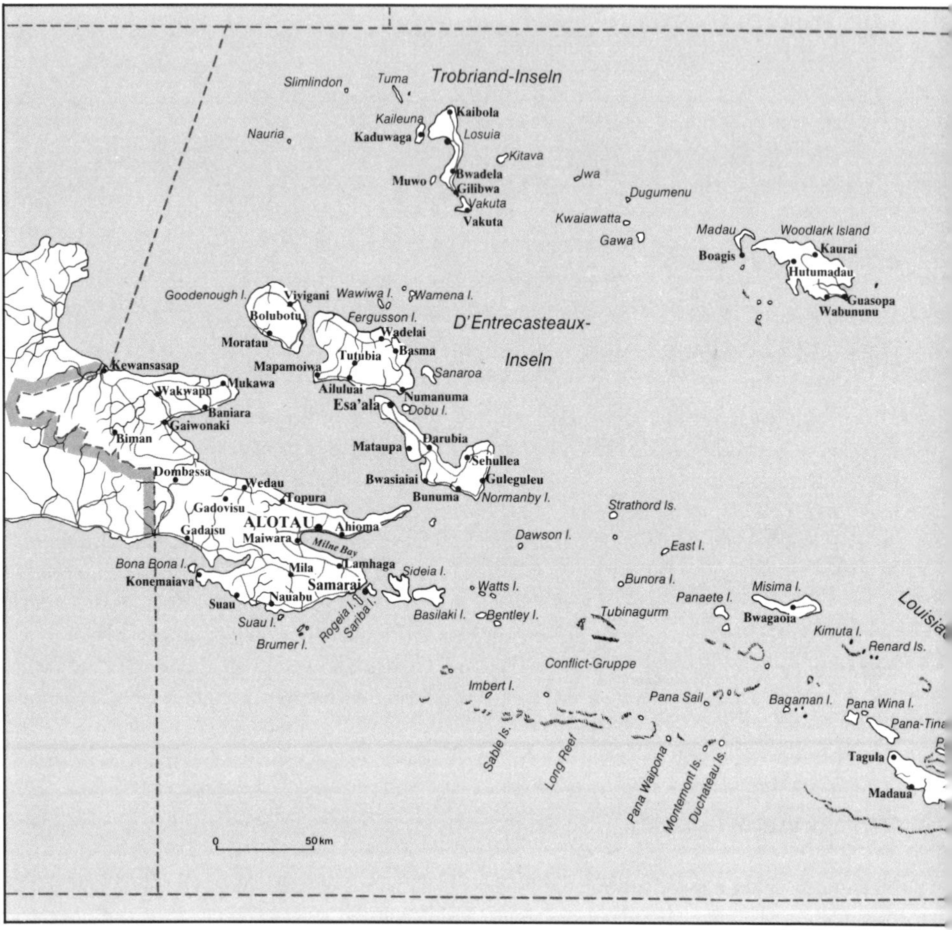

Milne Bay Province

niens, Milne. Händler durchstreiften das Gebiet auf der Suche nach Perlmuscheln und Seegurken, später wurde zuerst auf Misima (Louisiaden-Archipel), dann auf Woodlark Gold entdeckt.

›Festland‹

Der Festlandzipfel von Milne Bay hat dem Besucher nur wenig zu bieten; Alotau, seit 1968 Provinzhauptstadt, mit seinen rund 3000 Einwohnern ist eine neue Siedlung ohne besonderen Reiz. In der Milne Bay selbst, die John Moresby ›Discovery Bay‹ genannt hatte, finden sich ein

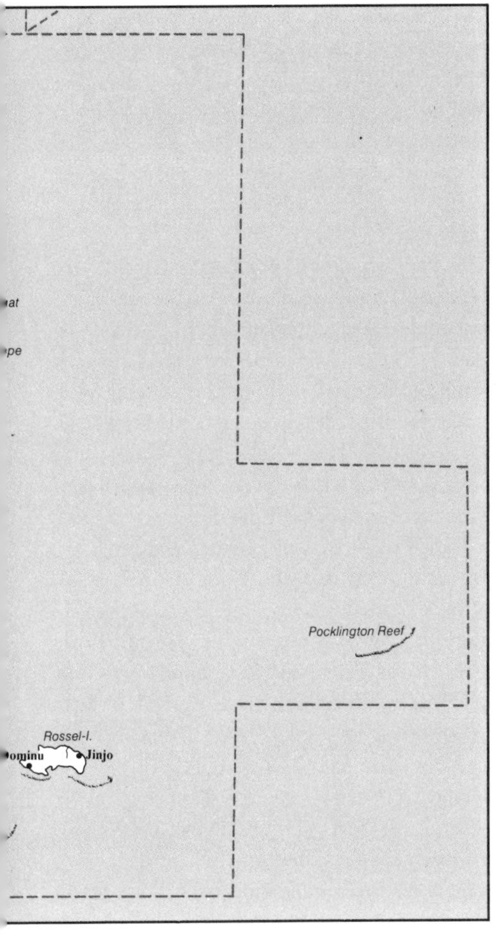

paar mysteriöse Mondsteine, die möglicherweise aus prähistorischer Zeit stammen.

Samarai

Die 24 ha große Insel Samarai wird vom Festland durch die China Strait getrennt. Kapitän Moresby taufte die Durchfahrt so, weil er meinte, damit den kürzesten Weg nach China gefunden zu haben – womit er die Bedeutung allerdings enorm überschätzt hat.

Samarai kann auf eine bewegte Geschichte zurückblicken. Die von Moresby ›Dinner Island‹ genannte Insel wurde 1878 zu einer Hauptmissionsstation der London Mission Society. Zehn Jahre später avancierte sie zu einem Verwaltungssitz der britischen Kolonie und erhielt einen eigenen Gerichtshof. Damals waren Samarai und Port Moresby die einzigen Einreisehäfen für British New Guinea. Bis 1914 überflügelte Samarai Port Moresby sogar an Bedeutung (1902 exportierte sein Hafen dreimal soviel wie der des Rivalen!), es stellte ein Zentrum der Plantagen-Industrie wie der Goldgräber dar. Dann allerdings sank seine Bedeutung allmählich, obwohl Besucher immer wieder die Schönheit des Ortes lobten und seit der Trockenlegung der malariaträchtigen Sümpfe 1898 auch relativ gesunde Lebensbedingungen herrschten. 1927 wurde Elektrizität eingeführt (eine Vergünstigung, die heute noch mancher Ort im Land vermißt), es gab Schulen, Spitäler, Kirchen und einen nach wie vor lebhaften Hafen. Nach dem japanischen Angriff auf Pearl Harbour räumten die Europäer die Stadt, und tatsächlich wurde sie 1942 von den Japanern ausgebombt. Nach dem Wiederaufbau konnte sie nie wieder ihren alten Reiz erlangen.

Trobriand-Inseln

Die nördlich der D'Entrecasteaux-Inseln gelegene Trobriand-Gruppe besteht aus der seltsam geformten Hauptinsel Kiriwina und einer Reihe kleinerer Nebeninseln. Hier leben etwa 15 000 Menschen. Seinen Namen erhielt der Archipel nach Denis de Trobriand, der 1793 als Offizier an der zweiten Entdeckungsfahrt von Antoine d'Entrecasteaux teilnahm. Die Inseln, deren freundliche Bevölkerung den Polynesiern nahesteht, wurde berühmt, weil die Australier den deutsch-polnischen Wissenschaftler Bronislaw Malinowski bei Ausbruch des Ersten Weltkriegs vor die Wahl stellten, entweder in Australien interniert zu werden oder Forschungsarbeit auf den Inseln zu leisten. Er entschied sich für letzteres. Vier Jahre lang betrieb er hier ausführliche Studien, über die er verschiedene Werke schrieb (darunter ›Die Argonauten des westlichen Pazifik‹), die Klassiker der Neuguinea-Forschung und der Völkerkunde überhaupt wurden.

Was Malinowski über das ebenso ungewöhnliche wie hochentwickelte Leben auf den Trobriand-Inseln zu berichten wußte, trug diesen die Bezeichnung ›Inseln der Liebe‹ ein, da sie offenbar allen Südsee-Sehnsüchten der zivilisationsmüden Weißen entsprachen. Tatsache ist allerdings, daß die ›freien Sitten‹, die dort traditionell herrschen, keinesfalls auch auf Touristen übertragen werden – wenn junge Mädchen und junge Männer vor ihrer Ehe beliebig viele sexuelle Partnerschaften eingehen dürfen, so bedeutet das nicht, daß sie es auch mit Weißen so halten, die auf ein paar Tage zu Besuch kommen.

Die Bewohner der Trobriand-Inseln, die durch ihre Verwandtschaft mit den Polynesiern dem europäischen Schönheitsideal näher kommen als die meisten anderen Einwohner von Papua-Neuguinea, sind hervorragende Gärtner. Mit der Yams-Frucht treiben sie einen wahren Kult, der weit über deren reale Bedeutung als Hauptnahrungsmittel hinausgeht. Yams ist ein Symbol, um das sich das Ansehen der Menschen dreht, das im sozialen Verhalten untereinander gezielt eingesetzt wird. Schon die Art, wie die Trobriander ihre Dörfer bauen, läßt die zentrale Rolle des Yams erkennen: Rund um eine zentrale Fläche, die für Tänze und Zeremonien benötigt wird, sind im Kreis die Yams-Häuser der einzelnen Familien gebaut, erst dann folgen als zweiter Kreis die Wohnhäuser. Wenn im Juli/August die Yams-Ernte heranrückt, erreicht der Kult seinen Höhepunkt. Stundenlang wird über die Qualität der einzelnen Knollen und die ihres Gärtners diskutiert; schöne Stücke stellt man zur Begutachtung in den Gärten aus. Dann werden die Yams-Knollen von den Männern in einer Prozession ins Dorf getragen, wobei die Frauen bewundernd zusehen. Hier präsentiert man den Yams erneut der Öffentlichkeit, bevor er nach genauen Vorschriften in den Yams-Häusern verstaut wird. Interessant dabei ist, daß ein Mann nicht seine eigenen Vorräte produziert, sondern die seiner Schwester; seine Frau wiederum bekommt ihr gemeinsames Yams-Haus von ihrem Bruder gefüllt. Ein Mann, der viele Frauen hat, womöglich aus verschiedenen Dörfern, häuft somit nicht nur große Yams-Mengen an, sondern auch gesellschaftliche Beziehungen. Übrigens genießen die Menschen, vor allem die Frauen, während der Yams-Festzeit besondere sexuelle Freiheiten – Malinowski hat ausführlich darüber berichtet.

Bei den Trobriandern herrscht eine matrilineare Verwandtschaftsordnung, d. h., der Vater gilt für seine Kinder lediglich als Gatte der Mutter, während der Bruder der Mutter als Vormund fungiert. Ein Bräutigam bringt seine Braut zu seiner mütterlichen Verwandtschaft, die mütterliche Linie bestimmt die Zugehörigkeit zu den Clans, die innerhalb eines Dorfes zusammenleben. Dennoch sind die Männer keineswegs ohne Macht – im Gegenteil, es gibt bei den Trobriandern etwas, was in Neuguinea ansonsten ausgesprochen selten vorkommt, nämlich eine Art von Häuptlingswürde, die im allgemeinen dem ältesten gesunden Mann des dominierenden Clans zuteil wird. Allerdings ist diese Stellung mit keinerlei festgelegten Privilegien oder gar unkontrollierbaren Machtbefugnissen verbunden. Üblich ist im allgemeinen, daß ein neuer Häuptling die Witwe(n) seines Vorgängers heiratet.

Die Bewohner der Trobriand-Inseln und der anderen Eilande in der Milne-Bay-Region verband in früheren Zeiten ein altes, sehr berühmtes Ritual, der sogenannte ›Kula-Ring‹. Es handelte sich dabei um ein in keiner Weise kommerziell ausgerichtetes Tauschen von Waren, das von Insel zu Insel weiterging und lebenslange freundschaftliche Bindungen schuf. So wurden in eine Richtung nach einer festgelegten Ordnung Halsketten aus rotem Muschelgeld geschickt, in die andere dekorierte Armbänder. Man brachte die Geschenke, gab sie weiter, vergalt sie, und niemand versuchte je, sich daran zu bereichern. Diese Sitte der Inselvölker, gute nachbarliche Beziehungen zueinander zu pflegen, steht in denkbar krassestem Gegensatz zu den grausamen Überfällen der Kopfjäger im Hochland von Neuguinea. Dabei haben die Angehörigen der einzelnen Stämme interessanterweise immer nur ihre unmittelbaren Tauschpartner gekannt und nichts von dem großen System gewußt, dessen Teil sie waren. Der Kula-Ring ist natürlich mit verantwortlich dafür, daß die Kultur dieser Region eine große Einheitlichkeit aufweist.

Kiriwina ist die Hauptinsel der an die 15 000 Einwohner zählenden Trobriands. Von der Hauptstadt Losuia an der Westküste gehen die meisten der von den Amerikanern gebauten Straßen aus. Die US-Armee hatte im Zweiten Weltkrieg beschlossen, die Insel als Ausgangsbasis zur Rückeroberung des japanisch besetzten Neuguinea zu benutzen. An der Ostküste, zwischen Liluta und Moligilagi, befinden sich die geheimnisvollen Ruinen eines Steintempels, die – Bauwerke einer unbekannten Urbevölkerung? – die Phantasie anregen können.

Östlich von Kiriwina liegt die Insel **Kitava,** wo sich noch die Erzählung von ›King Cam‹ hält. Dieser Australier ließ sich 1912 hier nieder, nachdem er auf Woodlark nach Gold gesucht hatte, ›regierte‹ die Insel, als sei sie sein privates Königreich, und scharte einen ganzen Harem schönster Eingeborenen-Frauen um sich.

Woodlark

Die etwa 60 km lange, mit guten Häfen versehene Insel wurde 1836 von Captain Grimes nach seinem Schiff getauft. Die über 4000 melanesischen Einwohner sind große Künstler, die früher wunderbare Kultgegenstände aus Ebenholz herstellten. Auf der Insel findet sich der sogenannte ›Grünstein‹ – unsauberer Serpentin, allerdings fast so hart wie die Jade, die auf Neuseeland vorkommt. Man verwendet dieses Material für die Herstellung von Äxten, Zeremonialsteinen und dergleichen.

Woodlark, von den Einheimischen ›Murua‹ genannt, war früher eines der Hauptgoldfelder von Papua-Neuguinea. Ein Flugfeld befindet sich auf Guasopa, der Hauptort heißt Kulumadau.

Häuser auf Fergusson
(D'Entrecasteaux-Gruppe)

64 km östlich von Woodlark liegt die **Laughlan-Gruppe,** die aus fünf Inseln und ein paar Felsen besteht und von vielleicht 150 Menschen bewohnt wird. Es wachsen Kokospalmen, Bananen und Süßkartoffeln, ansonsten gibt es nicht viel mehr als Korallen und Sandstrand.

D'Entrecasteaux-Gruppe

Die nach dem französischen Entdecker benannte Gruppe besteht aus drei größeren und einigen kleinen Inseln, die alle etwas nördlich des ›Festlandes‹ liegen. **Fergusson** ist die größte und zentralste von ihnen – 60 km lang, maximal 25 km breit, mit einer Fläche von 1345 km^2 und etwa 15 000 Einwohnern. Die Hänge der bergigen Insel, die sich bis auf 2073 m erheben, sind von den Eingeborenen als Gärten gestaltet worden. Heiße Quellen, kochende Teiche und viele kleine Geysire, die wunderschöne weiße Terrassen bilden, zeugen von vulkanischer Tätigkeit. Beachtung verdient ferner der salzhaltige Lake Lavu, der größte See der Insel. Wo sein Wasser verdampft ist, haben sich charakteristische weiße Kristalle gebildet. Bei Salamo an der Südküste befindet sich eine Methodistenmission.

Siedlung auf Normanby (D'Entrecasteaux-Gruppe)

Goodenough, 40 km lang, liegt nordwestlich von Fergusson. Die Insel ist noch gebirgiger, zwei Spitzen erreichen bis 2400 m. Auch hier sind Teile der Berghänge mit Gärten bedeckt, und die rund 13 000 Bewohner betreiben – wie die Trobriander – einen ausgeprägten Yams-Kult. Ungefähr im Zentrum der Insel befindet sich ein großer Stein mit geheimnisvollen schwarzen und weißen Malereien, die, wie Anthropologen feststellten, Verwandtschaft zu ähnlichen Steinen in Zentralaustralien zeigen. Die Eingeborenen verehren den Stein andächtig, da sie annehmen, er habe Macht über die Yams-Frucht. Auch auf Goodenough wurde Gold gefunden, und zwar z. T. in den Kalkhöhlen der Berge. Der Hauptort Vivigani verfügt über einen Airstrip, den die Alliierten im Krieg anlegten.

Normanby, 72 km lang, zwischen 19 und 24 km breit, ist die zweitgrößte Insel der D'Entrecasteaux-Gruppe, durch die enge Dobu-Passage von dem nördlich gelegenen Fergusson getrennt. Auf 1036 km² leben an die 12 000 Menschen. Auch hier gibt es Zeugnisse einer unbekannten Frühzeit in Form von seltsamen Felszeichnungen an der Küste, die an ähnliche in West-Irian erinnern. Die sanft bergige Insel (höchste Erhebung: 1098 m) liegt in tiefem Wasser und besitzt gute Häfen – in Sewa Bay, dem besten, ankerten im Krieg die Schiffe der Alliierten. Einst fand man hier Gold, jetzt werden Copra und Edelhölzer (Ebenholz, Walnuß) gewonnen.

Auf Normanby lebt der Stamm der Me-idama, die noch an die 500 Köpfe zählen. Auch bei ihnen wird das Sozialprestige von dem Ruhm bestimmt, den jemand als Gärtner ernten kann. Das einheimische Wort ›Susu‹ für Clan bedeutet soviel wie ›Muttermilch‹ oder ›Mutterbrust‹, was darauf hinweist, daß auch hier eine matrilineare Ordnung herrscht. Die Dörfer bestehen aus winzigen Weilern an den Berghängen. Die kleinen Häuser, des vielen Regens wegen etwa 1 m über den Boden gebaut, sind mit Sago-Blättern gedeckt. Eines der großen Feste der Me-idama trägt die Bezeichnung ›Sagari‹ und gilt dem Andenken eines oder mehrerer Toten. Es wird oft über mehrere Jahre vorbereitet, man züchtet eigens dafür Schweine und legt Vorräte an, damit man ausreichende Mengen auftischen und Geschenke verteilen kann. Auf einer Plattform werden die Speisen aufgestellt, und die Eingeladenen wissen, daß es zum Ritual gehört, sich dafür einmal zu revanchieren.

Auch an diesen Menschen ist die Zeit nicht spurlos vorbeigegangen. Während sie früher Nahrungsmittel oder auch Töpfe, die sie selbst nicht herstellen, eintauschten, nehmen sie heute für Kaffee und Gartenprodukte Geld, das sie für europäische Kleidung und importierte Nahrungsmittel ausgeben. Die Kinder gehen in die Schule, viele Me-idama arbeiten nicht mehr im traditionellen Verband ihres Dorfes, sondern als bezahlte Arbeiter oder Angestellte.

Dobu in der gleichnamigen Passage ist eine kleine, fruchtbare Insel, auf der im Juni 1891 die Methodisten-Missionare landeten, um ihre erste Niederlassung in der D'Entrecasteaux-Gruppe zu gründen. **Sanaroa,** 64 km² groß und vulkanischen Ursprungs, liegt östlich von Fergusson. Die **Amphlett-Inseln** nördlich davon gehörten früher zum ›Kula-Ring‹ der Trobriands. Hier wird sehr feine, äußerst zerbrechliche Töpferware hergestellt.

Louisiaden-Archipel

Im August 1606 fand der Spanier Louis Vaez de Torres auf seiner Fahrt entlang der Südostküste von Neuguinea den nach ihm benannten Louisiaden-Archipel. Er verbrachte damals zwei Wochen auf der Samarai vorgelagerten Insel Sidea. Später kamen asiatische Seeleute hier vorbei, und auch D'Entrecasteaux streifte diese einst goldreichen Inseln.

Tagula, die mit 802 km² und rund 2300 Einwohnern größte Insel der Gruppe, erhebt sich im Mount Rattlesnake bis auf 915 m. Tagula erlebte gegen Ende des vorigen Jahrhunderts – etwa zur gleichen Zeit wie Woodlark – einen kleineren Goldrausch. Das 250 km² große bergige **Misima** mit dem Mount Oitau (1037 m) als höchster Erhebung besitzt mit seinem Hauptort Bwagaoia einen Hafen mit extrem enger, schwieriger Einfahrt. Zwischen den Weltkriegen kamen Goldsucher hierher, die nicht nur mit der schroffen, steilen, von Bächen und Schluchten durchzogenen Landschaft zu kämpfen hatten, sondern auch mit den Einheimischen, die in früheren Zeiten als die gefährlichsten weit und breit galten.

Rossel, östlich von Tagula gelegen, hat eine unregelmäßige, gefährliche Küste, an der schon manches Schiff scheiterte (vor allem an dem ›Rossel Spit‹ genannten scharfen Kap). Das 29 km lange **Pocklington Reef** ist unbewohnt, ein Ort, wo sich zahllose Seevögel ungestört aufhalten können.

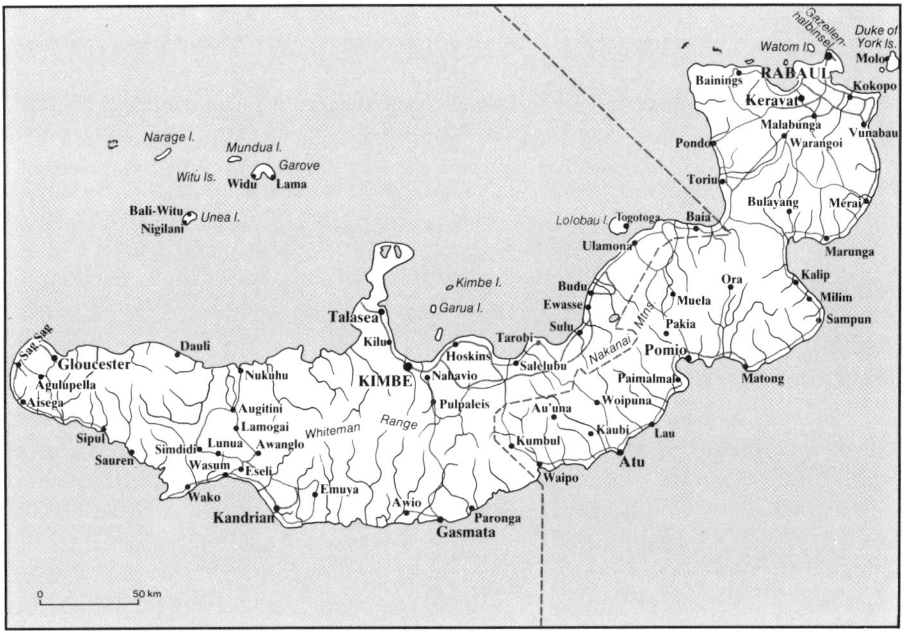

Neubritannien (Provinzen East und West New Britain)

Neubritannien (East und West New Britain)

Lage und geographische Beschaffenheit

Neubritannien, mit 595 km Länge und einer maximalen Breite von 80 km die größte Insel des Bismarck-Archipels, wurde 1966 in zwei Provinzen geteilt, in East und West New Britain. Der östliche Teil umfaßt 19 320 km² mit 130 000 Einwohnern, während der größere westliche (20 487 km²) nur rund 75 000 Menschen zählt. Zur Ostprovinz gehören auch die Duke of York-Inseln, zur westlichen die Witu- und ein paar weitere kleine Inseln. Eine hohe, wilde Bergkette durchzieht die ganze Insel, im Westen im wesentlichen gebildet von der Whiteman Range, im Osten von den Nakanai Mountains und auf der Gazellenhalbinsel von der Rawlei Range und den Baining Mountains. Die Nordseite, die vom Nordwestmonsun erfaßt wird, erhält von Dezember bis April die meisten Niederschläge, die den Südostwinden ausgesetzte Südseite in der anderen Jahreshälfte. Regenwald mit gigantischen Gummibäumen charakterisiert weite Teile der Landschaft.

West-Neubritannien verfügt zwischen der Open Bay und der Willaumez-Halbinsel über einen vulkanischen Küstenstreifen, der zu den fruchtbarsten Gebieten der Insel zählt. Der

Vulkan Mount Langila ist noch immer ein wenig tätig, und auch die heißen Quellen bei Hoskins, die Rauchentwicklung bei Talasea und die vulkanischen Reste am Gloucester Cape zeugen von der Unruhe der Erde an dieser Stelle. Trotz der herrschenden Fruchtbarkeit ist der westliche Teil der Insel kaum besiedelt, die hier lebenden Stämme wurden erst in den 60er Jahren in ihrem friedlichen Dorfleben nachhaltiger gestört. Ost-Neubritannien wies dagegen schon früh eine hohe Besiedlungsdichte auf. Vor allem die fruchtbare Gazellenhalbinsel zog stets Siedler an.

Verkehr und Wirtschaft

Die ungleiche Entwicklung, die die beiden Hälften der Insel genommen haben, spiegelt sich in allen Bereichen wider. Im Osten gibt es allein auf der Gazellenhalbinsel ein Straßennetz von rund 720 km (außerhalb dieses Zentrums werden die Straßen allerdings spürbar schlechter), außerdem einen Airstrip. Die Hauptstadt Rabaul ist der vielleicht geschäftigste Hafen des ganzen Landes (jedenfalls werden hier mehr Copra und Kokosnußöl verschifft als irgendwo sonst im Südpazifik). West-Neubritannien hingegen besitzt keinen wichtigen Hafen, Straßen finden sich lediglich entlang der Küste im Hoskins-Subdistrikt. Auch in wirtschaftlicher Hinsicht war Ost-Neubritannien stets weitaus ergiebiger, vor allem bezüglich landwirtschaftlicher Produkte. Auch heute noch arbeiten die von den Deutschen Ende des vorigen Jahrhunderts angelegten Kokosnuß- und Kakao-Plantagen mit gutem Erfolg. Das 1971 neu gegründete ›Tolai Cocoa Projekt‹ hat 4000 zufriedene Aktienbesitzer. Als West-Neubritannien 1966 eine eigenständige Provinz wurde, nahm die Regierung den Aufbau der so lange vernachlässigten Wirtschaft in Angriff. Sie schuf dabei eine Art Kommune-System, wobei große Parzellen von Land jeweils ganzen Dörfern zur Bearbeitung zugeteilt wurden. Die größte wirtschaftliche Bedeutung hat die Ausfuhr von Holz, gefolgt von Ölpalmenplantagen, Kakao und Copra.

Geschichte

William Dampier passierte Neubritannien schon um 1700, 1878 kamen die ersten Siedler – zuerst Methodisten, dann eine Frau, genannt ›Queen Emma‹, die zur vielleicht berühmtesten, jedenfalls aber farbigsten Figur in der Geschichte von Neuguinea werden sollte. Emma wurde 1850 in Samoa geboren als Tochter des amerikanischen Händlers Jonas Coe und seiner samoanischen Frau, der Häuptlingstochter Le'utu. 1869 heiratete sie den Händler James Forsayth, aber nach der Geburt ihres Sohnes verschwand der Gatte drei Jahre später aus ihrem Leben – das Meer hat ihn vermutlich behalten, jedenfalls erschien er nie wieder. 1877 tat sich Emma mit Thomas Farrell, einem tüchtigen Australier, zusammen, und gemeinsam zogen sie einen schwungvollen Copra-Handel auf. Den Hauptsitz ihres Unternehmens verlegten sie schon im darauffolgenden Jahr von Apia (Samoa) nach Mioko auf der Duke of York-Insel, wo sie neben dem Handel auch die Rekrutierung von Arbeitskräften für die Plantagen auf Samoa betrieben.

1881, also noch bevor die Deutschen ihre Kolonie etablierten, begannen die beiden, rund um die Blanche Bay Land zu kaufen, und es gelang ihnen, ganze Inseln – etwa die Witu-Gruppe – für 50 Pfund zu erwerben. Die exzellente Geschäftsfrau Emma, die schließlich Ralum in der Nähe von Kokopo als Zentrum für ihr Kokosnuß-Unternehmen wählte, wurde Besitzerin und Managerin der ersten regelrechten Plantagen in Neuguinea.

Nach dem Tod von Farrell ging Emma – die Zahl ihrer Liebhaber wurde später Legion – eine engere Beziehung mit dem italienischen Kapitän Agostino Stalio ein, der ihr größtes Schiff befehligte. Sie errichtete in Ralum ein Handelshaus, zu dem sie sich jeden Tag in der Kutsche fahren ließ, um die Geschäfte selbst zu überwachen. Ihr Wohnhaus in Gunantambu, südlich von Ralum, wurde zum gesellschaftlichen Treffpunkt der Europäer, für die deutschen Offiziere, die bald in die Gegend kamen, für Forscher und Besucher, für Pflanzer von nah und fern, Missionare und Missionsschwestern – alle genossen ›Queen Emmas‹ Gastfreundschaft. Bei dem Haus handelte es sich um einen großen, auf einem Hügel gelegenen Bungalow, der sechs Riesenräume und eine rundum laufende Veranda besaß. Küche und Gästehaus standen in einiger Entfernung. Emma versagte sich keinen Luxus, selbst nicht die für damalige Verhältnisse modernste Kühlung. Manches der kostbaren Einrichtung hatte früher dem Schriftsteller Robert Louis Stevenson gehört, der in Samoa mit Emmas Vater befreundet gewesen war. Emma hatte sich das Haus

›Queen Emma‹, um die Jahrhundertwende eine der einflußreichsten Persönlichkeiten auf Neubritannien, mit ihrem deutschen Ehemann August Kolbe (Aufnahme von 1892)

ihrer Träume geschaffen, Möbel – darunter ein Klavier – aus Europa und Australien, Teppiche aus dem Orient kommen lassen. Ihr Bad verfügte über Heißwasser, sie speiste auf einem goldenen Service, ihre Diener trugen Livrée – der Aufwand war tatsächlich königlich.

Die Deutschen konnten und wollten ›Queen Emma‹ nichts anhaben, zumal ihre amerikanische Staatsbürgerschaft sie vor Übergriffen auf ihren Besitz schützte. Nachdem Stalio 1892 erschossen worden war, heiratete Emma den deutschen Kapitän August Karl Paul Kolbe, denn sie nahm an, daß das ihre Stellung in dem nun deutschen Territorium festigen würde. Als die Lage vor dem Krieg immer unsicherer wurde, bekam Emma allerdings Angst, daß ihr ganzer Besitz an ihren deutschen Mann fallen könnte, und so begann sie selbst mit der Auflösung dessen, was sie in Jahren so imponierend aufgebaut hatte. Die Hamburgische Südsee-Aktien-Gesellschaft zahlte ihr für ihren Besitz eine Million Dollar! Ihren Reichtum konnte sie nicht mehr lange genießen: 1913 starb sie in Monte Carlo, zwei Tage nach ihrem Gatten. Emma mußte nicht mehr erleben, wie ihr schönes Anwesen während der Kriegshandlungen zerstört wurde – nur die Stufen kann man heute noch besichtigen. Ihr Leichnam wurde später nach Neubritannien überführt und am Parkinson Point, nicht weit entfernt von Gunantambu, begraben.

Dieser Parkinson Point erinnert daran, daß Emmas Schwager Richard Parkinson ein bemerkenswerter Mann war, der ihr nicht nur bei ihren Geschäften half, sondern auch anthropologische Interessen hatte. Deutsche Wissenschaftler äußerten hohe Anerkennung für sein Buch ›Dreißig Jahre in der Südsee‹. Parkinson und seine Gattin Phoebe, Emmas Schwester, wohnten in einem lieblichen Bungalow in Kuradui bei Raluana in der Blanche Bay. Als Parkinson, erst 36jährig, im Juli 1907 starb, blieb Phoebe dort, bis die Australier ihren Besitz einzogen. Sie verließ Neubritannien jedoch nicht, sondern zog in ein Tolai-Dorf, in eine Eingeborenenhütte. Bis ins hohe Alter verdiente sie ihren Unterhalt, indem sie eingeborene Arbeitskräfte vermittelte. Als die Japaner 1942 auf die Insel kamen, schickten sie Phoebe nach Neuirland, wo sie 1944 starb.

Die Deutschen hatten sich 1884 auf Neubritannien, das sie Neu-Pommern nannten, niedergelassen, weil ihnen das Klima auf der Hauptinsel zu sehr zusetzte. Zuerst siedelten sie sich in Kokopo, nun Herbertshöhe genannt, an, dann, gegen 1910, in Rabaul (Simpsonhafen), das in den wenigen Jahren bis zum Kriegsausbruch als Verwaltungszentrum von ganz Deutsch-Neuguinea fungierte und zu einer schönen Stadt heranwuchs. In der Folgezeit war das Schicksal von Neubritannien vielfach identisch mit dem der Gazellenhalbinsel und vor allem mit dem von Rabaul, denn der übrige Teil des Landes blieb weitgehend unbeachtet. Die Eingeborenen, voran die Tolai, waren durch die Landkäufe der Weißen in den Westen der Insel abgedrängt worden (Jahrzehnte später sollten sie ihre Forderung auf Rückgabe ihres Landes zur Sprache bringen).

Zu Beginn des Ersten Weltkrieges besetzten die Australier Neubritannien. Die neuen Herren waren während der Kriegsjahre aber nicht imstande, sich um die hervorragend geführten deutschen Plantagen zu kümmern, also verblieben diese vorläufig unter der Obhut ihrer Besitzer. Erst nach Kriegsende wurden die Deutschen enteignet und in ihre Heimat zurückgeschickt. Gemäß einem Reparationsabkommen bekamen sie eine Entschädigung in Reichsmark ausgezahlt, die bald ein Raub der Inflation wurde.

Rabaul blieb auch Hauptsitz der australischen Verwaltung und erlebte in der Folge eine Periode von Wachstum und Wohlstand. Ein Vulkanausbruch 1937 und die japanische Invasion 1942 beendeten diese Blütezeit. Als die Japaner Neubritannien 1945 räumten, kehrten die Europäer und Chinesen, die hier einst gelebt hatten, nur zögernd zurück. Da nun Port Moresby zur neuen Hauptstadt des Landes wurde, verlor Neubritannien an Bedeutung. Die Touristen, die sich Rabaul und oft auch einen Ausflug zu den Bainingern nicht entgehen lassen, haben der Insel einen neuen Aufschwung gebracht. Die Deutschen, die hier auf den Spuren ihrer kurzen kolonialen Vergangenheit wandeln wollen, finden allerdings nur wenige Zeugnisse von einst vor.

Bevölkerung

Der wichtigste Stamm in Neubritannien sind die **Tolai,** in vieler Hinsicht ungewöhnliche Menschen mit Eigenschaften, die sich in Neuguinea üblicherweise nicht finden. Es wird vermutet, daß sie ursprünglich nicht in ihrem heutigen Gebiet ansässig waren, sondern die Bainingen in die Berge vertrieben, um sich selbst im fruchtbaren Küstenland niederzulassen. Sie wiederum wurden, wie schon erwähnt, von den Deutschen weitgehend von der Gazellenhalbinsel ver-

Station der Deutschen Handels- und Plantagengesellschaft in Mioko, Duke of York-Inseln (Darstellung von 1892)

drängt, u. a. weil sie sich nicht als einfache Plantagenarbeiter eigneten. Die Tolai gelten nämlich als außerordentlich intelligent und führen selbst nur hochqualifizierte Arbeit aus. Die Tolai sind, verglichen mit dem Standard des Landes, wohlhabend: Sie haben gelernt, mit Copra, Kakao und Gemüse relativ viel Geld zu verdienen. Viele Leute arbeiten auch für die Regierung oder besitzen eigene Geschäfte. Frauen flechten aus Kokosnußblättern Körbe, in denen sie ihr Gemüse auf den Markt bringen, nicht nur heimische Produkte, sondern auch importierte, mittlerweile aber selbst angebaute wie Tomaten, Gurken oder Bohnen.

Maske aus dem übermodellierten Schädel eines Ahnen; Gazellenhalbinsel

Die Frauen tragen vielfach sackartige Gewänder, die sie sich aus westlichen Stoffen genäht haben. Auch die Häuser, die unmittelbar auf dem Boden aufsitzen, werden häufig nicht mehr aus den traditionellen Materialien hergestellt, sondern aus modernen. Hausbau ist noch immer Männersache, ebenso das Anlegen der Gärten (gepflegt und bearbeitet werden sie allerdings von den Frauen) und das Herstellen der Fischfallen. Diese ›Vup‹-Fallen, Körbe mit einem Durchmesser von bis zu 3 m, bestehen aus Hunderten von Bambusstreifen.

Beweis für die Geschäftstüchtigkeit der Tolai ist auch das Muschelgeld, mit dem sie souverän umgehen. Es wird klafterweise gemessen und in Rollen gepackt. Dieses ›Tambu‹ spielt beim Brautpreis ebenso eine Rolle wie beim Tausch von Nahrungsmitteln, und es verhält sich wie überall: Wer viel ›Tambu‹ besitzt, ist ein mächtiger Mann.

Charakteristisch für die Tolai sind spitze Masken, ›Tubuan‹ genannt, die den Trägern zusammen mit den voluminösen Röcken aus Blattwerk das Aussehen seltsamer Vögel verleihen. ›Tubuan‹ gilt als die Mutter von ›Dukduk‹, eines Geistes, der ähnlich, aber mit noch höherer Frisur und einer Feder auf dem Kopf versinnbildlicht wird. Zu diesen ›Dukduks‹ gibt es eine Legende, die weit in die Vorzeit zurückreicht. Damals, als das ganze Land noch von dichtem Wald bedeckt war, lebten zwei mächtige Geister, Utnapui und Tenata. Ersterer beschützte die Wesen des Landes, letzterer die der Meere; beide konnten jede gewünschte Gestalt annehmen. Eines Tages waren sie neugierig auf die Menschen, verwandelten sich in alte Männer und gingen in die Dörfer. Dort lebten sie friedlich mit den Dorfbewohnern zusammen und lehrten sie so manches. Da wurden die heimischen Medizinmänner auf die Macht und den Einfluß dieser

›Dukduks‹ eifersüchtig, brauten einen giftigen Trank und gossen ihn über den beiden aus. Das machte Utnapui und Tenata begreiflicherweise zornig: Die Erde bebte, alle Gärten wurden zerstört. Die beiden Geister zogen sich in einen tiefen See zurück und warnten die Menschen, sie nie wieder zu stören. Lange Zeit später kamen Buben zu dem See. Sie wollten die Erzählungen ihrer Großväter nicht glauben und warfen große Felsbrocken ins Wasser. Und wieder wurden die Geister über alle Maßen zornig und ließen die Menschen wissen, daß sie für immer genug von ihnen hätten. Daraufhin verschwanden sie im Meer und schufen dabei unter Donner und Beben den Hafen von Rabaul. Seit diesen Tagen fürchtet man die Geister der beiden ›Dukduks‹, und die Menschen glauben fest, daß diese, wenn man sie noch einmal verärgerte, die ganze Gazellenhalbinsel zerstören würden.

Wenn bei besonderen Festlichkeiten die als ›Dukduk‹ gekleideten Männer (Abb. 13) erst auf den Kanus tanzen und dann an Land gehen, wo sie eigene, ›Taraiu‹ genannte Tanzplätze haben, so bedeutet das den Versuch, Urängste zu bezwingen. Die ›Dukduk‹-Tänzer sind Mitglieder eines der vielen Geheimbünde, in die man sich regelrecht einkaufen muß. Diese Bünde, die die beschriebene Kostümierung mit Bastrock und spitzer Maske tragen, üben eine Art – auch terroristischer – Polizeifunktion innerhalb der Dorfgemeinschaft aus.

Ein Stamm, mit dem die meisten Besucher von Neubritannien in Berührung kommen, sind die **Baininger,** deren traditioneller ›Feuertanz‹ inzwischen zu einer touristischen Attraktion ersten Ranges geworden ist. Und doch bedeuten diese Aufführungen für die Baininger nicht nur eine Geldquelle, sondern ein Ritual, dem sie sich auf jeden Fall unterziehen würden, um einige Male im Jahr in Kontakt mit ihren Ahnen zu treten. Um den Touristen die stundenlange Anfahrtszeit von Rabaul in eines der Bergdörfer zu ersparen, hat man versucht, die ›Feuertanz-Shows‹ nach Rabaul zu verlegen. Aber die Baininger lehnten ab: Sie tanzen nur, wenn die Ahnen in der Nähe sind, und das ist nur in ihren Dörfern gegeben.

Die Vorbereitungen der Teilnehmer beginnen schon Stunden vorher und werden erst im Schein von Kerosinlampen abgeschlossen. Die Bekleidung der Männer beschränkt sich auf das Wesentlichste: ihr Glied wird zusammen mit einem Bambusstab in einen langen Tapa-Streifen eingewickelt. (Tapa ist ein zelluloseartiger Stoff, der aus der breitgeschlagenen Baumrinde des Papiermaulbeerbaumes gewonnen wird.) Vorne am Glied wird zusätzlich eine kreisrunde Scheibe befestigt. Diese, ›Limid‹ genannt, ist gleichfalls mit dem grau-weißen Tapa bespannt. Mit einem Durchmesser von ungefähr zwei Handbreiten wippt sie natürlich auf Schritt und Tritt mit. Die Länge des zu verwendenden Tapa-Streifens wird so berechnet, daß nach der Einwicklung des Gliedes und der Befestigung der Scheibe noch ein guter Meter übrigbleibt, der dann zwischen den Beinen durchgezogen wird. Das Ende des Streifens wird zuerst gefaltet und dann mittels einer großen Sicherheitsnadel in Steißbeinhöhe an der Rückenhaut befestigt. Früher nahm man zu diesem Zweck Bambussplitter oder die gefeilten Knochen des Kasuars. Die routinierten Feuertänzer sind deshalb leicht an ihren Narben am Rücken erkennbar.

Nun wird auf den Oberschenkeln und um die Knie herum eine weiße Lehmschicht aufgetragen. Die Unterarme vom Ellbogen bis zum Handgelenk präpariert man ebenso. Unterhalb des Knies, bis zum Fußknöchel hinunter, tragen die Männer eine Art Gamasche aus frischen

Blättern, wobei die Fußsohle unbedeckt und folglich auch ungeschützt bleibt. Als nächstes wird auf den Flächen des Körpers, die noch nicht eingewickelt oder mit Lehm beschmiert sind, eine schwarze Farbschicht aufgetragen. Um diese auf den gewünschten Hochglanz zu bringen, verteilt man auf recht eigentümliche Weise eine sirupartige Flüssigkeit darüber: Die Tänzer nehmen aus einer Flasche einen tiefen Zug dieses Honigsaftes und besprühen einander die Körperflächen, so daß sie im Flackerlicht des Feuers wie frisch lackiert glänzen. Um die Schultern wird dann noch ein Blattumhang gehängt, der die Oberarme fast ganz verdeckt.

Das wichtigste an der ganzen Ausstattung fehlt aber noch, und zwar das ›Kavat‹, eine riesengroße Kopfmaske, die die Person des Tänzers verschwinden und ihn als ein animalisches Wesen erscheinen läßt. In den über 1 m hohen, grell bemalten Masken werden Tiere dargestellt, die auch als Totemzeichen im Stammesleben eine große Rolle spielen. Die Feuertänzer eines Dorfes wählen jeweils nur eine bestimmte Tierart, die dann in allen Masken gleich ausgeführt wiederkehrt, etwa Kasuare, die mit ihrem großen, offenen Schnabel und den riesigen, mit schwarzen und roten konzentrischen Kreisen geformten Augen höchst furchteinflößend wirken.

Die Neulinge, die jungen Männer also, die zum ersten Mal an dem Tanz teilnehmen dürfen, tragen keine ›Kavats‹, sind aber im übrigen genauso herausgeputzt. Sie bauen sich ein großes, rechteckiges Traggestell aus leichtem Bambusholz und verkleiden die 3–4 m langen Seitenflächen mit den Blättern des Schraubenbaumes. Die werden dann so kunstvoll eingeschnitten, daß Muster entstehen, zum Beispiel Rauten oder serpentinenartige Umrisse. Die Blattformationen werden obendrein noch in Rot farblich abgestuft: Dafür bearbeiten die Initianten ihre Zunge mit einem scharfrandigen Blatt und nehmen das herausquellende Blut als Farbstoff ...

Außer den Neulingen tritt auch der ›Vung-vung‹-Mann mit einem solchen Gestell auf, wobei seines noch wesentlich größer ist als das der anderen. Denn dieser ›Vung-vung‹-Mann stellt eine Mischung aus Zeremonienmeister, Priester und Medizinmann dar. In sein Gestell wird eine Maske eingebaut, in die er von unten hineinschlüpft und durch die er dann in ein Bambusrohr hineinbläst. Daraufhin ertönt ein charakteristischer tiefer Ton, der die Anwesenheit der Ahnen kundtut. An seinem Gestell werden außerdem noch drei lange, dünne Zweige von je über 2 m Länge angebunden – vorne, hinten und in der Mitte. An jedem dieser Zweige sind in regelmäßigen Abständen Hühnerfedern befestigt. Die Neulinge dagegen bekommen nur einen solchen Federzweig in der Mitte ihres Gestells.

Es versteht sich fast von selbst, daß bei den gesamten Vorbereitungen kein weibliches Wesen in Erscheinung treten darf, sich die kleinen Jungen aber ungehindert bei ihren Vätern aufhalten, um so schon von klein auf in die verschiedenen Phasen des Zeremoniells eingeweiht zu werden. Während die Mitwirkenden außer Sichtweite der anderen noch letzte Hand an ihr Kostüm legen, finden sich bereits die Orchestermitglieder auf dem Dorfplatz ein. Dort sind bereits große Bündel von Reisigzweigen zusammengetragen und rund um die Feuerstelle aufgeschichtet worden; auch das Feuer ist mittlerweile schon entfacht. Jedes Orchestermitglied hält im Sitzen mit beiden Händen ein Bambusrohr fest und läßt es im Takt entweder auf ein Holzbrett oder auch nur auf den Boden niedersausen. Die verschiedenen Längen und Stärken der Bambusrohre ergeben dabei die tonale Reichweite des Ensembles. Dazu stimmt der eine oder andere Spieler bisweilen eine monotone Melodie an, die von den anderen aufgegriffen wird und das Klopfen untermalt. Während sich das Orchester, das gut 40–50 Mitglieder umfassen kann, noch ›warmspielt‹, d. h. den Schneidersitz hier und da korrigiert und die Flachbretter in eine günstigere Position rückt, wird die relativ kleine Feuerstelle ständig geschürt, so daß ein armhoher Gluthaufen entsteht.

Mit der Erregung der Spieler steigert sich auch jene der Zuschauer – und plötzlich kommt der ›Vung-vung‹-Mann aus dem Dunkel geschritten. Er hat sein Traggerüst übergestülpt und hält eine lebende Pythonschlange in den Händen. Ein kleiner Junge darf das Schwanzende des Reptils festhalten. So marschieren die beiden langsam um den Feuerplatz und am Orchester vorbei. Das Tragen der Schlange steht am Anfang eines langen Lern- und Reifeprozesses, der für die Knaben des Dorfes erst Jahre später seinen Höhepunkt in der aktiven Teilnahme am Feuertanz findet. Nachdem somit der offizielle Auftakt gegeben ist, lösen sich die Neulinge mit ihren Gestellen und die Feuertänzer aus dem Dunkel, wobei die Neulinge ebenso wie der ›Vung-vung‹-Mann im weiteren Verlauf des Abends nur die Rolle von Statisten spielen. Sie drehen zwar ihre Kreise um die Feuerstelle, lassen sich auch gelegentlich zu einem schnelleren Stampfrhythmus hinreißen – aber sie selbst gehen nicht durchs Feuer.

Jeder der Feuertänzer bewegt sich erst langsam zu dem freien Raum vor dem Orchester und führt dann zu vollem Musikeinsatz eine Solonummer vor, die aus rasenden Drehungen um die eigene Achse besteht. Der Maske des Kasuars Rechnung tragend, werden dabei die Arme flügelartig bewegt, um die natürlichen Bewegungen des dargestellten Tieres nachzuahmen. Interessant übrigens, daß das Ganze nicht mit dem feierlichen Ernst dargeboten wird, den man im Rahmen einer Kulthandlung erwarten würde. Wenn sich eine Maske absichtlich den eng zusammengescharten Zuschauern nähert, so flüchten die ganz kleinen Kinder unter dem Gelächter ihrer etwas größeren Gefährten. Auch kann es durchaus vorkommen, daß sich die Tänzer wegen ihrer behinderten Sicht in die Quere kommen, was dann kein Unglück, sondern nur einen weiteren Anlaß zu Heiterkeit darstellt.

Plötzlich verläßt eine Maske den Tanzraum vor dem Orchester und springt barfuß mitten in die Feuerstelle hinein, so daß die Funken nur so sprühen. Der Tänzer, der in seinem Trancezustand keinerlei Schmerzen zu verspüren scheint, verweilt ein, zwei Sekunden in der Glut. Der Bann ist damit gebrochen, und nun tanzen alle Masken einzeln durch das Feuer, das weidlich auseinandergetrampelt wird. Ein eigens damit beauftragter Dorfbewohner hat Mühe, die glühenden Reisigzweige mit seinen bloßen Füßen zusammenzuschieben und das Feuer mit neuen Bündeln in Gang zu halten. Im Flackerschein der glänzenden Leiber kann man nicht beurteilen, wieviel Schweiß sich mit der Honigflüssigkeit vermischt, aber der stampfende Tanzschritt, das mehrmalige Durchlaufen der Glut scheint die Ausführenden doch etwas zu ermüden, so daß das weitere Programm gleichsam im ›Schichtdienst‹ bestritten wird: Drei, vier Tänzer bleiben jeweils aktiv, während sich die anderen am Rand des Dorfplatzes eine Zigarettenpause vergönnen. Das ganze Spektakel währt ungefähr eine Stunde und hört dann schlagartig auf.

Die Zuschauer verlaufen sich schnell, und die Touristen steigen wieder in ihre klapprigen alten Mini-Busse ein. Die Masken und Traggestelle werden abgenommen und im allgemeinen vernichtet, da sie jeweils nur für einen bestimmten Feuertanz angefertigt wurden. Was oberflächlich gesehen wie eine Touristen-Show wirken mag, hat für die Baininger tiefere Bedeutung: Ihrer Überlieferung zufolge hat einer ihrer Urahnen einst im Traum die genauen Anweisungen für die Durchführung dieses Tanzes bekommen.

Rund 1000 Angehörige zählt noch der in fünf Küstendörfern West-Neubritanniens beheimatete Stamm der **Kilenge.** Ihre Gärten und Copra-Plantagen liegen beim Mount Talawe, also am äußersten westlichen Ende der Insel. Die Häuser der Kilenge werden auf hölzernen Pfosten in rund 1,5 m Höhe errichtet. Ein Haus hat nur einen großen Raum, in dem die ganze Familie schläft. Während der Regenzeit von November bis Mai wird darin auch gekocht, während sich in der Trockenzeit das Leben unter dem Haus abspielt. Außerdem gibt es in jedem Dorf noch zwei Männerhäuser, die als heilig gelten. Gartenarbeit und Fischen sind die Hauptbeschäftigungen der Kilenge. Bei der Herstellung der Kanus hilft die Gemeinschaft. Der Besitzer bedankt sich, indem er alle verköstigt. Jene, die ihm beim Schmücken des Bootes zur Hand gehen, müssen gleichfalls bezahlt werden; denn jede Familie hat ihre eigenen traditionellen Malereien und Muster.

Sing-Sings sind bei den Kilenge große, mit vielen Vorbereitungen verbundene Ereignisse. Die Männer tragen bei dieser Gelegenheit zwei große Eberhauer um den Hals. Im übrigen legen die Kilenge Wert auf farbenprächtigen Schmuck bei Festen – und auf Tätowierungen, auch für Frauen. Während man früher untereinander vor allem Nahrungsmittel tauschte, haben heute westliche Güter längst Einzug gehalten.

Ein weiterer Stamm in Neubritannien sind die **Lakalai,** die um Hoskins herum leben, zwischen Küste und Bergen. Sie betreiben Feldbau und jagen; ihre rituellen Gebräuche sind durch den Einfluß des Christentums weitgehend verlorengegangen.

Der Stamm der **Sulka,** der südlich der Gazellen-Halbinsel siedelt, ist wegen seiner Masken und Kopfaufsätze bemerkenswert. Diese werden aus Wülsten von Baummark geformt, die man auf einem Gerüst aus Bambus befestigt. Gelegentlich sind diese eigentümlichen Stülpmasken noch von Schirmen gekrönt. Auf rotem Grund leuchten Ornamente in schwarz, weiß und grün. Auch die buckligen Kampfschilde werden oft grün bemalt.

Rabaul

Rabaul, die Provinzhauptstadt von Ost-Neubritannien, liegt direkt am Simpsonhafen, umgeben von drei Bergen, die ›die Mutter‹, ›die südliche Tochter‹ und ›die nördliche Tochter‹ genannt werden. Daneben erhebt sich der 183 m hohe konische Gipfel des Matupit, eines aktiven Vulkans, dessen Ausbruch 1878 eine vulkanische Insel auftauchen ließ. Als der Matupit am 28. Mai 1937 erneut ausbrach, wanderte diese ›Vulkan‹ genannte Insel vom einem Ende des Hafens zum anderen.

Die Deutschen bauten Rabaul ab 1910 als Hauptquartier für ihre Administration auf, als schöne Stadt mit breiten, von Bäumen gesäumten Straßen, die wie ein großer Garten wirkte. Auch unter den Australiern entwickelte sich die damals größte Stadt des Landes vielversprechend weiter (nicht zuletzt dank des Goldrausches), bis durch den Vulkanausbruch 1937 an die 200 Menschen getötet und Unmengen von Asche über Rabaul verstreut wurden. Daraufhin erwog man die Verlegung der Verwaltung nach Lae – eine Absicht, die von den Japanern durchkreuzt wurde. Den australischen Truppen gelang der Rückzug ins Innere der Insel, während viele Zivilisten auf das Gefangenenschiff der Japaner, die ›Montevideo Maru‹ gebracht wurden. Die amerikanische Marine bombardierte das Schiff bei den Philippinen, und es sank mit den ganzen unschuldigen Gefangenen. Auch die Stadt Rabaul mußte schwer unter amerikanischem Bombardement leiden, weil die Japaner hier ihre Hauptnachschubbasis für den Eroberungszug in Neuguinea eingerichtet hatten. Die Stadt wurde regelrecht zur Festung ausgebaut, wovon heute noch Tunnels und andere militärische Anlagen Zeugnis ablegen. Auf dem Höhepunkt des Krieges waren an die 100 000 Japaner hier stationiert – um ein Drittel mehr Menschen, als heute hier leben. Die rund 20 000 Tonnen Bomben, die die Amerikaner hier abwarfen, versenkten an die 40 japanische Schiffe in der Tiefe des Hafens, vom Wasser oder vom Lande wurde die Festung aber nie angegriffen. Die Japaner hatten sich unendlich viel Mühe gegeben, um sich an einem Ort zu verschanzen, den sie nie zu verteidigen brauchten, sondern gegen Kriegsende einfach aufgeben mußten.

Der Krieg hinterließ in der Stadt tiefe Wunden – und ungezählte Tonnen von zurückgelassenem Kriegsmaterial. Der Wiederaufbau verlief unkoordiniert, es war eher private als öffentliche Initiative, die Stadt und Hafen neu entstehen ließ. Außerdem galt es, den Kampf gegen die offiziellen Stellen zu gewinnen, die Neubritannien von Rapopo (in der Nähe von Kokopo) aus verwalten wollten, um dem unmittelbaren Wirkungskreis der Vulkane zu entkommen. Aber schließlich nahm die Administration doch wieder Sitz in Rabaul, das teilweise in alter Form, aber nicht mehr völlig zur alten Schönheit heranwuchs.

Bis 1960, als die Weltmarktpreise für Copra noch sehr hoch lagen, erlebte Rabaul wieder eine Blütezeit, dann kamen wirtschaftliche und politische Schwierigkeiten, und viele der europäischen und asiatischen Familien verließen das Land, weil sie nicht genau wußten, was sie von der sich anbahnenden Unabhängigkeit zu erwarten hatten. Damals, zu Beginn der siebziger Jahre, schlossen 50% der chinesischen Geschäfte. Aber die befürchtete ›Katastrophe‹ stellte sich nicht ein, 1977 erzielten Copra und Kakao wieder gute Preise, und seither kann die Stadt wieder eine stabile Entwicklung verzeichnen.

Das Zentrum von Rabaul liegt an der Nordostseite des Hafens, der sich südlich zur Blanche Bay öffnet. Es gibt wenige ›Sehenswürdigkeiten‹ in unserem Sinn – von der alten deutschen Residenz haben sich nur Reste der Treppe und des Wächterhäuschens erhalten, das Mühlrad des Marquis de Rays erinnert an die Tragödie der Siedler von Port Brenton in Neuirland (vgl. S. 300 f.). In dem Gebäude, wo der japanische Admiral Onishi während des Krieges seinen Kommandobunker hatte, ist heute ein kleines Kriegsmuseum untergebracht – ein japanischer Panzer, ein Flugabwehrgeschütz und eine Feldkanone stehen davor. Fotografien im Inneren zeigen Bilder der zerstörten Stadt, und auch Landkarten der Japaner hängen an den Wänden. Wer an Kriegserinnerungen interessiert ist, der findet auch sicher einen Einheimischen, der ihn in jenen japanischen Tunnelkomplexen umherführt, die nicht zugeschüttet wurden.

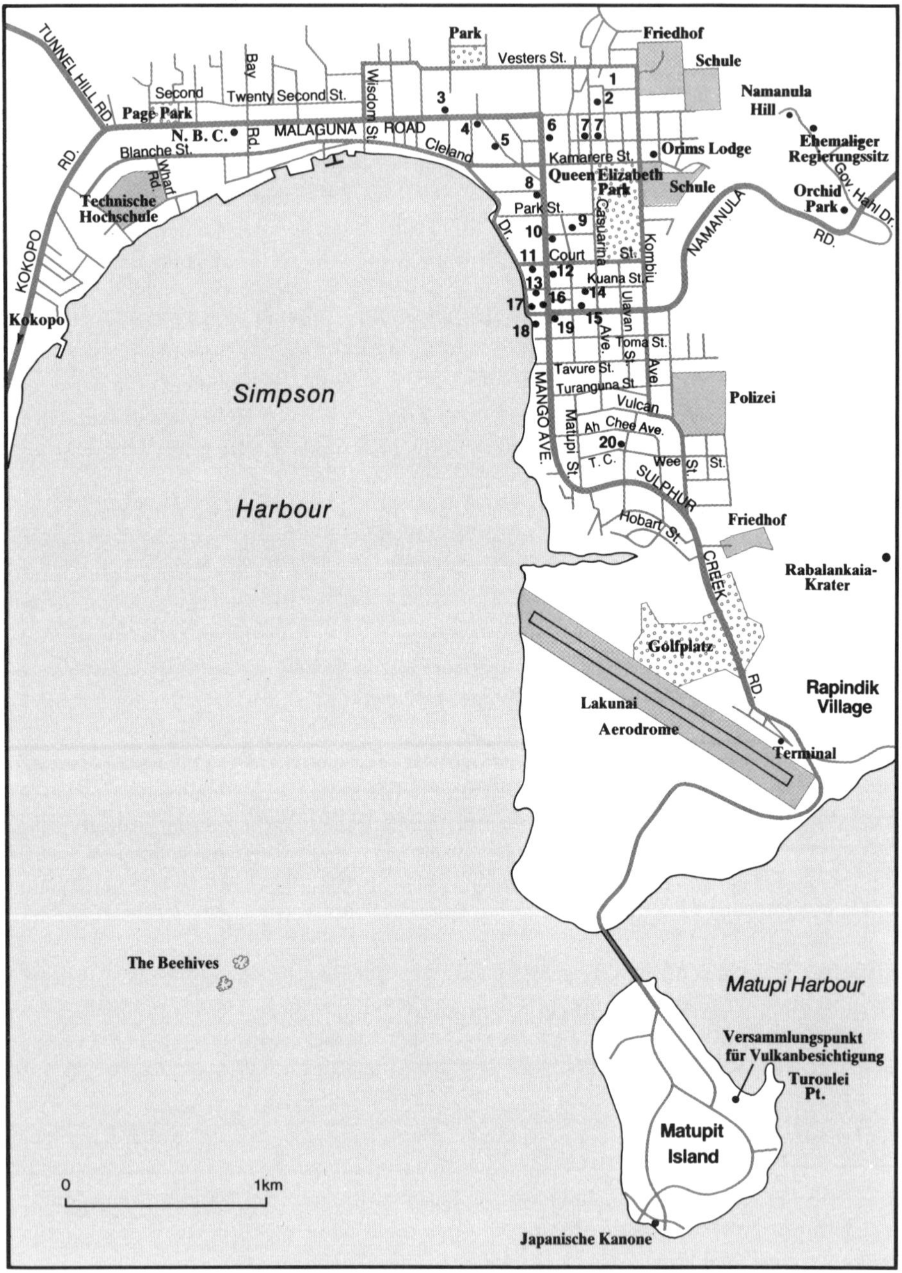

Park
Friedhof
Vesters St.
Schule
Namanula Hill
Ehemaliger Regierungssitz
TUNNEL HILL RD.
Second
Twenty Second St.
Bay Rd.
Wisdom St.
Page Park
N. B. C.
MALAGUNA ROAD
Cleland Dr.
Blanche St.
Wharf Rd.
Kamarere St.
Orims Lodge
Queen Elizabeth Park
Schule
Orchid Park
Gov. Hahl Dr.
NAMANULA RD.
Technische Hochschule
Park St.
Casuarina
Kombiu
Court St.
Kuana St.
Ulavan St.
KOKOPO RD.
Kokopo
Toma St.
Tavure St.
Turanguna St.
Vulcan Ave.
MANGO AVE.
Matupi St.
Ah Chee Ave.
T. C.
Wee St.
St.
Polizei
SULPHUR CREEK RD.
Hobart St.
Friedhof
Rabalankaia-Krater
Simpson Harbour
Golfplatz
Lakunai Aerodrome
Rapindik Village
Terminal
Matupi Harbour
The Beehives
Versammlungspunkt für Vulkanbesichtigung
Turoulei Pt.
Matupit Island
0
1km
Japanische Kanone
1
2
3
4
5
6
7
7
8
9
10
11
12
13
14
15
16
17
18
19
20

Höhepunkt im Besichtigungsprogramm von Rabaul ist zweifellos der Markt, der, wie überall im Lande, vor allem am Samstag buntes, reges Leben zeigt. Hierher bringen die Eingeborenen ein Angebot an Obst und Gemüse, das wohl als das beste des ganzen Landes gelten kann. Auf dem Markt kann man auch Körbe und Kämme sowie Muscheln kaufen, die vor allem hier von beträchtlicher Qualität und hohem Sammlerwert sind. Neben dem Markt liegt der alte Friedhof, und wenn man die Namanula Road hügelaufwärts fährt, vorbei an den Resten der deutschen Residenz, erreicht man einen schönen Park mit einer Orchideensammlung, Kakadus, Kasuaren und Krokodilen sowie anschließend das begehrte Wohngebiet am Hügel. Dort befindet sich auch eine schöne, moderne, mit Marmor ausgestattete japanische Gedenkstätte, die durch Schlichtheit und Eleganz beeindruckt.

Die weniger reizvollen Teile der Stadt erstrecken sich in Richtung Toboi, bei den Docks, wo man Fabriken, Mühlen, Lagerhallen und Kleinindustrie angesiedelt hat.

Mehr als die meisten anderen Städte Neuguineas ist Rabaul mit allen Annehmlichkeiten für Touristen ausgestattet. Dafür liegen die Preise, dessen muß man sich bewußt sein, allgemein sehr hoch.

Als besondere Attraktionen gelten nicht nur die – gar nicht zu oft stattfindenden – Feuertänze der Baininger (die meist in dem Dorf Gaulim, 40 km südlich von Rabaul, abgehalten werden), sondern auch das ›Frangipani-Festival‹ im Mai/Juni, ein Blumenfest, das von den Missionaren aus Samoa und Fiji eingeführte Chorfest in Dunairima (bei der United Church) im August und die Sing-Sings der Tolai von September bis November.

Die Umgebung von Rabaul

Will man einen Ausflug zum **Matupi-Vulkan** unternehmen, der auf einer durch eine Brücke mit dem Festland verbundenen Insel liegt, mietet man am besten ein Kanu. Vom Strand aus kann man den Krater in einer schweißtreibenden halben Stunde (oder mehr) erklimmen. Der Schwefelgeruch erinnert daran, daß der Vulkan seine Aktivitäten noch nicht völlig eingestellt hat. Auch ›**Die Mutter**‹ kann man erklettern, wenn man, am Orchideen-Park vorbei, den Gouverneur Hahl Drive zur Nordostküste bis zur katholischen Kirche nimmt. Von dort folgen rund zwei Stunden Aufstieg, die durch den prachtvollen Rundblick belohnt werden. Bei der ›**Nördlichen Tochter**‹ liegt ein Vulkan-Observatorium.

◁ Rabaul 1 Gebäude der lokalen Verwaltung 2 Markt 3 Römisch-katholische Kirche 4 Anglikanische Kirche 5 Bibliothek 6 Ascot Hotel 7 Chinesische Geschäfte 8 Memorial Church 9 Admiralsbunker 10 Theater 11 Burns Philp Supermarkt 12 Polizei 13 Travelodge Motel 14 Regierungsgebäude 15 Post 16 Yachtclub 17 Aquatic Club 18 Schwimmbad 19 Kairuna Hotel 20 Air Niugini-Büro

Begibt man sich in südlicher Richtung stadtauswärts, so erblickt man auf dem **Friedhof,** der hinter dem Golfplatz liegt, ein chinesisches Denkmal, das den Australiern kein gutes Zeugnis ausstellt. Als sie die Stadt nämlich angesichts der japanischen Bedrohung evakuierten, weigerten sie sich, die Chinesen mitzunehmen und lieferten sie damit dem sicheren Tod aus. Tatsächlich starben 636 Kantonesen in Gefangenschaft der Japaner. Auf der Kokopo-Straße, die in südlicher Richtung die Küste entlangführt, erreicht man einen japanischen Bootstunnel, der gegen Eintrittsgeld zu besichtigen ist (der Dunkelheit wegen sieht man allerdings nur wenig). Anschließend kann der Reisende auf den Spuren von ›Queen Emma‹ wandeln – wenn auch nur anhand spärlicher Relikte. Es ist gar nicht so leicht, den ziemlich überwachsenen Friedhof zu finden, zu dem von der Straße aus ein paar Stufen emporführen. Man erkennt das schlecht erhaltene Grab von ›Queen Emma‹ an einem Zementstein vor einem Loch im Boden – ihre Asche ist nämlich gestohlen worden. In der Nähe liegen ihr Bruder, ihr Liebhaber Agostino Stalio und ihr Schwager Richard Parkinson begraben. Folgt man der Straße noch ein Stück, so erblickt man, was von ›Queen Emmas‹ wunderschönem Domizil in Gunantambu übriggeblieben ist: nichts als ein paar Treppenstufen.

Kokopo

Nur 30 km sind es auf der exzellenten Kokopo-Straße von Rabaul zu der Stadt, die unter dem Namen ›Herbertshöhe‹ von 1889 bis 1910 als Verwaltungssitz der Kolonie fungierte, bevor man diesen nach Rabaul verlegte. Auch hier findet sich die in diesen Breiten offenbar unvermeidliche japanische Kanone, diesmal vor der Polizeistation.

Vunapope

1 km von Kokopo entfernt liegt eine katholische Missionsstation mit schönen Gartenanlagen. Die Katholiken waren 1881, nach den Methodisten, gekommen und hatten ihren Standort bald von Modup nördlich von Rabaul (wo noch eine Kirche steht) hierher, in die Nähe von ›Queen Emmas‹ Reich, verlegt. Am Strand sieht man das Wrack eines großen Segelschiffes.

Bita Paka

Dieser Kriegerfriedhof liegt rund 15 km landeinwärts von Kokopo. Hier befand sich früher eine deutsche Radiostation, die 1914 das erste Angriffsziel der Australier in Neuguinea war. In einem großen, wunderschönen Park sind hier an die 1000 Tote begraben, alliierte Soldaten und auch viele Inder, die von den Japanern in Singapur gefangengenommen und zu Zwangsarbeit hierhergebracht worden waren.

Duke of York-Inseln

Diese dicht bewaldete und stark bevölkerte, insgesamt rund 60 km² große Inselgruppe liegt im St. George's Channel zwischen Neubritannien und Neuirland; sie wird von Neubritannien aus verwaltet. Am nördlichsten Ende der Hauptinsel, in Port Hunter, ließen sich 1875 die Methodisten nieder, es folgten unternehmungslustige Farmer und Händler, unter ihnen ›Queen Emma‹, die, von Samoa kommend, ihren ersten Wohnsitz auf der kleinen Insel Mioko nahm. Für die Deutschen war ›Neu-Lauenburg‹, wie sie es nannten, ein wichtiger Stützpunkt, vor allem für die Großfirmen Godeffroy und Hernsheim. Auf der Insel Kabakon versuchte 1903 der Deutsche Engelhardt ein Sonnenanbeter-, Nudisten- und Gesundheitsparadies zu etablieren, das sich auf die Kokosnuß als einzige Nahrungsquelle stützte. Auf ihrem Höhepunkt zählte die Kolonie an die 30 Anhänger, aber, wie das mit Moden so ist, sie pflegen nicht lange zu halten, und der ganze Zauber war schon vor dem Ersten Weltkrieg zu Ende.

Kimbe

Die Hauptstadt der Provinz West-Neubritannien, gelegen auf dem Gebiet der einstigen San Remo-Plantage und heute ein Zentrum der Palmöl-Produktion, hat außer ein paar heißen Quellen wenig zu bieten. Die meisten Güter müssen per Flugzeug aus Rabaul importiert werden.

Hoskins

Hoskins, von 1966 bis 1969 Provinzhauptstadt, besitzt den größten Flugplatz der Gegend. Von hier aus ist auch eine Küstenstraße nach Rabaul geplant, aber vorläufig liegt die ganze Region – obgleich die dichtestbesiedelte der Provinz – noch ziemlich abseits. In der Umgebung befindet sich ein Geysirfeld, wo manche Quellen bis zu 10 m hoch sprudeln. Einige Vogelarten suchen die Gegend ihrer Wärme wegen auf, um ihre Eier dort auszubrüten.

Talasea

Der hübsche, alte Ort hat gleichfalls heiße Quellen und Flugzeugwracks als ›Sehenswürdigkeiten‹ vorzuweisen. Der Lake Dakataua an der Spitze der Willaumez-Halbinsel bildete sich bei einem großen Vulkanausbruch im Jahre 1884. Prähistorisch interessant ist Talasea, weil hier Obsidian gefunden wurde, das auf frühen Handelsrouten bis zu 4000 km weit über den Pazifik gelangte. Bis heute wird in der Gegend Muschelgeld hergestellt.

Witu-Inseln

Die zwei größeren und sechs kleineren Inseln, alle vulkanischen Ursprungs und entsprechend fruchtbar, liegen etwa 80 km von der Küste entfernt. Hier finden sich Wälder ebenso wie Plantagen. Die einst recht zahlreiche Bevölkerung wurde im ersten Jahrzehnt dieses Jahrhunderts durch eine Pockenepidemie stark dezimiert.

Neuirland (New Ireland)

Lage und geographische Beschaffenheit

Die Provinz Neuirland, 9974 km² und von etwa 60 000 Menschen bewohnt, besteht aus mehreren Inseln. Die gleichnamige Hauptinsel ist über 300 km lang, aber durchschnittlich nur 10 km breit. Ihr Inneres wird auf der ganzen Länge von einer Bergkette durchzogen, die im Süden steil zur Küste abfällt, im Norden aber noch Platz für einen schmalen, fruchtbaren Landstreifen läßt. Die höchsten Erhebungen finden sich mit an die 2400 m im Südosten, in der Hans Meyer Range und der Verron Range, während der höchste Berg in der zentralen Schleinitz Range nur knappe 1500 m erreicht. Obwohl das hochvulkanische Neubritannien so nahe ist – nur der schmale St. George's Channel trennt die beiden Inseln – finden sich mit Ausnahme einiger Geysire auf der Ambitle Island (3 km vor Namatanai) keinerlei Anzeichen vulkanischer Tätigkeit.

Zweitgrößte Insel der Provinz ist das nordwestlich von Neubritannien gelegene, recht isolierte **Neuhannover** (New Hanover, auch Lavongai genannt), ein bergiges Eiland, das nur an den Küsten Kokospalmen gedeihen läßt. Weiter nördlich folgt die **St. Matthias-Gruppe** mit den Inseln Mussau, Emira und Tench, deren Bevölkerung sich wacker, wenn auch letztlich erfolglos, gegen die Übernahme durch die Europäer gewehrt hat. Auf Emira unterhielten die Amerikaner während des Zweiten Weltkrieges eine Basis.

Die **Tabar-Inseln** östlich von Neuirland zählten früher zu den bedeutendsten Zentren der hier heimischen Malanggan-Kunst (vgl. S. 125 f.), die auch auf den Lihir-Inseln bewundernswerte Leistungen hervorgebracht hat. Südöstlich liegen noch die Tanga- und die Feni-Inseln, westlich von Neuhannover erstreckt sich die winzige Tingwon-Gruppe.

Verkehr und Wirtschaft

Die Inseln der Provinz sind fast alle durch gute Häfen zugänglich (heute natürlich auch per Flugzeug), was das frühe Interesse der Weißen an ihnen erklärt. Rund um Neuirland führt eine Straße, der Bulominski-Highway. Außer auf der Hauptinsel gibt es keinerlei Unterkünfte für Touristen.

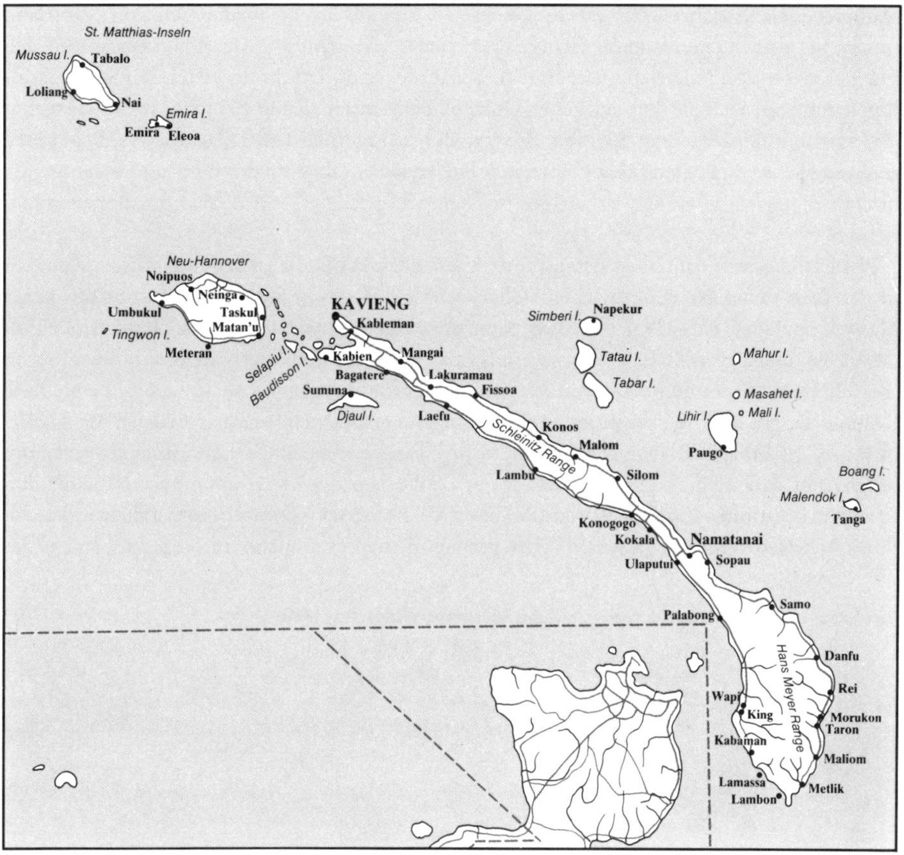

Neuirland (New Ireland)

Obwohl Neuirland nicht groß ist, zählt es zu den wichtigsten Copra-Produzenten des Landes – zahlreiche Kokosnußplantagen, vor allem an der Nordost-Küste, liefern beträchtliche Erträge, bis zu 30 000 Tonnen pro Jahr. Auch Kakao und Gummi sind von Bedeutung, Kaffee und Reis hingegen weniger. Wie in allen bergigen Gebieten von Papua-Neuguinea setzt man auf Holz, außerdem zeigt die Verarbeitung von Thunfisch gute Erfolge.

Geschichte

Schon Schouten und LeMaire kamen 1616/17 auf dem Weg zu den Admiralitätsinseln an Neuirland vorbei, ohne allerdings zu erkennen, daß es sich dabei um eine Insel handelte. William

Dampier hielt im Jahre 1700 den St. George's Channel, der Neubritannien von Neuirland trennt, für eine Bucht, die er St. George's Bay taufte. Erst Philip Carteret entdeckte 1767 den Inselcharakter von Neuirland, das er auch benannte; er durchfuhr als erster den St. George's Kanal und fand auch die dort gelegenen Duke of York-Inseln. Rund 100 Jahre später versuchte der Methodisten-Missionar George Brown, der schon mit den Tolai auf Neubritannien genügend Schwierigkeiten gehabt hatte, hier Fuß zu fassen, aber mit den hiesigen Eingeborenen machte er noch schlimmere Erfahrungen. Dennoch gelang es, vier Missionsstationen einzurichten.

Neuirland wurde dann Gegenstand einer Schwindelaktion, die zu den tragischsten Kapiteln in der Geschichte Neuguineas zählt. Charles Marie Bonaventure du Breil, selbsternannter Marquis de Rays (1832–1893), ein Abenteurer ohne eigene Finanzen, hatte noch nie seinen Fuß nach Neuguinea gesetzt, als er – einzig aufgrund von Beschreibungen anderer – beschloß, in ›Port Breton‹ an der Südspitze von Neuirland (bei Lambon am Cape St. George) eine ›freie Kolonie‹ zu gründen. Werbeaktionen in Zeitungen versprachen fleißigen Siedlern das Südseeparadies, fruchtbaren Boden, freundliche, willige Eingeborene und ewige Sonne. Er verkaufte ihnen Land, das ihm nicht gehörte, und ergaunerte die damalige Riesensumme von 60 000 Pfund. In vier Expeditionen trafen 1880 und 1881 rund 570 Franzosen, Deutsche und Italiener, die sich von ihm hatten begeistern lassen, in ihrem vermeintlichen Traumland ein. Sie fanden eine Wild-

Blockhaus in ›Port Breton‹, der ›Kolonie‹ des Marquis de Rays, um 1880

nis vor: Hier gibt es bis heute, schon des heftigen Regens wegen, kein bebaubares Land, die Eingeborenen waren traditionell feindselig, die mitgebrachten Lebensmittel reichten gerade für drei Wochen, die Malaria wütete. Wenige genug konnten sich nach Australien retten oder bei ›Queen Emma‹ (vgl. S. 284 ff.) Unterschlupf finden, die vieles von dem nutzlosen Zeug, das auf den Schiffen mitgebracht worden war, für ihren Hausbau bei Rabaul verwendete. In Rabaul steht noch heute ein besonders sinnloses Denkmal dieses Unternehmens: Der Teil eines Windmühlenrades, das nie existierendes Korn mahlen sollte (vgl. S. 293). Der Marquis de Rays wurde 1882 von einem französischen Gericht zu sechs Jahren Gefängnis verurteilt; er starb schließlich im Irrenhaus.

Wenig später kamen die Deutschen, die erkannten, was aus Neuirland – das bei ihnen Neu-Mecklenburg hieß – herauszuholen war, nämlich Copra. Man begann sofort, an dem kleinen fruchtbaren Küstenstreifen eine Plantage neben der anderen anzulegen – wobei sich besonders Franz Boluminski (1863–1913) hervortat, dem das Gebiet ab 1899 unterstellt war. Seit 1910 mit dem Titel eines ›Bezirksamtsmanns‹ bedacht, verlangte er von den Eingeborenen absoluten Gehorsam, wie er es bei seiner Ausbildung als Kolonialoffizier in Ostafrika gelernt hatte, und begehrte auch von den deutschen Farmen einen Beitrag. Sein Straßenprojekt, die Grundlage des heutigen Boluminski Highway und das erste großangelegte Straßenbauunternehmen in Neuguinea, verpflichtete jeden Pflanzer, sein Stück Straße bis zur nächsten Plantage anzulegen. Boluminski selbst befand sich ständig auf Reisen, um die Ausführung seiner Wünsche zu kontrollieren. Obwohl seine Methoden bisweilen rauh waren, gestehen selbst englische Beurteiler ihm zu, daß ihm das Wohl der Kolonie ernsthaft am Herzen lag.

Die Australier setzten nach 1914 den bereits 100 km weit gediehenen Straßenbau von Kavieng entlang der Nordostküste fort. Den Japanern gelang es im Zweiten Weltkrieg relativ schnell, sich hier festzusetzen und Kavieng zu einer Basis auszubauen. Die Alliierten bombardierten die Stadt und auch die Straßen auf Neuirland systematisch, was nach dem Zweiten Weltkrieg entschlossene Wiederaufbaubemühungen notwendig machte.

Kavieng

Jemand hat einmal geschrieben, Kavieng erinnere an einen Schauplatz der Südseegeschichten von Somerset Maugham, und in der Tat bietet der Ort mit seinen gewaltigen Regenbäumen einen romantischen Anblick. Die Hauptstadt der Provinz Neuirland, am nördlichen Ende der Hauptinsel gelegen, zählt an die 4500 Einwohner. Gleich beim zentralen Flughafen beginnt der Boluminski Highway, aber für einen Stadtbummel folgt man am besten dem Coronation Drive mit seinen touristisch wichtigen Einrichtungen (Hotel, Club, Post, Flugbüro) in Richtung Hafen und von dort dem Harbour Drive, der am Strand entlang führt. Hinter dem Markt erhebt sich auf einem Hügel das Gebäude der früheren australischen District Commissioner's Residence, erbaut an der Stelle des alten deutschen Verwaltungsgebäudes. An dieses erinnern heute nur noch die Stufen der sogenannten ›Boluminski's Steps‹. Ein Stückchen weiter überblickt eine japanische Kanone das Meer, so wie einst, als die Stadt als japanisches Hauptquartier diente.

Eine Halterung für ein Windmühlenrad, die Jahreszahl 1852 zeigend, zeugt von dem tragischen Unternehmen des Marquis de Rays. Auf dem dann folgenden schönen alten Friedhof liegt Franz Boluminski begraben. Der verhältnismäßig große Hafen wird vor allem von Fischern genutzt. Von hier aus kann man zu einigen kleineren Inseln in der Nachbarschaft übersetzen, etwa nach **Edmago** mit weißem Sandstrand und klarem Wasser. Auf dem Weg dorthin passiert man eine Insel, auf die die Japaner eine Thunfischfabrik gebaut haben. Noch ein Stück weiter draußen liegt die kleine Insel New Sulaman.

Fahrt in den Süden der Insel

Fährt man den Boluminski Highway in Richtung Süden, so erscheint die ganze Küste wie eine einzige Kokosnußplantage, auch wenn zwischen den einzelnen Palmen auch Kakaobäume angepflanzt sind. Kurz vor Konos ist das Dorf **Libba** erreicht, wo man Schnitzereien kaufen kann. Im Hafen von **Konos** beladen die Japaner ihre Holzschiffe. Etwa in der Mitte der Insel erreicht man das ca. 1500 m hoch gelegene Lelet-Plateau, wo hervorragendes Gemüse wächst. Hier befindet sich eine riesige Kalksteinhöhle, deren volle Tiefe noch niemand erforscht hat.

Namatanai ist eine kleine, noch von den Deutschen angelegte Stadt, deren einstiges Verwaltungsgebäude in ein Hotel umgewandelt wurde. Auf dem pittoresken Friedhof sind viele Deutsche begraben.

Der Süden der Insel ist ziemlich isoliert, da die rauhe Bergwelt und der heftige Regen den Straßenbau sehr erschweren.

Manus Province (Admiralitätsinseln)

Lage und geographische Beschaffenheit

Die entlegene Provinz Manus im Nordosten von Papua-Neuguinea, benannt nach ihrer größten Insel, umfaßt den Komplex der Admiralitäts- und der Westlichen Inseln – insgesamt 1943 km² Land inmitten einer Fläche von 128720 km² Ozean. Die Inseln sind teils vulkanischer Natur, teils auch tiefliegende Atolle, auf denen außer Kokospalmen fast nichts gedeiht.

Verkehr und Wirtschaft

Schwer zu erreichen und ohne wirtschaftliche Bedeutung ist diese kleinste Provinz des Landes bis heute in jeder Hinsicht die isolierteste geblieben. An dieser Tatsache dürfte sich in absehbarer Zeit kaum etwas ändern.

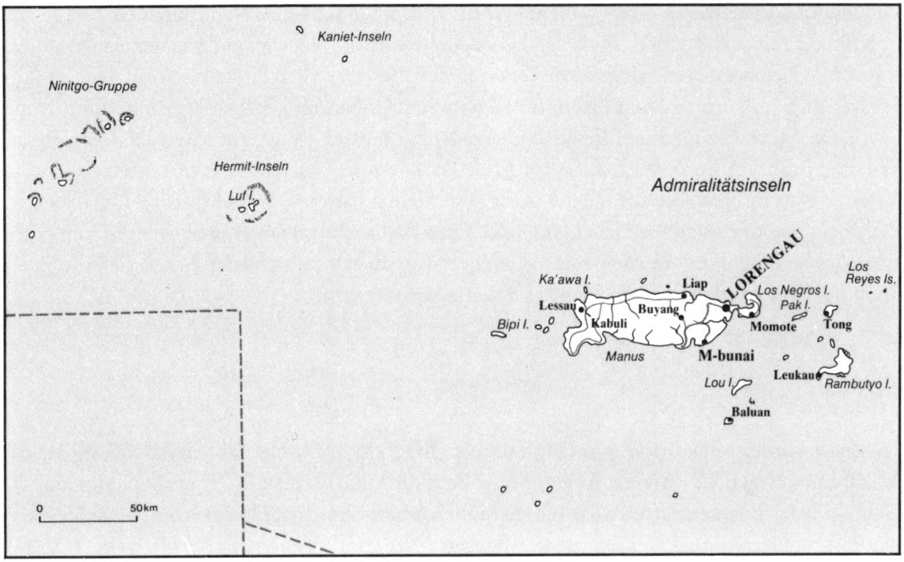

Manus Province

Geschichte

Holländer (Schouten und LeMaire waren 1616/17 hier gewesen) und Spanier (an die noch die Insel Los Negros bei Manus erinnert) kannten die Admiralitätsinseln zwar, als Kolonien waren diese aber gänzlich uninteressant. Erst im Zweiten Weltkrieg erlangten sie strategische Bedeutung: Die Amerikaner machten Manus zu ihrer Basis, um gegen die Japaner in Neubritannien vorzugehen. Riesige Hafenanlagen für Kriegsschiffe (zeitweise ankerten an die 600 hier!) wurden errichtet, Millionen von Dollars investiert, Unmengen von Material herbeigebracht – und dann endete der Krieg, und plötzlich war alles zu wertlosem Gerümpel geworden, das wegzuschaffen sich niemand die Mühe machte. Dieser ungeheure Einschnitt hat das Leben der Eingeborenen dramatisch verändert.

Bevölkerung

Intelligenz und Fortschrittswille haben den Manus-Eingeborenen einen hohen Ruf eingetragen. Sie waren nicht nur äußerst fähige Seefahrer, sondern auch begabte Händler – eine in Neuguinea nicht sehr verbreitete Eigenschaft. Über ihren Geschäftssinn werden allerdings auch schlimme Dinge berichtet – so waren sie zwar selbst keine Kannibalen, scheuten aber nicht davor zurück, Gefangene, die sie gemacht hatten, zu eindeutigem Zweck an ›Menschenfresser‹ zu verkaufen.

Die Manus kamen durch ihren Willen, Handel zu treiben und alles Neue anzunehmen, leicht in Kontakt mit den Weißen. Im Krieg beobachteten sie die Verschwendung der Amerikaner, was ihre Lebensweise grundlegend veränderte. Sie gaben ihre alten Sitten rasch auf, bauten ihre Häuser nun im europäischen Stil und pflegten Schulwesen und Selbstregierung schon lange bevor die Australier meinten, sie dazu überreden zu müssen (Margaret Mead schildert diesen Vorgang in ihrem Buch ›New Lifes for Old‹, nachdem sie bereits vor dem Kriege die Studie ›Growing up in New Guinea‹ über Manus geschrieben hatte). Das traditionelle Dorfleben in Pfahlbauten, vorwiegend auf Fischfang und Yams-Anbau ausgerichtet, ist heute vielfach einer europäischen Denk- und Lebensform gewichen. Ein überproportionaler Anteil an führenden Stellungen im Lande wird von Manus-Leuten eingenommen.

Manus

Die Insel Manus selbst ist 96 km lang und bis zu 32 km breit; hier lebt der Großteil der ca. 37 000 Einwohner der Provinz. Eine zentrale Bergkette, die bis über 700 m emporsteigt, durchzieht die Insel. Ihre zerklüfteten Steinformationen und zahlreichen Flüsse setzen jedem Straßenbau fast unüberwindliche Hindernisse entgegen. Man muß, wenn man wirklich Wert darauf legt, das stark bewaldete Eiland zu Fuß erkunden. Für die Landwirtschaft ist der Boden kaum ergiebig, da der Regen die oberste Erdschicht weggeschwemmt hat. Die Bevölkerung ernährt sich nach Möglichkeit von Fisch und Sago.

Vor dem Ostende von Manus liegt, durch die von einer Brücke überspannte Loniu Passage getrennt, die Insel **Los Negros,** auf der sich der Flughafen **Momote** befindet. Eine 27 km lange Straße führt in die Hauptstadt **Lorengau** (ca. 2000 Einwohner). Haupt- und Nebeninsel umfassen den **Seeadler-Hafen,** einen ertrunkenen vulkanischen Krater, wo die Amerikaner ihren Kriegshafen errichtet hatten und wo nun die nationale Armee eine Basis unterhält. Die Amerikaner haben in **Lombrum** eine US Naval Base behalten.

North Solomons Province

Lage und geographische Beschaffenheit

Dieser Teil des Landes, auch ›Bougainville District‹ genannt, umfaßt die zusammen 10 620 km^2 großen Inseln Bougainville und Buka sowie einige davorgelegene Atolle. Die Einwohnerzahl beträgt ca. 134 000. Die westlichsten Ausläufer der vulkanischen Solomonen-Kette, deren Landmasse fast zur Hälfte von Gebirgsmassiven bedeckt ist, gehören geographisch nicht zu Neuguinea, sondern zu dem übrigen Teil der Solomonen, wie es bis zum Ende des 19. Jahrhunderts auch politisch der Fall war. Dann überließen die Engländer diese Gebiete dem Deutschen

Reich. So konnten die Deutschen die Inseln ihrem Bismarck-Archipel einverleiben, und sie blieben, trotz separatistischer Bestrebungen (von denen noch die Rede sein soll) später auch bei Papua-Neuguinea. Weniges erinnert hier noch an die Deutschen – nur die ›Empress Augusta Bay‹ im Südwesten von Bougainville hat ihren Namen behalten.

Verkehr und Wirtschaft

Bis nach dem Zweiten Weltkrieg blieben die Inseln Buka und Bougainville eine rückständige landwirtschaftliche Region, deren einzige Bedeutung in den Kokosnußplantagen und guten Kakaoergebnissen zu liegen schien. Aber 1964 wurde Kupfer in Panguna, im Zentrum der Kronprinz-Bergkette von Bougainville, entdeckt, und das veränderte das Gesicht des Gebiets völlig.

Eine australische Gesellschaft, Riotinto, übernahm es, erst einmal 400 Millionen Kina Vorkosten zu investieren, bevor 1972 die Produktion beginnen konnte. Diese lieferte sensationelle Ergebnisse (an denen der Staat Papua-Neuguinea mit 20% beteiligt ist), und der Wohlstand verbesserte die Infrastruktur der ganzen Region bedeutend. Kupfer wird in Panguna in einer Höhe von 750 m im Tagbau gefördert. Die Vorräte beliefen sich 1976 auf weitere 800 Millionen Tonnen, sprich 35 Jahre der Kupfergewinnung.

North Solomons Province

Geschichte

Bougainville erhielt seinen Namen von dem Entdecker Louis Antoine de Bougainville, der im Jahre 1768 die Ostküste der Insel entlanggesegelte und bis zur Meerenge zwischen dieser und Buka gelangte (LeMaire, Schouten und Tasman waren allerdings schon vor ihm dagewesen). Weil er dort auf Eingeborene in prächtigen Kanus traf, die ihm etwas zuriefen, was ihm wie ›Buka‹ klang (in der Eingeborenensprache bedeutet das ›wer‹ oder ›was‹), gab er der nördlichen Insel diesen Namen. Katholische Missionare waren die ersten, die sich auf Bougainville niederließen – beim ersten Versuch noch von den Eingeborenen zurückgeschlagen, faßten sie beim zweiten in Kieta Fuß. Bis 1898 befanden sich die Inseln in englischem Besitz, dann traten die Briten sie – ebenso wie Samoa – an die Deutschen ab unter

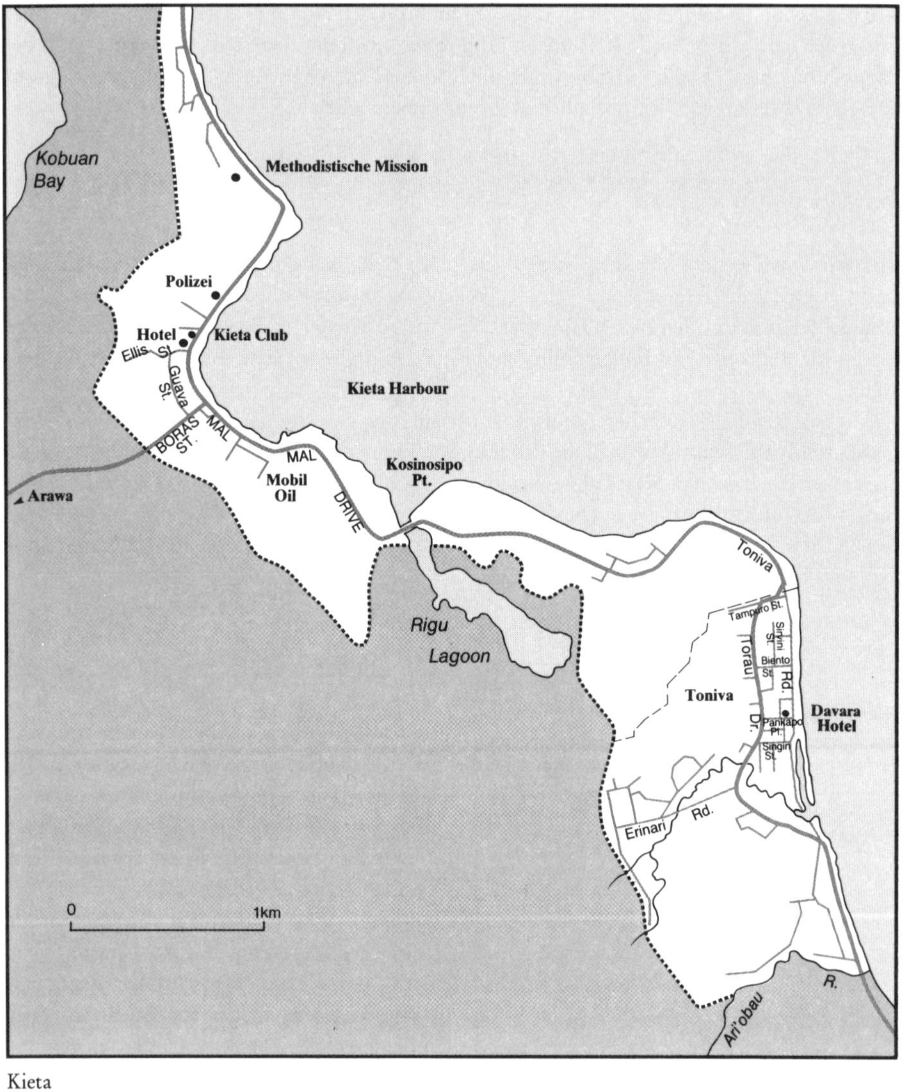

Kieta

der Bedingung, daß diese keine Ansprüche mehr auf Tonga und die übrigen Solomonen erhoben. Schon zuvor hatten deutsche Pflanzer mit der Anlage von Kokosplantagen begonnen, für die der Boden hochgradig geeignet ist. Das Hinterland der Küstengebiete wurde erst nach dem Zweiten Weltkrieg erforscht. 1942 landeten hier die Japaner, und weil sie sich den Eingeborenen gegenüber nicht so grausam benahmen wie anderswo, bewahren die Bewohner bis heute ein relativ positives Andenken an sie. Buka wurde japanischer Luftwaffenstützpunkt, Shortland Island, südlich von Bougainville, Marinebasis. Hier ansässige Briten konnten die japanischen Bewegungen beobachten und an die Amerikaner weitermelden – und diesen gelang es daraufhin, am 18. April 1943 ein Flugzeug mit Admiral Yamamoto, dem Initiator von Pearl Harbour, abzuschießen, was damals einen enormen psychologischen Triumph über die Japaner bedeutete.

In den sechziger Jahren führte der auf den Kupfervorkommen beruhende neue Reichtum der Provinz Bougainville zu starken separatistischen Bestrebungen, die auch damit begründet wurden, daß die Bevölkerung der Inseln nicht mit jener von Papua-Neuguinea verwandt ist. Der erste Ministerpräsident des unabhängigen Staates, Michael Somare, reiste damals nach Bougainville und fand tatsächlich mit den Rebellen eine friedliche Übereinkunft. Die ›North Solomons‹ erhielten als erster Landesteil eine eigene Provinzregierung sowie weitreichende innere Autonomie. Auch soll ein größtmöglicher Anteil der von der Kupfermine erzielten Gewinne wieder direkt in die Provinz fließen.

Bevölkerung

Die Bevölkerung der Provinz – zweifellos die schwärzeste der Welt und damit von den in Differenzierungen ›rotbraunen‹ Einwohnern von Neuguinea deutlich unterschieden – ist bezüglich ihrer Herkunft nicht genau einzuordnen, rassisch gehört sie jedenfalls eindeutig zu den übrigen Solomonen. Vor rund 5000 Jahren kamen nicht-austronesische Völker, die später von den Austronesiern in das Innere der Insel getrieben wurden, während die Neuankömmlinge an den Küsten verblieben. Die Stämme auf den Nord-Solomonen sprechen 19 verschiedene Sprachen und isolieren sich nach Möglichkeit von ihren Nachbarn. Bei den Deutschen waren sie als Plantagenarbeiter sehr geschätzt, heute arbeiten viele in der Kupfermine. Es gibt auf den Inseln auch einen nicht unerheblichen Anteil später eingewanderter Chinesen, die sich vor allem als Händler betätigen.

Bougainville

Die Insel Bougainville ist 190 km lang und zwischen 65 und 97 km breit. Ihren Nordteil beherrscht die Emperor Range mit dem Mount Balbi (2745 m) als höchster Erhebung, den Süden die Crown Prince Range (bis zu 2000 m hoch). Vulkanische Erde und reichlicher Niederschlag (rund 5000 mm jährlich) machen das Land ausgesprochen fruchtbar. Im Inneren dehnt sich üppiger tropischer Regenwald aus, an der Küste gedeiht ganz ausgezeichnet die Kokosnußpalme.

Kieta: Kieta ist eine hübsche alte Hafenstadt, an einer Bucht gelegen und von grünen Hügeln umgeben. Anfangs diente sie als Distrikthauptstadt, bis 1972 diese Funktion an Arawa überging.

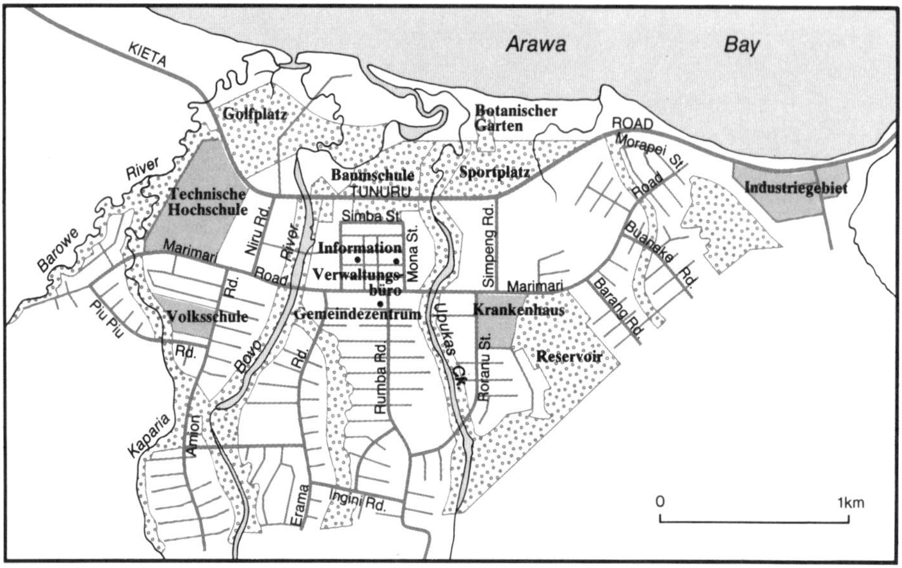

Arawa

Auch wenn die neue Stadt von Arawa die Altstadt von Kieta heute umschließt, hat diese ihren Charakter bewahren können. Ein romantischer Spaziergang führt am Strand entlang.

Arawa: Auf dem Gelände einer einstigen Riesenplantage angelegt, war Arawa von der ›Bougainville Copper Ltd.‹ ursprünglich nur als Stützpunkt am Hafen vorgesehen. Heute ist es zu einem beachtlichen Industriezentrum angewachsen. Neben Arawa wurde der Frachthafen von Loloho angelegt.

Panguna: Hier, im Gebirge, befindet sich die Kupfermine, die mit den modernsten technischen Anlagen (darunter einer Pipeline zum Hafen von Loloho) ausgestattet ist. Panguna hat sich um die Mine herum als moderne Bergbaustadt entwickelt.

Buin: Buin liegt an der Südküste von Bougainville, 170 Straßenkilometer von Kieta entfernt und umgeben von einem ergiebigen Kakaoanbaugebiet. Die Stadt besitzt einen schönen Markt und eine Menge chinesischer Läden, wo Hängetaschen, Tabletts und allerlei aus Bambus Gefertigtes angeboten werden. Überall finden sich hier verrostete Waffen der Japaner, die sogar – so wichtig war dieser Stützpunkt im Krieg – eine Eisenbahn zwischen Buin und Kangu Beach (hinter den Kangu-Hügeln) gebaut hatten. Wagt man einen Spaziergang ein paar Kilometer in den Dschungel hinein, so sieht man das Wrack des Flugzeugs, in dem General Yamamoto umkam.

Zwischen Buin und Kieta siedeln die Siwai, deren ›Garamut‹ genannte Männerhäuser besichtigt werden können. Sie fertigen charakteristische Körbe an.

Buka

Die von Korallenriffen und Mangrovenwäldern gesäumte Insel Buka ist von Bougainville durch eine Meerenge getrennt, auf der zwölfmal täglich Fähren verkehren. Buka ist viel flacher als Bougainville, nur im Südwesten gibt es ein paar Erhebungen bis zu 400 m Höhe. Der Regierungssitz wurde von dem Städtchen Buka nach Hutjena verlegt, in die Nähe des Flughafens. Auch auf Buka kann man die dekorativen, kunstvollen Körbe kaufen, auch hier erinnern Flugzeugwracks an den Zweiten Weltkrieg.

Die Umgebung von Arawa

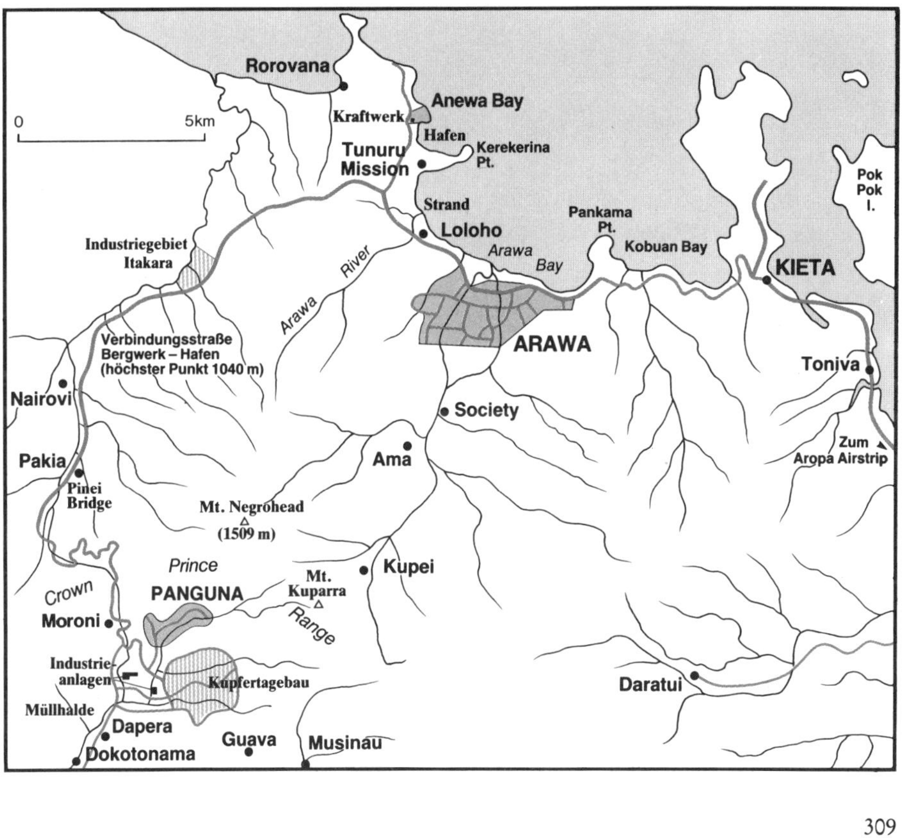

Bild- und Quellennachweis

Farbaufnahmen

Bildagentur Mauritius, Mittenwald Umschlaginnenklappe (Torino), Umschlagrückseite, 1 (Torino), 17 (Cassin), 47 (Dr. Reisel)
Wolfgang Hellige, Iserlohn 2–4, 7, 10–15, 21, 22, 36
Till Leeser/Bilderberg, Hamburg 28, 29, 31
Richard Longley, Port Moresby 20
Liz Schürch, Ittigen/Schweiz Umschlagvorderseite, 5, 6, 8, 9, 16, 18, 33, 44, 46, 52
Roman Soumar, München 30, 37
Heiner Wesemann, Wien 19, 23–27, 32, 34, 35, 38–43, 45, 48–51

Schwarzweißaufnahmen

Die historischen Aufnahmen 1–29 stammen aus den Beständen des Wiener Museums für Völkerkunde. Autor und Verlag möchten an dieser Stelle Herrn Hofrat Professor Manndorff herzlich für die Überlassung des Materials danken.
Wolfgang Hellige, Iserlohn 32–36, 39–44, 48, 51, 58
Liz Schürch, Ittigen/Schweiz 30, 31, 37, 38, 45–47, 49, 52–54, 60
Roman Soumar, München 50, 59
Heiner Wesemann, Wien 55–57

Textabbildungen

(l. = links, r. = rechts, o. = oben, u. = unten, M. = Mitte)

Bühler, Alfred/Barrow, Terry/Mountford, Charles P.: Ozeanien und Australien – Die Kunst der Südsee. Holle-Verlag, Baden-Baden S. 65 r., 72 o. r., 79 u., 106 M., 109 2. v. l., 116 u. l., 118 o. l. (3), 118 u., 120 (2), 122 r., 123, 124, 125 l., 127 (4)

Finsch, Otto: Samoafahrten – Reisen in Kaiser-Wilhelms-Land und Englisch-Neu-Guinea in den Jahren 1884 und 1885. Ferdinand Hirth und Sohn, Leipzig 1888 S. 15, 28, 40, 41, 42 u., 52, 56, 64, 70, 76 (3), 78 (3), 79 o. (2), 112, 113, 138 r., 146, 188, 194, 213, 223, 224, 225, 280, 281, 322

Fischer, Hans: Negwa – Eine Papua-Gruppe im Wandel. Klaus Renner Verlag, 1968 S. 54 o. r. und u. r., 67, 72 M. r. und u., 106 (5), 108 l. u. r., 109 r., 111

Gardi, René: Tambaran – Begegnung mit untergehenden Kulturen auf Neuguinea. Orell Füssli Verlag, Zürich S. 49 l., 72 M. r.

Hellige, Wolfgang S. 310

Papua New Guinea Handbook and Travel Guide. Pacific Publications, Sydney/New York 1980 S. 180 l.

Kelm, Antje und Heinz: Ein Pfeilschuß für die Braut – Mythen und Erzählungen aus Kwieftim und Abrau, Nordostneuguinea. Franz Steiner Verlag, Wiesbaden 1975 S. 24

Rautenstrauch-Joest-Museum für Völkerkunde der Stadt Köln: Melanesien – Schwarze Inseln der Südsee. Ausstellungskatalog, Köln 1972 S. 129, 135

Sterr, Joseph: Zwischen Geisterhaus und Kathedrale – Unter Steinzeit-Menschen der Südsee. St.-Gabriel-Verlag, Mödling bei Wien S. 54 u. l., 109 M. l.

Tischner, Herbert: Südseemasken in der geistigen Kultur der Melanesier. Hamburgisches Museum für Völkerkunde 1976 S. 54 o. M., 57, 58, 65 (3), 72 o. l., 108 M., 109 M., 115 l., 118 r., 122 l., 125 r., 288

Werner, Eugen: Kaiser-Wilhelms-Land – Beobachtungen und Erlebnisse in den Urwäldern Neuguineas. Herdersche Verlagsbuchhandlung, Freiburg i. B. 1911 S. 22 (2), 23 (2), 147

Wheeler, Tony: Papua Neu Guinea – Travel Aids für Abenteurer Bd. 7. Schettler Travel Publikationen, Hattorf am Harz 1983 S. 54 o. l., 72 M. l., 317

Staatliche Museen Preußischer Kulturbesitz Berlin – Museum für Völkerkunde, Abteilung Südsee S. 26, 42 o., 44, 68, 62 (2), 116 o., 116 u. r., 121

Alle übrigen Abbildungen stammen aus den Archiven von Autor und Verlag

Praktische Reiseinformationen

Wissenwertes vor Reiseantritt

Einreisebestimmungen 314
Zollbestimmungen 314
Flugverbindungen 315
Reiseveranstalter 315
Klima 316
Reisekleidung 316
Gesundheitsvorsorge 316

Unterwegs in Papua-Neuguinea

Geld und Geldwechsel 318
Zeitunterschied 318
Maße und Gewichte 318
Elektrizität 318
Sprache 319
Trinkgelder 319
Verkehr 319
Unterkunft 319
Essen 320
Feste und Feiertage 320
Einkauf und Souvenirs 320
Besuch von Männerhäusern 321
Nationalmuseum Port Moresby . . . 322

Bibliographie 323

Wörterverzeichnis Deutsch-Pidgin-Englisch 325

Zeittafel 332

Register 337

Wissenswertes vor Reiseantritt

Einreisebestimmungen

Deutsche, österreichische und Schweizer Staatsbürger benötigen derzeit für Touristenaufenthalte von weniger als 30 Tagen kein Visum, das im voraus besorgt werden müßte. Es wird gegenwärtig bei der Ankunft am Jackson Airport von Port Moresby erteilt unter der Voraussetzung, daß man ein Ausreiseticket (per Flugzeug oder Schiff) und genügend Geld für den Aufenthalt vorweisen kann.

Will man zu anderen als touristischen Zwecken einreisen oder länger als 30 Tage bleiben, muß man sich das Einreisevisum schon vor der Ankunft besorgen. Die High Commission in London und die Botschaft in Brüssel (derzeit die beiden einzigen Kontaktadressen von Papua-Neuguinea in Europa) sind dazu berechtigt, Visa auszustellen. Da diese Bestimmung aber periodischen Änderungen unterworfen ist, empfiehlt es sich auf alle Fälle, bei der nächsten australischen Botschaft diesbezüglich Auskunft einzuholen, da Australien nach wie vor Aufgaben für Papua-Neuguinea übernimmt. Oft sind dort auch die gelben Antragsformulare vorrätig, die man ausgefüllt zusammen mit dem Paß und einem adressierten Rückumschlag eingeschrieben nach London oder Brüssel schickt, wo sie innerhalb von 48 Stunden bearbeitet werden.

Die Adressen:
Papua New Guinea High Commission
14, Waterloo Place
London SW 1 UK
Tel. 9 30 09 22;
Embassy of Papua New Guinea
327, Av. Louise
Bruxelles
Tel. 6 40 34 95/6 40 35 72

Zollbestimmungen

Touristen über 18 Jahre dürfen bei der Einreise zollfrei 1 l Alkohol, 200 Zigaretten oder 50 Zigarren einführen. Die Einfuhr folgender Güter ist verboten: Autos, Radios (auch bei kleineren Walkman-Geräten wird keine Ausnahme gemacht!), Fernseh- oder Videogeräte, Plattenspieler, Kassettenrecorder, andere akustische Wiedergabegeräte. Das beschränkt die Einfuhr an ›technischer‹ Ausrüstung auf Film- und Fotokameras. Verboten sind selbstverständlich auch Rauschgifte aller Art, und Medikamente wie Barbiturate oder Beruhigungspillen müssen beim Zoll angegeben werden. Es ist untersagt, Waffen irgendeiner Art einzuführen. Jäger müssen bei der Polizei, Abteilung für Feuerwaffen, schriftlich eine Sondergenehmigung beantragen.

Bei der Ausreise unterliegen die gekauften Souvenirs strengsten Kontrollen. Kein Artikel, der vor 1960 angefertigt worden ist, darf ausgeführt werden. Verboten ist auch die Ausfuhr von Paradiesvogelfedern oder -bälgen, Kina-Muscheln und Hundezähnen (die zu Ketten aufgefädelt werden) und natürlich von ›Reiseandenken‹ wie etwa menschlichen Schädeln. Selbst wenn man diese Sachen im Land bisweilen noch angeboten bekommt, ist es nicht ratsam, sich zum Kauf verleiten zu lassen: Die Strafen sind sehr hoch, um den weiteren Ausverkauf der zu unterbinden.

Flugverbindungen

Nationale Fluglinie des Landes ist Air Niugini, die von Port Moresby aus folgende internationale Destinationen anfliegt: Hongkong, Singapur, Manila, Honolulu sowie mehrere Ziele in Australien. Für Air Niugini führen auch Air New Zealand, Quantas, Philippine Airlines, Cathay Pacific sowie British Airways internationale Flüge ab Port Moresby durch.

Air Niugini unterhält zudem ein dichtes Netz von Binnenflügen, das durch die Fluglinien der privaten Gesellschaften Talair, Douglas Airways, Panga Airways und Bougair ergänzt wird. Talair fliegt kleinste Landepisten etwa am Sepik an – oft nur auf Sichtkontakt. Bei dieser Gelegenheit wird nicht nur das Handgepäck, sondern auch der Passagier gewogen, und es ist geraten, für den Sepik-Teil einer Reise so zu packen, daß man nur mit einem leichten Gepäckstück auskommt und den Rest in der Stadt zurückläßt.

Air Niugini fliegt von Port Moresby aus Lae, Rabaul, Kieta, Goroka, Mount Hagen, Madang und Wewak an. Da im Inlandflugverkehr kleinere Maschinen (Fokker Friendship) benutzt werden, die im Durchschnitt nur an die 50 Personen fassen, empfiehlt es sich, in der Hauptreisezeit vorauszubuchen. Das garantiert allerdings keineswegs, daß es nicht zu Ausfällen kommen kann; Verspätungen sind ohnehin an der Tagesordnung. Flüge müssen auch noch rekonfirmiert (rückbestätigt) werden, da sonst keine Garantie besteht, daß der Platz freigehalten wird. Bei der Ausreise wird eine Flughafengebühr erhoben (zuletzt 20 Kina).

Reiseveranstalter

Mehrere deutsche Reiseveranstalter besuchen Papua-Neuguinea im Rahmen von Südsee-Reisen, manche bieten auch eigene Papua-Neuguinea-Touren an. Die Programme verändern sich allerdings von Jahr zu Jahr, darum ist es geraten, die jeweils neuesten Kataloge zu studieren. Vor allem die Studienreiseunternehmen wie ›Internationale Studienreisen Max A. Klingenstein‹ oder ›Marco Polo‹ können auf vieljährige Erfahrung zurückblicken. Darüber hinaus nehmen auch Großveranstalter wie ›Kuoni‹ oder ›airtours Frankfurt‹ Papua-Neuguinea von Zeit zu Zeit in ihr Programm auf.

Jene Touristen, die sich auf eigene Faust bewegen wollen, sollten dennoch nicht auf die im Land angebotenen Touren verzichten, da viele Plätze allein nur schwer zu erreichen sind. Folgende Agenturen im Lande bieten Ausflüge und größere Arrangements an: Air Niugini Tours, Box 7186, Boroko; Trans Niugini Tours, Box 371, Mount Hagen.

Die meisten Touristen werden eine Sepik-Fahrt mit dem ›Melanesian Explorer‹ unternehmen, einem hochseetüchtigen Schiff, das 36 Passagiere in Zweibettkabinen mit Bad unterbringen kann und einigen Komfort bietet. Auch hier empfiehlt es sich, rechtzeitig zu buchen, da das Schiff oft von Reisegruppen belegt ist. Im Land wende man sich an: Melanesian Tourist Services, Box 707, Madang. Die deutsche Kontaktadresse ist: Melanesian Tourist Services, Alt Schwanheim 50, D-6000 Frankfurt am Main 71, Tel. 35 66 67, Telex 4189661.

Klima

Papua-Neuguinea liegt zur Gänze in den Tropen, folglich bewegt sich die Temperatur – mit Ausnahme der hochgelegenen Zonen – konstant zwischen 24 und 30 °C. Zwischen 9 Uhr vormittags und 4 Uhr nachmittags brennt die Sonne im allgemeinen heiß, mittags so stark, daß man sie meiden sollte. Für Weißhäutige sind ein Sonnenschutzmittel und Kopfbedeckung angebracht. Im Vergleich zur Hitze und hohen Luftfeuchtigkeit der Küstengebiete ist das Klima im Hochland relativ angenehm: Warme Tage und kühlere Nächte gleichen dem Frühling der gemäßigten Zone.

Im allgemeinen herrscht zwischen November und März Regen und die übrige Zeit Sonne – aber in Papua-Neuguinea kann man keine Regel ohne viele Ausnahmen aufstellen. So liegt die Regenzeit beispielsweise in Lae und Wewak zwischen April und Oktober, und auch in anderen Gebieten gibt es lokale Abweichungen (vgl. S. 17f.). Mit Ausnahme von Port Moresby, das in einer Regenschattenzone liegt, ist das Land sehr niederschlagsreich.

Reisekleidung

Für den Besuch von Papua-Neuguinea wird leichte, kühle und schnell zu waschende Kleidung empfohlen. Man muß infolge der hohen Luftfeuchtigkeit damit rechnen, seine Kleidung im allgemeinen nach einmaligem Tragen waschen zu müssen. ›Formelle‹ Kleidung am Abend, d. h. Safari-Anzug für den Herren, leichtes Kleid (lang oder kurz) für die Dame, wird nur in den großen Hotels erwartet (wobei Herren auf eine Krawatte durchaus verzichten können). Für die kühleren Abende und Nächte im Hochland empfiehlt es sich, eine warme Weste oder Jacke bereitzuhalten. Ein Regenschutz darf nicht fehlen, obwohl er in einem wirklich heftigen tropischen Regenschauer nur begrenzt nützt. Wichtige Reisedokumente (Paß, Flugschein, Reiseschecks) sollten in wasserdichten Plastiketuis aufbewahrt werden.

Gesundheitsvorsorge

Für die Einreise nach Papua-Neuguinea sind zur Zeit keinerlei Impfungen vorgeschrieben, es sei denn, der Reisende kommt aus einem Infektionsgebiet. Da man nicht immer direkt von Europa her anreist, sondern unter Umständen über ein Land der Dritten Welt, empfiehlt es sich, über das Gesundheitsamt die aktuellen Informationen der WHO (World Health Organisation) zu erfragen und die gegebenenfalls nötigen Impfungen vornehmen zu lassen.

Wegen der hohen Infektionsgefahr ist eine Tetanusimpfung unbedingt anzuraten, auch sollte eine gutsortierte Reiseapotheke nicht fehlen, in der sich vor allem Mittel gegen Darmstörungen und Infektionskrankheiten befinden.

In manchen Teilen des Landes, vor allem in jenen mit hohem Niederschlag, ist die Malaria noch nicht ausgerottet. Es wird daher dringend empfohlen, hier vorbeugende Tabletten einzunehmen. Gegenwärtig dürfte das Mittel Fansidar in Kombination mit Resochin den besten Schutz bieten (achten Sie darauf, rechtzeitig mit der Einnahme zu beginnen!).

Im Land selbst schütze man sich vor allem vor der Sonne. Gegen die Insekten, vor allem die Mücken, die in Sumpfgebieten zur wahren Landplage werden, ist kein Kraut gewachsen. Sprühmittel geben nur kurzfristigen Schutz (wenn man von Hongkong aus anreist, bewahre man Sprühdosen nicht im Handgepäck auf, da sie dort aus Sicherheitsgründen auf jeden Fall konfisziert werden!), und auch Vitamin B-Tabletten oder Einreibemittel haben nur zweifelhaften Erfolg. Es ist immer noch das beste, langärmlige Kleider und Hemden sowie lange Hosen zu tragen, obwohl die gierigen Mückenschwärme auch dann noch ihren Weg finden. Ist man von Insekten gestochen worden, was kaum zu verhindern ist, sollte man die Bißstellen keinesfalls aufkratzen, da es leicht zu Infektionen kommen kann.

Die Behörden von Papua-Neuguinea versichern, daß das Wasser im Land trinkbar sei. In den großen Städten wird es sterilisiert, in kleineren Orten verwendet man Regenwasser. Dennoch sollte man auf Wasser als Getränk nur in Notfällen zurückgreifen.

Größere Krankenhäuser befinden sich in Port Moresby, Lae, Goroka, Madang und Rabaul, desgleichen gibt es dort Zahnkliniken. Die ärztliche Behandlung ist kostenpflichtig, aber im allgemeinen nicht teuer. Sucht man einen privaten Arzt auf, muß man mit ähnlichen Tarifen rechnen wie in Europa.

1-Kina-Münze

Unterwegs in Papua-Neuguinea

Geld und Geldwechsel

Die Währung in Papua-Neuguinea ist der Kina (was wie das englische ›keener‹ ausgesprochen wird) mit seiner Untereinheit Toea (sprich wie das englische ›toya‹). Der Begriff Kina leitet sich von der Kina-Muschel ab, die einmal ein begehrtes Handelsobjekt der Eingeborenen untereinander war. Es gibt Banknoten im Wert von 2, 5, 10 und 20 Kina und eine Münze von einem Kina, die durch ein Loch in der Mitte gekennzeichnet ist (früher pflegte man Geld – ob Münzen, Muscheln oder dergleichen – auf Schnüre aufzufädeln). Ein Kina besteht aus 100 Toea, die in Münzen im Wert von 1, 2, 5, 10 und 20 kursieren.

Der Wechselkurs ist starken Schwankungen unterworfen. Derzeit (1985) steht er bei 1 Kina = ca. 3 DM = ca. 21 ÖS = ca. 2,50 SF.

Am leichtesten kann man australische und US-Dollars wechseln. Reiseschecks in diesen Währungen werden in den meisten größeren Läden und Hotels angenommen, desgleichen Kreditkarten von Diners Club und American Express. Neben den heimischen Banken (Papua-Neuguinea Banking Corporation, Papua-Neuguinea Developing Bank und die Reserve Bank als offizielles Institut des Landes) sind die Bank of South Pacific, die Australia & New Zealand Bank und die Westpac (Bank von New South Wales) im Land vertreten. Öffnungszeiten: montags bis donnerstags 9 bis 14 Uhr, freitags 9 bis 17 Uhr. Es empfiehlt sich, gleich bei der Ankunft am Flughafen zu wechseln und den Beleg darüber aufzubewahren. Nur so kann man später die überschüssigen Kina wieder problemlos in eine Fremdwährung, meist australische oder US-Dollar, zurückwechseln. Es ist auch anzuraten, kleine Kina-Scheine zu verlangen, da man sonst oft Schwierigkeiten mit dem Wechselgeld hat.

Zeitunterschied

Papua-Neuguinea ist der Greenwich-Zeit um 10 Stunden voraus, der Mitteleuropäischen (MEZ) um 9 Stunden.

Maße und Gewichte

Die in Papua-Neuguinea gebräuchlichen Maße und Gewichte folgen dem metrischen System. Frühere englische Maße und Gewichte (die offiziell bereits abgeschafft sind) können gelegentlich noch in Gebrauch sein.

Elektrizität

Offiziell wird angegeben, daß infolge der Arbeit von ELCOM, der Papua-Neuguinea Electricity Commission, überall im Land

Elektrizität vorhanden sei, aber tatsächlich kann man Strom, etwa zum Rasieren oder zum Aufladen von Blitzlichtern, schon nicht mehr voraussetzen, wenn man ins Hochland kommt. Viele kleinere Ansiedlungen oder Hotelanlagen behelfen sich mit Stromaggregaten, die aber nicht unbedingt eine konstante Energiequelle darstellen und auch des öfteren streiken. Es ist durchaus ratsam, eine starke Taschenlampe mit ausreichendem Batteriematerial mit sich zu führen.

Sprache

Überall im Land wird Englisch gesprochen. Wenn man jedoch mit den Eingeborenen ein wenig in Kontakt treten will, empfiehlt es sich, sich einige wichtige Redewendungen in Pidgin-Englisch anzueignen (vgl. Wörterverzeichnis S. 325 ff.). Die dritte offizielle Sprache des Landes ist noch immer Motu, das aber nur wenig gesprochen wird. Sich durch die Vielzahl der nationalen Sprachen und Dialekte kämpfen zu wollen, ist gänzlich aussichtslos.

Trinkgelder

Offiziell wird das Geben und Nehmen von Trinkgeldern nicht gefördert. Dennoch hat sich, vor allem in den Touristenzentren, diese von den Amerikanern eingeführte Praxis weitgehend eingebürgert, die allerdings den Stolz und das Selbstwertgefühl der Eingeborenen verletzt.

Verkehr

Filialen von Hertz, Avis und Budget finden sich in den großen Städten, der internationale Führerschein wird anerkannt. Papua-Neuguinea ist allerdings kein Land, das sich so ohne weiteres auf eigene Faust mit dem Wagen durchfahren ließe, was nicht nur am Zustand vieler Straßen liegt, die – da es sich oft um Schotter- oder Erdstraßen handelt –, unter dem Regen sehr leiden. Man muß auch der Tatsache gewärtig sein, daß es nicht überall Tankstellen gibt. Irgendwo etwa am Highland Highway zu stranden, kann infolge der Entfernungen ein zweifelhaftes Abenteuer werden.

Autofahrer, die das Pech haben, in einen Unfall verwickelt zu werden, bei dem jemand verletzt wird, sollten auf keinen Fall an Ort und Stelle bleiben, sondern so schnell wie möglich die nächste Polizeistation aufsuchen. Das System des ›Payback‹ (Auge um Auge) kann hier Sühneforderungen finanzieller Art bewirken, deren Einlösung von den Eingeborenen unter Umständen unter Lebensbedrohung erzwungen wird.

Es gibt keine Eisenbahnen in Papua-Neuguinea, wohl aber Busse, die die größeren Städte verbinden sowie eine Buslinie, die den Highland Highway von Lae bis Mount Hagen befährt. In den größeren Städten gibt es Linienbusse, Minibusse und Taxis. Am billigsten, aber auch am unbequemsten sind die PMV (Public Motor Vehicles), mit einer Plane überspannte Pritschenbusse, auf denen alles Transportierbare (auch Tiere etc.) befördert wird. Man erkundige sich nach der Richtung, die sie nehmen, handle den Preis vorher aus und zahle erst nach Ankunft, da sie unter Umständen unterwegs liegenbleiben können.

Unterkunft

In den größeren Städten ist es im allgemeinen möglich, eine dem internationalen Standard entsprechende Unterkunft zu finden. Das Angebot ist allerdings nicht so reichlich, daß es nicht vorteilhafter wäre, im voraus eine Reservierung zu tätigen. Auch muß man sich bewußt sein, daß Hotelpreise in Papua-Neuguinea höher liegen als in den meisten asiatischen und australischen Großstädten und daß die Häuser mit Ausnahme der Hauptstadt mitunter einfach ausgestattet sind.

Essen

Selbst die Bewohner von Papua-Neuguinea geben zu, daß ihre traditionelle Küche mit Yams, Taro und Sago als Basis und Schweinefleisch als Beilage für Fremde wenig attraktiv ist. Demzufolge gibt es auch keine Restaurants, die sich auf einheimisches Essen spezialisiert haben. Versuchen sollte man die Fische und Früchte des Landes, von denen es ein reichhaltiges Angebot gibt. In größeren Städten bieten die Hotels so etwas wie internationale Küche an, und es gibt asiatische Spezialitäten-Restaurants.

Feste und Feiertage

Neujahr, Karfreitag, Karsamstag, Ostersonntag, Ostermontag, Unabhängigkeitstag (16. September), Weihnachten (25. Dezember) und Stephanstag (26. Dezember) sind öffentliche Feiertage, außerdem begeht man Mitte Juni den Geburtstag der englischen Königin (s. u.).

Auf den Trobriand-Inseln finden vom April bis zum Juni Yams-Feste mit den traditionellen Sing-Sings statt.

In Rabaul gibt es im Mai das dreitägige Frangipani-Fest mit Parade, einem Ball und einer Schönheitskonkurrenz.

Im Juni wird der Geburtstag der Königin ein Wochenende lang gefeiert, wobei in Port Moresby die National Capital Show stattfindet, in Madang das Maborasa-Fest, beide mit Musik, Tanz, Theatervorstellungen und Kunstausstellungen.

Im Sommer werden die berühmten Hochland-Shows abwechselnd in Mount Hagen und Goroka abgehalten, wobei die einzelnen Stämme noch immer ihre traditionellen Tänze in phantastischen Masken und Kleidungen darbieten.

Der Nationalfeiertag am 16. September wird landesweit mit Sing-Sings und kulturellen Veranstaltungen gefeiert. Das Hiri Moale in Port Moresby gemahnt mit seinem Kanu-Rennen an die früheren Hiri-Handelsfahrten. Außerdem findet in diesem Zeitraum das etwa einen Monat lang dauernde ›Papua New Guinea Festival‹ statt, bei dem sich Künstler aus der Dritten Welt treffen und traditionelle wie moderne Darbietungen zum Besten geben.

Im September und Oktober gibt es in Kavieng ein Malanggan-Fest und in Lae die Morobe-Show. Viele Gruppen aus dem Hochland legen einen weiten Weg zurück, um daran teilzunehmen.

Vom November bis Weihnachten veranstalten die Chimbu bei Kundiawa traditionelle Theaterfeste anläßlich des großen Schweineschlachtens. In Samarai wird ein ›Perlen-Fest‹ abgehalten.

Im Dezember gibt es ein ›Tolai Warwagira‹ genanntes Fest in Rabaul, bei dem u. a. Dukduk-Tänze dargeboten werden.

Einkauf und Souvenirs

Die Geschäfte sind wochentags von 8 bis 16.30 Uhr geöffnet, samstags von 8 bis 12 Uhr,

Ämter wochentags von 7.45 bis 13 Uhr und von 14 bis 16.15 Uhr. In allen größeren Zentren gibt es die sogenannten ›Artifact Shops‹, wo Touristen Holzschnitzereien, Töpfereien, Korbwaren und anderes Kunsthandwerk erstehen können. Das bemerkenswerteste dieser Zentren ist ›Village Arts‹ in Port Moresby in der Nähe des Jackson Airport. Dort findet sich Kunstgewerbe aus allen Provinzen des Landes – nirgendwo sonst erhält man einen so umfassenden Überblick über das gesamte Angebot.

Überall vermittelt der Besuch der Märkte pittoreske Eindrücke. Die Preise in der Stadt sind fest, aber auf dem Land kann – in Grenzen – gehandelt werden. Man fragt den Verkäufer ›How much?‹ und bekommt einen Preis genannt. Erscheint dieser zu hoch, kann man sich erkundigen, ob es einen ›second price‹ gibt. Das kann, muß aber nicht der Fall sein. Weiter zu feilschen ist zwecklos, man verliert nur sein Gesicht.

Hat man kunsthandwerkliche Gegenstände erworben, so müssen diese vor der Ausfuhr desinfiziert werden, damit man keine Krankheitserreger und Ungeziefer mit nach Hause bringt. Das Besprühen wird mittwochs und samstags durch folgende Institution durchgeführt: Flick, Pest & Weed Control, Vai Vai Avenue, Box 6226 Boro, Port Moresby, Tel. 25 5774/25 6103. Die ›Spraygebühr‹ beträgt ein Kina pro Stück, größere Objekte können bis zu 5 Kina kosten. Es wird ein Zertifikat ausgestellt, dessen Vorlage die Behörden bei der Ausfuhr unter Umständen verlangen. In Lae kann man unter Tel. 42 22 83, in Rabaul unter Tel. 92 17 87 erfragen, wann und wo man gekaufte Objekte desinfizieren lassen kann.

Will man größere Stücke nach Hause schicken, so kontaktiere man folgende Adressen: Für Luftfracht Robert Laurie PTY Ltd., Box 126, Port Moresby, Tel. 21 73 24; für Schiffsfracht Steamships Shipping & Transport Division, Box 1, Port Moresby, Tel. 22 02 89/22 02 83.

Für den Erwerb von Spirituosen gibt es sogenannte Liquor Stores, die bisweilen an Hotels angegliedert sind. Sie haben nur von Montag bis Donnerstag geöffnet. Dabei wird Alkohol lediglich in Flaschen verkauft.

Achtung: Halten Sie sich unbedingt an das strikte Ausfuhrverbot für Paradiesvogelfedern, menschliche Schädel, Kina-Muscheln und Hundezähne (vgl. S. 314 f.); die drohenden Strafen sind sehr hoch!

Besuch von Männerhäusern

Wollen Sie während eines Ausfluges ein Männer- oder Geisterhaus besuchen, sollten Sie unbedingt vorher folgende Fragen klären:

Dürfen auch Frauen hinein? (meistens schon, aber nicht immer)

Soll man den Hut abnehmen oder auflassen? (die diesbezüglichen Bräuche sind von Stamm zu Stamm verschieden)

Darf im Inneren fotografiert werden, wenn ja, gibt es Dinge, die von der Fotoerlaubnis ausgenommen sind? (oft sind z. B. die Gebetshocker, die heiligen Flöten im Obergeschoß und auch die dort bisweilen eingewickelten Ahnenfiguren tabu)

Achtung: Die Wünsche der Eingeborenen müssen strikt befolgt werden – und zwar nicht nur aus Rücksichtnahme, die eigentlich selbstverständlich sein sollte, sondern auch deshalb, weil Sie anderenfalls leicht äußerst unangenehme Situationen provozieren könnten!

Nationalmuseum Port Moresby

Das Nationalmuseum in Port Moresby (Farbt. 48) hat zur Zeit infolge von Budgetkürzungen nur von Montag bis Donnerstag geöffnet (die genauen Zeiten können Sie telefonisch erfragen). Die jetzige Anordnung der Objekte entspricht noch nicht der für die Zukunft geplanten. Einen Besuch ist das Museum in jedem Fall wert, allein schon wegen der interessanten Architektur und der Wechselausstellungen. Adresse: National Museum & Art Gallery, Independence Hill, Waigami, Tel. 25 24 22.

Baumhaus in Milne Bay (Darstellung von 1888)

Bibliographie

Es existieren eine umfangreiche englische Literatur und eine deutschsprachige Fachliteratur (Dissertationen und wissenschaftliche Forschungsergebnisse), die zwar bei der Erstellung dieses Buches berücksichtigt wurden, aber bewußt ausgeklammert bleiben, da sie hierzulande kaum oder gar nicht zugänglich sind. Die Fachliteratur besteht zudem in den meisten Fällen aus spezialisierten Einzeluntersuchungen, die fundierte Kenntnisse über Papua-Neuguinea voraussetzen. Jenen Lesern, die diese Quellen für sich erschließen möchten, bieten die Publikationsreihen diverser Völkerkundemuseen, vor allem jener in Basel und Berlin, reichliches Material in großer Fülle.

Ausstellungskataloge

Basel: Museum für Völkerkunde

Kaufmann, Christian: Ozeanische Kunst. Meisterwerke aus dem Museum für Völkerkunde Basel, Basel: Stiftung zur Förderung des Museums für Völkerkunde, 1980.

Aus den Sammlungen Alfred Bühler im Basler Museum für Völkerkunde. Ethnographische Kostbarkeiten, Basel: Museum für Völkerkunde, 1970.

Berlin: Museum für Völkerkunde

Koch, Gerd: Führer durch die Ausstellung der Abteilung Südsee, Berlin: Museum für Völkerkunde, 1976.

Hamburg: Museum für Völkerkunde

Tischner, Herbert: Südseemasken in der geistigen Kultur der Melanesier, Hamburg: Hamburgisches Museum für Völkerkunde, 1976.

Köln: Rautenstrauch-Joest-Museum

Stöhr, Waldemar: Melanesien. Schwarze Inseln der Südsee, Köln: Ausstellung des Rautenstrauch-Joest-Museums für Völkerkunde der Stadt Köln, 1971.

Stuttgart: Linden-Museum

Heermann, Ingrid: Melanesien. Mensch und Natur – Mythos und Kunst, Stuttgart: Württembergischer Kunstverein, 1977.

Kussmaul, Friedrich: Ferne Völker – Frühe Zeiten. Kunstwerke aus dem Linden-Museum Stuttgart. Staatliches Museum für Völkerkunde. Band 1: Afrika, Ozeanien, Amerika, Recklinghausen: Verlag Aurel Bongers, 1982.

Wien: Museum für Völkerkunde

Peter, Hanns: Völker in Urwald und Wüste. Kulturwandel in Neuguinea und Australien, Wien: Museum für Völkerkunde, 1979.

Moschner, Irmgard: Ozeanien–Australien. Die ozeanischen Sammlungen, Wien: Museum für Völkerkunde, 1967.

Allgemeine Literatur

Baumann, Peter/Uhlig, Helmut: Kein Platz für ›wilde‹ Menschen. Das Schicksal der letzten Naturvölker, Wien: Molden-Taschenbuch-Verlag, 1976

Bühler, Alfred: Die Kunst der Südsee; in: Ozeanien und Australien (Kunst der Welt). Baden-Baden: Holle-Verlag, 1961

Forge, Anthony (Hrsg.): Australien und Melanesien; in: Bild der Völker in zehn Bänden. Band 1, Wiesbaden: F. A. Brockhaus, 1974

Gardi, René: Sepik. Land der sterbenden Geister. Bilddokumente aus Neuguinea, Stuttgart: Alfred Scherz Verlag, 1958

Gardi, René: Tambaran. Begegnung mit untergehenden Kulturen auf Neuguinea. Zürich: Orell Füssli Verlag, 1956

Grandjot, Werner: Reiseführer durch das Pflanzenreich der Tropen, Köln: Kurt Schröder Verlag, 1976

Guiart, Jean: Die Kunst der Südsee und Australiens, München: C. H. Beck Verlag, 1963

Harrer, Heinrich (Hrsg.): Unter Papuas. Mensch und Kultur seit ihrer Steinzeit, Frankfurt: Fischer Taschenbuchverlag, 1978

Keast, Allen: Kontinente in Farben – Australien und Ozeanien, München: Droemersche Verlagsanstalt, 1967

Kiki, Albert Maori: Ich lebe seit 10 000 Jahren, Frankfurt: Safari bei Ullstein, 1982

Lampert, Kurt: Die Völker der Erde. Erster Band, Stuttgart: Deutsche Verlagsanstalt, o. A.

Nevermann, Hans/Trowell, Margaret: Afrika und Ozeanien, München: Wilhelm Heyne Verlag, 1981

Poignant, Roslyn: Ozeanische Mythologie – Polynesien, Mikronesien, Melanesien, Australien. Wiesbaden: Emil Vollmer Verlag, o. A.

Schultze-Westrum, Thomas: Neu-Guinea. Papua-Urwelt im Aufbruch. Bern: Kümmerly & Frey Geographischer Verlag, 1972

Steinbauer, Friedrich: Das unabhängige Papua-Neuguinea. Biographien und Meinungen führender Männer und Frauen im heutigen Papua-Neuguinea, Wiesbaden: B. Heymann, 1975

Uhlig, Helmut: Menschen der Südsee. Völkerkunde der Gegenwart – Die Naturvölker Australiens und Ozeaniens, Berlin: Safari-Verlag, 1974

Als Ergänzung zu dem vorliegenden Band empfehlen sich folgende Reiseführer, die vor allem eine Vielzahl praktischer Reisehinweise geben:

Wheeler, Tony: Papua Neu Guinea. Travel Aids für Abenteurer Bd. 7, Hattorf am Harz: Schettler Travel Publikationen, 1983

David Stanley: Südsee-Handbuch, Bremen: Verlag Gisela E. Walther, 1984

Wörterverzeichnis Deutsch – Pidgin-Englisch

Abendessen	kaikai long apinun
Abfall	pipia bilong kaikai
ablehnen	tromoiim
Alkohol	spiris
alle	olgera
alt	olpela
Ameise	anis
anbieten	oferim
anfangen	kirap
angeben	hambak
ängstigen	pretim
ängstlich	pret
anschwellen	swelap
Antwort	tokbek
Appetit	bel i-laikim kaikai
Arbeit, arbeiten	wok
arbeitslos	no gat wok
Armbanduhr	hanwas
atmen	pulim win
aufbewahren	kolim gut
aufhören	stapim
aufwachen	kirap
ausgeben	lusim moni
ausgezeichnet	nambawan
ausländisch	bilong longwe ples
ausruhen	kisim win
ausschimpfen	givim strongpela tok
aus sein	i-pinis
austreten	pekpek
backen	kukim long oven
Badestelle	ples waswas
bald	kwiktaim

Bambus	mambu
Bandage	banis
bandagieren	putim banis
barfuß	nogat su
Bauchweh	bel i-pen
bauen	wokim
bedauern	sori
beeilen, sich	hariap
Beerdigungsstätte	matmat
begeistert	hot
begrüßen	givim gut de long
behindern	pasim
belästigen	trabelim
belehren	skulim
beleuchten	laitim
Benzin	bensin
bergig	i-gat maunten
berühren	pilim
Beschwerde	tok
(Ich habe eine Beschwerde	mi gat tok)
Besitzer	papa
Besitzerin	mama
besser	moa gut
bestehen auf etwas	strong long
bestimmt	tru
besuchen	go lukim
betrügen	sit
betrunken	longlong long wiski
Bett	bet
betteln	singaut long
bewachen	sambai long
bewölkt	i-gat klaut

bezahlen (etwas)	peim
bezahlen (jemanden)	baiim
Bezahlung	pe
Bier	bia
billig	sip
bitte	plis
bleiben	stap
blind	ai i-tudak
Blume, Blüte	plaua
Blut	blut
Blutegel	snek bilong drinkim blut
bluten	karim blut
Boot	bot
braten	praiim
Brennesseln	salat
Brille	aiglas
bringen	bringim
Brot	bret
Brücke	bris

Dankbarkeit	pasim bilong givim tenkyu long arapela man
Danke!	tengkyu!
Datum, fixieren	makim de
Decke	blanket
Dokument	pepa
Dolmetscher	man bilong tanim tok
Dorf	ples
dort	long hap
Dose	tin
Dosenöffner	optin
draußen	ausait
drehen	baut
duftend	i-gat smel
dunkel	tudak
Durchfall	pekpek wara
durstig	nek i-drai

Ebbe	draiwara
echt	tru
Ei	kiau
Eingeweide	bel
einigen, sich	mekim dai
einladen	singautim
einmal	wantaim
eintreten (in etwas)	kum insait
einwickeln	karamapim
eitern	sting
Eltern	papamama
Energie	strong bilong mekim wok
Englisch	Ingglis
entfernen, sich	surik i-go
enthüllen	telimautim
entschuldigen	pogivim
Entschuldigung!	Sori!
Erde	graun
erinnern	holim long tingktingk
Erinnerung	tingktingk
Erkältung	kus
erklären	mekim klia tok
erlauben	larim
erwerben	kisim
eßbar	gutpela bilong kaikai
Essen, essen	kaikai
Essenszeit	taim bilong kaikai
etwas	sampela samting
ewig	bilong oltaim
exportieren	salim i-go long longwe ples

fahren	draiv
Fahrer	draiva
fallen	podaun
falsch	krangki
fangen	kalabusim
Farbe	pen
fast	klostu
faul (Person)	les
faul (Eßwaren)	nogut
Fehler	samting i-krangki

Fernrohr	glas
festmachen	taitim
Feuer	paia
Fieber	fiva
Film	pepa bilong mekim poto
Finger	pingga
Fisch	pis
fischen	lukautim pis
Flasche	botol
Floh	laus
Flöte	mambu
Fluß	riva
Flut	haiwara
Flugzeug	balus
fortgehen	go longwe
fragen	askim
Frau, Mädchen	meri
freundlich	gutpela
fröhlich	i-save lap plenti
früh	bipotaim
früher	bipo
fühlen	pilim
führen	soim rot
Garten	gaden
geben	givim
gefährlich	samting nogut
gehen	go
gelähmt sein	in-dai
Geld	moni
Gemüse	sayor
genau, gerecht	stret
gern haben, wünschen	laikim
Geruch	smel
Geschäft, Handel	bisnis
Geschenk	presen
Geschlechtskrankheit	sik nogut
Gesicht	pes
gestern	asde

Gift	gip
giftig	i-gat gip
Glasperlen	bis
gleichgültig sein	maski
glücklich sein	amamas long
Grippe	olgera bun i-pen
groß, berühmt	bikpela
gut	gut
Guten Tag!	Gut de!
Haar	gras
haben	i-gat
Haifisch	sak
halb	hap
Halskette	bis
halten	holim
Hände schütteln	sekan
Handtuch	taul
häßlich	i-no naispela
Häuptling	nambawan
heben	liptimapim
heilig	santu, tambu
Heirat, verheiratet	marit
heiß	hot
helfen	helpim
heute	tude
hier	hia
hinterhergehen	bihainim
Holz	diwai
hören	harim
Hosen	trausis
hübsch	nais
hungrig	hangre
Husten, husten	kus
immer	oltaim
infiziert sein	i-stingk
Insekt	pinatang
ja	yes
jetzt	nau
jucken	skrap

Kaffee	kopi
Kakerlak	kakalak
kalt	kol
Kamera	masin bilong mekim poto
Kartoffel	poteto, kaukau
keinesfalls	nogat tru
klar	klia
klein	liklik
Kleinkind	pikinini
klettern	goap
klug	i-gat save
Knochen	bun
kochen	kukim
Koffer	paus
Kokosnuß, reif zum Trinken	kulau
Kopfkissen	pilo
Kopfschmerzen	het i-pen
Kordel	lain, string
Körper	bodi
kosten (Geld)	kostim
Krankenhaus	haus sik
Krankheit	sik
krank sein	gat sik
Krokodil	pukpuk
kultivieren (anbauen)	brukim graun, mekim gaden
kurzatmig	sotwin
Küste	nabis
Lager	kemp
Lampe, Laterne	lam
Landeplatz (für Flugzeuge)	ples balus
lang	longpela
lange	longtaim
langsam	isi isi
Lärm, laut	pairap, nois
Latrine	haus pekpek
laufen	ron
ledig	stap nating
leer	i-stap nating
Legende	tok bilong bipo yet
leicht	isi
leiden (Schmerz)	karim (pen)
leise	no gat nois
machen	mekim
Magie, schwarze	poisin
Mann	man
Marktplatz	ples bung
Maus	liklik rat
Medizin	marasin
mein	bilong mi
mehr	moa
messen	skelim
Milch, Brüste	susu
Mittagessen	smolpela kaikai
möchten	laikim
Morgen	moning
Motorboot	pinas
Mücke	natnat
müde	les
Mund	maus
Münze	moni ain
Mutter, Schwiegermutter	mama
Nachmittag	apinun
Nachricht	tok, nius
nackt	nogat klos
nahe	klostu
näherkommen	surik i-kam
Name	nem
(Wie heißen Sie?)	(Wanem nem bilong yu?)
naß	i-gat wara
nein	nogat
nehmen	kisim
neu	nupela
nichts	nating

Obst	prut
oft	plenti taim
Ordnung, in	orait
packen	mekim mekpas
Paddel, paddeln	pul
Paket	paus
Papagei	kalangar
Papier	pepa
Paradiesvogel	kumul
Paß auf!	Lukaut!
Pause	pausa
pflanzen	planim
Pflaster	plasta
photographieren	mekim poto
Pidgin-Englisch	tok pisin
Preis	pe
probieren	traiim
Problem	trabel
quetschen (blaue Flecke bekommen)	bagarapim liklik
Radio	wailis
Ration	skel
rationieren	skelim
Rauch, rauchen	smok
rechts	rait
Regen	ren
reich	i-gat plenti moni
reichlich	bikpela
reisen	wokabaut
reparieren	oraitim, stretim, mekim gut gen
richtig	stret
Richtung	i-go we
riechen	smelin
Rücken	baksait
rufen	singaut long
ruhig	stret

sagen	spik
Sago	saksak
Salbe	gris
Salz	sol
Schachtel	kes
schälen	tekewe skin
schauen	lukluk
scheint, es	atink
schenken	presen long
Schlaf, schlafen	slip
schläfrig	ai i-slip
Schlange	snek
Schlangenbiß	snek i-kaikai long
schlecht	nogut
schmackhaft	i-swit
Schmerz	pen
Schmerzen haben	pilim pen
Schmetterling	bataplai
Schmuck	bilas
schmücken	bilasim
Schmutz, schmutzig	doti
schnarchen	pulim nus
schneiden	katim
schnell	kwik
schnitzen	sapim
schüchtern	i-pret
Schuld	rong
Schulden	dinaua
schulden	mas peim
Schule	skul
schwach	i-no strong
Schwein	pik
Schweiß	tuhat
schwer	hevi
schwierig	i-hatwok long mekim
Schwierigkeit	trabel
schwitzen	skin i-wara
sehr gut	gutpela moa
Seite, auf der anderen	long hap

selten	arakain
sitzen	sindaun
Sonnenaufgang	sun i-kamap
Sonnenuntergang	sun i-go daun
spät	bihain
spazieren	wokabaut nating
Spielzeug	samting bilong pilai
Spinne	spaida
Sprache, sprechen	tok, toktok
starren	lukluk long
stechen (Insekten)	pen bilong salat
stehlen	stilim
steil	i-go daun tumas
stornieren	katim
Streit, streiten	pait long toktok
Stunde	aua
suchen	lukautim
süß	swit
Tag	de
Tanz, tanzen, singen, Fest	singsing
Taschenlampe	sutlam
Taschenmesser	naip skru
Tatsache	samting i-tru
Tee	ti
teilen	givim hap long
teilnehmen	insait wantaim
teilweise	liklik
Tennisschuhe	su gumi
teuer	i-kostim plenti
Tier	pinatang
Tochter, Schwiegertochter	pikinini meri
tot	i-dai pinis
töten	kilim
Tragnetz	bilum
trauern	sori long
trinken	drinkim
trocken	drai, nogat wara
trocknen	mekim drai
übel sein	bel i-tantanim
überlegen, etwas	tingktingk long bel
umsonst	nating
unfähig	i-no inap
Unfall	samting i-bagarap
ungenießbar	wail
ungerecht	i-no stret
unmöglich sein	i-no ken
unreif	i-no mau
unten	daun
unterhalten	skrapim tok
untersuchen	lukim gut
urinieren	pispis
Urlaub	taim bilong limlimbur
Urwald	bus
Vater, Schwiegervater	papa
verbessern	go moa beta
verbieten	tambu long
verboten	tambu
verbrauchen	kaikaiim
verderben	mekim nogut
verdienen	wok long kisim moni
verfaulen	stingk
vergessen	lusim tingk
vergleichen	skelim
verirren, sich	lusim rot
verkaufen	salim
verlangen	singaut long
verlassen	lusim
verletzen, verwunden	bagarapim
verletzt, verwundet	bagarap
verlieren	lusim
vermissen	abrusim
versprechen (etwas)	promisim
verständlich sein	klia
verstauchen	tanim skru

verstaucht	i-lus
verstehen	tingksave
verstopft sein (Stuhlgang)	no save pekpek
verteilen	dilim
vertrauen	bilip long
vertrauenswürdig	tru
viele	plenti
vielleicht	atink
voll	pulap
Vorderseite	pes
Vorrat	kago
vorsichtig sein	lukaut long
wachsen	kamap
wann	wataim
warten	wetim
was	wanem
waschen	waswas
Wasser	wara
Wecker	klok belo
Weg	rot
weich	malumalu
weit	longwe
wertlos	nating
Wetter, gutes	gutpela taim
wiedergutmachen	bekim
wieviel	haumas
wirklich	tru
Wissen, wissen	save
wo	we
woanders	arawe
Wohnsitz	haus
Wolke	klaut
Wunde	sua
zählen	kaunt
Zahn	tit
zeigen	soim
zeigen, auf etwas	makim long pingga
Zeitung	niuspepa
zerbrochen	i-bruk
ziehen	pulim
Zigarette	siga, smok
Zigarettenpapier	smokpepa
zittern	skin i-guria
zögern	wet
Zorn, zornig	kros
Zucker	suga
zufrieden	orait long
zugehörig zu	bilong
(es gehört mir)	(em i-bilong mi)
zuhören	harim
zurückkommen	kam bek
zusammenbringen	bung
zustimmen	orait long
Zweig	han

Zeittafel

1512 Der Portugiese Antonio d'Abreu ist vermutlich der erste Weiße, der die Insel Neuguinea erblickt, und zwar deren Nordwestküste.

1527 Der Portugiese Jorge de Meneses landet auf der später von den Holländern ›Vogelkop‹ benannten Halbinsel (heute West-Irian) und gibt dem Gebiet den Namen ›Ilhas dos Papuas‹ (wobei der Begriff ›Papua‹ sich auf die Kraushaarigkeit der Ureinwohner bezieht).

1545 Der Spanier Inigo Ortiz de Retes segelt die Nordküste der Insel entlang und benennt sie ›Nueva Guinea‹ (weil ihm die Eingeborenen mit jenen des westafrikanischen Guinea verwandt erscheinen).

1605 Luis Vaez de Torres durchfährt die später nach ihm benannte Torres-Straße zwischen der Kap York-Halbinsel an der Nordspitze von Australien und der Südküste von Neuguinea. Er passiert auch einige Inseln des später so genannten Bismarck-Archipels.

1616 Jacob LeMaire und Willem Schouten segeln an der Nordküste entlang und entdecken den Ausfluß des Sepik. Sie finden die Admiralitätsinseln und treffen auf die Nordküste von Neuirland.

1643 Der Niederländer Abel Tasman fährt die Nordküsten von Neuguinea und Neuirland entlang.

1705 Der Engländer William Dampier erforscht die Nordküste von Neubritannien, dem er den Namen gibt, und segelt zwischen Neuguinea und Neubritannien hindurch.

1767 Der Engländer Philip Carteret tätigt weitreichende Entdeckungen im Gebiet von Neuirland, den Duke of York-Inseln, Buka. Er durchfährt den St. George's Channel zwischen Neubritannien und Neuirland.

1768 Der französische Seefahrer Louis de Bougainville entdeckt die nach ihm benannte Insel der nördlichen Solomonen sowie die Louisiaden.

1770 Der englische Kapitän James Cook durchfährt auf seiner Reise in die Südsee die Torres-Straße.

1793 Der Franzose A. J. R. B. d'Entrecasteaux entdeckt eine Großzahl der dem Ostende von Neuguinea vorgelagerten Inseln, darunter die nach ihm benannten sowie die Trobriand-Inseln.

1795 Nach dem Ende der 1602 gegründeten Holländischen Ostindien-Kompagnie beginnt das Vereinigte Königreich der Niederlande, vom Gebiet des heutigen Indonesien ausgehend ein Kolonialreich zu errichten, in dessen Einflußbereich in der Folge auch der westliche Teil der Insel Neuguinea gerät.

1828 Die Niederlande annektieren formell den westlichen Teil von Neuguinea und errichten dort erste Siedlungen.

1833 Die australische Provinz Queensland (eine britische Kolonie) plant, den südlichen Teil von Ostneuguinea (das spätere Papua) zu annektieren, was aber zu diesem Zeitpunkt von London noch abgelehnt wird.

1845 Der Brite Blackwood erforscht die Westseite des Golfs von Papua und entdeckt den Ausfluß des Fly River.

1849 Der britische Kapitän Owen Stanley vervollständigt die Entdeckungen am Ostende von Neuguinea.

1871 Der russische Biologe Nicolai Miklouho-Maclay landet in der Astrolabe Bay und verbringt zu Forschungszwecken mehrere Monate unter den Eingeborenen.

1871 Angehörige der Londoner Missionsgesellschaft reisen die Südküste von Neuguinea entlang und errichten die ersten Niederlassungen in der Umgebung der heutigen Hauptstadt.

1872 Der britische Kapitän Simpson auf der ›Blanche‹ erforscht die Blanche Bay vor Rabaul und benennt Simpsonhafen.

1873 Kapitän Moresby entdeckt Port Moresby. Auf der Nordseite der Insel findet er die Mündung des Markham-Flusses.

1876 Der italienische Forscher Luigi Maria d'Albertis fährt knappe 1000 km den Fly hinauf. Im gleichen Jahr beginnt der Russe Miklouho-Maclay seinen zweiten Forschungsaufenthalt in der Astrolabe Bay.

1883 Der britische Beamte H. M. Chester hißt im Auftrag der Regierung von Queensland am 4. April die britische Flagge und nimmt im Namen der britischen Krone das Gebiet zwischen dem 141. und 155. Grad östlicher Länge in Besitz. Die britische Regierung bestätigt diese Annexion nicht.

1884 Am 3. November wird das deutsche Protektorat über Nordwest-Neuguinea und den Bismarck-Archipel proklamiert, am 6. November das britische über den südöstlichen Teil der Insel. Damit ist die Insel Neuguinea in einen holländischen, einen deutschen und einen britischen Sektor geteilt.

1884/85 Der deutsche Forscher Otto Finsch unternimmt auf dem Dampfer ›Samoa‹ seine berühmten Fahrten entlang der Küste und den Sepik hinauf, den er Kaiserin-Augusta-Fluß nennt.

1885 Deutschland erklärt Nordost-Neuguinea (nunmehr ›Kaiser-Wilhelms-Land‹), die Inseln des Bismarck-Archipels und die Nördlichen Solomonen zu deutschem Schutzgebiet. Die Verwaltung übernimmt allerdings nicht das deutsche Kaiserreich, sondern die ›Deutsche Neuguinea-Kompagnie‹.

1885 Der Brite H. C. Everill erforscht bei einer Fahrt auf dem Fly dessen wichtigsten Zubringer-Fluß, den Strickland.

1886 Die Niederlande annektieren offiziell den westlichen Teil von Neuguinea.

1887 Der Deutsche C. Schrader befährt den Sepik bis 610 km flußaufwärts.

1888 Großbritannien annektiert British New Guinea offiziell.

1889 Der britische Administrator William MacGregor besteigt den Mount Victoria und benennt zahlreiche weitere Berggipfel. Systematisch treibt er die Erforschung des Gebiets landeinwärts vor.

1890 Der deutsche Botaniker Dr. Carl Lauterbach erforscht die Flüsse Gogol, Markham und Ramu.

1895 Bei dem Versuch, die Insel vom Huon-Golf in südlicher Richtung zu durchqueren, werden die beiden Deutschen Otto von Ehlers und W. Piering von Eingeborenen ermordet.

1889 Das Deutsche Reich übernimmt von der Deutschen Neuguinea-Kompagnie die Verwaltung von Kaiser-Wilhelms-Land. Zwischen Deutschland und Großbritannien kommt es zu einem endgültigen Abkommen über die – bis dahin strittigen – Solomonen in dem Sinn, daß Deutschland Bougainville und Buka, Großbritannien Choiseul und Ysabel erhält.

1905/06 Aufgrund des sogenannten ›Papua-Gesetzes‹ wird British New Guinea australisches Gebiet und erhält den Namen ›Papua‹.

1914 Nach dem Ausbruch des Ersten Weltkriegs besetzen die Australier ab dem 11. September Deutsch-Neuguinea, das am 17. September kapituliert. Während des Krieges bleibt das Gebiet unter militärischer Besetzung Australiens. Der deutsche Hauptmann Hermann Detzner führt im Hinterland seinen Ein-Mann-Krieg gegen die Australier und behauptet später, während der vier Kriegsjahre tief ins Hochland eingedrungen zu sein – eine Behauptung, die er nicht verifizieren kann.

1921 Mit Wirksamkeit vom 9. Mai wird das ehemalige deutsche Neuguinea vom Völkerbund als Mandat an Australien übergeben. Die Verwaltung bleibt von jener Papuas getrennt.

1921 Im Gebiet von Wau setzt der Goldrausch ein.

1927/28 Charles Karius und Ivan Champion gelingt es, die Insel zu durchqueren. Ihr Weg entlang des Sepik und des Fly wird zur berühmtesten aller ›Patrouillen‹, die im Zuge der Erschließung der Insel stattfinden.

1930 Die Weißen kommen in Kontakt mit den Hochland-Bewohnern. Als der Zweite Weltkrieg ausbricht, kann man die Erschließung des Landes im großen und ganzen als abgeschlossen betrachten.

1942 Der Pazifikkrieg erreicht das Gebiet von Neuguinea in voller Stärke, als die Japaner das ganze ehemalige Deutsch-Neuguinea und Teile von Papua besetzen. Am 12. Februar wird die australische Verwaltung außer Kraft gesetzt. Ende des Jahres wird ANGAU (Australian New Guinea Administration Unit) gebildet, um die Verwaltung des Gebiets neu zu übernehmen, sobald es von den Japanern befreit worden ist. In den folgenden Jahren zähe Kämpfe australischer und US-Einheiten gegen die Japaner, die schließlich besiegt werden.

1945 Nach der Kapitulation Japans werden die beiden Teile des Landes als ›Territory of Papua und New Guinea‹ unter einheitliche Verwaltung gestellt.

1946 Die Vereinten Nationen erklären am 16. Dezember Australien zur verwaltenden Autorität über Neuguinea.

1949 Die Vereinten Nationen erneuern die australische Treuhandschaft für Neuguinea, ordnen jedoch an, Vorbereitungen für die Unabhängigkeit zu treffen.

1951 Papua und Neuguinea erhalten eine gesetzgebende Versammlung.

1963 Die holländische Kolonie West-Neuguinea wird als West-Irian (Irian Jaya) an Indonesien angegliedert, das seit 1949 unabhängig ist.

1964 Papua und Neuguinea erhalten ein ›House of Assembly‹ (Abgeordnetenhaus) mit 64 Mitgliedern, das 1968 vergrößert wird und ab 1970 als vorläufiges Parlament amtiert.

1971 Ein Nationalfeiertag, eine Flagge und ein Name – Papua-Neuguinea – werden im Hinblick auf die Unabhängigkeit geschaffen.

1972 Der Chief Minister und die Minister des House of Assembly werden beauftragt, die Unabhängigkeit in die Wege zu leiten.

1973 Bei der Schlußabstimmung über die Unabhängigkeit und Selbstverwaltung des Landes am 1. Dezember stimmen 52 Parlamentarier dafür, 34 dagegen. Der australische Administrator erhält den neuen Titel eines High Commissioner (Hochkommissars).

1975 Am 16. September wird Papua-Neuguinea (Papua New Guinea) unter diesem Namen ein unabhängiger souveräner Staat innerhalb des britischen Commonwealths mit Anerkennung der Königin (des Königs) als formelles Staatsoberhaupt. Der Titel des Chief Minister wird in Premierminister geändert (erster Inhaber dieses Amts ist Michael Somare), das House of Assembly wird zum Nationalen Parlament.

1977 Erste allgemeine Wahlen seit der Unabhängigkeit. Die Zahl der Parlamentsmitglieder wird auf 109 erhöht.

1980 Premierminister Michael Somare wird am 11. März von Sir Julius Chan abgelöst, nachdem Somare eine parlamentarische Vertrauensabstimmung verloren hatte.

1982 Im Juni/Juli finden die zweiten Wahlen seit der Unabhängigkeit statt, aus denen wiederum Michael Somare als Sieger hervorgeht, der erneut das Amt des Premierministers übernimmt.

1984 Michael Somare gibt bekannt, daß Papua-Neuguinea als siebtes Land dem Bündnis der ASEAN-Staaten beitreten wird.

Register

(Einzelne Stämme und Volksgruppen siehe unter ›Stämme‹)

Aibom 256
Aitape 191, 251
Admiralitätsinseln 15, 127, 130, 134, 184
Ahnenfiguren 119, 123, 126, 127
Ahnengeister 48, 114, 125f., 226, 232, 267
Alotau 276f.
Ambunti 253
Amphlet-Inseln 282
Angoram 259
Arawa 308
Aroktoup 253
Artifact Shops 321
Astrolabe Bay 138f., 142, 143, 148, 222
Australian New Guinea Administration Unit (ANGAU) 174f., 335
Australische Kompagnie 132
Austronesier 28f.
Austronesische Sprachgruppe 32f.
Aviatip 253

Bademöglichkeiten 26, 200f., 226, 250
Baiyer River Sanctuary 268
Baumkänguruh 21
Behrmann, Walter 143, 231
Bena-Bena-Fluß 144
Bensbach Wildlife Lodge 210
Besiedlungsgeschichte 27ff., 32, 137ff., 150, 152, 172, 184f., 284
Bestattungsriten 51, 259, 274
›Big Man‹ 43ff., 149
Bilbil Village 227
Bismarck-Archipel 12, 18
Bismarck-Gebirge (Range) 144, 220f., 266
Bitapaka 296
Blanche Bay 151, 190, 285
Bligh, William 135, 136
Bodenschätze 187, 205
Boluminski, Franz 301, 302
Boluminski Highway 298, 301, 302
Bougainville (Insel) 12, 15, 126, 185, 187, 304, 305, 307ff.
Bougainville, Antoine Louis de 135, 305, 332
Brandrodung 19, 59, 215, 220, 269
Brautpreis 37f., 43, 44, 288
Brautwerbung 53
Breil, Charles Bonaventure du (›Marquis de Rey‹) 185, 300f.
Brown, George (Pater) 190, 300
Buin 308
Buka 12, 15, 134, 304, 305, 307, 309
Bulolo 216, 218, 220
Bulolo-Fluß 187

Cape Wom International Memorial Park 250
Cargo-Kulte 53, 173f., 176, 178, 226
Carstensz Range 132
Carteret, Philip 134, 135, 300, 332
Chalmers, James (Reverend) 139, 140, 143, 171, 189, 209f.
Chambri-Seen 256
Champion, Ivan 144, 208, 231, 335
Chan, Julius 180, 182, 336
Chester, Henry M. 169, 333
Chuave 266
Clan 35f., 42, 58, 75, 270, 282
Cook, James 135, 332
Commonwealth 152, 170, 176
Copra 63, 148f., 150, 151, 152, 174, 184, 186, 212, 230, 281, 284, 288, 293, 299, 301, 305
Crown Prince Range 307

D'Albertis, Luigi Maria 138, 139, 140, 333
Dampier, William 133, 221, 284, 300, 332
Daru 209f.
D'Entrecasteaux, Antoine 136, 282, 333
D'Entrecasteaux-Inseln 12, 16, 275, 280f.
Detzner, Hermann 260f., 335
Dobu 123, 282
Dugong 22
Dukduk 47, 124, 288f.
Duke of York-Inseln 145, 146, 190, 283, 297, 300
Dwyer, Michael 144, 261

Edie Creek 152, 187, 216, 220
Edmago 302
Ehlers, Otto von 142, 334
Einbaum 112f.
Einfuhrverbote 314
Eingeborenenpolitik 171ff.
Einreisebestimmungen 314
Elektrizität 318f.
Entdeckungsgeschichte 128ff.
Erdgeschichtliche Entwicklung 13f.

Ernährung 26, 61ff., 209, 212, 232, 264, 265, 270, 273, 304, 320
Erosion 15, 16
Erskine, J. E. 169, 170, 172
Everill, H. C. 139, 334

Farben 77, 122
Feiertage 320
Fergusson 280
Feste 320
Feuertanz 47, 289ff., 295
Finisterre-Gebirge 142, 214
Finsch, Otto 139, 140, 142, 146, 231, 334
Finschhafen 33, 145, 185, 215, 216, 218f., 222
Fischfang 68f.
Flierl, Johannes (Pfarrer) 143, 191, 261
Flugverbindungen 315
Fly River 139, 140, 144, 189, 206, 208
Frangipani-Festival 295, 320

Gazellenhalbinsel 15, 124, 146, 149, 184, 190, 193, 283, 284, 286, 287f., 292
Gebetshocker 114
Gebirgswald 20, 24
Gebrauchsgegenstände 73ff.
Geelvink-Bucht (-Busen) 36, 78, 130, 131, 133
Gesellschaft vom heiligen Herzen 188, 190, 191, 195
Gesellschaft vom heiligen Wort 191f., 193
Gesundheitsvorsorge 316f.
Gewürzmonopol 133, 134
Giftschlangen 25
Gisar-Fest 274
Gloucester Cape 284
Gomia Höhle 266
Goodenough 281
Goldfunde 140, 143, 144, 152, 185, 186f., 207, 212, 215, 216, 218, 220, 230, 270, 276, 279, 281, 282
Goroka 262f.
Guinea Airways Ltd. 187
Gummi 174, 186, 195, 212, 299
Gunantambu 285, 286, 296

Hagen, Kurt von 142f., 267
Hahl, Albert 149, 150, 151
Hans Meyer Range 298
Hansemann, Adolph von 145, 148
Heilige Flöten 46, 55, 257
Heilige Steine 255, 258
Heyerdahl, Thor 32
Hides, Jack Gordon 144, 271
Highland Highway 214f., 222, 223, 260, 263, 266, 269ff.
Highland Shows 263
›Hiri‹-Handelsfahrten 71, 195, 208, 320
Hochgebirgswald 14, 20
Hochzeitszeremonie 37, 38
Holzindustrie 141, 215, 220, 223, 259, 284
Hoskins 297

Indagu 256
Iniet-Figuren 124
Initiation 44, 45ff., 53, 55, 127, 206, 224, 232, 249, 250, 290

Jagd 66ff.
Japandi 253
Japanische Invasion 152, 175, 212, 287, 306f.
Japanout 253
Jenseitsvorstellungen 51

Kaffeeplantagen 148, 152, 176, 186, 212, 215, 222, 230, 260, 263, 264, 270, 271, 299
Kaiaimunu 206
Kainantu 263
Kakaoanbau 148, 152, 176, 186, 215, 222, 230, 284, 288, 299, 305, 308
Kambaramba 258f.
Kaminabit 257
Kanganaman 257
Kannibalismus 56ff., 205, 209
Karius, Charles 144, 208, 231, 335
Karkar 221
Kasuar 23, 108, 117, 230
Kava 65
Kavieng 175, 301f.
Kieta 307f.
Kiki, Albert Maori 178, 180
Kimbe 297
Kina-Muschel 71, 80, 107, 273, 315
Kindersterblichkeit 31
Kiriwina 278, 279
Kirschbaum, Franz (Pater) 259
Kitava 279
Kleidung 75ff., 225, 273, 288
Klima 14, 16ff., 218, 222, 226, 316
Kloakentiere 22
Körperbemalung 77, 270, 289
Kokoda Trail 175, 198, 203, 212
Kokopo 149, 223, 285, 296
Kokosnüsse vgl. Copra
Kolonialpolitik 145ff., 149, 169, 170, 304f.
Kopfjagd 56ff., 108, 123, 205, 209, 249
Kopfschmuck 77ff., 197, 270, 273, 292
Kordillieren 13, 14
Korogo 254f.
Krankenversorgung 173, 192, 317
Krokodilfarmen 25, 203, 208, 230, 253
Krokodilkult 47
Kula-Ring 71, 279, 282
Kulthaus 40, 41, 117, 119, 206, 252, 258
Kumawa 132
Kundiawa 265f.
Kundu-Trommel 54f.
Kupfer 179, 185, 187, 195, 207, 305, 307, 308
Kutubu-See 273, 274

Lae 175, 214, 216, *218*
Lakatoi 113, 195
Lakekamu-Fluß 142, 143
Lake Lavu 280

Laughlan-Gruppe 280
Landkauf 140, 151, 152, 170, 179, 191, 192, 285, 286
Leahy, Michael J. 144, 261
Lebenserwartung 31
LeMaire, Jacques 132, 133, 299, 303, 305, 332
Libba 302
Lihir-Inseln 298
Londoner Missionsgesellschaft (London Missionary Society) 188f., 197, 208, 277
Long Island 222
Lontar-Palme 254
Losuia 279
Lousiaden-Archipel 16, 18, 33, 135, 145, 175, 282
Lululai 45, 150, 169

MacCluer, John 135f., 137
Mac Gregor, William 170f., 172, 189, 197, 208, 334
Madang 33, 55, 140, 145, 175, 226f.
Magie 47ff.
Malayo-Polynesische Sprachgruppe 32f.
Malewai 252
Malinowski, Bronislaw 278
Männerhäuser 36, 40, 41, 44, 47, 53, 55, 114, 119, 123, 224, 226, 231f., 258, 273, 274, 292, 309, 321
Malanggan-Kunst 125f.
Malerei 119, 120
Mangroven 19, 229, 309
Manus 12, 130, 304
Maprik 252
Maprik-Stil 119
Marienberg 259
Markham-Fluß 142, 144, 214
Masken 114, 122, 123, 126, 253, 257, 258, 288, 290, 292
Massim-Kunst 123f.
McCarthy, J.K. 262
Mead, Margaret 41, 249, 258, 304
Melanesien 12
Melanesier 12, 29f.
Melanesische Sprachen 32f.
Mendi 274
Menezes, Jorge de 130, 332
Menschendarstellungen 117, 118, 120, 122, 124, 126f.
Menschenhandel 148, 152f., 174, 184, 197
Mercator-Karte 131
Miklouho-Maclay, Nicolai 138f., 222, 333
Mikronesien 12
Mindibit 257f.
Misima 186, 276, 282
Missionierung 33, 53, 75f., 114, 123, 138, 172, 174, 187ff., 253, 265
Moitaka Wildlife Station 203
Monsun 17f.
Monsunwald 20
Moresby, John 136, 139, 169, 197, 275f., 333
Morobe 185, 187, 212, 215, 218
Mount Albert, Edward 195, 211
Mount Balbi 307
Mount Bangeta 14
Mount Bellamy 203
Mount Giluwe 274
Mount Hagen 27, 267f.
Mount Lamington 211, 212
Mount Langila 284
Mount Matupit 292, 295
Mount Michael 260
Mount Murray 143, 211
Mount Victoria 140, 195, 211
Mount Wilhelm 14, 221, 266
›Mud men‹ vgl. ›Schlamm-Männer‹
Murray, Hubert 143f., 152, 171, 172, 175, 197, 200, 271f.
Musik 53ff., 290f.
Musikinstrumente 46, 53ff.
Mythen 47ff., 56f., 257, 288f.

Namatanai 302
Nambayzfa 266
Narbenmuster 46, 47, 76f.
Nasenschmuck 80, 232, 250
Nationalmuseum vgl. Port Moresby
Neubritannien (New Britain) 133, 134, 140, 145, 146, 283ff.
Neuguinea-Kompagnie (Neuguinea-Gesellschaft) 140, 141f., 143, 145ff., 150, 151, 218, 227, 334
Neuhannover (New Hanover) 15, 133, 298
Neuirland (New Ireland) 132, 133, 134, 140, 146, 190, 298ff.
Normanby 33, 281f.

Ok Tedi-Fluß 187
Okapa 263
O'Malley, J. 144, 271
Opfer 49, 50, 57
Ornamentik 120, 121, 122, 123
Ortiz de Retes, Inigo 131, 332
Owen Stanley Range 140, 195, 197, 210, 275

Pagwi 253
Palembai 255f.
Pandura, Hervas y 32
Pangu Party 178f., 182
Panguna 305, 308
Papua (Gebiet) 169ff., 175, 176f.
Papuas (Volk) 27f., 29f.
Papuanische Sprachgruppe 32
Papua-Basena-Unabhängigkeitsbewegung 30, 180
Papua New Guinea Festival 320
Paradiesvogel 23f., 75, 210, 231, 268, 314f.
Pfeife 66, 109f.
Pidgin-Englisch 34, 51, 150, 178, 192, 193, 194, 325ff.
Pocklington Reef 282
Polygamie 36, 38, 44
Polynesien 12
Polynesier 12, 28, 32
Popondetta 214
Port Moresby 18, 33, 140, 144, 145, 169, 174, 175, 189, 190, 195, 196, 197ff., 287
– Boroko 202
– Botanischer Garten 203

- Douglas Street 199
- Ela Beach 200f.
- Girl Guides' Handicraft Shop 202
- Hanuabada 200
- Koki-Markt
- Kulturzentrum 199f.
- Nationalmuseum 115f., 202, 322
- Parlamentsgebäude 202f.
- Trobriand Crafts Center 199
- Waigani 202

Purari-River 204

›Queen Emma‹ 284ff., 296, 297, 301

Rabaul 145, 175, 216, 284, 286, 287, 292ff.
Ramu-River 133, 142, 143, 144, 220f., 222
Ravi 123
Reiseveranstalter 315f.
Rinderzucht 69f., 186, 195, 215
Romilly, Hugh Hastings 145, 169
Rossel 282
Rouana-Fälle 203

Sagari-Fest 282
Sago-Palme 19, 61, 196, 205, 258
Salz 71
Samarai 277ff.
Sanaroa 282
St. Matthias-Gruppe 298
Schädelkult 58, 114, 119, 124, 273
›Schlamm-Männer‹ (›Mud men‹) 114, 263
Scheidung 39
Schleinitz Range 298
Schlitztrommel 42, 54, 225, 256, 258
Schmuck 66, 72f., 75ff., 273, 292
Schnabelstil 117
Schnitzkunst 114, 124, 230, 249, 254f.
Schouten-Inseln 130
Schouten, Wilhelm Cornelius 132, 299, 303, 305, 332
Schraubenbaum 19, 63, 77
Schulwesen 31, 173, 177, 192, 193
Schweinezucht 70
Scratchley, Peter H. 140, 170, 172, 189
Sepik (Fluß) 132, 139, 140, 143, 144, 208, 228f.
Sepik Highway 230
›Sharkeye‹ Park 216, 220
Sieben-Tage-Adventisten 193, 257
Sing-Sing 78, 255, 256, 257, 268, 270, 274, 292, 295
Somare, Michael 178, 179, 182, 183, 307, 336
Souvenirs 227, 230, 257, 268, 302, 314f., 320f.
Sozialprestige 43ff., 66, 107f., 150, 249, 270, 273, 282
Sozialstruktur 12, 30, 35ff., 149f., 209, 224, 231f., 261f., 270, 273
Sprachen 29, 31ff., 319
Stämme
- Abelam 42, 44, 57, 60, 232f.
- Aiom 225
- Arapesh 46, 232
- Asaro 263
- Baininger 47, 53, 124, 287, 289ff., 295
- Bena Bena 261
- Bilbil 223
- Buang 52
- Chimbu 264f.
- Delta-Leute 205
- Elema 205
- Enga 58, 270
- Falamin 231
- Fasu 273
- Fegolmin 231
- Foi 273
- Fore 261
- Gahaku-Gama 262
- Garia 225
- Goaribari 209
- Gogodala 208f.
- Gururumba 261f.
- Huli 51, 77, 273f.
- Jate 267
- Kai 50, 51
- Kaluli 274
- Kamano 262
- Kamea 205
- Kilenge 292
- Kiraki 38
- Kiwai 208
- Koko 46
- Kominiung 226
- Korofeigu 261
- Kukukuku 144, 205, 217, 271
- Kuma 267
- Kuman 265
- Lakalai 292
- Ma-Enga 267
- Manga 267
- Manus 303
- Me-idama 282
- Mekeo 197
- Mendi 270f.
- Metlpa 267
- Momalili 216
- Motu 71, 195, 196f., 205
- ›Mud Men‹ (Schlamm-Männer) 114, 263
- Mundugumor 46, 118, 249
- Namau 206
- Orokaiva 212
- Orokaowa 46
- Rao Beri 225
- Roni 267
- Siane 262
- Siwai 309
- Sulka 292
- Tangu 225
- Tapiro 27
- Telefomin 229, 231f.
- Tifalmin 232
- Tolai 30, 190, 186, 287ff., 295, 300
- Totei 179
- Tugeri 208
- Ulapmin 231
- ›Waghi-Wigmen‹ 269, 272
- Wain-Naba 216f.
- Waropen 36, 79
- Washkuk 249f., 252

- Yatmul 249
- Yabob 224f.
- Yigei 250, 252
- Yupna 216
Stanley, Owen 186, 333
Steinbeil 108f., 110, 268, 274
Steinplastik 124
Stoßtrommel 257
Straßenbau 150, 174, 195, 204, 206, 212, 222, 284
Strickland-Fluß 139, 143, 144
Süßkartoffel 62, 264
Swatmeri 254

Tabak 64f., 148, 231
Tabar-Inseln 298
Tabu 41, 42, 49
Tätowierung 47, 76f., 197, 292
Tagari-Tal 273
Tagula 282
Talasea 297
Tambanum 258
Tambaran-Haus 42, 202, 252, 253, 255, 256, 257
Tambu 288
Tami-Stil 119ff.
Tasman, Abel Janszoon 133, 305, 332
Telefomin 252
Thurnwald, Richard 124, 143, 231
Tigasso-Baum 273
Timbunke 258
Toktok 126
Torres-Straße 121, 131, 132, 133, 134, 135
Totem 36, 37, 48f., 290
Totengeister 48, 50
Tourismus 216, 220, 230, 231, 269, 275, 295, 298
Trauerritual 39, 217, 268, 274
Triton Bay 137f.
Trobriand-Inseln 12, 16, 18, 33, 35, 71, 136, 275, 277f.
Trommelsignale 35
Tropischer Regen 18f., 204
Tropischer Regenwald 14, 19, 20, 21, 59, 206, 214, 268, 274, 283, 307
Tultman-Insel 15

Uli-Figuren 126
Unabhängigkeit 174, 177, 293
United Progress Party 178
Unterkunft 319f.

Vaez de Torres, Louis 131, 282, 332
Vanimo 230, 252
Varirata-Nationalpark 203
Vereinigte Niederländische Ostindien Kompagnie 131f., 133, 134
Verkehrsmittel 319
Verron Range 298
Völkerbund-Mandat 151ff., 176f.
›Voraustronesier‹ 27f.
Vulkanismus 13, 14, 15, 16, 211, 214, 221, 275, 280, 283f., 287, 292, 297, 298, 302
Vunapope 296

Wabag 270f.
Währung 318
Waffen 66, 107ff.
›Walzenbeilkultur‹ 28
Waria-Fluß 143
Wassertrommel 55
Wau 216, 218, 220
Weltkrieg, Erster 143, 144, 151, 173, 185f., 191, 286
Weltkrieg, Zweiter 33, 144ff., 152, 169ff., 174, 178, 186, 192, 198, 200, 212, 214, 223, 226, 231, 258, 260, 293, 296, 303, 305, 309
Weltwirtschaftskrise 186
Werkzeuge 110ff.
West-Irian 12, 13, 14, 16, 36, 66, 206, 228
Wewak 250
Whiteman Range 283
Wirtschaftsformen 59ff.
Witu-Inseln 298
Woodlark 279

Yabob Village 227
Yams-Kult 44, 57f., 63, 119, 249, 252, 278, 281
Yentshemunagua 254
Yentshen 256f.
Yipwon 118
Yonki 263
Yule-Inseln 190, 196

Zollbestimmungen 314

Raum für Ihre Reisenotizen

Anschriften neuer Freunde, Foto- und Filmvermerke, neuentdeckte gute Restaurants, etc.

DuMont Kunst-Reiseführer

»Kunst- und kulturgeschichtlich Interessierten sind die DuMont Kunst-Reiseführer unentbehrliche Reisebegleiter geworden. Denn sie vermitteln, Text und Bild meist trefflich kombiniert, fundierte Einführungen in Geschichte und Kultur der jeweiligen Länder oder Städte, und sie erweisen sich gleichzeitig als praktische Führer.«

Süddeutsche Zeitung

Alle Titel in dieser Reihe:

- Ägypten und Sinai
  - Entdeckungsreisen in Ägypten 1815–1819
- Algerien
- Arabien
  - Reisen in Arabia Deserta
  - Entdeckungsreisen in Südarabien
- Belgien
- Bulgarien
- Bundesrepublik Deutschland
  - Das Bergische Land
  - Bodensee und Oberschwaben
  - Die Eifel
  - Franken
  - Hessen
  - Köln
  - Kölns romanische Kirchen
  - Die Mosel
  - München
  - Münster und das Münsterland
  - Zwischen Neckar und Donau
  - Der Niederrhein
  - Oberbayern,
  - Oberpfalz, Bayerischer Wald, Niederbayern
  - Ostfriesland
  - Die Pfalz
  - Der Rhein von Mainz bis Köln
  - Das Ruhrgebiet
  - Schleswig-Holstein
  - Der Schwarzwald und das Oberrheinland
  - Sylt, Helgoland, Amrum, Föhr
  - Der Westerwald
  - Östliches Westfalen
  - Württemberg-Hohenzollern (Frühjahr '85)
- DDR
- Dänemark
- Frankreich
  - Auvergne und Zentralmassiv
  - Die Bretagne
  - Burgund
  - Côte d'Azur
  - Das Elsaß
  - Frankreich für Pferdefreunde
  - Frankreichs gotische Kathedralen
  - Korsika
  - Languedoc-Roussillon
  - Das Tal der Loire
  - Die Normandie
  - Paris und die Ile de France
  - Périgord und Atlantikküste
  - Das Poitou
  - Drei Jahrtausende Provence
  - Licht der Provence
  - Savoyen
  - Südwest-Frankreich
- Griechenland
  - Hellas
  - Athen
  - Die griechischen Inseln
  - Alte Kirchen und Klöster Griechenlands
  - Tempel und Stätten der Götter Griechenlands
  - Kreta
  - Rhodos
- Großbritannien
  - Englische Kathedralen
  - Die Kanalinseln und die Insel Wight
  - Schottland
  - Süd-England
  - Wales (Frühjahr '85)
- Guatemala
- Das Heilige Land
- Holland
- Indien
  - Ladakh und Zanskar
- Indonesien
  - Bali
- Iran
- Irland
- Italien
  - Elba
  - Das etruskische Italien
  - Florenz
  - Ober-Italien
  - Die italienische Riviera (Frühjahr '85)
  - Von Pavia nach Rom
  - Rom
  - Das antike Rom
  - Sardinien
  - Sizilien
  - Südtirol
  - Toscana
  - Venedig (Frühjahr '85)
- Japan
  - Nippon
- Der Jemen
- Jordanien (Frühjahr '85)
- Jugoslawien
- Kenya
- Luxemburg
- Malta und Gozo
- Marokko
- Mexiko
  - Unbekanntes Mexiko
- Nepal
- Österreich
  - Kärnten und Steiermark
  - Salzburg, Salzkammergut, Oberösterreich
  - Tirol
  - Wien und Umgebung
- Pakistan
- Papua-Neuguinea
- Portugal
- Rumänien
- Die Sahara
- Sahel: Senegal, Mauretanien, Mali, Niger
- Die Schweiz
- Skandinavien
- Sowjetunion
  - Kunst in Rußland
  - Sowjetischer Orient
- Spanien
  - Die Kanarischen Inseln
  - Katalonien
  - Mallorca – Menorca
  - Südspanien für Pferdefreunde
  - Zentral-Spanien
- Sudan
- Südamerika
- Syrien
- Thailand und Burma
- Tunesien
- Türkei
- USA – Der Südwesten

»Diese Einführungen in Kunst, Kultur, Geschichte und Landschaft eines Landes gehören zum Besten, was man heute zur Vorbereitung einer Reise in die Hand nehmen kann. Der Informationswert liegt sehr hoch, die vielen Abbildungen geben Anregung und Erinnerung. Selbst auf einen Teil mit mehr praktischen Hinweisen wurde nicht verzichtet.«

Literaturreport

Alle Bände mit vielen, zum Teil farbigen Abbildungen; dazu Zeichnungen, Karten, Grundrisse, praktische Reisehinweise.

»Richtig reisen«

»Richtig reisen«: Algerische Sahara
Reise-Handbuch. Von Ursula und Wolfgang Eckert
»Richtig reisen«: Amsterdam
Von Eddy und Henriette Posthuma de Boer
»Richtig reisen«: Arabische Halbinsel
Saudi-Arabien und Golfstaaten
Reise-Handbuch. Von Gerhard Heck und Manfred Wöbcke
»Richtig reisen«: Australien
Reise-Handbuch. Von Johannes Schultz-Tesmar
»Richtig reisen«: Bahamas
Von Manfred Ph. Obst. Fotos von Werner Lengemann
»Richtig reisen«: Bangkok
Von Stefan Loose und Renate Ramb
»Richtig reisen«: Von Bangkok nach Bali
Thailand – Malaysia – Singapur – Indonesien
Reise-Handbuch. Von Manfred Auer
»Richtig reisen«: Berlin
Von Ursula von Kardorff und Helga Sittl
»Richtig reisen«: Budapest
Von Erika Bollweg
»Richtig reisen«: Cuba
Reise-Handbuch. Von Karl-Arnulf Rädecke
»Richtig reisen«: Florida
Von Manfred Ph. Obst. Fotos von Werner Lengemann
»Richtig reisen«: Friaul – Triest – Venetien
Von Eva Bakos (Frühjahr '85)
»Richtig reisen«: Griechenland
Delphi, Athen, Peloponnes und Inseln. Von Evi Melas
»Richtig reisen«: Griechische Inseln
Reise-Handbuch. Von Dana Facaros
»Richtig reisen«: Großbritannien
England, Wales, Schottland. Von Rolf Breitenstein
»Richtig reisen«: Hawaii
Von Kurt Jochen Ohlhoff
»Richtig reisen«: Holland
Von Helmut Hetzel
»Richtig reisen«: Hongkong
Mit Macau und Kanton. Von Uli Franz
»Richtig reisen«: Ibiza/Formentera
Von Ursula von Kardorff und Helga Sittl
»Richtig reisen«: Irland
Republik Irland und Nordirland
Von Wolfgang Kuballa
»Richtig reisen«: Istanbul
Von Klaus und Lissi Barisch
»Richtig reisen«: Kairo
Von Peter Wald
»Richtig reisen«: Kalifornien
Von Horst Schmidt-Brümmer und Gudrun Wasmuth
»Richtig reisen«: Kanada und Alaska
Von Ferdi Wenger
»Richtig reisen«: West-Kanada und Alaska
Von Kurt Jochen Ohlhoff (Frühjahr '85)
»Richtig reisen«: Kopenhagen
Von Karl-Richard Könnecke
»Richtig reisen«: Kreta
Von Horst Schwartz
»Richtig reisen«: London
Von Klaus Barisch und Peter Sahla
»Richtig reisen«: Los Angeles
Hollywood, Venice, Santa Monica
Von Priscilla und Matthew Breindel
»Richtig reisen«: Malediven
Reise-Handbuch. Von Norbert Schmidt
»Richtig reisen«: Marokko
Reise-Handbuch. Von Michael Köhler
»Richtig reisen«: Mauritius
Reise-Handbuch. Von Wolfgang Därr (Frühjahr '85)
»Richtig reisen«: Mexiko und Zentralamerika
Von Thomas Binder
»Richtig reisen«: Moskau
Von Wolfgang Kuballa
»Richtig reisen«: München
Von Hannelore Schütz-Doinet und Brigitte Zander
»Richtig reisen«: Nepal
Kathmandu: Tor zum Nepal-Trekking. Von Dieter Bedenig
»Richtig reisen«: Neu-England
Boston und die Staaten Connecticut, Massachusetts, Rhode Island, Vermont, New Hampshire, Maine
Von Christine Metzger
»Richtig reisen«: New Mexico
Santa Fe – Rio Grande – Taos
Von Gudrun Wasmuth u. a.
»Richtig reisen«: New Orleans
und die Südstaaten Louisiana, Mississippi, Alabama, Tennessee, Georgia
Von Hanne Zens, Horst Schmidt-Brümmer und Gudrun Wasmuth
»Richtig reisen«: New York
Von Gabriele von Arnim und Bruni Mayor
»Richtig reisen«: Nord-Indien
Von Henriette Rouillard
»Richtig reisen«: Norwegen
Von Reinhold Dey
»Richtig reisen«: Paris
Von Ursula von Kardorff und Helga Sittl
»Richtig reisen«: Peking und Shanghai
Von Uli Franz
»Richtig reisen«: Rom
Von Birgit Kraatz
»Richtig reisen«: San Francisco
Von Hartmut Gerdes
»Richtig reisen«: Die Schweiz und ihre Städte
Von Antje Ziehr
»Richtig reisen«: Seychellen
Reise-Handbuch. Von Wolfgang Därr
»Richtig reisen«: Südamerika 1
Kolumbien, Ekuador, Peru, Bolivien
Von Thomas Binder
»Richtig reisen«: Südamerika 2
Argentinien, Chile, Uruguay, Paraguay
Von Thomas Binder
»Richtig reisen«: Südamerika 3
Brasilien, Venezuela, die Guayanas
Von Thomas Binder
»Richtig reisen«: Süd-Indien
Von Henriette Rouillard
»Richtig reisen«: Texas
Von Horst Schmidt-Brümmer und Gudrun Wasmuth
»Richtig reisen«: Tunesien
Reise-Handbuch. Von Michael Köhler
»Richtig reisen«: Venedig
Von Eva Bakos
»Richtig reisen«: Wallis
Von Antje Ziehr
»Richtig reisen«: Wien
Wachau, Wienerwald, Burgenland
Von Wolfgang Kuballa und Arno Mayer